Rahel Varnhagen

Briefe
und Aufzeichnungen

Insel

Herausgegeben von Dieter Bähtz

Insel Verlag Frankfurt am Main 1986
Alle Rechte vorbehalten für die Bundesrepublik Deutschland, West-Berlin,
Österreich und die Schweiz.
© *1985 Gustav Kiepenheuer Verlag Leipzig und Weimar*
Printed in the German Democratic Republic

An David Veit, in Göttingen

Berlin, den 18. November 1793

Nun will ich Ihnen genau sagen, was ich von meinem unrichtigen Schreiben weiß, ohne mich im geringsten entschuldigen zu wollen; weil ich mich durch Ihre *Frage* gar nicht angeklagt fühle. Ich mag mir wirklich noch soviel vornehmen, auf die Orthographie, während ich lese, achtzugeben, so geschieht's fast niemals; und bringe ich es einmal gleich anfangs beim Lesen dahin, so lese ich gar nicht, sondern sehe nun nur wieder, wie die Wörter geschrieben sind; dessen werde ich gar bald überdrüssig und lese wieder; das ist nun entsetzlich traurig für mich, und jeder Geringste kann daher mehr lernen als ich, und es wäre entsetzlich, wenn mir nicht der Ausweg zum Trost übriggelassen wäre, daß ich der schlechten Seite meines Kopfes gar nicht schuld geben kann und daß es grade die gute ist, die mir diesen Streich spielt. Es ist wahr, daß ich immer an das Wesentliche denke, wovon ich lese, und daß ich alle Mittel dazu nur so schnell als *möglich* brauche, und sie dann vergesse; ich ordne mir alles, was ich höre und lese, zu einem Ganzen, und werd ich in diesem Geschäft auch oft an Dinge erinnert, die hier nicht eigentlich hingehören, so lege ich auch die geschwind an ihren Ort und packe weiter, aber ohne jemals an die Mittel zu denken, die ich nun einmal habe und auswendig weiß. Daher lerne ich nichts, und daher kann ich auch sehr schwer jemand etwas lehren; alle, die mir Unterricht geben, fangen an, mir etwas herzupredigen, das immer aus einem Gesichtspunkt genommen ist, woraus ich diese Sache nicht nehme; nun sprechen sie stundenlang ohne allen Zusammenhang für mich, ich höre aber doch mit der größten Anstrengung zu, denn unter allen diesen Dingen sagen sie doch etwas, das ich schon längst einmal gern habe wissen wollen, und was ich in meinem

Kram brauchen kann; so ist mir's noch mit allen Meistern gegangen, und so verstehe ich erst jetzt, was sie mir sonst gesagt und ich noch behalten habe; wie ich nie Antworten in der Art verstehe, wozu ich die Fragen nicht gemacht habe, und so ein Meister sagt einem Antworten dutzendweise hintereinander her, und die soll man behalten! Ich glaube aber nicht wie Sie, daß ich, wenn ich französisch schriebe, weniger Fehler machte. – Es ist mir recht innerlich lieb, daß Sie jetzt fleißig sind; Kenntnisse sind die einzige Macht, die man sich *verschaffen* kann, wenn man sie nicht hat, Macht ist Kraft, und Kraft ist alles; findet man denn einmal am Ende, daß alle unsere Spekulationen ein in nichts zerfließendes Blendwerk waren, so bleiben uns dann die wirklichen, brauchbaren Kenntnisse, die uns andern vor- oder nachstehen machen und die schon an und für sich genug gewähren, um auch noch unser Vergnügen daraus zu machen. – Ich bin der erste Ignorant der Welt! der *dabei* so viel auf Kenntnis hält, und nicht aus erschrockener Unwissenheit, wie die andern, nein, ich weiß, was es auf sich hat. Nun kann mir nichts in der Welt mehr helfen, und ich muß mich so aufbrauchen, kann auch an wenig andern Menschen Trost finden, und wenn sie auch von Kenntnissen strotzten, denn was sind sie dabei dumm, weitläufig und pedantisch! Glauben Sie aber ja nicht, daß ich die einzige *Zierde* meiner Unwissenheit, die Sorglosigkeit darüber, diese einzige Liebenswürdigkeit, verloren habe. – Apropos! wenn ich französisch schreibe, fällt mir schlechterdings kein deutsches Wort ein.

An David Veit, in Göttingen

Berlin, den 18. Februar 1794

Ich darf Ihnen doch etwas erzählen? – denn mein Brief wird wieder recht lang. Diesen Mittag bei Tische nahm Theodor die Kinder in großes Verhör, weil er wirklich eine große Unart gefunden hatte, nämlich unsern Namen oben in meinem Flur auf die Wand geschmiert. Röschen sagte frei und lachend: ich war es nicht, Ludwig ebenso: ich auch nicht; nur Moritz leugnete, der sagte nämlich, ich habe ja gar kein Bleistift, und dabei blieb er, das antwortete er wohl sechzehn- bis siebenzehnmal, auf alle Fragen, die

Rahel und vermutlich ihr Bruder Ludwig Robert

nun in die Kreuz und Quer, wie ein wirkliches Verhör, und mit Verstand ihn ängstigend, von allen Seiten hin und her getan wurden; seine Farbe zeugte wider ihn, aber selbst das Rotwerden unterdrückte er und blieb recht hübsch dabei: »Ich habe ja kein Bleistift.« Er hatte es nun endlich so gut wie gestanden, und obgleich ein Flor von Spaß über der ganzen Geschichte war, so wollten sie ihn doch zum völligsten Geständnis ängstigen, so sagt ich: »Nun, gestehen kann er's doch nun nicht, genug, daß er's geleugnet hat«, das gefiel mir sehr. Kaum hatt ich die Worte gehört, so mußt ich selbst entsetzlich lachen. Sagen Sie mir, wie kann ich selbst lachen, ich dachte sie doch erst, ehe ich sie sagte? Nun ja, der Klang! Es gingen noch *sehr* hübsche Dinge bei der Geschichte vor; zuletzt, wie er's denn nun wirklich gestanden hatte, so sagte Mama: »Man leugnet nicht, man sagt lieber, ich war's, und ich habe nicht gewußt, daß es unrecht ist, nun werd ich's nicht mehr tun«; darauf sagte er ganz bieder: »Ich habe erst sehen wollen, ob's so geht.« Überhaupt hat er recht hübsch geleugnet, Sie hätten's sehen sollen. Ich habe dabei viel gedacht, auch mäßigte ich das Verhör soviel als möglich, und bei meiner ganzen Mühe, ein dickes Gewand drüber zu halten, brachten sie es doch dahin, mir es zu Flor zu zerreiben; denn dieses Leugnen gefiel mir nicht, denn der Junge (wie ein Kind) war seiner Sache nicht gewiß, und das große Crime, das man ihm immer entgegenwälzte, erschreckte ihn alle Augenblicke von neuem, so *gut* er sich auch faßte, und dieser Schreck und diese Verlegenheit haben immer eine sehr schlechte Wirkung im Charakter, und darum war's mir auch so höchst peinlich mitanzusehn, ich gab mir alle Mühe, dieses unbedachtsame Verhör, soviel als möglich war, in ein Exercice des Ausredens zu verwandeln, mit öffentlicher Bewilligung: um so mehr wurd ich fast mißverstanden, aber es ging noch toll genug, Theodor ahndete so ziemlich. Warum verbietet man den Kindern so ausdrücklich Leugnen und Ausreden? die man (zwar leider! – aber doch) *braucht*! man erzieht sie ja für den Tummel der Welt, und nicht für einen positiven Himmel, der ein rotes Herz und ungeflecktes Gewissen genau belohnt? Warum lehrt man sie nicht Lügen, Leugnen und Ausreden sagen, als ein notwendiges Übel, und zeigt es ihnen dabei wie andere schwere Arbeit, die man schon von selbst wegläßt, wenn man's nicht nötig hat, und sich zarte Hände schont; so würde man denn sein Gewissen schon pflegen. Fürchterliche Moral! Bei mancher gebildeten Inquisition könnte mein *Renommée wenigstens* langsam gebraten werden. Und das wäre nicht einmal das Schlimmste, sie hat auch hier das Ansehn von Torheit und Dummheit, denn sie scheint unausführbar; im genauesten Verstande der Worte wohl, das fühl ich so gut als jemand, der's hört, aber daß man sie Kindern begreiflich machen kann, ohne sie zu predigen, und sie ihnen predigen kann, ohne sie ihnen lieb zu machen, und grade als Predigt sie ihnen nützlich ohne schön vorzustellen, alles durch Handlungen und Widerwillen am rechten Ort gezeigt, das glaub ich doch; bis Sie oder einer mir das Gegenteil beweisen.

Berlin, den 19. Februar 1794

− − Von Homer − − o weh! denn es ist ordentlich ein *Schmerz,* so schön kommt mir die Odyssee vor! − Wie die Griechen von den Menschen sprechen − wie sie immer alles Letzte zusammenfassen und es ganz gemein sagen, damit es ganz groß ist und edel klingt − sie fassen immer alles, so wie es ist, und betrachten und erzählen's nur; den Menschen tun die Götter alles; das Fatum ist über die Götter; eine Macht erlegt die andere, und sie erzählen, wie sie's leiden. Haben Sie bemerkt, daß Homer, *so oft* er von Wasser redet, immer groß ist, wie Goethe, wenn er von den Sternen redet? Dem seine Sternreden sind Ihnen gewiß nicht so gegenwärtig wie mir: in Iphigenie Orest, in den kleinen Gedichten ›an Lida‹ und noch unendlich oft in seinen besten und geringeren Sachen.

An Gustav von Brinckmann, in Berlin

Freienwalde, Dienstag, den 15. Juli 1794

Vor einer Viertelstunde war ich noch im Bette, um mich zu trocknen, da bekam ich Ihren ersten Brief, jetzt beantworte ich ihn noch während dem schönsten Bade-Schwindel; das zur Strafe Ihres stummen Charlotten- und Chiffres-Lebens: denn so oft Sie geschrieben hätten, so oft hätte ich geantwortet. Wie denn der Mensch auf alles verfällt − und ich besonders alles möglich glaube – so – dacht ich sogar, Sie wären böse; – ich schloß also, und schloß falsch: schon sieben Meilen machen, daß man nicht *sehen* kann, schließen muß, und also leicht und oft falsch schließt; und doch will man aus der Welt klug werden. Ich hoffe bald ganz dumm daraus zu werden; und dann werd ich wohl besser sehen. Sie wollen ein Freund sein?! zärtlich, und auf Ihrer Freunde Gesundheit bedacht, sind Sie in keinem Fall: wie können Sie mich während einer angreifenden Kur mit einer solchen Arbeit beladen – zu untersuchen, ob Sie verliebt sind. *Ja, Sie sind es.* Da haben Sie Ihren Schreck. Denn so sehr Sie die Gottlosigkeit studieren, so sehr erschrecken Sie sich doch; was man studiert, ist kein frei Geschenk der Götter, ist nicht mit uns geboren, das erlernen wir nie: bringen es wohl weiter drin, haben vor den Dummen viel voraus, aber vor uns selbst nichts; lasterhaft muß man *auch* geboren sein, und die Tugend muß man studieren, *dann* ist's was, dann liebt man ohne Schreck, *dann handelt* man: und fragt Jahre nachher, in müßigen, unbesetzten, langweiligen Stunden *sich selbst*, ob man geliebt hat. *Dahin* bringen Sie's nie: also lieben Sie; Laster-Studenten, die lieben, was sie liebenswürdig finden, und wär in ihrer Brust auch nur ein Fleckchen leer, um ein Grübchen zu lieben, viel weniger denn, wenn ihr guter Geschmack da oft aufräumt, und es überhaupt geräumig ist wie in aller Brust, wo nur gewöhnlich zu viel umhersteht: also lieben Sie.

Glauben Sie nicht, daß ich das von heute her weiß, aber ich wußte nur nicht, daß Sie da noch Zweifel begegnen würden, wo sie mir selbst die freiste reinste Aussicht gestatteten; hier im Bade hatte ich mir die Mühe des Untersuchens nicht gemacht, nachgesehen habe ich noch einmal, und dieselbe Summa Liebe herausgebracht wie in Berlin. Dumm bin ich nicht geworden; wenn studierende Laien das Laster lieben, so hat das nie was zu sagen; und besonders hat das auf Ihre und ihre Handlungen keinen Einfluß, und das ist doch die Hauptsache. Besser oder schlechter ist man doch nicht; quälen kann man sich allenfalls selbst ein bißchen, und wie man das *in der Liebe* doch eigentlich nicht weggeben kann, sind sie doch fein genug zu wissen (um mich des Worts *zärtlich* nicht ohne Not zu bedienen) *also* – ergo! schadet uns Studenten die Verrücktheit – *der Liebe* – *nichts*! außer was sie uns so schadet, und das ist wirklich Kleinigkeit gegen das Vergnügen, etwas so besonders liebenswürdig zu finden. Sein Sie getrost auf Mariens Hiersein; Sie vergessen mich immer (anstatt *sich*), werd ich denn die Liebenswürdige aus den andren nicht herausfinden; und glaub ich Ihnen denn nicht! *weiß* ich denn nicht, daß Sie sich umsonst nicht interessieren; und wenn ich auch für diesmal nichts sähe, ich doch noch immer was voraussetzte! Ich weiß aber recht, wie Ihnen zumute ist, und will diesmal Ihre Furcht nicht schelten, die Sie diesmal nicht vor mir haben, nur vor *jedem* andren *mehr* hätten. der schon einmal so viel weiß als ich. Sehen Sie, ich versteh wahrhaftig so was, und wenn ich recht ins Wahrheitsagen hereinkomme, so mach ich mir selbst Komplimente; das tu ich aber doch nur, wenn es mir recht aufliegt, jemanden beruhigt zu wissen, wo man es in der Welt fast nie sein kann, und wo es wahre Wonne ist, es zu sein. Par parenthèse dünkt mich, das ist Freundschaft; man ist auch noch immer dran, sie zu definieren.

Frau von Ha. gefällt mir recht gut, Schönheit kann ihr *niemand* abstreiten; besonders ist sie gegen mich sehr artig und gefällt mir darum *nur* desto besser, sie war mit Mad. Kircheisen bei uns und hat versprochen wieder zu kommen, auch werd ich sie wieder besuchen. Herr von Poch hat recht, die Gesellschaft abominabel zu finden, er sah sie schon mit solchen Blicken d'un aimable an, daß sie zehnmal städtischer, galanter, feiner und verachtender ihrerseits hätte sein können, um daß er sie doch so gefunden hätte; mich fesselt sie auch bis auf einige Ausnahmen nicht, aber sie könnte den Herrn von Poch *schmieden*, ohne daß sie mich nur mehr anzöge: doch leb ich recht artig mit den Leuten hier, denn sie sind sehr gütig gegen mich; und Sie wissen, wie ich auf antworten halte, und was ich für ein geselliger Hund neben meiner Tadelsucht bin.

Stünde mir doch die Sprache so zu Gebote, wie ich die Fähigkeit habe, in meinem Kopf alles schnell und zu *meinem Gebrauch* zu verarbeiten, was ich erfahre; so weiß ich, würd Ihnen das genügen, was ich Ihnen über Johanna zu sagen wüßte. Fürs erste aber glauben Sie nicht, daß ich wie ein Prahler lüge; sonst finden Sie keinen Zusammenhang in dem, was ich sage, und meine Mühe, und vielleicht ein hübscher Augenblick für Sie, geht verloren. Johanna kommt mir *wieder* so vor als vorhin, und ändert sich in meinen Augen nach und vor den verschiedenen Erzählungen nicht. Ein feines, gebildetes, verständiges Frauenzimmer *wird* nicht platt und nicht dumm: *kann* aber schwach und unselbstständig sein, und ist's gewöhnlich; *ist* man das, so sind unzählige Modifikationen möglich, wohin denn auch alle die gehören, worin uns Johanna wochweise erscheint; je feiner ein Frauenzimmer ist, je schneller findet sie sich in alles, worein sie sich finden muß, das ist eine schöne Eigenschaft; und ein völlig liebenswürdiges Geschöpf muß dabei noch Courage und Selbstständigkeit dabei haben, um nicht auch jedesmal zu werden, was sie scheinen muß, und auch nicht jedesmal zu scheinen, was sie scheinen soll. So find ich denn noch immer Prätension und nicht Absicht (die ich auch ohne Not nicht liebe), wie sie Ihnen jetzt glauben machen will, in ihrem Betragen; sollte sie nicht klug genug sein und Geschmack genug haben, daß, wenn man ihr die Wahrheit an den Hals setzt, auch die ihre aus sich zur einzigen anpassenden Gegenwehr hervorzusuchen, und endlich Vergnügen dran zu finden, die Bürde von Lug von sich zu werfen, obgleich sie die Last erst hernach fühlt, die sie sich auflud. Freilich wollte sie repräsentieren, und mußte sie repräsentieren, aber wollen, wo man nicht muß, gefällt mir nicht; daher billige ich ihr Betragen gegen Fr., obgleich ich mutiger und grader zu Werke ginge, und finde ihr Glückseligkeits-Prahlen weniger hübsch, weil ich glaube, daß sie's gar nicht nötig hatte: sie wird aber wohl immer so lebhaft und Beifall zu lieben zu angewohnt sein, um sich diesen Trust von Unbequemlichkeit und Zeitverlust je recht vom Halse zu schaffen. Ich kann mir denken, daß sie jetzt sehr liebenswürdig, angenehm, und witzig, ist; kommt da noch eine Dosis Aufrichtigkeit hinzu, so kann es hinreißen. Mich würde es gewiß einnehmen und mir sehr gefallen, denn ich hab sie liebenswürdig und hingebend gedacht, noch wie sie mich *schätzte* und sonst *nichts* tat; goutiert sie denn nicht, weiß sie nicht alles? wo Courage fehlt, hätt *ich* sie: es tut mir also allerdings sehr leid, Johanna nicht zu sehen: und sie verliert auch.

Stieglitz ist, auch wie ich glaube, so wie Sie sagen, und *wenn* ein solcher Charakter Einfluß hat, so wissen Sie, wie er ihn hat; da er ohnehin die Welt mit ihren Heeren von Ordnungen in seinen Reihen für sich hat, und Mut dazu gehört, sich mit fremder Macht neben diese Reihen zu stellen, denn mit Vortreten richtet man nichts aus; obgleich man sich – Not am Mann – auch dahin muß (wenigstens mit einem, mit dem ich mein Leben zubringen will, denn es ist doch besser *einmal* zu streiten, als ewig zu fingieren) stellen können. Was die erhabenen Klatscher anbetrifft; so sind sie mir ihrer Erhabenheit halber *noch* gleichgültiger als andre Klatscher, weil ich so was nie anders als mit völliger Gleichgültigkeit verachte; so, daß ich mir nicht einmal die Mühe geben kann, die es erfordert, um aus dem Geklatsche klug zu werden: glauben Sie ja nicht, daß das nur Worte sind, Sie würden dabei verlieren, wenn auch nur Wahrheit. Unausstehlicher sind mir aber doch kluge Klatscher mehr als dumme, und es kömmt mir darum an denen häßlicher vor, weil es mir scheint, bei jenen muß ein gemeiner pli im Gemüte noch hervorbringen, was bei diesen nur der gemeine Verstand, und Leere und Langeweile und Unüberlegtheit tut. Eins hab ich vergessen: ich hasse wie Sie Koketterie ohne Courage; ich für mein Teil zieh die Menschen auch öffentlich vor, die ich auszeichne, aus Furcht und Kühnheit, weil ich denke: warum denn nicht? nicht meine beßre Wahl so gut als ihre schlechte? und aus Furcht, ich könne mich nicht gut verstellen; und eine *größere* Avanie kenne ich nicht.

An Gustav von Brinckmann, in Berlin

Freienwalde, den 25. Juli 1794

Denselben Tag, wo ich den großen Brief von Ihnen bekam, erhielt ich auch einen von der Freundin, den ich Ihnen, sobald ich Sie sehe, zeigen werde. Ich warnte sie, sich nur in irgend etwas einzulassen, und besonders, sich nicht irre machen zu lassen; fand sie aber fester, gefaßter, gescheiter und vernünftiger als *je*, und auch, als ich je glaubte, daß sie sein könne; sie nahm alles vom ersten Augenblick an *wie* wir – das werden Sie aus ihrem Brief sehen –, nur schmerzte sie Johanna noch ein wenig, und das kann ich nicht mal für Schwäche rechnen – denn – glauben Sie mir einmal auf parole d'honneur d'une femme véridique! – es schmerzt uns mehr, eine Frau aufzugeben, als einen Mann. Den glauben wir nie sicher zu haben – *wenn* wir ihn auch mehr lieben – dem sagen und zeigen wir nie so alles – *wenn er auch mehr über uns schaltet* – und am *Ende* – ... ist Zutrauen, und das Rechnen auf einen Menschen, doch das meiste, was wir geben können. Es vergißt sich alles – *wenn* auch erst wieder in einem neuen Engagement –, aber ein veränderter Freund, ein *nie* verstandenes und doch oft angenommenes Zutrauen kann nie wieder in uns aufgenommen werden, und bleibt uns sehr empfindlich, und wenn man's *auch viel* vergißt, so oft man *dran denkt*, tut's leid, und man denkt ›schade!‹, wenn's weiter nichts ist. – –

Nun von etwas, was mich überrascht, entzückt hat, wovon ich *ganz* eingenommen bin: von Herrn von Ha. Was ist das für ein prächtiger Mann! warum rühmt den keiner: und nicht mehr? Was soll ich ihn loben! *Kurz,* Sie wissen doch, daß mir *kein Mann* mit seiner Frau gefällt? Er gefällt mir. Und nun halt ich's für möglich, zu *heiraten.* Er ist fein *und* natürlich, simpel *und* voller Tournüre, hellsehend *und* voller Gutmütigkeit. *Und was ich so sehr liebe,* umgänglich; und hübsch. Mündlich will ich ihn erst *recht* loben. Frau von Ha., die ich doch schon kannte, hat unendlich bei mir gewonnen, sie spricht viel besser und hat viel mehr Verstand, als ich dachte, ist simpel und recht aimable, hat kleine Frauenzimmersachen an sich, die sie (im Gegenteil) sehr gut kleiden, und die sie an sich hätte, wenn gar kein ander Frauenzimmer existierte, ist manchmal ein bißchen schwach, aber auch so hingebend dabei, daß man sich gleich drin verlieben kann; und ist besonders mit Ha. so hübsch *und bescheiden,* daß es eine Weide zu sehen ist; sie ist wunderhübsch, und so zutulich und angenehm gegen Frauenzimmer, als man's nur verlangen kann; und ich finde sie *besonders* natürlich, und darum bin ich ihr auch herzlich gut. Marie hab ich nicht können kennenlernen, obgleich sie sehr artig gegen mich war, und ich sogar einmal bei Tische neben ihr saß, weil sie mir Platz machte; sie kommt mir noch so vor wie sonst, und *ich glaube Ihnen* also noch. Sie schien mir ein bißchen ängstlich an ihre Kotterie gefesselt, und ist man immer mit vielen und *sehr* Bekannten, so ist das für einen Dritten um so schwerer, etwas zu erfahren oder nah zu kommen; auch hat ihr ganzer Maintien für mich was Ängstliches, und ist er nicht zurückschreckend und ansteckend, so dämmt er doch die Bekanntschafts-Schritte unvermeidlich zurück. Eine jede fremde Mlle. hätt ich nicht anders als sehr artig nennen müssen, wenn sie mich so wie Marie behandelt hätte, von der aber mußt ich wohl um Ihrentwillen mehr Untersuchung wenigstens, und auch Annäherung erwartet haben, denn es fiel mir deutlich auf, die nicht zu finden, um so mehr, da sie mir Frau von Ha. zeigt, wie mich dünkt. – Ich hab mich recht gefreut, daß Sie mit meinem ersten Brief so zufrieden waren: apropos, freilich haben Sie recht, daß die Männer (und *ich* sage bei allen) bei den Damen mit gewisser impertinence (ich kann jetzt auf kein schicklich Wort kommen, und schrieb das; ich hab Ihren Brief nicht bei der Hand) weiter kommen als durch das erfüllteste Herz, und den vollsten Kopf; mündlich darüber wann und so viel Sie wollen. Bald komm ich nach Haus, ins weite, breite, staubige, helle, leere Berlin. Leben Sie wohl, und sein Sie mit dem Brief zufrieden. Ich bin sehr müde. Adieu.

An David Veit, in Jena

Berlin, den 15. November 1794

Mit einer Art von Angsttau auf der Stirne setz ich mich diesmal hin, Ihnen zu schreiben – denn ich will wieder so aufrichtig sein, daß es eine Schande ist; und Ihnen meine Meinung über zwei Rezensionen sagen, die ellenlang werden wird; *und wozu* ich noch keine Worte habe. Vorige Woche habe ich die berühmte Schillersche Rezension über Matthissons Gedichte gelesen – die ich eigentlich Ideen über die Dichtkunst nennen würde – (lachen Sie mich nicht aus). O Laokoon, o Lessing! hab ich nur denken können. Wenn *der* was Allgemeines sagte, so bestimmte er was, setzte er was fest, (freilich hat er sich zu Tod geärgert!) – wenn der rezensierte, tadelte er, wenn er tadelte, gab er die Ursachen an. Ich habe die Rezension nicht mehr zur Hand, ich kann Ihnen also keine Stellen mehr anführen, über die ich etwas wußte, als ich sie las. Man macht so viel Lärm von dieser Rezension, und als ob sie so schwer wäre; ich habe eben keine so hagelneue Ideen darin gefunden. Die Vergleichung der Dichtkunst mit der Malerei, und also auch die fernere Anwendung des Landschaftsmalers und Geschichtsmalers, ist mir gar nicht aufgefallen, und ist, dünkt mich, hundertmal in Lessing vorgekommen; *den* wollen sie mit aller Gewalt *vergessen*; weil seine Rezensionen (denn viele seiner Werke, und besonders Laokoon, kommen mir wie Rezensionen der Künste vor) nicht so sentimental waren, und er nicht immer das Genie rezensierte, analysierte, das hohe Menschliche heraussuchte, und bewies, daß das Genie ein *Genie* ist, – sondern das Kunstwerk vornahm, aufstellte, mit Gründen tadelte, oder für das alte Lob welche zeigte, den Forderungen sicher Grenzen steckte, und mit richtendem Blick und enthusiastischem Beifall das Genie sie erreichen sah, und seine Genialität in Ruhe ließ.

Glauben Sie nur nicht, ich sähe nicht ein, daß eine jetzige Rezension anders ausfallen muß, als eine vor zehn oder zwölf Jahren – die *immer* viel bedeuten, und die letzten besonders –, und daß die jetzigen guten, wie die früheren, so verschieden sie sein mögen, doch immer nur anders modifizierte Äußerungen ein- und desselben Genies sind; oder daß ich mir gewisse Dinge, die man jetzt sehr in Anschlag nimmt, und sie in die Pension der Vernunft gibt, und sie mit der in der ernstesten Gesellschaft gehen läßt, ohne über deren Sentimentalität mitleidig zu rümpfen, – nicht deutlich genug gemacht habe, und also nicht folgen kann, wenn man davon spricht: o nein! Ich habe das verstanden, was ich gelesen habe; und mit dieser letzten Phrasis noch niemals gelogen. Aber auch was Wieland einmal so fest baute, fängt schon bei seinem Leben an, Breschen zu bekommen (so wütend ist man *jetzt*, alle Gebäude zu zerstören, um ihren Grund zu untersuchen). – ›Doch neue Bahnen sich zu brechen, heißt in ein Nest gelehrter Wespen stechen‹, das leiden jetzt die Wespen eher, als mit falschen Fußtritten in alten Bahnen die Kreuz und Quer spazierenzugehn, und andern Leuten weismachen zu wollen, man hätte die Bahn neu gemacht. Nicht daß Schiller das wollte, *das* will Schiller gewiß nicht; warum ist er aber nicht *deutlich*, und fängt da an, wo Lessing aufgehört hat, und nimmt es dann ganz *anders* und wie er will, und neu, und wie man's jetzt nehmen muß; was schwankt er herum, und setzt nichts fest. Er hat freilich definiert, was die Dichtkunst ist, aber doch nur Eine Art, und man ist doch in vielen andern noch immer Dichter. Er sagt einmal, ich weiß es wohl, man könnte wohl Gemälde vorstellen, aber man müßte dann auch zeigen, daß man es als das, was man Mensch nennt, tut, der das Gemälde nur immer als ein Stück seiner Situation betrachtet, und als Mittel gebraucht, seine Empfindungen damit zu äußern, und dem Gemälde selbst durch die Art der Zusammenstellung seine eigene Physionomie aufdrückt – Sie haben die Rezension gelesen und werden mich schon verstehn: Sie sehen, ich habe nur den Sinn behalten, und auch ist das mehr mein alter eigner; es wäre jammerschade, wenn ich nicht besser dächte, als ich mich ausdrücke –, täte man das nicht, so wäre man ein mechanischer Kopist oder Erzähler; nun ja, das dünkt mich ist alt genug; aber auch bloß Erzählen ist manchmal dichterisch, und *bloß* Kopieren das dichterischeste in einem Werk; zu rechter Zeit *nur* das zu tun ist groß, und fordert eben so tiefe Menschenkenntnis, als Empfindungen und Ideen in die Beschreibung einer Landschaft zu bringen. Sehen Sie, so gibt's noch tausend Branchen, die er hätte ausführen und ohne sie einzuschränken unter eine Regel bringen können; dann hätt er über die Dichtkunst geschrieben: Sie werden sagen, in einer Rezension geht das nicht an; gut. Hat er aber rezensiert? gar nicht. Er hat ein *paar* Gedichte angeführt, wo er den hübschen Gang derselben, als Beschreibung lebloser Gegenstände, aushebt, und den Versbau lobt; ja hören Sie, wenn das nicht drin wäre, so wären sie auch schlecht, und wie alle Frühlinge in allen Kalendern. Da er doch gesucht hat, ihn zu loben, so wundert mich erstaunt, daß er nicht andere Dinger dieser Sammlung genommen hat, als ›die Elfen‹ und noch einige, deren Namen mir nicht einfallen will. Soll ich das für neu halten, daß er sagt, der Dichter müsse nicht zu subjektiv zu Werke gehen und sich mehr an den objektiven allgemeinen Eindruck der Dinge halten, die man natürliche Empfindungen nennt; weil es notwendig ist, daß man viele Deutsche – was sag ich viele? Legionen! – von neuem daran erinnern muß, daß sie nicht von *ihrem* Birnbaum, *ihrer* Charlotte, und endlich *ihren* seichten unverständlichen Empfindungen sprechen sollen? – Die Meinung, daß ein Dichter, wenn er simple einfache Verhältnisse oder Naturerscheinungen schildern will, es nicht tun soll als ein Mensch, der sich nicht feinere und verwebtere hat denken können, sondern als ein Mensch, der sie nicht hat finden können, in der wirklichen Welt (ich weiß Schillers Worte nicht; ich glaub, er sagt praktisches Vermögen) und zu dem Einfachen wie durch das Fegfeuer gereinigt zurückkömmt, halt ich auch nur wie versteckten Tadel; wie das bißchen Rezension überhaupt; die überhaupt nur eine ergriffene

Gelegenheit ist, Gedanken vorzutragen, die man (je unreifer sie sind) nicht mehr gut findet bei sich zu tragen, und eine Probe sind, die man sich selbst ablegt, nach den neuen Systemen die Dinge zu nehmen. Denn sonst kann diese letzte Regel nur unerzogenen Menschen gelten, daß die keinen Geschmack haben, ist ausgemacht, daß zu dem sittliches Gefühl, zu diesem Vernunftprüfung unsrer eignen Empfindungen gehört, ebenso; und daß man ihnen keinen einschwätzen wird, noch gewisser. Und daß die nicht verstehen, was Schiller sagt, *noch* gewisser; je mehr dieser letzte Gedanke neu sein und auf viele andre Dinge angewendet werden könnte. En effigie käm ich in der Literaturzeitung, oder andern solchen Orten, vor, wenn ich nicht das erbärmlichste Nichts wäre, und man um diesen Brief wüßte; als das schamloseste Geschöpf würd ich von Partikuliers beider Geschlechter verabscheut, wenn andere Leute, als Gelehrte, darum wüßten: aber auch *Sie* bitte ich, mich, noch jetzt wenigstens nicht, für zügellos arrogant zu halten, bis Sie meine Meinung über die zweite Rezension gelesen haben, von der ich ebenso aufrichtig reden will; sonst müßten Sie dann schweigen, weil Sie nicht wüßten, womit Sie mich vergleichen sollten. Die Rezension über den Gartenkalender hab ich noch nicht gelesen, weil ich mir gestern von Hrn. von Brinckmann einen Pack Literaturzeitungen geben ließ, und wie ich sie die Nacht durchsuche, keine Gartenkalender-Rezension, sondern eine über Woldemar von Hrn. von Humboldt finde, von der ich mich schon lange abschrecken ließ, weil sie dieselbe für zu schwer ausschrieen, und ich bescheiden-dumm es glaubte (es verleitet doch nichts mehr zur Dummheit als Bescheidenheit, das ist ausgemacht), aber da ich sie einmal in Händen hatte, so bracht ich sie auch vor die Augen. Ja wirklich *dann* würd ich mich schämen, wenn ich *die* nicht verstünde, und sie mir *einmal* einer erklären könnte; nicht daß sie leicht wäre, ich gestehe selbst, man muß schon über die Dinge, von denen er spricht, gedacht haben, um zu verstehen, was er sagt, aber eben, darüber nicht gedacht zu haben, würd ich mich schämen: als sittliche Frau schämen; ich glaube, das ist alles, was man darüber sagen sollte. Eine Frau ist wirklich so elend, als ihr partage (ich weiß nun kein Wort) zu sein scheint, wenn sie nicht einmal weiß, warum es so scheint, und was sie *vermag* und *nicht vermögen soll*, um es nicht so zu machen, als es

von fremder Berührung nicht irremachen. ›Nur aus sich selbst will es hervorgehen, nur in unentweihter Einsamkeit will es sich entwickeln, und die Hand, die sich ihm naht, kann es zernichten, ehe sie es berührt.‹ Ich glaube, eine profane Hand kann es nie berühren, und nie den Einfall haben es berühren zu wollen, denn die ahndet es gar nicht. Können sich denn nicht ein Paar gescheite Menschen verheiraten, wenn sie auch wissen, daß sie nicht zum Heiraten sind, und fortleben vor wie nach, ohne daß es die andern merken; und findet eine Henriette, daß Woldemar eine Alwina haben muß, kann sie sie ihm nicht ohne Lärm und sans façon geben? Wer wird dem Romane die einzelnen schönen Züge ableugnen, aber zum Bewundern sind sie mir zu bekannt, und in meiner Welt zu oft zugekommen. ›Und eine gewisse Befreundung mit Dingen dieser Erde ist süßer, als die Weisen denken‹, führt Hr. von Humboldt an. Ja, das hat Rousseau in der Heloïse, Goethe im Werther und Tasso, tausendmal bewiesen, und nicht gepredigt; der Franzose läßt die Dame den Salat mit den Fingern rühren, und viel mehr dgl., und Goethe läßt die Damen Tasson Kleider sticken und wählen, und ihn nur desto besser darum lieben, und Werthern entzückt Brot schneiden sehen, tausend Dinge für die Kinder machen usw. Hätte doch Hr. von Humboldt eins von diesen Werken vorgenommen, so hätte man *zwei* Genies zu gleicher Zeit bewundern und verstehen lernen, und das größte menschliche Vergnügen gehabt, ein Genie das andere bewundern zu sehn. ›Nachteilige Stadtgerüchte‹ müssen eine Henriette auch nicht einen Augenblick (und können auch gar nicht, wie sie uns Jacobi schildert) verleiten, Woldemar in Unruhe zu stürzen, den sie kennt, und dem sie sich lange in sich aufgeopfert hat (›still sich widmete‹ sagt Goethe in Erwin und Elmire, das könnten Sie doch nicht wissen). Das auf dem Sterbebette des Vaters gegebene Gelübde ist nicht außer der Natur, tritt aber, wie Hr. von Humboldt selbst anmerkt, hier affektiert auf: hat sie's aber gegeben, warum ist sie mit Woldemar nicht auf dem Fuß, daß sie's ihm sagen kann, oder hält es wofür es ist, für ein Freundschaftsstück an einen nicht mehr zu ändernden, sterbenden, angstvollen Vater! Und warum kann es Woldemar nicht gelassen hören? Sie sind also beide noch nicht fertig! Hätte Hr. von Humboldt doch über fertige Menschen so gesprochen, die durch äußere Umstände so in Verlegenheit sind, und wo man nicht jeden Augenblick denken muß: könnt ich ihnen nur die Augen öffnen: und lieber mitfühlen muß, wie schrecklich es manchmal zu leben ist, und daß dann von Verzweiflung nichts retten kann, als eben das, was die Trauer macht; daß man besser ist, als wofür man muß gehalten werden: das wäre göttlich gewesen! Warum hat er Tasso nicht genommen; da sind sie gesittet, und können sich doch nicht helfen. Die Lage, daß Woldemar und Henriette zu liiert sind, um sich zu heiraten oder zu lieben (das erstere geht noch weit eher an), ist mir nicht besonders und nicht neu; wie mir denn auch alles, was Hr. von Humboldt noch sehr Schönes von Sinnlichkeit, Moral und überhaupt Allgemeines sagt, sehr verständlich, deutlich und begreiflich scheint. Auch die Einleitung zur Rezension hab ich verstanden: und gleich und sehr leicht. Wundern Sie sich nur nicht: und glauben Sie's nur. Morgen werd ich Ihr kleines Briefchen beantworten, heute bin ich zu müde. Ich bleibe also bis *jetzt* dabei, im zweiten Teil werden sie plötzlich toll; ich hatte das Buch ganz vergessen, und nur mein Urteil darüber behalten. Humboldt hat's recht aufgefrischt. Die Rezension ist was Erstes! Dabei bleibts; göttlich!

Den 16. November 1794

Ich kann mich von den Rezensionen gar nicht wieder trennen! Sie ist doch außerordentlich, die des Woldemar! Sie haben keinen Begriff, wie mir die gefällt. So zusammengegriffen, was man beurteilen soll, und dann, *wie* man's beurteilen soll. Ich will endlich nur einmal aufhören; aber so hab ich mir lange gewünscht möchte man einmal die Menschen nehmen: und nun kommt ein Humboldt und tut's, so ein Humboldt, den man kennt. Nein, diese Satisfaktion ist zu groß. Sie müssen nur wissen, daß ich bei der Matthissonschen Rezension nicht reines Gemüts war: denn man hatte mir vorher so viel gesagt, und besonders sie so enorm schwer ausgegeben, daß ich in Ärger verfiel, sie zu finden, wie sie ist. Ich weiß selbst, daß sie Hr. von Humboldt so sehr gut fand, und die eine Idee so besonders, ›daß der Mensch dahin zurückkommen müsse, aber nicht stehenbleiben, von wo aus ihn die Natur schickt‹; das alles hat mich, anstatt einzunehmen, nur noch krippscher gemacht. Kennen Sie gar keinen ordentlichen Menschen in Jena? Reden Sie doch einmal mit einem von der Rezension, und als ob Sie meiner Meinung wären (den Hals wird's Ihnen doch nicht kosten), und hören Sie, ob alle Menschen Sie für unsinnig halten, und ob ich's auch tun muß! Denn *zu denken, vielleicht* bist du verrückt, ist schrecklich; weiß ich's gewiß, so reformier ich mich. – –

Ich soll Ihnen ein Wort über den Hrn. von Humboldt schreiben; ich weiß keins, das werden Sie doch deutlich aus den vorigen Blättern sehen. Und wenn ich sagte, verlassen Sie sich nicht zu sehr auf ihn, so meint ich, verlassen Sie sich nicht zu sehr auf sich und das Verhältnis, das zwischen Ihnen beiden sein kann, und sein Sie immer fein zurückhaltend, artig (im Systemsinne, lieber Jünger), und was er sich erlaubt (im Urteil hauptsächlich), erlauben Sie sich nicht: und *diesmal* war es zu ›sorgliche Freundschaft‹, was aus mir sprach. –

Ich fühle mit Ihnen; das heißt, ich nehme Anteil und bedaure Sie, daß Sie ungesellig leben müssen. – Ich beschwöre Sie aber auch, bei allen Seelen aller seligen größten Generale, unsren Friedrich an der Spitze, benutzen Sie dieses Herzeleid, wie die Spitze meiner Beschwörung so oft tut, und brauchen Sie eine défaite, wo die Welt und Sie sich verloren glauben, sich unversehens aufzuraffen, über den Anblick von Kadaver und Ermattung zu siegen, und durch Mut und Fleiß alles zu ersetzen, was Sie verloren gaben, um ermüdet, aber mit Sieg gekrönt und ruhig, den Genuß Ihrer schweren Taten erwartend, in Ihre Hauptstadt einzuziehen. Was bleibt einem anders übrig, als *recht viel* zu wissen! Erst heut und gestern hab ich rasend werden wollen (und will noch), daß ich nichts weiß, und nichts lernen kann, denn ich fühle, was das für ein Geschick sein muß, das einem das gibt. Und dann muß man doch jetzt recht viel wissen, sonst weiß man gar nichts. –

Ihre Leidenschaft für unsren Briefwechsel ist ganz rechtmäßig, und im höchsten Grade auf das Gefühl der Würdigkeit gegründet; und wenn die äußern Umstände etwas tun, so möge sie (o! ich werde mich entsetzlich ausdrücken, ich kann aber nicht anders) Ihnen nur gleichsam größeren Raum geben, in dem Sie sich so recht über diesen Briefwechsel freuen; daß, da Sie doch alles Genusses (ich muß das Wort brauchen) beraubt sind, sie Ihnen doch diesen, den Sie mit Leidenschaft lieben, haben lassen müssen, und noch *selbst dazu* haben tun müssen, ihn zu erhöhen.

Den 17. November

Zuletzt, wenn man's auch gar nicht mehr bedarf, kommt alles in Gleichgewicht, also auch wohl ich, mit der dankbaren Welt, und ihr Urteil über mich, und alles was ich wohl könnte mit ihr zu teilen haben. Mir gefällt (ich fahre hier fort in Ihrem Brief, wie Sie's getan haben, obgleich ich keine Folge einseh) diese ungleiche Mischung von Aufrichtigkeit und Zurückhaltung, die unter uns obwaltet, daher bin ich nicht neugierig zu sehen, wann sie sich wird in Gleichgewicht gesetzt haben; denn ich halte es nicht für unmöglich, aber dann würde es mir nicht so gut gefallen, stell ich mir vor; ungeachtet ich weder für, noch dagegen, mit Willen etwas tun werde: und überhaupt kommt sie mir nicht so problematisch vor. –

Nun kommt wieder Woldemar. Ja freilich hab ich Humboldts Rezension gelesen: ja, sie ist ›ein Kunstwerk‹, das war das Wort. Nun es ist mir doch lieb, daß sich unsere Urteile begegneten: urteilen *Sie* über diese beiden Urteile, ich will Ihnen nicht vorgreifen, um so mehr da ich schon weiß, was ich denken soll. Die Ideen in Woldemar, obgleich sie mir in Zusammenhang mit Jacobis übrigen Werken nicht geläufig sind, waren mir recht faßlich und keineswegs unbekannt; um so mehr, da er selbst deutlich genug davon vorspricht. *Ich fühle ganz, wie lächerlich* es klingt, aber um wahr zu sein muß ich's diesmal sagen, nur ganz Unkundigen (wie Humboldt sagt) können sie entgangen sein. Sie haben übrigens mein Entzücken über diese Rezension zu Gedanken übersetzt: und wenn ich mich mir selbst deutlich machen will, les ich die kleine Stelle in Ihrem Brief drüber. Die Lieblingsidee, der man darin auf die Spur kommen kann, ist, glaub ich, was die wahre Bewunderung einfordert. – Herrn von Brinckmann will ich so gut als mir Gerechtigkeit widerfahren lassen; er hatte sich zwar geirrt, und mir statt der Gartenrezension eine theologische gelassen, aber die Humboldtsche gab er mir mit Bedacht. – –

Hören Sie, mit der Delikatesse bin ich sehr liiert, und um Ihnen nur eine confidence zu machen, sie hat meine ganze Liebe; und ich bin so passioniert, daß ich auch meinen scharfen Augen nicht traue, und sie nicht von der Hand lasse. Und noch ganz besonders darum, weil mich das vor vielen Begegnungen schützt, denen ich mit einer andern Passion ausgesetzt sein würde, die ich schlechterdings nicht vertragen kann.

Thümmel kann machen, was er will; ich habe den ersten Teil gelesen, und wenn Sie den zweiten werden gelesen haben, werd ich's auch tun. Warum wird man nicht affektiert sein, wenn man sonst nichts in sich findet; und warum wird Affektation nicht verhindern das zu finden, was sonst noch da sein kann? –

Es ist etwas Gleichgültiges, aber Sie werden doch Anteil nehmen, wenn ich Ihnen erzähle, daß ich vorige Woche in himmlischem Wetter zwei Tage mit den Geschwistern, dem jungen Ehpaar, mehreren Damen und zwei Engländern in zwei Wagen in Potsdam war, *alles* gesehen habe und göttlich gefunden, besonders eine Aussicht vom Belvedere aus, über Potsdam, Sanssouci, Palais und alles, und wohl ein paar Meilen in die Runde Spree und Havel vereinigt, und ein enormes Vergnügen nach meiner Art gehabt habe. Übrigens hab ich ganz prächtig Konversation mit den Engländern machen können, die ihre Sprache sprachen, und ich französisch. Mit meinem Englisch geht's wunderschlecht, drum schweig ich so sehr.

Graf Bernstorff war hier: er hat mich nur grüßen lassen, und ich hab ihn nur im Wagen gesehen. Das verschmerz ich nicht. Kann ich mich nun empfehlen?

An David Veit, in Jena

Berlin, den 12. Dezember 1794
Sie haben mich auch gefragt, wie ich lebe. Wissen Sie's noch nicht? Bei allem was heilig ist und bei meiner Ehre, ›es ist des An- und Ausziehens nicht wert, der Morgen weckt zu neuen Freuden nicht, und der Abend läßt keine Lust zum Hoffen übrig‹. – Manche ganze Woche bin ich zu Hause. Gestört immer. Geben Sie mir keinen Rat? – Das kann mir nicht gefallen; daß aber die Zeit so stille stehen möchte, wünsch ich doch: *denn nun* kann's nur ärger kommen – wenn nicht Fortuna große Lose herunterschickt; und ob ich gewöhnt bin, die von ihr zu erwarten, *ist* gar keine

Frage – mündlich könnt ich Ihnen das alles detaillieren. Ich wünsche keinen neuen Sommer, keinen neuen Winter, nichts wünsch ich als ich mehr. Denn voriges Jahr wünscht ich nur zu reisen, weil ich krank war; aber jetzt bin ich seit acht Wochen gesund, und bedarf also das auch nicht mehr; als *ich* möcht ich auch nicht reisen. Nichts wünsch ich jetzt, als *mich* zu verändern, äußerlich und innerlich, ich bin nicht gut, gefalle mir nicht, und bin mich überdrüssig; dazu werd ich aber nicht gelangen, und ich muß so bleiben, so gut als mein Gesicht; älter können wir beide wohl werden, sonst aber nichts. Die Konfusion nimmt überhand; ich bin mit keinem Menschen über keine Sache mehr einig: ich mache sie immer noch größer, denn wenn wir uns nicht verstehen, laß ich's dabei, und sage aus Hang und Passion meine Sache weiter, jene auch, und dann ist's das Höchste; schweigen tu ich zu eben der unrechten Zeit. Dabei seh ich doch viel Menschen, und erfahr alles, denn grade wo ich hinkomme, sind alle. Kein *Vergnügen* oder irgendeine Satisfaktion hab ich gar nicht, und nie begegn' ich oder hör ich was Interessantes; dabei muß ich mich noch für glücklich halten, daß es mir nicht noch ärger geht, wie es doch gar zu gut könnte. Auch fürcht ich *jede* Veränderung. Ich bleib auch immer mager: von Beaumarchais' Narren muß ich doch nicht sein, die ›dabei (bei Langerweile) fett werden‹ können.

Wenn Sie der Brief nicht amüsiert, so ist das sehr natürlich, zwei amüsieren sich nie zugleich: und da Sie doch nun so frisch wissen, daß ich mir nicht helfen kann, so werden Sie's mir weniger übelnehmen, daß ich Ihnen nicht helfen kann; ich kann Ihnen nicht helfen. Sie werden diese Klagen so nicht verstehen, ich müßt Ihnen das alles sagen und zu verstehen geben. Ich fühle, daß es *so* kein Mensch versteht, und sich weit was Schöneres darunter vorstellt; und es ist gemein; von meiner Seite meine ich, ich verlange gemeine Sachen; die man aber haben muß. Nun nehme ich Ihren Brief, und seh was noch zu antworten ist. Apropos, das fällt mir ein; Livländern bin ich gut, sie haben immer blaue Augen, sind blond, haben gute Zähne, gehen reinlich, und haben schöne Sprache. Bravo wenn das ist! – Nun nehm ich Ihren Brief. – Ach Gott, was finde ich da! *Warum* ich mich Ihrer annehme? Ich bin so wahr mit Ihnen; weil – *Ihnen nichts* guttut als die Wahrheit; weil Sie eine Art von Geist haben – ich weiß es noch nicht zu nennen – der, wenn es auch Örter gibt, wo er nicht hingeblickt hat, doch wenn man ihn hinwendet, gleich recht sieht, und seine ganze vorige, wie jetzige und künftige Existenz mit dem Licht erhellt, was er jetzt erblickt – nun, das in Worte zu bringen ist mir recht schwer geworden; Sie werden's merken – warum soll mir das nicht gefallen? Urteilen Sie selbst, ob so ein Mensch ein vorzüglicher ist! Übrigens sind alle andere Menschen, mit denen ich liiert bin, mir so gleich; das ist mir gar nicht gesund; aber Sie können mir Gegenunterricht von so vielen Seiten her geben, und *das* ist mir recht. Und dann! – bringen Sie immer alles ins reine, was ich denke und sage – und verstehen fast immer das Reine gleich davon, und *das* ist nur notwendig. Weiter weiß ich jetzt nichts. Über die Mischung von Aufrichtigkeit und Zurückhaltung müssen Sie mir mal schreiben; denn ich weiß nicht, was Sie meinen, und will es gerne wissen: diesmal haben Sie sich geirrt. Über die Delikatesse schreiben Sie ganz vortrefflich: wenn ich es geschrieben hätte, wäre es gar nichts gewesen, aber daß Sie es wissen ist viel: das kommt wieder nur vom richtigen Denken; *meine Krankheit* ist's, also muß ich die schädlichen Effekte wohl kennen, bei Ihnen ist es reines *Denken*. Daran laborier ich eben; darin möcht ich mich ändern. Vergeblich! ich suche mein Glück nicht in Ruhe, ohne Ruhe kann ich aber schlechterdings nicht glücklich sein, und kann ich nicht glücklich sein, so muß ich doch ruhig sein. Leben Sie wohl! Antwort!

Nehmen Sie diesen Brief nicht zu ernst; ich hätte ganz anders schreiben können, dabei es ebenso wäre. Die vielen Kleckse sind für mich so sehr schokant als für Sie: aber in ganz Berlin schenkt und schneidet mir kein Mensch eine Feder; mit gekauften kann ich nicht schreiben; schneiden kann ich keine; ich will's mir aber von der Unzelmann lehren lassen, die es sehr gut kann.

Diesmal wissen Sie gewiß nicht, was in dem Briefe steht, eh Sie ihn erbrechen.

An Gustav von Brinckmann

Berlin, den 5. Februar 1795

Mit *einem Male* will ich Sie *wenigstens* über *mich* ganz einig machen. Je suis tout aussi malade, tout aussi bête, et amou . . . . – je ne peux pas écrire ce mot – jugez, si je suis affairée. Aber . . . . – ich schweige. *Wenn* Sie sich, si vous ne vous moquez pas; so ist das der ascendant, den ich über Sie habe. Ich verberge Ihnen meine bêterie, wenn ich schwach bin, bleib ich im Bette: und das gibt mir Stärke. Übrigens suchen Sie, mein Herr, mir den ascendant schon abzulauern: daß Sie sich so sehr schwach gegen mich stellen, mich so hoch über sich setzen; dadurch machen Sie mich zum Idole, und *sich* zum lebenden Menschen, dem es unter andern auch wohltut, sich zu sammlen, zu bewundren, zu fürchten, zu beten. Ist nun der kleine Hausgott nicht von Gold oder Marmor, und glaubt in seiner gehirnlosen Brust seiner eignen Anbetung, so wird er sein eigner – und noch andrer Narr. Ich habe mich, in der großen allgemeinen Weltnot, *einem* Gotte *ganz* gewidmet; und so *oft* ich noch gerettet worden bin, so ist es der, der mich gerettet hat, die Wahrheit. Auch von Ihnen soll sie mich diesmal retten: denn sie ist's, die mich zwingt, und mir zuredet, aufrichtig gegen Sie zu sein. Diese Aufrichtigkeit muß Sie beruhigen, befriedigen und verstummen machen. Oder ich bin wirklich wert, in einem Kapellchen zu stehen, und die Augen vor meiner eignen Glorie zu schließen. Votre amie la plus bête.

R. L.

An David Veit, in Jena

Berlin, den 21. März 1795

Wenn man einen Menschen als Freund ansieht, so hat er nichts davon, als daß man ihn ebenso schlecht, unhöflich, und *hart* behandelt, als sich selbst; aber auch keinen andern wieder ṣo – finden *Sie* ein Wort – süß ist mir zu schlecht, und ein anders weiß ich doch nicht. Es war Ihnen äußerst unangenehm, so lang nichts von mir zu hören; das hab ich jeden Tag gefühlt, jeden Tag Briefe an Sie komponiert, und doch nicht geschrieben. Ich bin Ihnen eine angenehme Empfindung schuldig – sie löschen die unangenehmen, die man hatte, nicht aus, aber sie verdrängen doch neue; ich bin überzeugt – ich warte auch umsonst – und noch – auf einen Brief, und kurz ich kenne das – es war mir ebenso unangenehm, Ihnen keinen Brief zu schicken, als es Ihnen war, keinen von mir zu bekommen. Sie gestehen mir hierin viel zu: glauben mir also gern, und können doch nicht; Sie werden nachdenkend, und wollen's finden. Ich will Ihnen helfen, ich will mich deutlich machen. Der Grad der Unannehmlichkeit war sich gleich, die Art sehr verschieden. Aber ziehen Sie ein böses Gewissen vor? Ein böses Gewissen war's zwar nicht; denn ich konnte Ihnen wahrlich nicht schreiben, und doch wußt ich, daß mit vieler Mühe und vieler Zeit, ich wohl könnte. Ich will Sie einmal tief in meine Seele schauen und nichts darin erblicken lassen, wie mich selbst (wie ist hier nicht anstatt ›als‹; ich erblicke auch nichts, soll es heißen); denn wahrhaftig mir selbst macht's Mühe, mich *deutlich* zu denken. Die Hauptursache, warum ich nicht schrieb, sind Meister, die Horen, und die Messe; über die ersten kann man – außer Bücher – nicht schreiben, – und mit niemand möcht ich lieber darüber sprechen, als mit Ihnen, – und die Messe wollt ich als nichts Ungewisses berühren; weil das bei mir Hölle, Teufel, und alle schlechten Erfindungen der Dinge sind, die alles erfunden haben, und die wälze ich so leicht nicht auf einen andern.

Den 22. März

Sehen Sie, daß ich nichts tun kann; bei dem Wort ›andern‹ trat die Liman und Wessely in die Stube, und aus war das Schreiben. Mama will mich nicht nach Leipzig mitnehmen; sie will nur in einem halben Wagen fahren; – kurz die Einrichtung der paar Umstände, unter denen ich keuche, ist so, daß auf alles, nur auf mich keine, Rücksicht genommen wird; obgleich man manchmal, wenn ich in Agonie par exemple liege, solche Mienen macht. Ich bin krank. Nun sag ich's selbst; und kann gar nicht wieder gesund werden, als durch Pflege. Niemand lebt, der mich pflegen würde, also muß ich's selbst tun, und wie mit Gewalt. Denken Sie sich die Pflege! denn ich bin krank durch gêne, durch Zwang, solange ich lebe; ich lebe wider meine Neigung, wenn ich auch nur immer dagegen handeln seh. Ich verstell mich, artig bin ich, daß man vernünftig sein muß, weiß ich; aber ich bin zu *klein* das auszuhalten, zu *klein*, ich will nicht rechnen, daß ich keinen empfindlichern, reizbareren Menschen kenne, und der immer in Einer Unannehmlichkeit tausend empfindet, weil er die Charaktere kennt, die sie ihm spielen, und immer denkt und kombiniert; ich bin zu *klein*, denn nur ein solcher kleiner Körper hielt das nicht aus. Mein ewiges Verstellen, meine Vernünftigkeit, mein einziges Nachgeben, welches ich selbst nicht mehr merke, und meine Einsicht, verzehren mich, ich halt es nicht mehr aus; und nichts, niemand kann mir helfen. Einmal kann man so etwas sagen, erklären, demonstrieren; ich bin nicht zu delikat; ich hab's getan, zwanzigmal getan: indem ich rede, scheint manche unbehülfliche Miene mich zu verstehen; aber vergeblich! hör ich auf, und handle – weil ich Vernunft erwarte – weiter, so ist's wieder vorbei. Meine Hülfe will geahndet sein, und im ganzen Hause ahnd' *ich* nur; und da kann ich nicht heraus; weil die Welt eingerichtet ist. Ich bin krank: und muß mir selbst helfen. Ausruhen will ich mich auf'm Lande; ich ziehe acht Meilen von hier bei Zehdenick mit irgendeiner Freundin oder meiner Line allein, so bald als möglich, und fange die andre Woche schon hier zu baden an, bade dort, geh im Juli nach Freienwalde, dann wieder zurück nach Zehdenick, und bleibe, solange man's auf'm Lande aushalten kann. Baden will ich ein ganzes Jahr. Ausruhen muß ich mich; hier töten sie mich; und erst recht, wenn sie sich's *einfallen* lassen, mir helfen zu wollen.

– Ich geh fast gar nicht aus; weil keine Luft mir gut genug ist, alle Gesellschaft wo *ich* hinkommen kann, *verhaßt*, die Komödie eklig ist, und das Konzert auch. In Gesellschaft bekomm ich unmittelbar vom Zuhören Ennuis- und Anstrengungs-Schmerzen, im Theater dasselbe, und vom Zug, im Konzert dasselbe; zu Haus von Lesen, Schreiben oder *was* ich tue, wobei der Körper nur zehn Minuten lang in Einer Richtung sein muß: zu dicke, zu dünne, zu warme, zu kalte Luft, und jeder Affekt, macht mir ein Erbrechen, wie jeder Schmerz, der nur ein bißchen solide wird. Dabei vergeh ich für Überdruß, – nun das halt einer aus! Die Reizbarkeit und Empfindlichkeit kann nicht höher steigen. Und doch! – *Ich geh aufs Land.* ›Der Erde näher, den erdgebornen Riesen gleich.‹ Dann hatt ich Ihnen so viel auf Ihre drei Briefe zu antworten, und das ist Mühe; und ohne das wollt ich nicht; denn was sollten Sie ohne dieses Detail denken; und Ihnen das zu geben, strengt mich nicht wenig an, jeder Gedanke und das Schreiben. Nun verdammen Sie mich. Glauben Sie mir − verrückt bin ich nicht − ich fehle nicht gemein; es ist immer ein unumstößlicher Berg die Ursach, wenn man ihn auch nicht sieht: ich *fehle nicht gemein*. Ich habe solche Phantasie; als wenn ein außerirdisch Wesen, wie ich in diese Welt getrieben wurde, mir beim Eingang diese Worte mit einem Dolch ins Herz gestoßen hätte: »Ja, habe Empfindung, sieh die Welt, wie sie wenige sehen, sei groß und edel, ein ewiges Denken kann ich dir auch nicht nehmen, Eins hat man aber vergessen; sei eine Jüdin!«, und nun ist mein ganzes Leben eine Verblutung; mich ruhighalten, kann es fristen; jede Bewegung, sie zu stillen, neuer Tod; und Unbeweglichkeit mir nur im Tod selbst möglich. Diese Raserei ist wahr, ist zu übersetzen. Lächeln Sie, oder, fühlen Sie Tränen aus Mitleid, ich kann Ihnen jedes Übel, jedes Unheil, jeden Verdruß, *da* herleiten: und mich dekontenanciert's nicht, lächerlich in eines andern Augen zu sein. Diese Meinung ist mein Wesen; und das muß ich Ihnen klar beweisen, eh ich sterbe. Die Satisfaktion kann ich mir nicht versagen. Ich will mir in Ihrem Namen antworten, und die Vernunft aus Ihrem Munde reden lassen. »Ja«, würden Sie sagen, »es ist Ihnen das größte Unglück widerfahren, was Sie nur treffen konnte, Sie sind lahm: aber hören Sie, sehen Sie, schmecken Sie, wenn Sie immer Ihren Fuß betrachten, so sind Sie's ja selbst, die sich lahm machen.« Ja, wenn ich aus der Welt leben könnte, ohne Sitten, ohne Verhältnisse, fleißig in einem Dorf. Ja, würde der Lahme sagen, wenn ich nicht zu gehen nötig hätte; ich habe aber nicht zu leben, und jeder Schritt, den ich machen will, und nicht kann, erinnert mich nicht an die allgemeinen Übel der Menschen, gegen die ich gehen will, sondern ich fühle mein besonder Unglück noch, und doppelt und zehnfach, und eins erhöht mir immer das andere. Wie häßlich bin ich nicht dabei; ist denn die Welt klug, sagt man denn: »Der Arme ist lahm, bringen wir dem Armen das entgegen, ach wie schwer muß ihm jeder Tritt werden, man sieht's!« Nein; sie achten seine Tritte nicht, weil sie sie nicht machen, sie finden sie häßlich, weil sie sie sehen, und bringen ihm nichts entgegen, weil ihnen seine Mühe nichts schadet, und ihre eigne ihnen entsetzlich ist. Und der Lahme, zu gehen gezwungen, sollte nicht unglücklich sein? Hab ich je ein lahmes Gleichnis gesehen, so ist es dieses; er hinkt so, daß man mein Unglück nicht im geringsten daraus ersehen würde, wenn man's nicht kennt.

Nun will ich Ihre Briefe suchen, und sehen, worauf ich antworten muß. Eben hab ich dem Hrn. von Brinckmann absagen lassen: ›Es ist mir unmöglich.‹ Der vom 5. Januar soll den Anfang machen. Tausend, tausend Dank für Fichtes Buch, das war der Pflug, der mich urbar zu den Horen machte; die interessieren mich jetzt am allermeisten; ich versteh *sie ganz,* mit den Menschen muß man nicht darüber reden; und auch geradezu sage ich, wie sie, ich versteh oder lese sie nicht; und ihre Gemeinnützigkeit sagt die erste Epistel, das Erste in der Welt, alles, und niemand kann *noch* etwas sagen. Die wird am wenigsten verstanden, und die Menschen halten sich an die Ankündigung, weil die das Einzige ist, was sie fassen können, und dabei *schreien* sie! *meine Ohren* vertauben. Leute, die von jeher für fein passiert haben, verstehen sie auch nicht. ›Wie kann man Empfindungen erklären, in Systeme fassen‹, ist ihr letzter Grund, den sie *denken,* und was sich *darauf* bauen läßt, sagen sie. Wahre Dankbarkeit für Ihre Nachricht von den Horen! nur immer so! ›Solche Schläge.‹ Das kann ich Ihnen nicht ersetzen. Diesen Brief muß ich Ihnen mündlich und ausführlich beantworten; Sie sprechen darin von meinem Charakter, ich gebe Ihnen gern Auskunft darüber, weil Sie's als ein Ganzes fassen. Also seh ich nicht ein, woher der gemeine Menschenverstand zu seiner Meinung gekommen ist? Sie glauben's selbst nicht. Aus Schwäche und Schwächen Gitter zu machen: ich fühle mich stark, und bin schamlos genug, es mir manchmal merken zu lassen, es nicht verbergen zu können. Bei Gott! so geht's mit jeder Gabe; sie sei Fehler oder Verdienst – in unserm Geenge – und da ziemt sich nichts als Mitleid und Nachsicht, und weil man doch Billigkeit – nach Menschenverstand – fordern kann, so fordr' ich's. Kühn bin ich, ja – das wissen Sie am besten – wenn ich mich auch vor einem Puthahn fürchte: fürcht ich doch, wie die meisten, nicht ein Gewitter. –

Wissen Sie was? Besuchen Sie mich auf meinem Lande; da wollen wir alles abmachen. Ohne daß es jemand weiß. Ich leugne es *jedem, dem,* der's *gesehen* hat. Sie sind aber nicht kühn. Wenn's am Reisegeld liegt, das will ich Ihnen dort wiedergeben. Ich habe öfters auch keins. Kurz, das findet sich noch. Scholz wird mich dort besuchen, und Hr. von Oertel, sonst mag ich keinen, und es kommt auch niemand, es ist zu weit *ausgesucht*. Scholz ist in Wien mit Hrn. von Carmer, dem Sohn des Großkanzlers, sechs bis acht Wochen. –

Das was mich am *meisten* von einem Menschen schmeicheln kann, haben Sie mir über meinen Ihnen vorenthaltenen Brief gesagt. ›Bin ich nicht wert‹, – sagen Sie zum Gepräge alles Guten zuletzt –, ›ihn zu lesen, oder halten Ursachen Sie ab, die Gewicht haben, so würd ich ihn auch gar nicht richtig nehmen‹, – (Sie setzen meine Überzeugung über Ihre, das hofft man gar nicht, und verdient es nie; ›ich hofft es, ich verdient es nicht‹, haben Sie mir einmal vordeklamiert) – ›nicht recht verstehen, und wozu sollte er mir dann? nur lassen Sie ihn leben.‹ Bei mir sind die Perlen nicht vor die Säue geworfen: ich versteh wohl, was gut ist, und *mir* Gutes zu tun ist ein Vergnügen. Bei Dankbarkeit denkt man nichts; ich leugne sie auch immer: empfinden und verstehen bis aufs geringste Undchen, was einer tut, das wäre Dankbarkeit, und ist so selten zu finden wie Apolls Schönheit, und auch von der wird gesagt, sie existiert nicht. – Ich finde den ersten Teil von Hume nicht uninteressant, grade wie ein Volk entsteht, weiß ich gern, und daraus denk ich mir seine Art und Weise, die es noch hat; und durch sein Land und seine Lage; das spätere Setzen eines Volks ist sich gleicher; sind die Menschen zivilisiert, so sehen sie sich immer ähnlicher; und die spätere Geschichte will ich nur wissen, weil sie andere Leute wissen, und sie einmal existiert, über die denk ich nicht so viel. –

An David Veit, in Jena

Berlin, den 1. Juni 1795

Ich schreib Ihnen gleich Antwort, weil sie dann immer besser wird, als wenn ich erst warte, und weil ich Ihnen den andern Monat gar nicht schreiben werde wegen Freienwalde. Vorgestern nahm ich hier das letzte Bad; weil ich es vor Schwäche nicht aus-

halte, Sie werden das an meiner alterierten Handschrift bemerken
können. Die Verse an den alten Mann sind ohne allen Vergleich
besser als die andern – ich spreche hier, wie's mir vorkömmt –,
sie sind ein Ganzes, Ein Gedanke, und auch der Ton, in dem sie
gehen, gefällt mir besser als der andere. – Daß Sie für Latrobe
nichts Besseres gemacht haben, tut mir leid; er wird's verstehen.
Wenn Sie etwa meiner Meinung sind, so tun Sie mir den Gefallen
und sagen es ihm selbst; wenn Sie sich auch par hazard aus Ihrer
poetischen Ehre nichts machen. Ich bitte mir auch ein Wort über
diese Meinung von Ihnen aus. Diesen Latrobe habe ich gesehen.
Im Theater. Er geht ohne Puder, und ist kurzsichtig; sieht melancholisch aus; und trug einen braunen Rock. Obgleich ich mich
seiner Züge schlechterdings nicht mehr erinnern kann, so weiß
ich das noch. Ich hörte von ihm, durch Jettchen glaub ich, *die*
durch Zelter; bei Fasch auf der Akademie war er auch. Man
sprach als interessant von ihm; weil sie aber nie wissen, was
hübsch und interessant ist, so war ich schon dickhäutig, und gab
gar nicht acht auf ihn, und wo sollt ich ihn auch sehen? ich kannt
ihn nicht. Geschehen ist geschehen, darüber denk ich immer wie
ein großer Mann; das heißt, ich bekümmre mich um meinen Verdruß nicht. Er muß kein Barbar sein, denn Apoll will ihm wohl,
und er wußte sich ihn günstig zu machen; er muß ein vorzüglicher, gebildeter Engländer sein, weil er (die Schwächen kann man
wohl nicht gut sagen) die Stärken seiner Nation einsieht; er muß
ein Mensch sein, weil ihn Goethe liebt. Meine Etceteras können
Sie sich nun schon denken.

Bis zu der vierten Hore glaubte ich, und glaubte auch zu finden, daß Goethe die Unterhaltungen schriebe. Diese letzte Advokatengeschichte hat mich aber dekontenanciert, daß ich in mir
diesen Glauben schlechterdings ausstrich. Sollen die ganzen Unterhaltungen etwas Ganzes sein, nun so muß ich mir diese Geschichte als die Rede eines Dummen in einem Roman oder in
einer Komödie gefallen lassen, für mich ist sie nicht, ich finde sie
unerträglich, so recht wie vom Boccaccio. Weiter hab ich darüber
nichts zu sagen; außer daß der Leser *immer verliert*, wenn man ihm
ein Werk bissenweise zusteckt. Vor der Geschichte war's hübsch
in derselben Hore. Sie wissen, im Bürgergeneral erkannt ich Goethen an Einem Worte. Über Meister werd ich mich wohl hüten et-

was zu sagen: weil ich nicht kann. Wenn wir ihn zusammen läsen, sollten Sie ihn gewiß anders finden als jetzt. Noch hab ich kein Wort darüber gesagt – ich kann *nun* fast gar nicht mehr reden –, denn die Leute verstehen ihn einem immer in die Ohren hinein. Auch ich finde die Ähnlichkeit mit Aurelien; und zuletzt nicht. Mit Jettchen aber noch weit weniger. Von der ihrem Charakter liegt die wilde Handlung mit dem Dolche zu weit, und auch von ihrem Geiste, denn sie setzt Phantasie voraus, mich trennt aber nichts davon als meine Denkungsart. Wenn ich einmal *ganz* glücklich gewesen wäre, wie Aurelie, und mich in diesem Glück bis zu einem Kinde vergessen hätte, so könnt ich nie wieder so unglücklich werden. Was will man denn? Der Augenblick der Reise kann nicht dauern; und *ganz* könnt ich mich nie in dem Menschen geirrt haben, dem ich mich schenkte. So sicher fahr ich Jason in meinem Wolkenwagen. Sollt ich ihn aber für schmelzbar halten, so ist auch kein Freund vor einem solchen Riß mit dem Dolche sicher. Ich wette, der Gesichtspunkt ist Ihnen neu. Er ist es auch, denn ich lege den Kopf unter die Guillotine, wenn ihn Ihnen noch Eine zeigt, *Einer* unmöglich! So denk ich aber überhaupt über weiblich Glück; drum sagt ich's. Und sonst wäre ja auch meine Unähnlichkeit mit Aurelien nicht zu verstehen. Nun gibt's noch viele Interims-Glücke, die muß man gebrauchen wie man kann. Wie alles in der Welt. ›Sehe jeder wie er's treibe, sehe jeder wo er bleibe, und wer steht, daß er nicht falle.‹ *Ist* man aber gefallen, setze ich hinzu, und sei's eine Mamsell, so stehe man mit *Anstand* und *Freimut* auf, und suche sich zu heilen, wenn man nicht tot ist. Ich spreche darum über alles mit Ihnen en gros, weil Sie, umgekehrt wie gewöhnlich die Menschen, daraus leicht die einzelnen Fälle verstehen, da die andern durch viele einzelne erst etwas Ganzes fassen. – In Aurelien habe ich oft meine eigenen Worte gefunden, und noch mehr in dem aus Lessing Abgeschriebenen. *Das* streichen Sie aus, denn da könnte mich immer einer für abereitel (aberwitzig) halten. Ich kenne Jettchens Gedanken vom Meister nicht. Ja ich wäre ordentlich in dem Buche vorgekommen (wie *Sie* sagen: ›Ob das Verlust wäre!‹). Wenn er auch alles erfunden hat, Aurelien auch, die Reden von ihr hat er einmal *gehört*, das weiß ich, das glaub ich. Es sagt's ja die Prinzessin im Tasso auch; nur aus einem andern Ton. Wie groß ist *das*! Gehört hat er's aber. Die Frauen laß ich mir nicht abstreiten. Entweder, man denkt so etwas *als* Frau, oder man hört's von einer Frau. Zu erfinden ist *das* nicht. Alles andere nur Menschenmögliche gesteh ich *ihm* zu. *Das* weiß ich aber als *ich*. Im Grunde gefällt mir der erste Teil von Meister besser; im Grunde sollte man von keinem Werke sprechen, welches nach und nach erscheint, und keins so herausgeben.

– Warum wollten Sie verlegen, kalt oder anders sein als sonst, wenn Sie mich sehen? Mich dünkt, es ist alles noch so, wie es war. Überhaupt erinnere ich mich nie, ob etwas vor einer Epoche, in der wir uns gesehen, oder nachher vorgegangen ist. Ich behalte nur das Total, wie ich mit einem Menschen stehe, und wie er ist. Ist es aber bei Ihnen anders, und Sie könnten wirklich verlegen sein, so sein Sie höflich. Das ist meist nützlich, und nie schädlich. – Warum wollten Sie niemanden einen Brief ganz von mir zeigen? mir würd es gleich sein, nichts davon darf scheuen gesehen zu werden. Wollten Sie etwa die Wahrheiten, die ich Ihnen manchmal sage, oder die Art, wie wir miteinander sind, nicht sehen lassen? Ich versteh das nicht. Könnt ich mich nur den Menschen aufschließen, wie man einen Schrank öffnet, und, mit Einer Bewegung, geordnet die Dinge in Fächern zeigen! Sie würden gewiß zufrieden sein; und, sobald sie's sehen, auch verstehen. Warum wollten Sie nicht einen Brief ganz von mir zeigen, und lieber alle verbrennen? Ich kann mir gar keine Ursache denken. Besinnen Sie sich nur auf die Wahrheit, sie ist manchmal schwer zu finden. Ich glaube nicht, daß Jettchen Ihre Mutmaßungen übelnehmen würde.

Daß Schummel so ein Buch schreiben kann, ist mir doch nicht aufgefallen, obgleich ich ihn nur Einmal sah, und er witzig, scharmant war, und mir sehr gefiel. Er schien mir aber gleich der Sklave seiner Art und Erzählungsweise zu sein, und mehr, daß er ihr, als daß sie ihm zu Gebote stehe. Zum Glück hat ihn noch eine gute Art attrapiert, sonst wär er unerträglich; daß er aber in jeder andern Bahn, in die er sich wagt, leicht fade werden kann, scheint mir in der Regel. – Wozu dieser Ausfall auf Schummel! – Das Gedicht von Goethe auf die Knappschaft zu Tarnowitz ist himmlisch. Ja, ja, Redlichkeit ist das Wort, das ich meine, *die* und Verstand, *die* bahnen manchen Weg. Redlichkeit ist Wahrheit;

und nur ein Narr liebt sie nicht. Und wie himmlisch, ›helfen‹ sagt er, ja helfen tun sie auch nur. Die Welt findet man fertig wie sie ist. – Die Wege muß man suchen. Noch eins! wie göttlich paßt dies alles im Allgemeinen, mit jedem Wort und wie ganz für den Fall und die Knappschaft, sogar selbst für die moralisch-verständlich: und wie schön, umgekehrt, sieht man erst bei einer zweiten Übersicht, daß es auch für diesen einzelnen Fall anpassend gilt. Es ist ein wirkliches Gedicht, diese Zeilen, jedes Wort ist dichterisch, es ist ein Ganzes und ist eine allgemeine Wahrheit. Es fängt so fragend, so phantastisch an, und schließt so bündig; und die Wahrheit ist so grabend, und so tief wie ein Bergwerk selbst. Kurz, mir scheint's sehr poetisch: und so orakelartig, wie die Dichter sprechen sollten. In diesen *Zeilen* hat er *auch* wieder die stille Natur, und die bewegte Welt, und dann die Wahl, die einem bleibt, berührt. Mehr gibt's doch nicht. Ein wahrer Dichter muß an die äußersten Enden greifen – bezeichnet er den Tasso selbst; den hab ich studiert, wie er Hamlet – und, diese bei jedem kleinen einzelnen Fall immer natürlich berühren, *ist* ein großer Dichter. Ich bin schon wieder in Goethe hineingekommen: dann muß man mir vieles verzeihen. Ich werd Ihnen schon einmal *sagen* wieso. In einem Briefe klänge mir das zu schön. Sie kennen doch von der Art Gesichter, die *zu* schön sind? –

Wenn Sie etwas von einem Auflauf, es sei aus welcher Zeitung, oder von dem ersten Menschen hören, der hier war, so glauben Sie *nichts*, als daß betrunkene Schneidergesellen Händel mit einem Scherenschleifer in der engen Lappstraße am dritten Feiertag suchten und bekamen, weil er vor seiner Türe schliff; er wehrte sich, es mischten sich nach und nach alle Schneider und Gesellen jeder Zunft darein, demolierten sein kleines Häuschen, eh Polizei und Hülfe kam, widersetzten sich der Wache, die sehr verdoppelt wurde, ihnen aber nichts tun durfte, weil man nicht Mut sie zu reizen hatte. Den andern Tag hat man den aber von Potsdam bekommen, und nun sitzen die meisten schon, sollen hängen und allerhand. Es wurde ausgetrommelt, sich nicht zu attruppieren, das war vorgestern; den zweiten Tag wurde Lärm geschlagen, um die Soldaten zu versammeln, und die neugierige müßige Menge auseinander zu treiben, und unter die Kerle gehauen und geschossen wie nichts Gut's. Leider einen Tag zu spät:

Sie forderten immer ihre Gefangnen heraus, wer das tat wurde sogleich selbst einer. Kein Straßenjunge gibt ihnen recht: und jeden ärgert als gesitteten Preußen die dumme Geschichte; außer die witzigen Unholde in der Gesellschaft; die verhaßten!

An David Veit, in Jena

Töplitz, den 28. August 1795

Mich dünkt ich hab Ihnen den konfusesten Brief von der Welt geschrieben: und diesen nachschicken, könnte nicht schaden. Wie es kam, wissen Sie; die Zeit war zu kurz: und *indem* ich schrieb, wußte ich, daß ich etwas anderes sagen wollte, und ließ die Feder immer laufen, aus Mattigkeit, damit Sie doch nur etwas bekämen. Ich besinne mich auch nach der Zeit auf das, was ich Ihnen geschrieben hatte; so *glücklich* kömmt es mir doch eben nicht vor. Im Gegenteil. Mich dünkt, ich freue mich *so sehr*, nicht unglücklich zu sein, daß ein Blinder müßte sehen können, daß ich *gar nicht glücklich* sein *kann*. Ich meine das leidende Glück. Wobei man leidet, nichts tut. *Das* ist Glück; und zu dem hab ich sogar die Fähigkeit verloren. Auch sprachen Sie von dem ruhigen. – Aus eben der Ursache ist's ja, daß ich mich gar nicht blindlings von einem Menschen kann einnehmen lassen; darum bet ich ja nicht an. Sie wissen ja, daß ich alles *sehe* – wie ich Ihnen in der Komödie *sagte* – denn sonst *wär* ich ja in Goethe verliebt, und ich bet ihn ja *nur* an. – Das ›Nur‹ ist hier kein Unsinn. – Ich hab in meinem vorigen Briefe gesagt, daß ich zu gut wüßte, was bei manchen Gelegenheiten im Menschen vorgehen könnte, um daß ich mich je zieren würde, aber ich hab es so gesagt, daß Sie mich mißverstehen müssen. Ich meinte es in der Art: daß ich nie etwas übel deute oder nehme, weil es andere tun, und man es bei der Gelegenheit zu tun pflegt, oder sich hier effarouchieren müßte; sondern ich sei gewöhnt alles zu untersuchen, was in mir vorgeht, wie es wohl bei andern kann gegangen sein, was ich von ihnen wahrnehme; und wie ich das wiederum am besten nehmen könnte. Wie könnt ich also wild aufflattern, wo die Rede nur unter vernünftigen Menschen ist, und von vernünftigen Dingen, und grade mit meinem eignen Flüchten das einzige Geräusch, den einzigen Sturm erregen, der hier möglich ist. Sie sind anders wie ich. Was ist denn nun da? Ist es nicht genug, daß wir in so vielen Dingen gleich denken, uns *immer* schnell berichtigen können, sollen sie noch gleich in uns vorgehen? Das geht nicht; wie gesagt. Die Ordnung wäre zu groß, und dann schien's als wäre die Welt darum da. Und ich sehe auch den Grund dieser Unmöglichkeit zu gut, zu deutlich ein, als daß sie mich mehr aufbringen sollte: im Gegenteil, ich hab uns von jeher für zu verschieden gemacht gefunden, als daß ich unsere jetzige Übereinstimmung nur hätte hoffen dürfen, denn mir scheint's doch, als gingen die Dinge in uns ganz anders, sehr verschieden, wo nicht umgekehrt, übereinander. Die Resultate werden oft gleich das Ende. Daher dünkt mich ist unsre Freundschaft ein wahrer Triumph – der einzig genießbare für mich – das Produkt zweier vereinigt vernünftigen Wesen, die, sie mögen weichen und wandeln, sich unbezweifelt bei der Wahrheit wiedertreffen, wohin sie immer kehren, die sie immer im Ernste suchen. Untersuchen Sie einmal die eklatanteste Liebe – was man so nennt – was ist denn die? Augenblickliches Übereinstimmen – meistens bei einer Irrung gegründet, fortgesetzt, besiegelt, und verschwunden – was sie denn für recht himmlisch und mit Wut fest halten, je weniger Grund sie wider die Unzuverlässigkeit desselben aufzufinden ahnden. Nicht daß ich die Liebe von dem ganzen Wahrheitsboden wegzuräsonnieren dächte! (Gott behüte, ich bin einer der größten Sklaven und Anhänger des himmlischen Kindes), nein; sie findet nur bei gewissen Freundschaften – ich habe kein ander Wort – nicht statt, und mit denen zusammen *ist* sie zwar die größte Idee für Menschen und ihre Verhältnisse; hingegen ist sie mir bis jetzt auch nur als *solche* begegnet. Ich komme mir recht vor wie ein irrer Mensch; dem man seine Tollheit ausreden will, man schwatzt, man beweist, er versteht, gibt recht, und beweist zuletzt, wieder daraus, seine eigne Behauptung. So bin ich auch; denn eben wollt ich Sie fragen, hab ich nun nicht recht, daß ich liebe wo ich kann oder muß, und meine Freunde wieder besonders betreibe? Kurz: Was liebt man? Das Schöne und Gute. Wo liebt man's? Wo man's findet. Wann liebt man's? Wenn man's findet. Also seitenweise, seitenweise: wie uns die ganze Welt erscheint; mein Fehler ist es nicht; es mag ein Zusammenhang in ihr sein, uns erscheint aber auch nicht der rechte. Und daß mir diese Wahrheit als der einzige erscheint, den ich finden kann, macht, *daß ich nicht kann*. Und nun ist die Tollheit aus. Nun streiten Sie noch einmal von vorne!

Sagen Sie einmal, lieber Veit, ist Ihnen wohl schon ein ungebildeter Mensch in meiner Art vorgekommen? Mir noch nicht. Andere, die etwas nicht wissen, denen ist auch diese Unwissenheit unbekannt, und die ganze Sache, die es betrifft; bei mir aber ganz anders; ich kenne die Unwissenheit, die Sache, mich, die Mittel, und bleibe doch wie ich war. Mir fällt das bei diesem konfusen Brief wieder ein, wo Sie mir gewiß die Gedanken noch herausklauben werden, worum ich Sie auch bitten wollte. Wie kann man so genau, so pünktlich, so *gründlich*, so ästhetisch möcht ich fast sagen, wissen was schön geschrieben ist, und sich selbst nicht bessern: sogar mein Geschmack, mein Urteil bessert sich, und ich spreche schlechter als die geringste Frau, die drei Friedrichs von Siegfried gelesen hat. Jeder kann besser schreiben und reden, mit viel dümmern Gedanken. Ich fühl das alle Tage; und zuletzt ärgert's mich doch. Wenigstens möcht ich die Ursache begreifen, da mir die Einsicht nicht fehlt. Ich goutiere jedes ›Und‹, ›Wohl‹, ›Denn‹, das mindeste Wörtchen; weiß so schön den Unterschied bei Dichtern zu finden und bei Schriftstellern, weiß sie zu charakterisieren, zu klassifizieren, viel besser als andere; und ich glätte mich doch nicht aus, bessere mich nicht. Ich weiß *genau*, wenn ich einmal einen Perioden gut geschrieben habe, aber das hilft mir nichts. Sprechen tu ich gar wie eine Rotüriere. Wenn ich nicht auch originelle Gedanken hätte, müßten die Unwissendsten sagen, ich sei's.

An David Veit, in Paris

Berlin, den 15. November 1798

Sie werden Adresse, Format, Hand, nichts mehr erkennen; und es sind Ihre zwei Lieblinge, die Ihnen schreiben. Lindner und ich. Wie liebt er Sie! *ver*liebt ist er noch immer. Vorige Woche trat er zu mir ins Zimmer; unser *zweites* Wort war Veit, und dabei blieb's. Ich machte gleich den Vorschlag zu schreiben, er tat es gleich, ich jetzt. Wie schmerzlich, mein Freund, vermissen wir Sie! Wir ha-

ben uns immer lieber, und denken dadurch ein Drittes hervorzu-
bringen, und das sind Sie. Wie gegenwärtig sind Sie uns auch! wie
sind unsere Gedanken immer bei Ihnen; ach! so gewiß, und Sie
fühlen's doch nicht, bis Sie diesen Brief lesen. Wir *wissen*, daß Sie
ohne uns nicht recht glücklich sein können. Wir sind's auch
nicht. Lindner hat mir Ihren letzten Brief vorgelesen! – ist es
nicht so *gut*, als ob Sie ihn mir geschrieben haben? Es gefiel mir,
daß Sie mir nicht schrieben. Schreiben soll man sich auch! Ich
war gewiß von Ihnen. Waren Sie's denn von mir auch? Nein. Sie
kennen die ganze Seele nicht, die lieber in ihre Vernichtung, in
die schrecklichste Existenz willigen würde, als darein, daß es ihr
möglich sein sollte, ehrenvolle Dinge – so muß ich sie nennen –
zu vergessen. Ich bin wie ich war, Veit. Sie können mir grade in
die Augen sehen, und Sie werden sie besser finden. Lindner sagt's
auch. Ich bin auch besser. Überzeugter von dem, was in mir war:
überzeugt, daß es unumstößlich ist, und zufrieden damit. Ich
putze es aus, ich pflege es, ich liebe es. Schmerz? – ist zufällig,
könnte auch ebensogut Freude sein. Darum ertrag ich ihn mit
Tränen, aber willig; nicht allein, ich *kann* nicht, ich *mag* auch
nicht mehr tauschen. Er macht mich nicht mehr mißvergnügt, er
macht mich klar und macht mich stark. Und vieles schmerzt auch
nicht mehr. Sie würden zufrieden mit mir sein in jedem Betracht.
Die ganze Skala meiner Seele gibt reine Töne an, obgleich man
schrecklich! mit den Saiten umgegangen ist. *Glauben* Sie, schrecklich; sogar zum Erzählen wär's schrecklich. Man ist entweder dem
Wahnwitz, oder dem Tod, oder der Genesung ausgesetzt; mir
sind die beiden ersten nicht widerfahren. Ich bin besser, kann ich
auch nicht sagen; ich bin jenseits, möcht ich sagen. Verstehn Sie?
Vom Schicksal beschimpft, aber nicht mehr beschimpfbar. Unglück ist Schimpf vom Schicksal. ›Er komme und sage mir es
noch einmal‹, sagt Gräfin Orsina. Ich bin wie ich war, und nie,
nie! sollen Sie mich verändert finden; und fänden Sie mich im
Tollhause eine papierne Krone auf dem Haupte, erschrecken Sie
nicht, Sie finden die Freundin wieder. Die Freundin alles Guten,
die Liebe, das Streben darnach; ganz aufgelöst, zerstört, *nicht*
wieder müßten Sie mich finden; um mich anders zu finden.

Geglückt ist mir nichts, seit ich Sie nicht sah. Ich bin noch in
derselben Lage. Im Gegenteil, drei Freundinnen, worin ich die

Humboldt mitzähle, sind mir entkommen, zu denen ich flüchten wollte; die eine heiratet einen schwedischen Baron, meine Freundin in Prag hat eine ernste Verbindung, die ihr jede Empfindung und Zeit einnimmt. Ich bin *oft* ohne Unterstützung, aber nicht allein; Sie wissen, wie ich aus dem Menschen spinne: aber ohne Freund, kurz, ohne jemand, der mich ganz errät. Lindner war mir so lieb! Ich hatte mich so *schnell* an ihn gewöhnt; ich muß ihn wieder verlieren! ich treib ihn sogar. Er hat eine Verbindung. – Veit, jetzt sollten Sie mich sehen! jetzt weiß ich erst wahr zu sein! und das ist noch gar nichts gegen die Idee, die ich davon habe. Das quält mich oft; es gehört Geschicklichkeit, Verstand dazu, wahr zu sein. ›Nur die Galeerensklaven kennen sich.‹ Goethe und das Leben ist mir noch immer eins; ich arbeite mich in beide hinein.

Sein Sie gutes Muts; wir sehen uns gewiß, wir leben gewiß noch miteinander. Wer nur gelassen ist, und dem's nur auf ein paar Jahre nicht ankömmt! Uns, mir, muß die Gelegenheit auch noch kommen: und am Ende will ich, das ist die beste Gelegenheit. Ein bißchen später kann man wollen. Sein Sie vergnügt! Sie haben Freunde! – nach *Ihrer* Definition; Sie sind ein Freund und geliebt. Mir sind viele Menschen von Gehalt und guten Eigenschaften aufgestoßen: einer hat diese, einer jene, aber keiner ›widersprechende gute‹ (ich zitiere *Sie*), also kein großer Mann. Vivent! die Jugendfreunde! Sie! und wir!

Lindner gedeihet in meiner Gegenwart, er sagt's selbst, und ich hab ihn sehr lieb! Nicht wahr? Sie freuen sich? Er ist nur meinetwegen hiergeblieben, und ich habe ihn so aufgenommen – wie ich aufgenommen sein will. Mit wahrer Liebe. Übermorgen, Sonnabend, reist er. Im Winter kommt er wieder. Dies und die Opern sind meine einzigste Freude für den schwarzen Winter; für den Sommer hab ich auch nichts. Gar nichts. Adieu! weiter nichts. Wieviel gute allgemeine Dinge, die sich auf uns beziehen, sag ich Lindner.

Besser kann ich Lindnern nicht schreiben: und anders gar nicht. Wenn ich nicht wahr sein soll, kann ich gar nichts sein. Und Sie machten mir bang in Ihrem Brief: als befürchteten Sie, ich würde ihm ein schädlich Wort zufließen lassen. Sie haben auch recht: ich bin auch gefährlich. Wer sich nicht herabstimmen kann, ist gefährlich und schädlich. Ich habe *gar* keine Zeit: und meine Stimmung raubt mir was ich hätte. Mein Brief wollte auch nicht so ganz *Antwort* werden; und wären Sie nicht, lieber Veit, so wär's *gar* keine geworden. Sie haben aber recht, Lieber. Ich bin Ihnen recht gut, weil Sie Lindnern so gut sind. Da haben Sie sich eine eigne Stätte in meinem Herzen erbaut. Von *unsern* Affairen künftig. Latrobe war zweimal bei mir. *Er gefällt* mir so −! daß ich ihm austérité und krause Haare verzeihe. So lächerlich dies klingt, so viel will es sagen. Ob ich ihn satisfaisiere, weiß ich nicht. Ich glaub es nicht. Er hat zu viel von mir gehört, und hört zu wenig von mir. Er kommt zu selten. Kurz, er ist wie *ich*: und darum kommen wir nicht zusammen. Zu fein, zu skrupulös. Ich lieb ihn sehr. Er sieht schon aus wie ein *Mensch*. Ich vertraute ihm à discrétion. Ich muß mit Mama weg. Sie nimmt mich mit nach der Stadt. Adieu. Sonnabend das Weitere.

R. L.

An Gustav von Brinckmann, in Paris

Berlin, den 9. März 1799

Brief über Brief bekomme ich, mein guter lieber Brinckmann, und Sie denken, ich antworte Ihnen nicht! Nein, wir haben Ihnen einen großen Brief durch Geheimrat Ephraim geschickt. Den scheinen Sie aber nicht bekommen zu haben. Ihnen, mein Freund, sollt ich von allen, die ich kenne, am ersten schreiben; Sie machen sich am allermeisten daraus. Sie sind durchdrungen von Artigkeit, und fühlen's auch schon als solche am meisten. Artigkeit bleibt's immer; und wenn man auch seinem geliebtesten Freund Dinge, die einen wirklich drücken, schreibt. In der Entfernung sich noch so mechanisch mit ihm abgeben wollen, es bleibt immer viel. Darum, mein lieber Brinckmann, rechne ich's Ihnen auch so *hoch* an, daß Sie schreiben: nur überhaupt schreiben, und dann mir, die es so cavalièrement zu empfangen scheint; und es ganz anders empfängt. Ich versichere Sie − und mit Bedacht − Ihre meisten Korrespondenten rabattieren vom Wert Ihrer Briefe, weil Sie so vielen schreiben und so oft, und bei mir steigen sie, umgekehrt, dadurch im Preis. Es ist, als wollte man sich nicht geschmeichelt fühlen oder freuen, wenn ich lache, weil ich viel lache: es ist ein großer Unterschied in diesem Lachen; und so weiß ich ihn auch in Ihrem Schreiben zu machen. Ich lache, weil ich einmal gutmütig, richtig – episch gestimmt bin (hab ich von Humboldt gelernt) – weil ich reizbar bin, und nie auf meine momentane Stimmung versessen – wie man *sehr* gewöhnlich spricht – bin. Sie schreiben, weil Sie gutmütig, voller Egards, Einfälle, und in tausend Rapports mit den Menschen sind, die alle Faulheit überwiegen, die Sie auch noch, wenn's aufs Rühmen und Messen ankömmt, mit der Horde von Letzten gemein haben; und worauf sie sich etwas einbilden. Genug von ihnen! aber nicht zu viel: denn das wollt ich Ihnen sagen. Es liegen sechs Briefe von Ihnen auf meinem Tische. Ich distingiere ganz allein den großen, wo von Mad, Staël die Rede ist. Was in dem steht, schreiben Sie nur mir! Mein lieber Freund! geht es Ihnen schlecht? Mir auch! (Ich *wollte* Ihre Briefe wieder durchlesen, aber ich habe die Kraft nicht; sie liegen alle neben mir.) Ich werde aus dem Gedächtnis schreiben. Es geht mir schlecht! und *ich weiß* nicht, wie es mir ohne den Gedanken gehen würde, daß die Humboldt wiederkommt. Rasend werde ich nicht, und umbringen tu ich mich auch nicht; aber ich sterbe aus langueur und das tu ich jetzt auch. Heiraten sagen Sie. Ich kann nicht heiraten; denn ich kann nicht lügen. (Denken Sie nicht, daß ich mir etwas darauf einbilde: ich kann nicht, wie man die Flöte nicht spielen kann.) Sonst tät ich's jetzt. Ich würde mir zur tâche und zum Lebensplan machen, einen Mann glücklich zu machen, der mich aus allen seinen Kräften liebt, und den meine Gegenwart schon beglückt. Aber ich kann mir keine Äußerung der Liebe für ihn abgewinnen: und es geht also nicht. Es ist ein braver, rechtlicher, gescheiter Mensch, ohne Vorurteile – aber *meine* fehlen ihm – er denkt, man liebt, sieht sich betrogen, und nimmt einen konvenablern, der einem en gros alles anbietet, was man vernünftig fordern kann, und von dem man mehr, als er je ein Weib lieben konnte, geliebt ist. Es ist ein kluger, und ein nobler Mann; was weiß er aber alles nicht! ich wäre fremd bei ihm; und er heimisch bei mir. Das täuscht ihn auch; und das verführte ihn. Das ängstigt und schmerzt mich auch, ich hätte ihn nicht heimisch sollen werden lassen. Kaum aber – ich weiß das auch – kann ich *das* wehren. Noch auf eine Manier kann ich heiraten, wenn ich dem Menschen fast gleichgültig bin, und er *alle* seine Freiheit behält, und mir seine Person gefällt. Das fühl ich, und weiß ich deutlich, Vorurteile muß er schon einmal nicht haben, sonst halt ich's nicht aus. Tugendhaft will ich gern sein: das bin ich jetzt auch – und bin zu nichts anderm gemacht – nur zum Lügen muß mich ein dummer Mann nicht zwingen können, und ich mich stellen müssen, als ob ich ihn ehrte. Reden muß ich können, was ich will: und mein Lästern muß er lieben; und wenn ich ihn ehren könnte! was *ich* ehren nenne! – ich *glaube*, ich weiß nicht – ich wäre *noch* glücklicher als durch die Liebe. Nun hab ich Ihnen auch *gesagt*, was Sie längst wissen: und das Diplom des Freundes schriftlich ausgefertigt. Das wollt ich; das verdient der Staël-Brief, wo auch Sie mich so besonders auszeichnen. (Ich lese ihn nicht, aber ich weiß.) Sie schreiben mir darin (ich lese ihn doch!), Sie schreiben mir, Sie lieben mich in der Entfernung inniger und treuer, ich glaub es Ihnen. Sie haben auch eine von den in sich wahren Menschen gefunden, die es nie aufhören können zu sein, und die ein scharfer Verstand über sich selbst erhellt, und ihnen Rechenschaft ablegt; das *sind* Freunde: das haben Sie erkannt, und für ewig. Kein Wust, kein Mißverstand konnte da nicht stören, kein Rost ansetzen. Auch ich wußte es immer. Und oft was Kälte schien, war *Stolz* – heißt Freude – und sécurité. Ich schicke Ihnen das erste Blättchen dieses Briefes mit, das mich so *rührte*, und schmeichelte – Sie schikken mir es gleich wieder – schmeichelte, sag ich, die Schönheiten der Natur schmeicheln uns auch; ich *verstehe* unter schmeicheln nichts Falsches. Jeder reine Genuß schmeichelt, ist eine Schmeichelei des Schicksals; welches uns ebensogut *alles* versagen kann. Verstehen Sie mich? wenn ich mich gehenlasse, werde ich unverständlich. Ich beantworte nun Strophe nach Strophe Ihren Brief – ich antworte eigentlich schon den ganzen Winter in mir –; Brinckmann, Sie schreiben mir meisterhaft über die Staël, und eine Ungeduld ergreift mich, daß ich's nicht kann drucken lassen. Zwar würden es dann auch die Letzten lesen, aber die Ersten auch. Ich habe Sie ganz verstanden, glauben Sie mir's! Lehren Sie sie deutsch. Sagen Sie ihr, sie hätte au fond de l'Allemagne eine innige Anbeterin; sie wäre mir in der unglücklichsten Epoche meines Lebens wie ein Gott zu Hülfe gekommen; la terre m'avait manquée sous mes pieds, da hätt ich dies in ihrem Buche sur les passions gelesen, welches Sie mir gaben: ›à vingt-cinq ans la terre nous semble manquer sous nos pieds‹, unsre Freunde, unser Geliebter verläßt uns – ›wir müßten unser Glück in Lieben finden, das könne uns niemand rauben‹, wie ich das las, kannt ich sie, und gelobte ihr Liebe. Es gibt kein Glück: es gibt nur Sieg, und Plaisir. Hierin hat man ewig zu wählen, oder vielmehr nur die Natur, ob sie uns eine blonde oder brünette Seele mitgibt. Sagen Sie ihr, sie soll mich nicht verachten, weil ich ein Frauenzimmer bin: auch bei mir hätte es schwergehalten, sie gelten zu lassen. Sagen Sie ihr, ich kenne sie wahrscheinlich besser als irgend jemand, mit dem sie je liiert war. Sie wissen, was bei mir Goethe ist. Alles, mein ganzes innres Leben, und er, – ist Eins bei mir. Aber ich glaube nicht, daß ihr Goethe geholfen hätte; freilich wenn sie ihn verstanden hätte, so hätte sie das andere auch gewußt, und ein Probierstein ist er, ausbilden tut man sich durch ihn, der Stern im Leben ist er, aber ohne ihn muß man alles sein. Vielleicht wenn sie eine Deutsche wäre. Im Grunde – muß man alles von selbst sein. Ihr Staël-Brief endigt, ich soll manchmal mit unsern Freunden von Ihnen sprechen – wenn ich Ihnen nun sage, daß alle Abend – wenigstens – die Rede von Ihnen ist; daß wir Ihrer bald leichter, bald ernster, und immer mit Liebe gedenken. Die Liman, meine Schwester, alle sind wir Ihnen gut! Sie leben immer unter uns: ach! und wir hoffen, Sie kommen wieder. Wenden Sie alles an! Selbst meine Mutter, wenn sie mir vorrechnet, ich habe alle Freunde verloren, kömmt Brinckmann an die Spitze. Wo sollten Sie uns auch nicht einfallen; wer ergriff alles leichter, durchsah es besser, und war voll schonender Rücksichten, und *wahrer* Höflichkeit, wem stand besser seine Laune zu Gebot, selbst im Schmerz! Ich lese Ihren zweiten Brief; der mit dem Staël-Brief zusammen kam. Darin schreiben Sie mir, Sie sind verwaist, traurig und mutlos, und setzen hinzu: ›Ich fühle, daß ich diese Klagen eigentlich bloß in den Schoß einer schwachen gutmütigen Freundin ausschütten sollte – Sie sind freilich nicht *schwach*, aber Sie sind außerordentlich *gescheit* und *das* ist beinah das nämliche.‹ Auch begehren Sie keinen Trost usw. Wie können Sie mir *das* schreiben? Kennen Sie mich nicht? Ich zeige eine harte, rohe Außenseite, weil ich es sonst nicht aushielt', und die andern mit. Wenn *ich* meine Wunden *zur Schau* tragen sollte, wie die andren – ihre Ritze –, es wäre eine Schlachtbank. O! glauben Sie nicht, daß das, was ich Ihnen sage, übertrieben ist. Darum bin ich nur so erschrocken, wenn mir etwas widerfährt, weil es auf ewig ist. Ein zartes Gemüt beleidigen, heißt es verderben. Wem sollen Sie sonst etwas sagen, als mir! *dazu* bin ich gemacht. Schon oft dünkte mich, wenn ich mir nichts mehr denken konnte, und ich denk es eigentlich; darum hab ich nur eine solche Seele wie ich habe, darum widerfuhr, bis auf die geringste Kleinigkeit, mir alles so, und nicht anders, damit ich verstehen soll, was jeder fühlt, und was jedem fehlt, das ist der einzige Menschentrost, der andre kömmt von Gott! von der *ganzen* Welt, in aller ihrer Ausdehnung und Bewegung. Um keine Gabe will ich geachtet sein, keinen Vorzug will ich genießen, alles ist ein Talent, aber dies ist ein selbsterrungenes, eine *einzige* Gabe! um diese müßte man mich auszeichnen, ehren; *ich* liebe mich darum. Und alles tadelt mich darum. Ich trage dies leicht; aber verächtlich ist es mir. Darum appuyiere ich darauf, wenn man mich verkennt. Ich bin zu reich, um zu prahlen (pour étaler), und aus *wahrer* Bescheidenheit tu ich's nicht; sie sind mir alle zu arm, und ich sollte noch Kostbarkeiten zeigen? ›Frech wohl bin ich geworden, ihr Götter wißt, und wißt *nicht* allein, daß ich auch fromm bin und treu.‹ Das sei mein Epitaph. Wenn wir uns nicht wiedersehen, oder wenn wir uns auch wiedersehen, sehen Sie diesen Brief als mein Testament an. Er ist mit einer Wahrheit geschrieben, wie man auf dem Totenbette spricht – vielleicht *glauben* Sie aus Furcht, Gott behüte! – weil man's da nicht mehr der Mühe werthält, unwahr zu sein. Zeigen Sie der Humboldt diesen Brief, wenn Sie wollen. Sie schreiben mir ferner, Sie wären ›kindisch‹ und ›toll mit Methode‹? nun toller, kindischer, kurz ärger als ich selbst, ist nichts. Ich bilde mich aber sehr; ich will nicht mehr mit Gewalt glücklich sein; und weiß, *wieso* sich widersprechende Dinge nicht vereinigen lassen, als das äußere und das innere Glück; nur eine harte Wahl bleibt dem Menschen, und das ist, selon moi, sein freier Wille, von dem man so viel spricht. Bei manchen geht *das* nun freilich zusammen, und auf Augenblicke immer nur, und sähen sie *ganz* genau nach, nie. Meine Fähigkeiten sind immer noch nicht angegriffen, und daher bin ich immer noch gut, episch gestimmt. Je suis rassie, *aber, traurig!* und bei guter Laune, *höchst* verwundet;

und über dies und über mich selbst erhaben. Daraus werden *Sie* klug; ich bin's. Ich schreibe so garstig. Das hält mich auch zu schreiben ab, wenn es mir darauf ankömmt, das zu sagen, was ich will.

Bald bin ich hier allein, ohne *Bekannte.* Mariane ist weg, die Fließ geht in vierzehn Tagen. Die Unzelmann ist auf einige Monat nach Wien. Jettchen geht auch in vierzehn Tagen dahin. Gualtieri kommt nicht mehr – ein Mißverständnis mit meinem Bruder –. Genelli seh ich *sehr* wenig. Der Grotthuß verreist. Was ich tu, weiß ich nicht; entweder ich geh nach Prag, wenn die Pachta will, woran ich zweifle – dies mündlich, im Winter in Paris –, oder ich geh nach Pyrmont, oder mit Schlegels, die nach vierzehn Tagen hierher kommen auf einen Monat, nach Jena. Alles ist unbestimmt bei mir, und ich will sehr diesmal auf die innre Stimme lauschen. Kommen Humboldts wieder nach Paris, so komm ich zum Winter hin, wenn ich bei ihr wohnen kann. Freuen Sie sich also. Das ist alles, was ich von Plänen im Leibe führe; *das* sind meine Lebenspläne. Das gefällt mir schon! und was ich habe, wirklich besitze, macht mich freude*trunken.* Meine Freiheit ist im Grunde groß. Nichts setzt ihr eine Grenze, als mein Vermögen, und wer fände die nicht endlich. Wissen Sie, wieviel Geld ich mir jetzt wünsche, außer ›das viele‹? So viel, ein Findelhaus zu errichten. Denn nähm ich mir Kinder heraus, die mir wohlgefielen, zum Erziehen; und das wären *meine.* Adieu mon ami! Sein Sie nicht zu dankbar, lieber Brinckmann, und leben Sie wohl! Jetzt geht der Frühling an. Die Sonne scheint recht, Adieu! Es grüßt alles was lebt, – Schlegel, den Schlechten, kann ich nicht zum Schreiben bekommen. Dieser Brief ist den 9. und 10. März geschrieben, und soll den 11. abgehen. Burgsdorf *muß* mir das schikken, was ich in dem kleinen Brief fordere, der in Ihrem liegt: und der auch morgen erst abgeht.

1799

Jedes gewaltsame und plötzliche Aufhören ist mir unangenehm; weil wir etwas Unausgeführtes vor Augen und in der Seele behalten, welchem wir später oder früher auch wieder so begegnen. Wenn aber das Leben eher aufhört, als es ausgeht, so ist das schön; denn da bleibt umgekehrt etwas Ganzes zurück, und nicht etwas Trauriges oder Ekelhaftes.

Man kann mit den Empfindungen, wie mit andern Gütern, schlecht haushalten. Man kann durch eine geschäftige Einbildungskraft so dem natürlichen Ausbruch der Ideen vorgreifen, daß, wenn die Zukunft als Gegenwart erscheint, man nur eine Vergangenheit zu wiederholen hat, und befremdet ist, sich gelassen bei Dingen zu finden, die man als das Entsetzlichste gefürchtet hat. Das pflegt man abgestumpft zu nennen; und es ist doch nur das eigentlichste Unglück.

Wenn man nur immer die Geschicklichkeit hätte, wahr sein zu können, so wäre es nicht möglich, sich je schämen zu dürfen; denn man hat sich entweder etwas zu gestehen, was man ändern, oder was man nicht ändern kann. Aber man irrt sich, wenn man glaubt, daß man nicht immer wahr sein dürfe; man hat entweder nur keine Aufmerksamkeit darauf, keine Geschicklichkeit die Wahrheit zu finden, oder am öftersten keine Gegenwart des Geistes, sie zu sagen; so lügt man; denn sie nachzuholen, dazu gehört schon eine heroische Tugend, und Fleiß.

Man lernt spät lügen, und spät die Wahrheit sagen.

Wir hätten uns brauchbar für uns selbst gemacht, wenn wir über das, was rohe Sache in uns ist, einen uneingeschränkten Willen hätten; und das, was Willen ist, zur unbiegsamen Sache machten. Der Mensch muß sich zur Wand, zu etwas Undurchdringlichem, ganz nach seiner Willkür machen können, damit er mit den Sachen und mit den Menschen, die sich als Sachen aufwerfen, kämpfen kann.

Solange wir nicht auch das Unrecht, welches uns geschieht und uns die kühlen brennenden Tränen auspreßt, auch für Recht halten, sind wir noch in der dicksten Finsternis, ohne Dämmerung.

Wenn wir nicht albern wären, würden wir unsinnig. Mittagzeit – Abendessen – Gutenmorgensagen, – die alberne Regelmäßigkeit schützt uns. Wer hat es nicht gefühlt, daß ihm Müdigkeit vor Raserei schützt: aber nicht allein, weil man dann entschlafen muß, denn ich glaube, wenn selbst die Einrichtung der Natur so wäre, daß wir keinen Schlaf bedürften, es wäre nicht hinlänglich. Wir müssen *wissen*, daß wir schlafen werden, das schützt uns.

Die niederträchtigen Menschen sind die, welche, was sie in sich loben, nicht auch in andern ehren.

Der Dichter unterscheidet sich auf diese Weise vom Lügner: daß der erste eine Lüge nicht ohne Wahrheit erzählt, und der zweite eine Wahrheit nicht ohne Lüge erzählen kann.

Den 5. Januar 1800

Es gibt Leute mit schönen Fähigkeiten, aber von geringer Denkungsart.

Das *darf* den Wert meiner Gaben nicht herabsetzen, daß ich sie mit Liebe gebe! Nur bei gemeinen Seelen stumpft dies die Lust des Empfangens ab. Und auch nur eine gemeine Seele arbeitet dem klug entgegen; wer sich durch Klugheit kalt erlistet, was ihn frei überströmen soll, dem fehlt wohl das einzige, was Gescheite von der Klugheit abhält! – Lieber verzweifle ich.

Man ist nie mit einem Menschen zusammen, als wenn man allein mit ihm ist. – Ich gehe noch weiter, – man ist es nie eigentlicher, als wenn man an ihn in seiner Abwesenheit denkt, und sich vorstellt, was man ihm sagen will.

Es gehört mit zu den Kenntnissen, wie man das Leben behandeln sollte, zu wissen, daß man Berechnungen anstellen soll, wo das Herz und ein edles Gemüt sich sträubt zu rechnen: und daß man es wagt, sich dem Zufall zu ergeben, wo alles berechnet werden könnte.

Wenn ich mich verrechnet und folglich geirrt habe, und es ist mit Scharfsinn geschehen, so bin ich zufrieden. Hab ich aber richtig vermutet, und der Ausgang gibt mir recht, so kann ich zufrieden sein, und wenn ich noch so dumm zu Werke gegangen bin.

Darum scheut man sich, und nicht genug, manches auszusprechen, weil man es gleichsam in die Welt, aus der übersinnlichen,

Rahel im Alter von 29 Jahren

hineinhebt: und für die Wirkung nicht mehr stehen kann. Das fühlt der Dümmste oft, und der Kluge ist oft nicht klug genug, auf dieses Gefühl zu lauschen.

Es ist aber auch nicht gut, auch nur das Geringste zu verschweigen: und wenn man alles sagen könnte, wäre alles besser. Auf diese Vollkommenheit müßte sich jedes Individuum üben, wie die Menschheit sie erwarten muß.

Was heißt das, Satisfaktion haben? Die hat man immer, wenn man mit sich in Ordnung ist; das heißt aber nur das Notwendige nicht vermissen; daß auch andere mir genügen, ist allein der schöne Überfluß, der glücklich macht.

Den 13. Januar 1800

Gibt es Wunder, so sind es die in unsrer eigenen Brust; was wir nicht kennen, nennen wir so. Wie überrascht, wenn auch nicht beschämt, wenn uns die Begeisterung wird, sie zu gewahren!

Da eine willkürliche Einrichtung statthaben konnte, so ist es kein Vorurteil, daß ein Weib nicht Liebe bekennen darf. Der Liebe Verdammnis zum Sterben ist Verschmähung. Bei einem Weibe kann sie das Gewand von Keuschheit und Schüchternheit nehmen, bei einem Manne steht sie gewandlos, tötend da.

Den 24. März 1800

Symptome der Liebe gibt's. Wenn man folgende Periode von Mad. Genlis ganz auf sich anwenden kann: ›Mais je n'ai plus ni caractère ni volonté! insensé, faible et méprisable, je *n'attends rien de vous*, et sans but comme sans espérance je cède malgré moi au charme irrésistible que je trouve à vous aimer‹; so kennt man eins. Das andere ist, wenn einem jede körperliche Berührung, außer der des geliebten Gegenstandes, unwillkürlich und unwiderstehlich ekelt.

Die ganze Welt ist eigentlich ein tragischer Embarras.

Einen gepackten Reisewagen und einen Dolch sollte ein jeder haben; daß, wenn er sich fühlt, er gleich abreisen kann.

Es gelingt einem beinah nie eine Sache, von der es einem nicht nachher leid tut, daß sie einem gelungen ist; und es mißlingt keine, daß es einen nicht nachher freute.

An Frau von Boye, in Stralsund

Berlin, Mitte Julis 1800

Wie kömmst Du darauf, meine liebe Freundin, nicht zu wissen, daß ich von *Deiner* Treue und Liebe *überzeugt* bin?! – Jeder Mensch trägt sein Schicksal *in* sich: das sind Wünsche, nach Dingen, ohne die wir nicht weiter leben können. *So*, mußtest Du fort; und mich verlassen; oder vielmehr aus den Augen lassen. Ich habe nie aufgehört auf Dich zu rechnen. – Wenn ich mich geäußert habe, Du verstehst mich nicht; so meint ich, Du könnest wahrscheinlich nicht fassen, daß ich treu *bin*, und untreu sein *muß*; – daß ich *untreu* bin, und *treu* sein muß: und daß, wenn Du auch das begriffst, Du doch nicht den daraus entspringenden Handlungen in ihren Modifikationen, von meiner großwelligen! und *klein*welligen Seele getragen, immer leicht folgen kannst; daher sagt ich: mißbillige und beurteile mich nicht, wenn ich Dir auch verändert *scheine*: sein werd ich es nur als blasse Hülle zwischen Brettern.

Heute ist Donnerstag, ich reise Mittwoch; – das ganze Herz im tiefsten Grunde, *voll* Liebe für alles was ich liebte: was beschlossen ist, ist nicht wieder anzusetzen, wie ein abgehauener Kopf – mein Schmerz ist daher nicht mehr von Spitzen, sondern drückend, und *dumpf*; und in der Brust ist mir wie ein gedämpftes Trommeln – wie ich aber, während Sehnen und die Nacht im Bette, *einsah* und beschloß, daß ich gehen mußte; o! da war ich außer mir! und jeder Schmerz, und jede Beleidigung, und jede Kränkung, und alle verflossenen Jahre tobten losgelassen in mir. Ich habe etwas *Schreckliches* erlebt; eben weil es mich nicht umbrachte. Daß man die Unschuld und ihr Bewußtsein nicht zusammen haben kann!! Das ist das Unheilige in der Welt – *ich nenne* Unschuld, wenn man das rechte Unglück nicht kennt: diese Bekanntschaft infamiert: ich laß es mir nicht ausreden! Man ist kein reines Geschöpf der Natur mehr, kein Geschwister der stillen Gegenstände mehr; wenn man einmal aus Schmerz, Erniedrigung, zusammengeängstet, in *Verzweiflung* gern seine Existenz gegeben hätte, um nicht schmerzfähig zu sein: wenn man *alles*, die ganze *Natur*, für grausam gehalten hat. *Nun* hab ich *zwei* Ansichten der Welt – wehe! – und die mir am natürlichsten ist, die natürliche, ist eine künstliche geworden! Wehe! wehe! O! verstehst Du das?! Wieviel Frauen können wohl dadurch unglücklich werden? und die dummen Dirnen sprechen *alle*. Dabei, steh ich der Welt – man sagt sonst umgekehrt, ›die Welt mir‹ – noch offen: die ganze Skala steht da; und läßt sich reiner angeben, vielfältiger, williger als bei irgendeinem Geschöpf, das ich kenne.

Grüße L.! sag ihm, ich erbete auch Glück für ihn: er irre sich: beurteilen könne er mich durch Studieren nicht. Ich könne noch glücklich sein.

Ich verliere diesen Winter an Berlin den schönsten Aufenthalt in der mir bekannten Welt. Humboldts, Burgsdorf, Du und noch ein Freund und Jean Paul Friedrich Richter kommen nach Berlin, um zu *wohnen*. Zeig Richtern, aber nur er wisse das, meinen vorigen und diesen Brief. Er hat gewünscht, Briefe von mir zu sehen. Zeig ihm auch lustige. Er soll mich mehr kennen, ich wünsche es, weil es mir wohltut und *schmeichelt*: und weil *er* mich kennen soll; so etwas ist ihm noch nicht vorgekommen; er mußt es sich ausdenken. Ich zeig ihm das, wie ein Spektakel, wie die Marchetti. (Wenn er denkt, ich präpariere und affektiere, so irrt er plump.) Ich hätte es gern gleich getan, aber es ist schwerer, als ein Komödienbillett nehmen; und auch jetzt sieht er nur *eine* Dekoration. Nichts von Lustspielen, Balletten, und den *vielen* Etcetera. Sag ihm, er soll nach dem Tadel von mir nicht hören, und besonders nicht nach dem Lob meiner Freunde; die fassen schlecht. Meine Geschwister könne er anhören; da würd er finden, wie unbesiegbar brav ich bin, und ce que les Français appellent *égale*. Das kontrastiert mit meinen andern Eigenschaften, und es weiß es kein Fremder. Bei Hans kannst Du ihn kennenlernen – das heißt Du *mußt*. Er ist gütig, und ganz für uns. Du kannst auch gradezu ihn bitten lassen, oder bei ihm vorfahren. Ich bin so liiert mit ihm, daß Dich dieser Brief ganz legitimiert.

An Rose, in Berlin

Paris, den 14. Dezember 1800. Sonnabend

Ihr seid doch alle von Natur so schlecht, als ich's mir vornehmen muß, wenn ich's sein will. Vorzüglich Du, Rose! Welche Stimmung, welcher Zustand, welche Beschäftigung kann Dich abhalten, mir zu schreiben. Ich kenne sie alle; Zeit hast Du genug. Du sollst mir ja keine unterhaltende Briefe schreiben, wozu eine gewisse Lust und Stimmung gehört: aber eine Antwort auf zwei dringende Briefe, wovon einer nach Leipzig an Dich war, und der andere später an Mama nach Berlin; von welchen beiden ich ihre richtige *Ankunft* hinlänglich weiß, durch einen Brief von Dir durch Geheimrat Ephraim (der wohl an fünf Wochen ging), und einen zweizeiligen von Markus hierher, worin er mich bedeutet, künftigen Posttag ›würden mir *alle* schreiben‹. Und so soll ich noch zur Stunde etwas sehen: weder einen Brief noch eine Antwort auf irgendeine dringende Frage. *Denn mir sind sie* dringend, die Fragen, die ich machte. Wie *oft*! hab ich nicht das betrieben, was Euch dringend war!? Und was denkt sich *Mama*? Sie kann ja dreist, ja oder nein *antworten*. Wenigstens schickt mir nur alles, was ich wissen soll, grad mit der Post. Denn Freundschafts-Briefe laufen fünf Wochen: ich bezahle lieber zwei, drei Livres.

Heute vor acht Tagen ist Burgsdorf weggereist, der hat einen langen und auch wohl amüsanten Brief für Euch; vierzehn Tage bleibt er auf seiner Reise, er nimmt den Brief mit nach Ziebingen, und dann schickt er ihn Euch. Eilf Tage geht dieser, übermorgen geht er ab; also könnt Ihr berechnen. Treib Markus an, daß er gleich mit S. spricht, wenn Burgsdorfs Brief kömmt, aber eh dieser Brief da ist, sag ihm nichts: denn sonst denkt er, *was* er bei S. ausüben soll! und es ist gar nichts. Wie kannst Du so schlecht sein, und mir gar nichts von Hanne schreiben; ob Du sie oft siehst, und wie das ist. Hanne verbittert mir recht das Leben. Wenn ich die hier hätte, wollt ich glücklich sein. Und wie *könnte*, und *würde* sie hier lernen! I! Nun! auf dieser Erde gelingt mir *nichts*. Dreimal, mit heute, hat mir von Fanny geträumt, und heute von Hanne und Fanny! Wenn sie mir nur Fanny nicht in die Schule schicken, derweile ich weg bin! Wenn ich die Kinder hätte, und *genug*, nur *genug*, nicht *viel* Geld, ging ich nie hier weg.

Aber – das mündlich, was ich beabsichtige, will, und betreiben werde. Tanzt denn Hanne noch? Französisch lernt sie in Berlin *nicht*: und andere Dinge auch nicht; das kenne ich besser! ich hab auch auf die Manier *nichts* gelernt. Hält sie die Schultern noch so hoch? Kommt sie oft zu Mama? Wie ist's mit ihrem Zähne-Wechseln? Sag doch der Mutter, sie soll immerweg den Zahnarzt nachsehen lassen, der ihr die Zähne auszieht: hier tun das *alle* Menschen, *was* haben sie aber für Zähne! Trabt die L. noch so in der Welt herum? Gott! was könnte sich nicht *ehr* verändern! Sieht es jetzt menschlich bei der Bernard aus? sie hat doch wenigstens ordentlich Meuble? Kommt Walter auch zu Euch? Weißt du? den hab ich *ordentlich lieb*. Ich muß für ihn sorgen, an ihn denken, und ihn liebhaben. Ja! er ist so empfindlich! außer mir, hab ich noch nie solch einen empfindlichen Menschen gesehen. Und glaub mir nur, wenn er wirklich einen Zug zu mir hatte, so war es der; wenn *er* es auch nicht wußte. Werden die Menschen sehr alt? wie steht's mit den Haaren, und den Falten: bei mir prosperiert beides; ich werde grausam häßlich: und von nichts! – Ach ja, doch! aber nicht von Ärger oder Motion, körperlicher oder anderer Art, aber von *sonst*, und ganz inwendig.

Was macht und spielt Fleck? Seht Ihr den großen Philosoph und Dichter? Und was macht der *abgedroschene Schlingel*, der polisson Moritz? Sitzt seine Weste und sein Zeug noch so schlecht, verliert er noch all seine Handschuh, ist er lustig und witzig? schreibt mir doch einmal etwas von ihm! Und – geht unser *Dichter* noch in bloßen Füßen und dem Schanzlöper *bis* zu Mittag, und *in* den Mittag? wächst und feilt sich sein Gedicht? liest er? spricht Moritz noch solch schönes Deutsch? und – – !!! – *ist* Mama jetzt glücklich, *klein* und *allein* zu leben? oder hat sie Verdruß von der Ecke her? *befindet* sie sich gut? Lebt Muhme Sara *noch*? und hat sie Freude an Deinem Brautwerden erlebt? Gib doch! solange Du in Berlin bist, der Blumenfrau etwas; dann komm ich wieder; und sag ihr das. Denn sterben – tut schon einmal kein Armer.

– Ich bitte Dich, Rose, tu dein *Mögliches*, daß, wenn Vandeul aus Polen zurückkömmt, daß man ihn zu schicklichen Gelegenheiten bei Markus bittet (lies dies nur Hans), denn Du hast keine Vorstellung, wie seine Mutter mich behandelt! Mach ihn wo *möglich* mit der Boye bekannt: das *ist* ein Amüsement. Sag ihr, sie soll mir einen etwas umständlichen Brief über sich, Berlin, und *all* unsre Bekannten, und Relationen, und Nebendinge schreiben. Von mir, sprecht keinem, und – ich bitte Euch, *laßt raten* – sagt es nicht – ich käme gar nicht wieder. Hört Ihr? gar nicht. Gott wie hass' ich hier alles was ich sonst hassen sollte. Nun! wenn Ihr mich wiederseht. Ein Blasebalg aus einer Grobschmidt-Schmiede ist *nichts*! gegen mich.

Maimon tot! (es steht auch hier *ziemlich lahm* in der Zeitung) und Selle, hat weg müssen! et son épouse? Was *macht* und wo *ist* Prinz Louis? das will ich auch wissen. Wie gehen die Opern? wie nimmt's die Marchetti? Nichts ärgert mich mehr als das Geprahle, was die *Zimmerleute* und die *Deutschen* alles werden in die Blätter nach der Aufführung oder Oper ihres deutschen Freundes werden setzen lassen; und hinter dem dichtrischen Righini seiner steht beinah immer nichts. Moritz, brauch doch meine Perücke zur Redoute. Adieu!

Rahel

Bunim, die Schulzen, die kleine Köchin und besonders Achard zu grüßen.

1801

Der Mensch als *Mensch* ist selbst ein Werk der Kunst, und sein ganzes Wesen besteht darin, daß Bewußtsein und Nicht-Bewußtsein gehörig in ihm wechseln. Darum liebe ich Goethe so! und habe mir erlaubt zu sagen, der Dichter als Künstler müsse *alle* seine Stimmung am Ende brauchen, wie der Bildhauer seinen Marmor – und gewissermaßen *entheiligt* auch der Dichter sich immer: solange er selbst *leidend* fühlt, wird er *nicht* Dichter, und er wird *schlecht* Dichter, wenn er leidend fühlt; dies wechselt bei dem großen Goethe ja in solcher Präzision, daß er ewige Tränen der Bewunderung erregt: und ist Bewunderung nicht die eigentlichste Rührung? und das andere nur Mitleid? Warum lieben Sie denn die harmonische Ausbildung unserer Anlagen über alles! und wollen sie im Gefühl nicht *erlauben*? – warum soll der Dichter am Ende nur selbst eine lyrische Stimmung sein sollen? in *einer* Stimmung kann keine Harmonie sein. Daß dieser Mensch überhaupt Dichter sein muß, ist Zwangs genug: das übrige muß

frei geschehen, darin übt dieser Künstler der Menschheit überhaupt nach, und dies allein, dieser Wechsel nur macht ihn zum
Dichter! Und in welcher rührenden Vollkommenheit Goethe!
Dies mein Refrain für die Ewigkeit. So ist's auch mit der *Liebe*,
die auch bei weitem nicht so natürlich ist, als man sie verschreit;
erst fühl ich, daß ich lieben *kann*, dann, *will* ich lieben, dann, *muß*
ich lieben. Dies konstituiert eine große Leidenschaft – etwas rein
Menschliches – *derselbe* Wechsel. Der sie schildern kann, ist ein
Dichter, der sie fühlt, ein Liebender, der sie erklärt, ihre Bestandteile bis zum möglichsten Bewußtsein auflöset, ein Philosoph.
Wie oft werden ekelhaft in *einem* Menschen und in der Beurteilung eines Menschen diese drei Dinge verwechselt.

Sie wundern sich, daß *ich* zu Gott beten kann? Geht unser
Nachdenken über uns selbst doch oft so weit, daß wir keinen Beweis für unsere Existenz haben, und wir müssen uns fühlen: heißt
das nicht, uns selbst anbeten? Wenn das Bedürfnis aufs höchste
gestiegen ist, so fühlen wir Gott, und dann beten wir! Auch hierin
ist der Wechsel; hier am Ende der Dinge, für uns, schmerzhaft
und groß, aber immer derselbe: erkennen müssen wir ihn, wenn
auch nicht in jedem Augenblick fühlen. Das ist *kein* Mensch, der
sich nicht oft *ganz* fühlt; das ist kein denkender Mensch, der nicht
dem Wechsel von Bewußtsein und Nicht-Bewußtsein nachspäht:
und das nennt Ihr Schiller den Bruch. Auch diesem Bruch geht
unser Arbeiten an, unser *Leben*, bewußt oder unbewußt, diesen
aufzulösen. Ob wir damit zufrieden sein wollen, wissen wir nicht:
denn das ist unsere Grenze, und es geschieht nur mit halbem Bewußtsein, wenn wir unzufrieden sind; sind wir ohne Bewußtsein
zufrieden, so ist das religiös; sind wir's mit Bewußtsein nach dem
Nachdenken, so würd ich's fromm nennen.

Den 14. Februar 1801

Was die Menschen so unnatürlich, und eigentlich recht menschlich unglücklich macht, ist, daß man sich nicht entschließen mag,
nicht glücklich zu sein; sind wir aber einmal bis *dahin* gehetzt, so
tritt *plötzlich* das Alter ein. Unser Bestreben ist nicht mehr nach
dem Unendlichen, wir teilen das Leben; und nehmen, wie man zu
sagen pflegt, den Augenblick mit. Tränen, Glanz und Wut haben
ein Ende; wir werden starr, freundlich, und haben Falten.

Das Alter kommt plötzlich, und nicht nach und nach, wie man denkt; wie jede Erkenntnis.

Den 23. Februar 1801

So lange man nicht das Leben liebt, geht noch alles an.

Wie kann das Leben gut sein, da man wie in einem unsichern Schiffe vor den schönsten Ufern vorbeifliegt, und nur in Eil und durch Geschicklichkeit sich Blumen und Schätze erreißt, an dürren Klippen aber wider Willen festgebannt wird, oder zerschmettert!

1801

Das würdigste Glück auf Erden ist, in mancher Beraubung immer zu leben: das geschieht nur ausgezeichneten Menschen, nämlich solchen, die das kennen, was göttlich wäre; besitzen kann es niemand. Unsere Wünsche sind unsere Seele, der Genuß ist endlich, und allein das Wirkliche. Und wir sollten uns und allem, was leben muß, den Wechsel und jede Torheit nicht gestatten? *Anfangen* muß *anderes*: besinnen muß man sich auch. Eine Träne zwischen einem Genusse und dem andern bleibt dem Zarten als Leitfaden und Zeichen des Himmels auf der Erde!

Wie wir selbst sind, schließen wir ja auch nur. Wir müssen ja Momente zusammennehmen, und das Passendste als etwas Ganzes ansehn.

An Rose, in Amsterdam

Paris, Sonntag, den 14. März 1801

Gestern, liebe Rose, ist der Hr. von Bielfeld ab von hier nach Amsterdam gereist, dem ich ein Billett gegeben, worin ich Dir ein wenig aus dem Herzen schrieb. Er wird in einigen Wochen ankommen; so lange kann ich nicht warten. Laß Dir sagen, mein Kind! – daß ich wieder traurig, ganz traurig bin. Und warum nicht! fehlt mir nicht, trotz *den ungeheuren Gaben* und *Geschenken*, jede Spitze des Glücks? Müssen ›sie nicht *alle* verwesen, die Wünsche im Herzen‹? Wird mir wohl Einer frei und schön; geht je ein geheimer Wunsch und das Glück zusammen? mißrät mir nicht alles? Hab ich nicht nur *etwas*, weil ich's wie eine Art rasender Priester mir erreiße; erreiße ich gerne? Habe ich nicht die ruhigste, spielendste Seele? Habe ich auch nur das *Geringste*, wenn ich ruhig bleibe, und spielen möchte? Fehlt mir nicht immer der Glanz, und die Spitze der Dinge, so daß ich das, was ich habe, schätze, und gewiß erkenne, doch nicht genießen – nicht genießen, wie man genießet – kann! Hilft das Übertäuben mit sich, das Leugnen und Lügen mit andern, hilft all mein reicher, freier, ergiebiger Geist! Ist man nicht ebenso arm ohne des Glücks Hülfe, als ohne Gaben der Natur? kann ich mir wohl sogar noch rein wünschen – mit Aufgebung *alles andern* – bei Hannen zu sein? bist *Du* nicht weg? verlier ich nicht *alles*; und muß es Glück nennen! O! trag es wer es will! ich *bin*, und mag so groß nicht sein. Könnt ich wollen, so wär ich. (Bartholdy und noch ein junger Deutscher lesen sachte bei mir, ich schreibe und weine.) Es ist *noch* härter, vom Glück, als von der Natur verlassen zu sein. Denn ich behaupte, die andern fühlen's nicht. Was einem von *innen* fehlt, *kann* man nicht fühlen; was ist der dumpfe Mangel gegen einen lichten, klaren, schmerzenden. Ich werde Dir meine ganze Reise, meinen ganzen Aufenthalt, alles erzählen, und Du wirst mir *wieder gar nicht* unrecht geben können. Seit Deinem letzten Briefe bin ich sehr geschlagen. Fort bist Du! Keine Rose tritt mehr mit treuem Schritt und Gemüt zu mir, die mich ganz, meine Schmerzen *ganz, ganz* kennt. Wenn ich krank an Leib oder Seele bin, allein – allein –, Du trittst nicht mehr zu mir, Dein Zimmer leer, ganz leer, auf immer leer. Um ein Glück zu probieren. Ach Gott! – und *probieren* – kann ich – *auch nicht* einmal. *Mir* geht's gut!! Der Garten, in dem wir mal in der Lindenstraße zusammen mit Hanne und Feu – es *war sehr schön!* – waren, soll Rose heißen; mit Hanne und Hans will ich manchmal hingehen; weiter soll es kein Mensch wissen. Hans regrettiert Dich sehr, und empfindet sehr gut. Weißt Du noch die Nacht, als das vorletzte Mal Fink wegreiste? wie Du oben schlafen mußtest, und dann bei mir bleiben; in solchen Zustand – doch nicht durch solche Ursach – kann ich leicht wieder kommen; und, liebe Rose, was mag Dir bevorstehen! doch nein, Du heißt Rose, hast *blaue* Augen, und ein ganz ander Leben, als ich mit *meinen* Sternen, Namen und Augen. Aus ist's in der Welt mit mir, ich weiß es, und vermag es nicht zu fühlen, ich trag ein rotes Herz, wie andere, und hab ein dunkles, trostloses, häßliches Schicksal. Aber es heißt nicht: nicht Schicksal, nicht Armut, nicht so dergleichen. Aber! –

Wie ist Dir? schreib mir bald! Du hast weinen müssen! Vielleicht hab ich Dir das Herz beschwert, aber ich kann nicht dafür. Bist Du glücklich, so schadet's Dir nicht, und bist Du unglücklich, so hilfts. Stell Dir vor! ich habe etwas enge Handschuh, die ich während dem Schreiben ausziehen mußte: nun habe ich bemerkt, daß meine Hände währenddem so gelb geworden sind *wie die* Gelbsucht: so! affizier ich mich, – ich ging auch hinaus, und brach mich etwas. Kennst Du so etwas, außer mich? Sag einmal! wenn *ich* glücklich wäre? Wie ist Dir? gefällt Dir Dein Haus, Deine Zimmer, seine Lage, Dein Tisch. Fühlst Du Dich verheiratet? Mama ist wohl ganz froh. Ich weiß gar nicht, wann ich komme; ich käme sehr ungern mit der Gräfin, und werde wohl müssen. Und *wie* ängstige ich mich vor Berlin. Da bin ich wieder eingesperrt. Dabei freue ich mich auf Berlin; Hanne, die Zimmer – und die fürchte ich auch, und wie – und denn der Winter, alle Augenblicke der Winter! –

Grüße eine Million Mal Mama! – und sage ihr, ich gratuliere ihr gewiß von Herzen! – um so mehr, da ich ihr *nie* eine Freude machen konnte – Gott wollte es nicht –, aber ich in ihrer Stelle würde großes Mitleid mit solchem Kinde haben. Doch soll sie nicht traurig über mich sein! ich erkenne alles was sie für mich tut, und danke ihr mit der größten Rührung: es ist um so mehr, da sie nicht so denkt, wie ich, und es doch tut. Sag ihr nur, ich hätte das Schicksal der Nationen und der größten Männer vor Augen, die gehen auch so auf den Wogen der ganzen Welt auf und unter: und mir kämen schon von *je*her alle Menschen wie Frühlingsblüten vor, die der frühe Wind abweht, untereinanderwirrt; keine weiß wie sie fällt; die wenigsten tragen Früchte, die Jahreszeit geht ihren Gang; die Menschen sehen es ganz für ihre Rechnung an, und haben meist genug zu leben. Sag das allen Mamaen. Gott stärke Dich. Ich erwarte Briefe von Markus; danach, und nach Wetter und Wegen, richtet sich meine Reise. Hier blühen alle Bäume, und dabei ist kein wohltätiges Frühlingswetter wie bei uns. Überhaupt ist *vieles* häßlicher von der Natur, und übrigens. Mündlich. Adieu!

R. L.

Du wirst sehen, meine liebe Citoyenne, wann dieser Brief geschrieben ist: er lag zum Abgehen, als ich gestern, den 15. Deinen aus Amsterdam bekam. Er ging also nur fünf Tage, und sehr schnell. Du hast mir so wenig geschrieben: und Mama schreibt: ›Du wärst gewiß glücklich, wenn Dir Gott Gesundheit schenkt.‹ Ist das nur façon de parler, oder bist Du unpaß? Du schreibst, Du habest noch kein Theater gesehen, und Ludwig schreibt wieder, er hat eines gesehen. Das reim ich mir alles zusammen. Du bist doch nicht unpaß, von der Reise, Heirat, Agitation und alles zusammen? Fang so etwas nicht an! Ich muß Dir nur sagen, ich habe keine gesunde Stunde. Ich bin gar nicht krank, geh *beständig* aus: *aber auch nicht ein Ahndungsgefühl von Gesundheit. Immer* Gliederschmerzen, Mattigkeit und Schläfrigkeit. Wie oft! geh ich nicht nach Plaisirs, *bloß* weil ich nicht *kann,* und mich *(ich mich)* zu fatiguiert fühle; comment trouvez-vous cela? Ich seh schon ein, so früh, um mit Mamaen zu Hause reisen zu können, kann ich nicht kommen; hélas! aber, glaub mir, ich könnte *ein* langes hélas sagen, und es wäre das richtigste Accompagnement für mein Leben als Text. Die Wege sind *zu schlecht* – frag alle Menschen, in Amsterdam wird man's auch wissen –, und die Tage zu kurz, ich kann *diese* Fatiguen *mit* der *Gräfin* – mit der ich nun reisen muß – nicht wagen. Um zu kommen, will ich aber *all* meine Kräfte anstrengen: ich muß doch sehen, wo Du geblieben bist. Ein andermal geben wir uns *alle* rendez-vous in Paris: das fordere nur in der ersten Liebe von Deinem Mann; Markus hat es mir schon versprochen; und von selbst. Ich küsse Mama hunderttausendmal die Hände: und danke ihr für alles, auch für die Mühe, daß sie mir schreibt. Haben Sie nicht recht an mich gedacht, Mama, wie Rosens Hochzeit war? So geht's. Behandlen Sie mich wie ein Jüngstes, die pflegen die Lieblinge zu sein, ich will es mir gefallen lassen. Nun sehen Sie doch das so lang gewünschte Meer; wie ich Paris! so geht's. Dabei bleib ich, wie so'n alter Narr. Können Sie nichts in der Lotterie gewinnen? Probieren Sie's einmal in Amsterdam.

Ich habe auch Brief von Hause. Da ist alles wohl. Ich habe hier Armide von Gluck aufs infamste, und Mérope von Voltaire auch sehr schlecht gesehen, weil sie großes Unglück, wie's die Alten schilderten, gar nicht kennen. Die Raucourt ist wie Fleck, und spielte natürlich doch oft gut, aber im Ganzen vergriffen. Und das übrige *himmel*schreiend. Es sitzt eine erzfranzösische Dame bei mir, und liest derweile, eine Freundin der Gräfin; vorher schrieb ich mit einem Courier an Markus, da war Bokelmann, ein *hübscher*, junger, gebildeter und bildungslustiger Hamburger, bei mir, der von hier nach Cadix zu seiner Schwester geht, und Wiesels, und Bartholdy und Gropius, kurz, die Menschen nehmen hier, wie bei mir, kein Ende. Die Gräfin und Hrn. von Rothkirch vergaß ich.

Ludwig, Du freust mich *in die Seele hinein. Du* hast die *gehörige* Leidenschaft für den Fischhalter und seinesgleichen. Freilich! alles mein ich eben so! Dein Brief macht mir Amsterdam anschaulicher, als Du denken kannst. Und Du würdest mir gewiß ebenso unparteiisch und unbefangen einen Ort beschreiben können, als ich Euch Paris. Also mit den Juden steht's hier so schlecht?! Es liegt doch an ihnen. Denn ich versichre Dich, ich *sage* hier allen Leuten, daß ich eine bin; eh bien! le même empressement. Aber nur ein Berliner Jude kann die gehörige Verachtung und Lebensart im Leibe haben; ich sage nicht: hat sie. Ich versichre Dich, ordentlich eine Art contenance gibt's einem auch hier, aus Berlin zu sein und Jude, wenigstens mir; ich weiß darüber Anekdoten. Lebt wohl, die Dame kann nicht ewig lesen.

R. L.

Was hat denn Walter und alle zu Rosens Reise gesagt? Schreibt mir *bald*! Line grüßt und gratuliert, Tage und halbe Nächte durch. Die Humboldt nimmt den größten Anteil.

An David Veit, in Hamburg

Paris, den 2. April 1801

Veit, das ist nicht wahr! aber Sie irren sich bloß. Als ich noch in Berlin war, konnt ich mir, und hatte ich mir schon ausgerechnet, wenn du in Paris bist, schreibst du Veit; und was ist natürlicher oder vielmehr gewöhnlicher, als daß ich's doch nicht tat. (Die gewöhnliche Faulheit und Nachlässigkeit ist's doch nicht.) Aber seitdem ich alle Tage, auf Wiesen, in Feld und Zimmern, beständig, und wie ich mag, *von* Ihnen spreche, wäre es sündlich, mein Freund, nicht auch *zu* Ihnen zu sprechen; und alle diese herzlichen (herzliche treue Meinung, sagt Goethe) Gedanken, wie Götterdank, bloß im Herzen zu behalten, oder so umsonst auffliegen zu lassen. Daß man Liebe zu Schüssen und Wunden vergleicht, ist einfacher, als man denkt; man fühlt sie bloß, das ist ihr Wesen; und da bleibt einem denn nichts als das Vergleichen. So hat Bokelmann meine ganze Liebe zu Ihnen aufgeregt: und ich fühle sie wirklich wie einen alten Schaden; wie ich mir Wunden mit verhaltenen Kugeln denken muß, und wie ich wirklich oft alte Krankheiten erregt fühle. *Glauben Sie denn*, daß irgend etwas Wichtiges, Gescheites, Gutes, so vor mir vorübergehen kann, wie bei andern Leuten – wie Wolken über dem Wasser, wäre zu hübsch gewesen, um es hier anzuwenden. – Unmöglich! das ist mein *einziger Wert*, durch den ich mich als ich erkenne, und von anderen unterscheide. Das tun Sie auch! Ich bitte Sie, trauen Sie mir ganz; Sie verlören sonst zu viel dabei! Eins sein Sie noch gewiß – und wie sollte ich *da*bei schlechter werden? – es hat noch immer keines Menschen Meinung, in keiner Sache, unter keinen Umständen, Einfluß auf meine Gedanken, und hat es bis jetzt niemand gehabt. Das kann ich mit der heiligsten Untersuchung versichern! Damit *müssen* Sie zufrieden sein: und mich ewig lieben. Ich bin auch von Ihnen so überzeugt, wie von mir selbst. Nur sehen möcht ich Sie wieder! Sie mich auch? ganz besonders gern? Sie sollten. Könnt ich Ihnen nur gegenwärtig werden, wie Sie mir!

Wissen Sie denn etwas von Bokelmann? Wissen Sie denn, daß er viel von Ihnen weiß! Weisen Sie diese Fragen ganz von sich ab, wenn ich unrecht habe, ich nehme sie denn auch zurück: sie gründen sich nur noch auf mein Übergewicht und meine Autorität, die ich sonst in solchen Stücken über Sie hatte; und zum Teil – doch das fällt mir jetzt erst ein – darauf, daß Sie ihn nicht zu mir schickten. Doch dazu mögen Sie tausend Ursachen gehabt haben: und es ist auch ohnehin so besser. Ich lernte ihn von ungefähr besser kennen, und Sie waren der Vermittler. Auch glaub ich steif und fest, gewisse Menschen *müssen* sich kennenlernen; nicht allein, wenn sie zusammen sind; sondern die Umstände *müssen* sie zusammen besorgen. Mein Aberglaube! Sie werden, mit scharfem Geiste und geordneten Worten, genau zu bestimmen wissen, welch ein himmelweiter Unterschied zwischen unsern Anlagen und unserer Ausbildung ist; ich weiß es, auch ohne es sagen zu können, oder sagen zu mögen – abfragen könnt ich mir's meisterhaft lassen –, und doch kann ich vortrefflich mit Bokelmann leben: er hat ein solch liebenswürdiges, braves Gemüte, welches man immer trifft, daß er einen selbst erst wieder daran erinnert, daß man brav ist; so etwas durchaus Unbesudeltes und Edles, so etwas Unangetastetes, daß auch kein Irrtum jugendlicher Unwissenheit oder Beschränktheit bei ihm ist, sondern alles Reinheit und Gesundheit. Und meinem Alter ist nichts besser als seine Jugend. Urteilen Sie, ob ich ihn liebe. Wenn wir nicht Einer Meinung sind, so kommen wir *gleich* auf *den* Punkt, wo wir eigentlich scheiden, und wir scheiden in Frieden und mit Bedacht: welch einen Vorzug, welchen hellen, unbefangenen und regsamen Geist setzt das voraus. Sie wissen, wie ich das Gegenteil hasse; und wie man *da*mit diesem Jammertal zu kämpfen hat! – oder, wie das vielmehr der *echteste, eigentlichste* Jammer in diesem beliebten, mir beliebten Erdentale ist. Ich kann mir nicht vorwerfen, daß ich das Schlechte nur hasse: ich liebe das Gute, was ich finde, mit der leidenschaftlichsten, tiefsten Verehrung, mit dem deutlichsten Bewußtsein; – und das ist mein Glück! – *meine* Schönheit, die mir der Himmel gab, das Geschenk der Götter! Ich darf *nicht einmal murren.* Veit! Sie haben zu Bokelmann gesagt, ›unser Verhältnis sei Ihnen das liebste gewesen, und es sei doch auch nichts‹. Nein! mein Galeerensklave, *das* ist nicht wahr! Oft mag es seine Grazie verloren haben; seine Würde und seine Ewigkeit – bis Sie mir ein anderes Wort schaffen – nie! Und wie *wir* besser werden, wird es auch besser. Ich werde wirklich besser: also bin ich es von Ihnen überzeugt, und alles ist gut. Nur der Zweifel kann uns *dieses* Glück rauben! ich leid' es nicht: und ich zweifle nie. *Ist* das erhaben, so bin ich es. So, denk ich mir, ist Religion; man bedarf sie, und dann hat man sie gleich. Wer braucht Geschichte: brauchen *wir* Beweise? Wir wollen Stifter sein, mögen uns andere nachglauben. Dabei bleibt's; ich kann Sie zwingen: ich fühl's und ich tu es.

Ich werde die erste Gelegenheit ergreifen, nach Hamburg zu kommen; das sein Sie gewiß. Ihrenthalben. Und ich ergreife jetzt gut. Ich bin verwundet nach Frankreich gereist, und kehre gefaßt zurück. Wer ohne Panzer seinen Busen in der harten Welt herumträgt, der *muß* verwundet werden; das wußt ich nur nicht: der Schreck ist das meiste, und wenn man das Bluten noch für Sterben hält. Wunden werden immer kommen, aber nicht unerwartet. ›Er komme, und sage es mir zum zweiten Male‹, sagt Gräfin Orsina.

Ich schrieb mir letzthin in ein kleines Büchelchen: ›Lange existieren die guten Dinge, ehe sie ihr Renommee haben, und lange existiert ihr Renommee, wenn sie nicht mehr sind.‹ Das ist alles, was ich Ihnen über Paris sagen möchte. Lange, dünkt mich, ist es und kann es nicht mehr Paris sein; nachdem seit Jahrhunderten ganz Deutschland Paris geworden ist. Denn mir kömmt Paris vor wie ein zusammengedrängtes Deutschland, und wenig verschieden. Das könnt ich sehr ausspinnen: ein andermal! tun Sie's selbst; derweile. Eine Nation, die Vaudevilles haben kann, *kann* keine Musik haben. Die große Oper ist tragisch, und das Tragische hat viel von der Oper. Ich bin unparteiisch: das würden Sie mir bei jedem einzelnen Urteil zugestehen; aber für unbedingtes Lob zu deutsch. Daraus machen Sie nun, was Sie wollen! Steif, borniert usw., wie Sie wollen! Vielleicht schick oder bring ich Ihnen noch einmal etwas über Paris, dann können Sie berichtigen und streiten. Adieu. Antworten Sie mir. Es ist 12 Uhr nachts, wenigstens.

An Frau von Boye, in Stralsund

Paris, den 15. April 1801

Auch die Bestgesinntesten haben keinen Trost füreinander, das weiß ich Schmerzensreiche gewiß: aber frappieren kann man sich, und das hilft. So höre denn! was jede Dumpfheit, jeden Schmerz, jedes andere Wunder in Dir suspendieren muß; – und hoffe. Denn Du *wirst* hoffen können. Dein Brief hat mich *glücklich* gefunden. *Darum* schreib ich gleich. Damit Dir gleichsam aus einer Gruft von Glück geantwortet wird; wo man sonst nur, unbekannt das Unglück hört. Als sich Dein Brief mit dem heilig-innigen

Wunsch endigte, er möchte mich in einer glücklichen Stimmung treffen, drückt ich die Hand, die ich hielt, und zeigte mit Triumph der Freundin die Zeilen. Niedlich bezeigt sich das Glück nicht gegen mich, aber groß; denn übermorgen reist sie, weit, und auf unbestimmt. Aufs Leben ist nichts bestimmt, als der Fund. Und so hoffe auch Du! ›Die Nacht, sie muß sich erhellen.‹ Und wenn sich nichts ändert, so ändert sich unsere Stimmung. Es gibt ein Verzweiflen, in welchem man nichts fordert; und es gibt auch eine Liebestimmung – möcht ich's nennen – in der man auch nichts fordert. Ich kenne beides. Rosenblätter streut einmal das Glück nicht vor einem, erlaubt es einem aber die Augen zu öffnen, – so eile man sich, das für viel zu erkennen, und sauge das Liebliche recht ein. Ist es recht lieblich, so will man's nicht besitzen, man will es blühen sehen. Am Ende sind alle unsre Tränen und herbsten Leiden doch nur um den Besitz; und man *kann* nie etwas anders besitzen, als die Fähigkeit zu genießen; die bringt freilich den Wunsch des Besitzes ganz einfach mit sich: nun so wünsche doch, und gib Dich zufrieden; mehr ist das Leben nicht. Tadlen kannst Du's wie Du willst: ich tadle *gewiß* mit: hingegen ist's nicht zum Bleiben eingerichtet, das beweist mir nicht allein der Tod, sondern alles Unvollkommene, und unser schmerzhaftes, treibendes Schwanken am meisten. Tadle das Leben; aber die Schmerzen haben, haben noch das meiste. Mach Dich bekannt mit ihnen, es sind auch gute Freunde, und was flüstern sie nicht alles; jede Freude. Vielleicht kennt man sie nur so. Schreibe mir, meine Treue, wenn Dich das tröstet. Ich nehme jedes Wort auf. Weine, weine oft. Ich hab auch geweint. Aber ich bin entbunden von meinem alten Wahn: ich klage weder mich, noch meinen Freund an. Helden sind wir nicht; er war's in einer Art nicht, ich in der andern nicht. Doch laß ich mir meinen Vorzug. –

Wir werden uns wiedersehen, und es wird Dir wohl werden. Ich werde Dir *allerhand* Trost in die Seele leben, und das tut am besten. Du bist müßig in einen Gegenstand verloren. Ich finde Dich vertieft, aber nicht lebendig, nicht vegetativ. Vielleicht bin ich rauh; aber denke hin und her, das tut gut: *und* – liebe wenn Du mußt. Tu was Du kannst; ich auch. Ich bleib Dir treu, das ist auch viel. Wann kommst Du nach Berlin? Den 1. Mai reise ich nach Amsterdam, da bleib ich eine quinzaine, dann mit Mama zu Hause; wo ich mit Prätension wegreiste, und ohne Forderung wiederkomme; ich werde sie alle besser finden, – sie mich vielleicht auch –, und gütiger bin ich gewiß! Und dann meine Hanne! die Bücher, die *ganze* Welt, die ich aufgenommen habe, und noch aufnehmen muß. –

Antworte mir. Grüß Boye; Luise, und hundertmal Lippe! Sag, bei mir ist nichts verloren, ich wollte schon noch himmlisch gut gegen ihn sein. Vernachlässigen könnte man mich nur in der Zeit, aber nicht in der Tat. Und wenn ich wirklich etwas für ihn wäre, so würde er mich immer finden. Hübsch wär es, wenn Du mir ein charakterisierendes Wort über Deinen Freund geschrieben hättest! Laß Charlotte Rantzau, von der ich jetzt hier viel rede, laß die niedlich-liebenswürdige durch Lippe von mir grüßen.

Deine R. L.

Moden gibt's keine neue. Theater schlecht. Alles mir so bekannt wie's Berliner. Was tust Du diesen Sommer? Humboldts reisen den letzten Mai nach Erfurt, Jena usw. und zum Winter nach Tegel.

Oktober 1801

Man charakterisiert jetzt häufig Dichter und Gedichte, und sehr oft steht der Name Goethe an der Spitze, am Ende und in der Mitte. Die seine Werke in Rangordnung bringen wollen, nennen bald dieses, bald jenes erst, bald erklären sie den Goethe aus dem einen, bald aus andern stückweise, und scheinen so hin und her zu raten, aus welchem er wohl ganz zu erkennen sei? Warum stellen sie nicht Einmal die simple Frage auf: Aus welchem von seinen Werken könnte man wohl schließen, ob er wohl alle übrige gemacht haben könne? Ist diese Frage zu beantworten, so hätte man den Anfang jener Rangordnung gleich gefunden, und sie könnte ihren Fortgang nehmen. Ich würde Tasso auf diese Frage nennen. Und jeder, der etwas nennt, müßte Gründe angeben.

An Rose, in Amsterdam

Vorgestern abend aßen Markus'ens bei uns und Christel – die jetzt während eincr Spiel-Reise alle Abend kömmt – Mama prätendierte de but en blanc, sie sollten den andern Mittag mit den Kindern bei uns essen: Fragen, die geschahen, blieben unbefruchtet. Christel invitierte sich, Mama nahm sie mit einer Festeslaune an. Gestern morgen steh ich auf, und geh in einem mild-himmelumzogenen Wetter in Geschäften aus; Line predigt mir während dem Anziehen vor, Mama habe Marktorte, und Sardellensalat, und »ließen –! in der *roten Stube* decken«. Ich verschwobe! Ich sage: »Ach Gott! es wird *Purim* sein«, denn den Hahn hatt ich schon den Abend geahndet. Poin du tout – sag ich, als Epiker, – »Ne, der ist erst in vierzehn Tagen.« Meine Konjekturen und Gedanken gingen mir aus: ich tat dasselbe. Als ich ganz zuletzt zur Unzelmann komme, erzähle ich ihr die Begebenheit, und die Marktorte, versprech ihr davon; sie kann auch nichts ergründen, ich behaupte es muß ein anniversaire sein, etwa eine silberne Hochzeit, oder Papas seliger Geburtstag; und so eil ich, weil es schon spät war, gedankenschwer nach Haus. »Vorne sind sie alle«, erklang's schon in der Entrée.

In der Roten; Mama, Christel, Markus'ens, die Kinder. Ein zierlicher Tisch, mit *Symmetrie*, von *zwei* Sardellen-Saläten, Pflaumen- und Artischocken-Kompötten, kurz Symmetrie; und Servietten ohne Tournüre, nämlich unerzogen aus der Waschfrauen Hand. Ich verschwobe! »Alle Wetter!« sag ich, »was ist das! das ist nicht umsonst! heraus mit der Sprache, Mama, oder Sie überleben den Tag nicht!« Und so sah ich, und alle furchtsam, nach den silbernen Schwertern. Wie Mama das Messer an der Kehle hat, lächelt sie, wird freundlich, und sagt: »Nun, ihr Narren, heut vorm Jahr war Rose ihre Hochzeit! und da konnt ich euch nicht traktieren, darum tu ich es heut.« – »God save great George the sister!« sang alles los, und schwamm in Tränen. Da kam die Suppe. Sie mußte aber warten; *sie*, die nie ohne einiges Gewitter erkalten darf; denn Ludwig war abgeschickt, Walter zu holen; und der Einfall kam aus Mama. Nun, sister, beurteile, ob sie Deinen wirklichen Hochzeitstag magnanimer gestimmt war. Auch die

Suppe war still; schloß jeden Rauch in sich, und bewahrte ihre Kröpfchens warm, bis die Jungens angewaltert kamen. Nachher zittrendes Rindfleisch mit Austersauce, die Kompötte, der Hahn, die Marktorte, ›Bier, Wein, Wasser und Brot‹, beschreibt Fanny immer. Nach Tisch in *tiefen* versunken; und was echt Levinsch ist, kein Mensch hat auch nur eine Gesundheit proponiert – heute fällt's mir erst ein – statt dessen schlug ich vor und erbot mich, Rosen den Tag und seine Begebenheit zu beschreiben. Du lachst, und weinst; ich weiß es. Moritz ist nun auch bei Dir angekommen; und alles ist gut, bis zur künftigen Generation! Es wachen aber die Götter über uns. ›Die ich kenne, gewinnen nicht‹, sagt Vetter, das unterschreib ich auch mit meinem Namen, setze aber vorher noch: ›und verlieren nicht sehr! werden nicht guillotiniert, kriegen keine Krebsschäden etc.!!‹ Gott segne Euch! Die Soirée blüht mehr als je. Keinen Esel haben wir noch nicht, Gentz müßt es wegen dem lieblichen und anerkannt geliebten Charakter sein. Aber ›unser Esel‹ ist und bleibt weg. Jeder grüßt und fragt, Nette, Boye, Christel, die Humboldt, Vetter, alles; Moritz und Rose. Ich grüße Karl. Rose, schick mir solches silbern Band übergoldet, wie die Nordholländerinnen tragen, und Haken dazu!

Bunim und die Kousine sangen mit. – Ich will solche Haken – drei Stück – die ins Gesicht gehen. Du weißt schon, Rose!

An David Veit, in Hamburg

Berlin, Frühjahr 1802

So viel Sie hier sehen werden lieber Veit, kann ich wieder schreiben: und auch wohl mehr. Von meiner Krankheit dereinst mündlich. *Wenn es wahr ist, daß Sie mich liebhaben*, so schicken Sie *unverzüglich, gleich*, auf der *Stelle*, er mag sein wo er will, Bokelmann diesen Brief. Er soll mir auf der Stelle antworten. Ich muß wissen, wo er ist und ob er hierher kömmt. Ich bleibe den *ganzen Sommer* hier, und ohne großes Ereignis auch *diesen* Winter. Ich bin noch schwach: fahre aber schon einen Monat aus. Ich bin ohne Freund, und beinah ohne Herz.

Nie hat mir ein Mensch besser gefallen, als Stieglitz. Wie er ins Zimmer trat, liebt ich ihn. Dem vertraut ich mich ohne Verabredung; und die bedarf's auch bei ihm nicht. Dieser Ernst, diese Sanftmut, dies *schöne* Gesicht. Ich bin recht glücklich, daß ich ihn kenne. *Er* sah *mich* in der größten turpitude, so häßlich! Nein, solch schönes Gemüte! Ich halte es für ein Unglück, daß er nach Taurien ging; doch ist es gut, denn ein verheirateter Mensch *sollte* wenigstens die Fakultät seines ganzen Herzens veräußert haben, und alle übrige dazu anwenden, und in diesem Fall müßte er dann doch wenigstens ein schlechtes Gewissen haben. Ich will nicht hoffen, daß Sie, auch Sie, diese Strenge überrascht; plump, wie es die Menschen meinen, die ich *hasse*, wenn sie von Pflicht, Gewissen, Recht usw. sprechen, kann ich es nicht meinen. Also Stieglitz ist verloren. ›Wie sonderbar ist es doch, daß dem Menschen nicht allein das Unmögliche, sondern auch so manches Mögliche versagt ist.‹ Meister zu Aurelie. Das schönste Diktum! ganz aus dem Herzen und gradezu den Geist ansprechend: denn nur der menschliche Geist macht den amüsanten Unterschied von möglich und unmöglich.

Sie kann ich also nur in Hamburg sehen. Nun! die Tage bringen alles. Hat man Ihnen gesagt, wie ich Sie liebe? wie gegenwärtig Sie mir sind? *Schlechte* Menschen werden das Gute überdrüssig, das Schlechte gewohnt; ich – nun auch *gottlob* zu sagen – ich, *gottlob!!* bin immer wieder bis ins tiefste Herz frappiert. Und jetzt bin ich so weit, daß mir das für manches äußere Glück steht; es äußere sich in Schmerz oder Glück.

Als ich nach Frankreich reiste, glaubte ich nicht wiederzukommen, und siegelte jedes Menschen Briefe ein, und machte seine Aufschrift. Als ich wiederkam, ging ich auf einen Boden, der an meine Wohnung grenzte, und fand einen einzelnen Brief, von einem Portugiesen Navarro, und ein Stück Band, wovon ich Ihnen die Hälfte geschickt habe. Auf dem Schloßplatz sah ich Sie zuerst, einen weißen Strohhut hatte ich auf, der mit einem Gaze-Tuch zu beiden Backen herunter gebunden war, und dies Band war darauf. Verwahrt hatte ich's nicht; aber der Zufall, ich erkannt es gleich. Sie sind der einzige Mensch, bei dem ich weiß, was ich anhatte, als ich ihn zuerst sah. Verliebt war ich nie in Sie: nun traue einer auf Zeichen. Adieu! Schicken Sie, Liebster, Bester, *gleich* gleich! Bokelmann den Brief. Nichts ist mir wichtiger! Ich habe alle seine doch nun gelesen. Schreiben Sie mir gleich, Bokelmann, ich bitte Sie. R. L.

Werden Sie antworten, Veit? Schicken Sie mir Ihre Adresse noch einmal. Künftig einmal einen ganzen Brief über Stieglitz.

Sonnabend, den 1. Februar 1803
Es gibt geistreiche Menschen, die mögen tun was sie wollen, es ist mir alles lieb; es gibt auch ehrliche Leute, bei denen es mir so ist. Aber solchen begegne ich nur äußerst selten.

Wenn ein Mensch das, was er ehren und schonen sollte, mißbraucht, Schwäche oder Vernunft eines andern: das bringt auf; wird aber ein Mensch aufgebracht, so macht das kalt, und man kann es wie ein schönes Gewitter beobachten.

Den 8. März 1803
Die dunkelsten Sachen, und alles was wir je gelesen haben, werden an uns wahr, wie die trivialsten Sprichwörter.

Wenn ich mir *ihn* denke, so treten die Tränen mir ins Auge: alle andere Menschen liebe ich nur mit meinen Kräften; er lehrt mich mit den *seinen* lieben. Und ich weiß auch gar nicht, wie sehr ich noch werde lieben müssen. Wie oft dacht ich schon, mehr trägt dein Wesen nicht: und das Wesen änderte sich. Mein Dichter!

Negerhandel, Krieg, Ehe! – und sie wundern sich, und flicken.

Die Menschen, die die kleinen Gefälligkeiten des Lebens nicht deutlich fordern, von denen denkt man leicht, daß sie sie gar nicht bedürfen, vermissen, und zu genießen verstehen. Hieraus lassen sich Klugheitsregeln zum Gebrauch ziehen.

März 1803
Das Fühlen ist etwas Feineres als das Denken: das Denken hat das Vermögen sich selbst zu erklären, das Fühlen kann das nicht, und ist unsere Grenze, diese Grenze sind wir selbst; es weiß nur, daß es existiert. Mit Grenzen ließe sich alles definieren; und die Grenze, die das nicht mehr erlaubt, umschließt unser eigenes Wesen, und ist folglich ein Teil desselben.

›Diese Lücke, diese Lücke!‹ Werther. Verstehen Sie's recht tragisch, wie Sie wollen; wenn Sie weiter leben, biegt sich's doch bis zum Komischen hinab. Weinen kann man ja doch.

Denken ist Graben, und mit einem Senkblei messen. Viele Menschen haben keine Kräfte zum Graben, auch andere keinen Mut und Gewohnheit, das Blei ins Tiefe sinken zu lassen.

Schlechte Skribenten. Wer wird sich denn dadurch, daß sie sich drucken lassen, zu ihrem Umgang zwingen lassen!

Das ist ja eine miserable Person, die nichts von sich selbst weiß; die nie bis zu dem Punkte gekommen ist, wo sie sich entschuldigen kann, und sich doch entschuldigt.

An David Veit, in Hamburg

Dienstag, den 16. Februar 1805

Mit dem man sein Leben verleben möchte, dem kann man nicht schreiben! *Welchen* Gedanken, welches Aufatmen, möchte man ihm *nicht* sagen, *nicht* zeigen? der könnte unser Zeuge sein, unsere Existenz bekräftigen! Und in zurückgescheuchter, trüber, fast unerkannter Angst *verschwenden* wir artig die Tage, lassen uns frisch darauf los vernünftig nennen, und sind wahnsinnig aus Zagheit. Das Staatenleben – *Leben* ist zu umfassend – ist aber so angetan, daß auch das ganz recht ist; man kommt zu seinen Resultaten, aber in lauter Entbehren, ausgeschlossen aus dem Paradiese, wo man sich Luft, Speise und Gefährten selbst suchen darf: das frische gesunde, sich nie trügende Herz wird Begierde genannt, nach einer Art von Kinderstube, Kerker oder Tollhaus verwiesen: und so gehen wir grau durch Städte nach dem Kirchhof. Gott, wie komm ich *da*rauf! Ich will es Ihnen sagen. Ich fühle eine ganze Tränenflut in der Brust über dem Herzen; und jedes erinnert mich an alles. Nichts erscheint mir mehr einzeln: ich fühle mich *ganz* gefangen, und mein Geist ist reger als je. Mit dem *höhern* Leben tröst ich mich *nicht*! Ein schönes *Erdenleben* würde das nicht ausschließen. Es erhöht und schärft jeder *Augenblick* mir das

immer inniger tiefe Gefühl des unzufassenden Verlustes! unsere
Organe sind zu endlich, es zu fassen; und höhere Wesen haben
gewiß eine Trauer über uns, deren wir unfähig sind, und die ich
wie *errechne*! – das Kälteste, das Wenigste, was Menschenkinder
können – der große Schmerz, der große Verlust, die Unmöglichkeit, sich aus der vorgefundenen Verwirrung anders, als *sterbend*,
abscheidend, trennend, vereinzelt, zu scheiden, macht den Tod ja
nur *möglich*. Verstehen Sie dies so umfassend, als Sie können: in
bezug auf Menschenverkehr, auf die tiefsten Anlagen und Bedürfnisse des Herzens, auf die Natur, die wir einstweilen die tote
nennen, auf jede Organisation. Sie sehen, ich weiß es wohl,
warum Sie mir nicht schreiben. Sie haben ein großes Glück. Seiner Geschichte nach, wovon man die letzte unverstandene Ankunft der Erscheinung chance nennt, und seinem innern unendlichen Werte nach! Welche Freundin haben Sie gewählt, gefunden
und empfunden! Ich verstehe einen Menschen, *Sie* ganz. Vermag
es, wie doppelt organisiert ihm meine Seele zu leihen, und habe
die gewaltige Kraft, mich zu verdoppeln ohne mich zu verwirren.
Ich bin *so* einzig, als die größte Erscheinung dieser Erde. Der
größte Künstler, Philosoph, oder Dichter, ist nicht über mir. Wir
sind vom selben Element. Im selben Rang, und gehören zusammen. Und der den andern ausschließen wollte, schließt nur sich
aus. Mir aber war das *Leben* angewiesen; und ich blieb im Keim,
bis zu meinem Jahrhundert, und bin von außen *ganz verschüttet*,
drum sag ich's selbst. Damit *ein* Abbild die Existenz beschließt.
Auch ist der Schmerz, wie ich ihn kenne, auch ein Leben; und ich
denke, ich bin eins von den Gebilden, die die Menschheit werfen
soll, und dann nicht mehr braucht, und nicht mehr kann. Mich
kann niemand trösten: solch weisen Mann gibt's nicht: ich bin
mein Trost; nun gibt es noch das Glück! das ist aber wie beleidigt
von mir: und ich fühle auch, ich beleidige es. Das Glück definier
ich Ihnen ein andermal. So ungefähr steht's mit mir. Lebten Sie
in Einer Stadt mit mir, Sie hätten einen unendlichen Genuß! Sie
können sich das ewige Erblühen meines Lebens gar nicht denken.
Aber Sie müßten sich die Strenge gefallen lassen, mich nur zu sehen, wann ich will. Sterben Sie nur nicht! das hängt ganz von
Ihnen ab. Ich will mich gewiß nicht so vergessen. Ein Mensch wie
wir kann nur aus inadvertance sterben; das fühl ich auf's lebhafte-

ste. Auch gibt es eine andere Art, das Leben zu erhalten; es gibt Tropfen auf andern Sternen, die allein hinlänglich sind, ein von *Erde* gesponnenes Leben zu erhalten; den Umschwung, die Nahrung, des begriffnern, gröbern Lebens, usw.!!! Sein Sie. nicht ängstlich! ich bin gewöhnlich gelassener. Wenn ich aber an *Menschen* schreibe, geschieht es mir, daß der schwer erfüllte Horizont meiner Seele losgewittert. Himmlische Menschen *lieben* Gewitter. Auch ein Grund, warum ich das Schreiben scheue.

Berlin, den 19. Februar 1805

Wenn jemand sagte: »Sie glauben wohl, es ist so etwas Leichtes originell zu sein! Nein, man muß sich viel Mühe geben; und es kostet ein ganzes Leben voll Anstrengung«, so würde man ihn nur für verrückt halten, und gar keine Frage mehr anstellen. Und doch wäre die Behauptung ganz wahr, und dabei ganz simpel. Originell wäre gewiß jeder Mensch, und müßte es sein; wenn die Menschen nicht beinahe immer ganz unverzehrte Sprüche in ihren Kopf annähmen, und auch so wieder hinaus ließen. Wer sich ehrlich fragt, und sich aufrichtig antwortet, ist mit allem, was ihm im Leben vorkommt, immerfort beschäftigt, und erfindet unablässig, es sei auch noch so oft und lange vor ihm erfunden worden. Es gehört Ehrlichkeit zum Denken, und es gibt gewiß beinah so wenig absolute Stumpfköpfe, als Genies. Einem imbécile fehlt das Vermögen im Kopfe zum Denken; und einem Genie wird dies so leicht durch das glückliche Zusammentreffen und Zusammenstimmen seiner Eigenschaften, daß es béinahe ist, als nähme ein anderes Wesen diese Operation in ihm vor. Imbéciles wären gewiß immer originell; es gibt aber fast keinen reinen; sie haben meist noch Verstand genug, unehrlich zu sein.

1805

Nun weiß ich mit einem Male, warum es mich so empört, wenn ein Mensch, was ihm ungesund ist, immer wieder genießt; nicht allein, weil es von der unangenehmsten Wirkung und tierisch ist; sondern weil es nicht einmal tierisch ist; die Tiere wissen, was ihnen heilsam ist, und vermeiden das Gegenteil. Es heißt die Vernunft selbst auf eine tierische Weise gebrauchen, dieses natürliche Gefühl zu übertäuben und nicht zu achten.

Die meisten Leute wissen gar nicht, was das ist: Schätzen und Verehren. Sie bedienen sich aber doch sehr häufig des Ausdrucks – und einer macht den andern immer irrer; aber ganz behaglich im Irren. Abscheulich.

Es schwert beinah auf jedem Menschen eine Verdammnis; sie begreifen sie aber nicht; sie fühlen sie beinah nicht. Ich kenne meine, und es tut mir nicht leid. Unheilbar!

An Frau von F., in Berlin

Sommer 1806

Wenn ich nicht so gesund bin, und solches Wetter ist, daß ich des Morgens kommen kann, so bleib ich dreist weg. Was hilft solches Visiten-Gesitze. Ich mache das zur Handlung, Visiten-gesitzen. Ist wohl dabei an Sprechen, Denken, Mitteilen, Blicken beinah, zu denken? Sahen Sie den grenzenlosen Ennui des Einen? die Ungewißheit und Mattigkeit des Malers? der mir sonst unwidersprechlich die Cour macht – nicht die man einer Frau, sondern die man einer Fürstin oder Künstlerin macht. Auch muß jeder Blick von mir, jede Inflexion des ganzen Körpers und der Stimme ein voller und genauer Ausdruck dessen gewesen sein, was in mir vorging. Denn mit dem Alter, mit jedem halben Tag, werd ich der Verstellung unfähiger. Und o! wie richtig das. Mein ewiges Denken macht mir alles schneller klar als sonst, und in mir graben hat mich empfindlicher gemacht, als die freigebige Natur selbst es beabsichtigte. Hoffnungslosigkeit macht mich auch rücksichtsloser; Unrecht dulden auflehnender; Mangel an Laune launiger, wenn ich einen Rest davon verspüre; und endlich die *Schlechtigkeit* – die eines schlechten Apfels der noch *nicht* reifen wollte, mit verfaulten Kernen, anstatt gesundem Innern – straflustig. So, und noch tausendfach anders, fühlte ich mich; und so schien ich dem Maler ins Gesicht wie die Sonne, die wohl den Blödesten blendet, ohne daß er ein Wort von ihr je zu explicieren vermag! Gott, wenn Sie doch einmal ausgingen! zu mir, und wir zusammen aus. Machen Sie sich einmal auf! Sie können sich sonst ganz einliegen. Glauben Sie denn, daß ich nicht ganz herunter bin? Würde ich sonst ein Wort der Klage bei Ihnen vorlassen? Ich glaube nun endlich, bei Gott! ich ertrag es nicht länger! Lebhafter wird mir alle Tage, was geschehen ist. Und andre Menschen sagen, man tröstet sich! Ich bin so empfindlich bis zur *Empörung*! Und auf diese Weise ärgerte mich auch gestern E[gloffstein]! Nicht daß seine Verdutztheit nicht jedem erschienen wäre, wie ich's Ihnen mündlich – weil es schriftlich die *Dinte* nicht wert ist! – erzählen werde; aber sonst, – Gott, *sonst*! – achtete ich auf so etwas gar nicht, so offen schien mir noch die Welt! Jetzt *weiß* ich, es werden nur Dienstage und Mittwoche; und in denen will ich alles richten und schlichten! Und jedes beleidigt mich; nicht weil es von diesem oder jenem kommt, sondern weil ich zu viel beleidigt bin. ›Le cœur foulé.‹ Wahrhaftig ich hätte anders gemacht sein sollen zu dem, was ich vorstelle. – Diesen halt ich für einen Trostbrief; herbe Klagen verscheuchen unsre eignen, ins tiefe Herz: und hülfreich werden wir den andern, und können wir auch nicht helfen, so ist es Diversion und macht verstutzt!

Heute abend bleib ich zu Hause; ich will den Husten nicht böse machen, soll ich mich davon auch noch plagen lassen, und mir Wochen rauben! Sie sollen aber ungefähr wissen, was ich mache. Der Graf Tilly hat mir geschrieben, er wolle zu mir kommen; er spricht ungeheuer gut. Das zeig ich Ihnen einmal durch seine Briefe. Er inkommodiert mich nicht, sagt mir alles, ich bin ihm ein Sprechsaal, er mir eine Art von Lebenauführer; das hat etwas von Freundschaft, ohne daß auch der geringste Akkord vorzukommen braucht, und es ist tausendmal besser als vieles Verfehlte. Dabei hat er die größte Lebensart, und bei dem unerzogenen Krob, welches man hier *überall* sieht, ist das ein wahrer Wiesenflor, ein Sofa, eine Gondel für die Seele. *Ich* finde, die selbst so derb und ungeübt-hart scheint, daß unsre Gesellschaften so grob als unsre Stücke sind. Mir ein wahres *ununterbrochenes* Leiden. Ich will Ihnen das kleine Billett abschreiben, welches mir Tilly heute schickte. ›Que je sache, chère petite, si vous passez la soirée chez vous? Il me semble qu'il y a dix ans que nous nous sommes vûs pour la dernière fois, d'un autre côté je crois que c'est hier, ce que je sohaite c'est que se soit aujourd'hui.‹ Sehen Sie die Ungeduld, die Wenigkeit, die Natürlichkeit, das gute Schreiben! Der richtige Ausdruck in den wenigen Zeilen des ganzen Verhältnisses, die Sorglosigkeit! Ich besinne mich nicht mehr genau auf die Worte meines Billetts; es war aber *eben* so klein! – Wie finden Sie mich mit Abschreiben und Erzählen? Und mein Händchen? Adieu! Sein Sie gutes Mutes! Bin ich morgen – ach Gott nein! morgen vormittag geh ich zu Fichte. Aber ich werde doch zu kommen suchen. Sinken Sie nicht! das fehlte mir noch!

An Frau von F., in Berlin

Sommer 1806

Liebe beste Freundin, es ist auf Ehre ein *Leid*! daß ich nicht kommen kann. Aber das Wetter ist Mord, und mein Katarrh auf der größten Höhe. Ich habe die Aussicht, allein zu bleiben, und bin weniger als je geschickt dazu. Jetzt diesen Augenblick geht Egl[offstein] aus meinem Zimmer, es mag beinah halb 6 sein. Als ich mich mehr aus Verdruß, und weil es die Stunde ist, zum Schlaf niedergelegt hatte, und ›sich die Knoten der strengen Gedanken zu lösen anfingen‹, klopft etwas an mein zweites Zimmer, *ich*, überzeugt, daß zu dieser Stunde niemand, aber auch niemand zu mir kommen kann, denke, es ist nebenan, und bleibe liegen; man klinkt die Türe auf, und Egl[offstein] steht da. Aus dem Schlaf macht ich mir nichts, also war es mir recht lieb. Er sprach aber sehr untereinander: und – wie richtig hab ich gesehn – die ganze Pastete – dies infame Wort ist hier das beste – kam zum Vorschein, wie ich es den ersten Tag explizierte, was er unter *Genie* verstanden hatte. Eine Art monstruöses Geschöpf, wie es eigentlich keins gibt. Abteilungen, die trivialen, von Verstand und Güte – kurz, ich erlaß Ihnen die Details, nur wissen Sie, er meinte *ich* mache mir nichts aus Güte, – nur aus – Unding! – Verstand. Es wird Sie mit anscheinendem Recht wundern, daß ich mir – deren Herz es wie eine frische Quelle immer weit wegstößt – plötzlich aus fremdem Urteil etwas mache! Ich will es Ihnen erklären. Wäre es ein *Eindruck*, den ich *gemacht* hätte, ich nähme es hin! So ist es aber ein kleines System von Vormeinungen, die sich Egl[offstein] über mich gemacht hat, ehe er je einen Ton von mir vernahm, und nun, daß ich ihm offen, wie einem jeden, die dreimal, die ich ihn etwa sah, entgegenkam, und freundlicher als vielen; vernimmt er mich selbst *nicht*: und weiß daher weniger von mir als *vorher*, weil er noch dazu denken kann: ›ich kenne sie ja!‹ Und die längst verrauchte Dummheit fremder Ignoranten schadet, oder hindert mich in einem neuen, mir angenehmen Umgang. O! gesegnet, taudendmal gesegnet, *liebe Sinne!* Mit euch vernimmt man selbst! Gott! soll ich denn ewig Schutt räumen, den andere mir lassen? Was ist es garstig, sich immer erst legitimieren zu müssen! darum ist es ja *nur so widerwärtig*, eine Jüdin zu sein!!

Überhaupt bin ich jetzt, wissen Sie, empfindlich! und es kränkt mich *doppelt*, daß Mißverständnisse über mich eine Folge einer ausgezeichneten Offenheit und eines edlen Trotzes sind; den ich *nie* aufgebe, und hielten mich alle Erdbewohner für einen Schinderknecht. Mich gut *zeigen* kommt mir vor, wie mich *glücklich* stellen, oder Agonie leugnen!

Gott Gott! Könnte ich diesen Abend Sie in *mein* Zimmer haben? Erstlich wären Sie gesund; und ich bliebe mit Ruhe zu Hause und wir wären beieinander. Bald hätt ich es vergessen: Egl[offstein] hat mir aufgetragen Sie zu grüßen, er lobte Sie sehr. Sie sind liebenswürdig, er achtet Sie, und ich soll Sie umarmen. Das tu ich mit dem höchsten Wohlwollen! Dies Wort bedeutet diesmal mehr, als Sie meinen: es ist Liebe mit Zufriedenheit gepaart! Ich bin ganz froh mit dem wie Sie sind: das *wo* wünsch ich Ihnen heilsamer! Bedenken Sie Ihre Jugend; und den Reichtum der Welt! Der Winter, die Nacht, die trüben Gedanken, die Schmerzen, alles wird vom Leben verzehrt! Schlechtes Geräte von der Götterflamme. Morgen sehen Sie mich, und machten Macbeths Hexen das Wetter!

An Frau von F., in Berlin

1806

Als ich heute an die Worte in Ihren ersten Zeilen kam: ›Haben Sie etwas wider mich‹, lachte ich, es war mehr als lächeln! – Mir ist nicht eingefallen, daß ich böse sein könnte! Das müssen Sie auch aus meinem letzten Billett gesehen haben. *Die* Menschen, die mich *beleidigen können, haben* mich schon *vorher* beleidigt, eh sie's taten. *Sie werden* mich *nicht* beleidigen, darum können Sie mich nicht beleidigen. Egl[offstein] aber z. B. *mag* machen was er will, er beleidigt mich immer, denn er hat mich beleidigt, und er *muß* mich beleidigen, weil er einmal diesen Punkt getroffen hat; und so mehrere! –

Sie haben übrigens in allem recht, was Sie sagten. Nichts ist odiöser, als sich hinter Ignoranz verstecken, weil es zärtlich gegen sich selbst und roh gegen die andern und eine ungeschickte Lüge ist, und diese Komposition die schlechteste Art von Nichtswürdigkeit ist.

Wenn ich die *Leute*, nicht die Menschen, gut behandle, so ist das, weil ich mich nicht zu allen Zeiten so grob zu machen vermag, als es zu ihnen stimmte, und weil mein Zorn gedämpft wird von der *Furcht*, die sie mir einflößen, und die ganz dieselbe ist, die ich vor wilden Hunden habe. Meine Verachtung aber ist gewiß die echteste! –

Ich komme so bald zu Ihnen, als ich *kann*. Sobald ich wieder ganz besser bin, und der Fußboden trocken. Morgen in jedem Fall.

Den 24. September 1806

Ich lernte, daß es Klarheit und Glück in, und durch uns selbst gibt: dies kann *wieder*kommen, wenn es ginge; und das Bewußtsein davon kann mir nichts rauben. Auch für andre muß es Trost sein, ein Herz voll schlecht behandelter Liebe, die alle Leidenschaft werden mußte, im schönen Port seines eigenen innern Landes angekommen zu sehen. Sie müssen auch dahin! ›*Da*hin! *da*hin!‹ wie Goethe sagt. *Dies* ist das Land.

Den 29. September 1806

Liebe ist so ganz das Innere alles Lebens, daß ein simulacre davon auch noch die besten Wünsche in Anspruch nimmt, und ewigen Anteil erhält.

Mittwoch, den 2. Oktober 1806

Nun hab ich auch erfunden, was ich am meisten hasse: Pedanterei; sie setzt ganz notwendig Leere voraus: und hält sich deshalb fest an Formen. Ist sie von der bessern Art, so tut sie dies im halben Gefühl dieser Leere mit Rechtschaffenheit; ist sie aber von der schlechten, so tut sie es mit Stolz und Prahlerei, nicht ahndend und zugebend, daß etwas anderes existiere. Es kann also *nichts* Unleidlicheres geben, als diese Stupidität im völligen Marsch begriffen zu sehen: wie Narrheit, anmaßend und langweilig: gar nicht zum Ertragen! Was mich aber empört, ist diese Klasse, die mit *Prätension* sittlich!!! sind. Dies hebt alles auf; gradezu auf, was nur so genannt werden kann, – und nichts anderes, ich kann es zum Himmel schwören, ist meiner Seele so zuwider!

Sonnabend, den 11. Oktober 1806

Mir ist gut: weil ich nach den innren Bergwerken gar nicht reise; nichts zur Sprache kommen lasse; und in jedem Fall nur auf Wiederholungen kommen könnte, wenn nicht eine plötzliche Glückssonne aufbräche. – Noch immer freut es mich, von der Folter gespannt zu sein: und an ein Unterkommen denk ich nicht. Freies Feld mit Schloßen ist nach solcher Partie auch etwas. Und an sichere Paläste auf der unsichern Herberge Erde, denk ich so nicht mehr! Gott! wie schön ist Lear. Ich weinte: als ich mir Shakespeare überlegte; über seine bloße Existenz! Deutlicher kann ich's nicht sagen. Ich sagte zu Louis, er spricht oft wie wir; und würde uns sehr geliebt haben. Einmal sagt Lear: ›Sagt mir, ist ein Wahnwitziger ein Bürgerlicher oder ein Adlicher?‹ Wie tausendfach schön auf seiner Stelle!

Den 10. Dezember 1806

Ich wiederhole mein altes Wort. *Körperliche* Leiden minderte ich durch jedes Mittel! Ich kenne nur die höchste Leidenschaft, den höchsten Schmerz des Herzens. Diese kann man sich nicht *allein* lindern. Ich überlebte sie: wahrscheinlich weil ich nicht sterben konnte. – Ich weiß, daß der Schmerz sich nicht ausspricht, und daß es aus dem rauschenden Strom schöpfen heißt: ein wenig Wasser behält man: aber den Strom ersieht nur der daraus, der ihn kennt. ›Der laute Schrei des Schmerzes‹; den segnet ja der unselige Tasso auch! ›Wenn der Mensch es nicht mehr erträgt.‹ Ich versteh ihn immer! O! den *einzigen* Vorteil, den einzigen gewährt der wahre Schmerz, wenn er bis zur Besinnung dringt; den traurigen, den erhabenen, – daß er nie wiederkommen kann. Daß er uns wirklich von dem Stück Leben *losgeschnitten* hat, woran er blutend riß! So ging es mir. *Erhaben* nenn ich dies: weil, wenn man von der Welt, in der man lebt, getrennt ist; und doch noch lebt, man notwendig erhaben sein muß. Wenn auch nur, als traurige Betrachtung, daß es so, und nicht anders ist. Die Wahrheit *dieser* Ansicht.

Mittwoch, Heiligabend 1806

Ich will nur meine ›Mördergrube‹ aufschließen! Von Liebhabereien hab ich eigentlich keinen Begriff; mir ist immer, als müsse man alles haben, oder haben können, was zu haben sei! Aber Glaswerk und namentlich Flakons, und *Stöcke*, geben mir einen Begriff, eine Art Vorgeschmack von dem, was Liebhaberei sein muß. Ich schicke Ihnen ein kleines Weihnachten von einem andern Kaliber. Lesen Sie einmal in vehementem Französisch, was ich so oft in Deutsch schimpfe, predige, nicht begreife, meine, und was mir ewig mein geliebtes Herz sagen wird und gesagt hat. Ich werde es sehr deutlich schreiben: so können Sie es Ihren Gästen zum Weihnachten mitteilen. Wenn sie es nur wie ein Buch nehmen! Nämlich, das Buch für sich, und das Leben wieder für sich!! – Ich könnte Ihnen noch viel über Weihnachten sagen! das einzige Fest im Jahr, welches den Eindruck eines Festes auf mich macht – weil es kein anniversaire eines *gewesenen* Festes ist, sondern ein unter uns fortlebendes – aber wie melancholisch! – wenn ich *wollte* – vor dem Jahre weint ich noch bitterlich, als ich die Bescherungskronen erzündet sah; und ich mir die sichere approbierte Ruhe dachte, *die* ein *Glück* sein *könnte. Jetzt* – denk ich an vorm Jahr, und denke mir nichts. Wie ein Gestorbener komm ich mir vor. Und Prätension an Glück, an irgendein eingerichtetes, erwartetes Glück, macht mich wie *Komödie, ganz* ohne Bitterkeit und Schmerz *lächeln.* Die Krone brennt: und ich wundere mich mehr, wie Menschen etwas wiederholen können. Mit welcher Inbrunst schenkt ich vor drei und zwei Jahren: ich weine jetzt nicht einmal.

Sonntag, den 27. Dezember 1806

Ich habe diesen Morgen die Bemerkung gemacht, daß, wenn einem etwas Entsetzliches geschieht, auch körperlich, man sich erst beklagt, wenn es vorbei ist.

Dann hab ich gestern abend bemerkt, daß, ganz umgekehrt wie man denken sollte, Leute, die sich häufig Ausreden bedienen, und denen Lügen nicht fremd und zuwider sind, und seit Kindheit eine bekannte, gangbare, in Gebrauch stehende Münze in ihrer Tasche, eben die sind, denen man ohne Vorbereitung, ohne wahre Hoffnung sie zu betrügen, etwas weismachen kann; ganz leicht! Ich habe es mir auch schon erklärt. Diese Menschen sind immer mit kleinen Geschichten des Tages ganz beschäftigt – die ihre kleinen Lügen selbst immer propagandieren –, von Äußerlichkeiten so eingenommen, daß sie auf der Menschen Wesen, Stimme, Ton, Blick, Mienen, Haltung, Seele und Art wenig merken, oder schief: und besonders halten die Elenden Ausflüchte und Behelfe für *wahre Klugheit*, die sie andern sehr selten zutrauen; besonders Phantasten nicht, wie sie innigere Menschen nennen. Dies ist sehr wahr. –

Mit M. hatte ich ein merkwürdig Gespräch über seine gewesene Liebe! Und von D. erzähl ich Ihnen auch. Wollen wir sie nach den Inseln schicken?? Gäb es Strafe, gäb es Recht, so würde *Europa* zur wüsten Insel!

Mittwoch, den 30. Dezember 1806
Mein eigenes Sprechen erregte mich – wie immer – und die Möglichkeit es zu können, ist, war und bleibt mir lieb. *Wenn* ich aber so viel spreche, so ist es *gewöhnlich* um Ennui und Verlegenheit mit *Gewalt* loszuwerden: diese zwei hasse ich; und sie sind mir wie eine Daumenschraube auch für den kleinsten Augenblick *unleidlich*. Sonst lieb ich Schweigen und Zuhören: und in einer schönen Gesellschaft wird einem das immer. Und unterbrechen kann man hinwiederum auch die andern. Gewöhnlich ist Plappern bei mir Behelf für den Abend; und Schmerzenszeichen. Sprech ich über Liebe und dergleichen, so kann ich nur scherzen, und verkehrt sprechen. Über Musik aber spreche ich nie als im Ernste; weil man da nicht allein rechtschaffen sein, sondern auch denken muß, und wenn einer also nichts versteht, nur abgeschmackt ist, so reizt mich dies, nicht es ihm, wenn auch in verkehrten Bildern, zu zeigen; das wäre nur grob; aber wer auf die tiefste Sitte verkehrten Anspruch macht, den muß man abführen; wenigstens daß es die andern merken, und man den gerechtesten

Anspruch des Menschen etwas abrächet. Bujac weiß aber von Musik, und das meint ich ganz ernst, ohne Konvulsion. –

Ich ließ ihn etwas von Goethe lesen: und ich liebe ihn wegen seinem regen Sinn für Musik, und Musik in Gedichten; dies von einem Franzosen, im Deutschen, ergötzte und unterhielt mich. – Ich bin rege und amüsabel: und freue mich *dar*über. Dies, mit großem erstandenen Leid gesellt, gibt dem ganzen Wesen dies Gewicht, das es gehen macht.

Den 13. Januar 1807

Menschen ohne Sitten (aber nicht wie sie beim Tee davon sprechen) sind die wahre Geißel der andern. Daher kommt *alles*! Was kann man denn wohl mit einem tauben, vertäubten Gewissen begreifen und fassen; und mit einem matten stockigen Herzen. Und sie tragen alle face humaine! (Menschlich Angesicht. Daß aber Gesicht im Französischen eher kommt, ist besser.) Man sollte die Fratzen und Schreckbilder sehen, wenn sie aussähen, wie sie sind. Kommt das nie? Mich dünkt, das wäre ein Schritt: und sie müßten sich immer hübsch vorkommen: und die Besserung nicht *da*her kommen.

Den 14. Januar 1807

Je weniger ein Mensch selber zärtlich sein kann, je nötiger hat er's, daß man's mit ihm sei: aber nur Herzen erschließen Herzen; und wo Mangel ist, ist wohl Not; nur das Lebendige aber fühlt, was es nötig hat. Doch haben alle Sterbliche Momente von Leben.

Den 18. Januar 1807

Überall hab ich an nichts mehr einen Ekel, als mich zu verstellen. Für Königreiche, für ein Leben in glücklichen Tälern! aber nicht, damit die, die einen niemals kennen, ein wenig anders kennen. Was in mir vorgeht, das ist gut: ich sorge gar nicht!

Sonntag, den 15. März 1807

Es mag mit oder ohne Bedacht geschehen sein, es ist von einem mächtigen Dichter, daß die drei Weiber im Meister, die lieben, Mariane, Aurelie und Mignon, nicht konnten leben bleiben: es ist noch keine Anstalt für solche da.

Ich bin wie die geringste meiner Äußerungen; und die unwillkommenste löst sich, bin ich überzeugt, für den, der's sieht, in dem Zusammenhang meines Wesens auf. Dies ist meine beste Eigenschaft: die ich zu oft selbst andeutete! – und die einzige, die meine Ecken, vom harten Schicksal angeschlagen, allein verschlingt.

Freitag, den 15. Mai 1807

Zu dem reinen einzigen Enthusiasmus der edelsten höheren Teilnahme gehört guter *Wille* gar nicht allein: – auch die größte Verehrung gebiert sie nicht allein! Ein Auffassen, ein Durchdringen, ein in jedem Punkte ansaugendes Begreifen des innigsten Wesens unserer Freunde gehört vom Himmel verliehen dazu! Ist er *mir* geworden, *dieser* Anteil? Ich *bin* in Sehnsucht vergangen. Und bis jetzt liebt und haßte ich mit regem Leben alles in den Menschen, was ich verstand, und sah; und begnügte mich *stückweise*, mit dem was ich in diesem und jenem *für mich* vorfand. Zerstreut, ehrlich, aufmerksam auf die ganze Welt, jugendlich keinen Genuß noch nicht fordernd; lief ich bis zu meinem jetzigen Alter umher! Arm find ich mich: und ohne Anspruch; und schweige. Alle Kräfte, jede Neigung hab ich aufgeboten, das *ganze* Herz gegeben. Und bin *verspottet*. Kein Opfer hab ich mehr zu bringen. Nun bin ich müde: die *kleinste* Verstellung ist mir zu viel: und ehrlich ist alles was ich sein kann. Brüsque scheint bei mir alles: und wirklich ist man es, wenn man *keine* Zeit, *keine* Kräfte mehr *verlieren* will.

Mittwoch, den 21. Mai 1807

Wer mich verkennt, beleidigt, kennt mich nicht; ist kein Mensch, ist eine Sache für mich. – Wir sind alle nicht exquis: und wollen immer, wenn wir nur können, sehr sanft sein! Es macht uns ruhig. Und da uns alle einmal die Erde umschließt, und wir *auf* ihr beinah in Einem Kampf, oder *Druck* bleiben, so wollen wir uns wie Einen ansehen, und unsere Krankheiten, wie die unserer Glieder, pflegen, heilen, schonen, vermeiden, ertragen. Wie moralisch! wie sanft! Mir kommt's aber heute so vor. Kann ich mich für eine jähe Beleidigung, für eine Effronterie, nicht gleich rächen, so vergeht sie für mich. Was soll ich machen! – Es war nicht viel, weil es geschehen konnte: – es lag in den Umständen, daß es möglich war; und dies sind die Minister der Götter, sie *tragen* uns, wenn wir nicht kämpfen, wenn wir uns darauf hinlegen. Kurz, leicht, leicht: und lieb, lieb!

Den 21. Mai 1807

Ich weiß gar nicht, wie man ein Misanthrop sein kann? Je mehr mir die Menschen im einzelnen Schlechtes tun, je empfindlicher werde ich gegen jedes gute Wort: ich liebe immer wieder neue. Es ist auch von den andern nur Ausrede; die liebten nie Menschen; sondern allerhand Dinge? – Und ein Haß, ein sogenannter, ein Mißverhältnis, welches auftaut, ist wahrlich eine Art Frühling, Ankündigung neuen Lebens, und Atmosphäre zum Atmen. Nur das Gute ist wahr; das andere Verwirrung und ganz negativ.

An Frau von F., in Berlin

Berlin, den 30. Juni 1807

Ich muß Ihnen doch ein Winterwort, Sie werden gleich sehen, warum ich es so nenne, sagen; Sie glauben nicht, wie ich in mir nachstöre, mir alles abfrage – wirklich ganz aus und über menschliche Verhältnisse hinaus komme, und doch nur immer wieder hinein; wie unendlich ist selbst der Mensch als Mensch: wie ist es nichts, als Arbeit, immer neue Arbeit, so lange er es bleibt; wie ist er nur eine Zusammenstellung von Gedanken, und eine Macht zu dieser Zusammenstellung! Wie ungerecht sind wir manchmal gegen uns, und immer gegen andere; wir fordern Bestand – wo wir nur echtes Bemühen, Ernst, Unschuld, und ein wenig guten Scherz zu fordern haben. Was einer ernst meint, *worüber* auch einer, mit Bewußtsein, scherzt, wir sollten zufrieden sein; und *jede andern* Eigenschaften als *Talente* lieben und schätzen; *recht* nachsichtig sein! – Zu verachten, hat man ja noch alle Verwirrten; zu stören, ewig unsere polypenartige eigene Verwirrung. Pflegt man auf solche Dinge nicht im Winter zu kommen?

Freitag, den 24. Juli 1807

Ich ließ Ihnen sagen, ich würde zu Ihnen kommen diesen Morgen: ich fühle nach dem Aufstehn, daß ich nicht kann. Heute sollte ich mit meinen Geschwistern nach Potsdam: ich habe darauf gedrängt. Ab! ich gehe nicht; sie. Sonntag soll ich auf dem Garten zu Mittag essen, aber ich will nicht. – *Ich vergesse den Frieden nicht.* Wie ein schweres Unglück erschreckt er mich, wenn ich ihn einen Augenblick vergessen habe.

Berlin, den 28. Juli 1807

Ich bin wie der Prinz in der Zauberflöte. Ich poche an alle Tempel, da ich nicht gestorben bin vom ersten Zurückweisen. Und man kann *nicht* sagen, wie der kranke Hamlet: ›Ist es edler, dulden, oder mutig dem Spiel ein Ende machen‹; *sondern*, edel ist, eine Übersicht über seine eigene Natur und die Umstände, die uns umgeben, zu behalten; und mit Bewußtsein und Schmerz entbehren; und mit Bewußtsein im Genuß genießen; auf alles, und sogar auf eigene Rückfälle, gefaßt sein; und an Entwickelung glauben.

Sonnabend, den 19. September 1807

Was mir noch lieb ist: ist, daß ich mich kennengelernt habe. Der letzte Beweis meiner Stehekraft soll mir ferner dienen, mich noch mutiger zu machen; mutig, durchaus Unwürdiges nicht an der Stelle von Glück zu dulden. Wer nur im Herzen lebt, und aus dem Herzen gibt, *soll* gar nicht schlechte Münzen annehmen. Aus der Welt hat mich Geburt gestoßen, Glück nicht eingelassen, oder herunter; ich halte mich ewig an meines Herzens Kraft und an was mein Geist mir zeigt. Dies ist der mir von der Natur angezeigte Kreis: und in dem bin *ich* mächtig und die andern nichtig.

Wäre ich nur über gewaltsamen Tod, cachot, Operationen, und Blindheit weg. Dann stünd mir der Tod – die Welt – offen. – Es ist alles wie es ist; d. h. ›anders‹.

Freitag, den 11. Dezember 1807

Mit Schrecken nahm ich gestern, in einem Tage wahr, wo meine Nerven frei und ich aufgelegt zur Beschäftigung war, und mir Kräfte dazu glaubte, daß ich's nicht vermag; und daß mich meine Krankheit unfähig gemacht hat! Ich war mit Vergnügen bis halb 11 allein und wollte etwas tun, und tat auch manches: aber wie ward mir nach einigen Stunden! Ganz schlecht; und daher auch meine Nacht und mein Morgen! – Also die einzige Rettung, das was ich für mich vermöchte, Fleiß, den kann ich nicht ertragen; und alles andere kann *ich* mir nicht verschaffen! Ich muß also alles wie Wetter ohne Schirm über mich ergehen lassen; und ich kann es grade nur so machen, wie ich es mache. Tiefe Gefangenschaft, und dabei noch Tadel, und Rat, von Feinden, Freunde genannt; und von Leuten, die nicht an mich denken, Feinde genannt! Und helle lichte Einsicht. Aber auch welche Ergebung! dies ist mein ganzer Glaube, mein ganzer Kultus! meine tiefste Meinung, die ich nicht auszusprechen vermag, und nicht aussprechen sollte! – Alles ist so wie es ist – und nur Kleinigkeiten; kleine Momente von Ewigkeiten existieren für mich. –

Klagen Sie nur: klagen Sie immer: die Klage ist eine Person, wenn sie echt ist, ich verstehe sie, und so soll sie als solche anerkannt werden; keine wirkliche Person soll untergehen; unerkannt, das ist das größte Unheil! Die Seele gebiert auch: mit Liebe und Schmerzen; aber vielfältig, und ohne Bande; *sie* bleibt nicht zum Unterpfand zurück; sie läßt alles zurück –, und ich hoffe, ich fühle, auch die Fähigkeit zu Erdendingen – Clabaudagen im höhern Sinn – und die Gemeinschaft mit ihnen. Ich könnte noch lange so fort schreiben, zum Glück ist das Papier zu Ende!

An Frau von F., in Berlin

Berlin, den 14. Dezember 1807
Lesen Sie diesen Brief, als käme er
erst in acht Tagen an.
Ich hatte ihn gestern geschrieben.
Es ist ein guter.

Obgleich Sprechen und Schreiben zu gar nichts hilft, so sollte man gar nicht aufhören zu sprechen und zu schreiben! Diesen finstern Satz, wovon jede Hälfte nur für sich allein wahr ist, nur zum Scherz! Ich bin diesen Morgen nicht deutlich gewesen; und Sie haben mich auch nicht recht verstanden. Mir ist das, wovon die Rede war, zu wichtig, auch ist es auf einen Punkt gekommen, wo es deutlich werden muß – um so mehr, da vom nunmehrigen

Halbverstehn nur ein Falschverstehn entstehen müßte –, um es nicht nach allen meinen Kräften und meiner besten Einsicht mit Ihnen zu verfolgen.

Was wir eigentlich unter dem Worte *Mensch* verstehen, ist doch die Kreatur, welche mit ihresgleichen in vernünftiger Verbindung steht, in einem Verhältnisse mit Bewußtsein, an welchem wir selbst zu bilden vermögen, und auch genötigt sind immerweg zu bilden. Wir mögen sein wie wir wollen, wir mögen machen, was wir wollen, wir haben das Bedürfnis liebenswürdig zu sein. Diesem schönen, reinen, menschlichsten, lieblichsten Triebe folgen wir alle. Im höchsten Sinne genommen – aber auch bis auf das Zersplittertste hinab – das ganze Lebensgewebe der Menschen, als Menschen, ist nichts als dies ins Unendliche modifiziert. In Ihnen, als in einem zarten, lebhaften Gemüte, ist dieses Bedürfnis dann auch sehr lebhaft. Was in der Welt ist aber liebenswürdiger – und glücklicher – als eine aufgeschlossene Seele für alles, was Menschen betreffen kann! und was hinwieder gibt eine reinere Laune, als eben dieser Zustand, der sich selbst durch seine Dauer, durch sein bloßes Dasein, erhöht und propagiert! Die ganze Welt gewinnt Sie; und Sie die ganze Welt! Kommen Sie davon zurück – welches die Irrmeinung noch so vieler Guten ist –, daß man nur Eines mit ganzer Seele fassen kann. Prägen Sie sich recht ein, es entsprosse Ihnen *einen Augenblick* die Überzeugung, *was* liebenswürdig ist, und Sie sind es! nicht, wie Sie mir heute schrieben, ›eine Arbeit ist es‹, die ich fordere – wozu Sie jetzt unfähig sind, wozu man immer unfähig ist – sondern einen Augenblick von Überzeugung, einen Augenblick gesunder Ansicht fordere ich.

Mehr gedemütigt, als ich, wird man nicht, mehr Kummer genießt man nicht; größeres Unglück in *allem*, worauf man den *größten* und kleinsten Wert setzt, erlebt man nicht, mehr sieht man nicht untergehen; eine gepeinigtere Jugend bis zu achtzehn Jahren erlebt man nicht, kränker war man nicht, dem Wahnwitz näher auch nicht; und geliebt habe ich. Wann aber sprach die Welt mich nicht an, wann fand mich nicht alles Menschliche, wann nicht menschliches Interesse: Leid und Kunst und Scherz! In dem Augenblick, wo Schmerz und zerreißendes Vermissen die Seele auseinanderzerrt, kann man, muß man nicht Geistesschätze ergraben wollen. *Alsdann* muß man vom Vorrat zehren, von Vorrat an den Schätzen, von Vorrat an dem höchsten menschlichen Interesse, am *menschlichen* Interesse. Antworten Sie mir nicht, daß Gaben der Natur nur dazu fähig machen, und zum Beispiel, daß ich mich nicht mit Ihnen vergleichen soll. Wer so raisonnieren kann, wie Sie über manche Gegenstände, der *hat* Kräfte: nur sein Interesse ist falsch gerichtet.

Ein gebildeter Mensch ist nicht der, den die Natur verschwenderisch behandelt hat; ein gebildeter Mensch ist der, der die Gaben, die er hat, gütig, weise und richtig, und auf die höchste Weise gebraucht: der dies mit Ernst will; der mit festen Augen hinsehen kann, wo es ihm fehlt, und einzusehen vermag, was ihm fehlt. Dies ist in meinem Sinne Pflicht, und keine Gabe; und konstituiert, für mich, nur ganz allein einen gebildeten Menschen. Darum wende ich Sie endlich mit Ihren Augen auf das zu sehen, was Sie eigentlich verabsäumen. Dies ist, sich mehr zum Allgemeinen − à généraliser − zu erheben; daß nicht Allgemeines Sie immer auf Einzelnes führe, sondern umgekehrt. Dies ist höchst liebenswürdig; dies würde Sie *ganz* liebenswürdig machen. Dies können Sie erlangen; denn dies kommt plötzlich, durch einen Gedanken; wie bei Ihnen das Gegenteil auch nur durch einen Gedanken. Auch wiederhole ich, was ich schon gesagt habe: sogar gesund werden Personen, wie wir, nur wenn sie den höchsten Ekel vor Kranksein fassen; wenn sie durchdrungen davon sind, daß Gesundsein höchst liebenswürdig ist. Sie können sich meinen Drang nicht denken: mit einem *Trank* möchte ich Ihnen diese Überzeugung eingeben! Aber es gelingt, ich bin sicher! Sein Sie nur recht kokett!

Montag, den 14. Bis hieher hatte ich schon gestern abend geschrieben; aber dann bekam ich, wie aus blauer Luft, plötzlich einen Fieberanfall: er dauerte bis 2 in der Nacht; mit *allem* Zubehör, außer Kopfweh; ich erspare Ihnen die Beschreibung! bitte Sie aber, heute nicht zu kommen, ich bin ihn mir als den *dritten* Tag gewärtig, und diesmal außerordentlich schreckhaft dabei: mit Lachen und Weinen. Morgen ist's vorbei; und *dann* besuchen Sie mich: das geringste Erblassen, jedes Zucken von Ihnen, würde mich unleidlich machen. *Gestalten* hinderten und erschreckten mich gestern bis zu Herzklopfen und Schweiß. Ich habe ein Bad genommen; fühle aber schon jetzt, daß ich's heute abend noch habe. Sehen Sie auch meine verschiedene Hände.

Ich habe Ihren Brief gelesen, und schicke meinen doch ab! Eben schrieb ich Ihnen meine Gesundheit ab, als ich Ihren erhielt. Fassen Sie sich: denken Sie nicht immer an Tollheit; es kann eine Liebhaberei werden. Zerstreuung! Mir wird der Kopf immer schwerer! Kommen Sie morgen! Ich *bin* ja sanft, dünkt mich; sanfter kann ich auch nicht sein: ich verstehe nur das zu sagen, was ich denke, anderes sehr schlecht: und was ich Ihnen sage, Liebe, sagte ich, beim Allmächtigen! mir selbst, und habe es mir gesagt. Leben Sie wohl! über mich sein Sie ganz ruhig, ich habe nur einige schlechte Stunden. Leben Sie wohl! Es ist gut, daß Sie sich gestern mit den Menschen zwangen, und sie unterhielten und im Gang erhielten. Es zerstreut, weil es beschäftigt. Sie werden schon immer geschickter werden. Ich denke viel an Sie! Adieu. Ich kann gar nicht mehr! Lesen Sie meinen großen Brief, als käm er erst in acht Tagen an!

An Varnhagen, in Berlin

Mittwoch, den 14. September 1808

Mir war ganz krank; – die große Erschütterung des Herzens, das gewaltige Schwanken der ganzen Seele, welches alles sich in Angst auflöst, und beim Erwachen Schreck ist, rüttelt ja wohl ein wenig zusammen. – Mein Ausziehen tut außerordentlich viel dabei! Erstlich schon etwas zu besorgen zu haben für eine Sache, die man verabscheut; wo einem Unrecht geschieht, das schlecht wirket; in einen fremden und keinen neuen Ort zu kommen. Meine Leidensgruft, das Stammhaus meiner Qual zu verlassen, mich plötzlich im strengsten Verstande des Worts allein, und *ohne jede* Hoffnung, ohne irgendeinen Plan, mit der tiefsten Einsicht, mit der beleidigtsten Seele, ohne Mut zur Beschäftigung zu finden. Du weißt, wie ich sonst lebte. Umringt, verfolgt vom Morgen bis in die tiefe Nacht, wenn auch nur von scheinbaren Freunden. In meiner Familie belebt, und noch Unzählige mit mir im Verkehr; die Stadt, Theater und Musik. – Verzeihe! Nimm hier in der Stadt diese Klage noch hin! Es ist der Hefen unseres Umgangs.

Über Feld, weiß ich, schon jetzt, werde ich Dir anders schreiben. Wozu auch so! Wer hat mehr Trennungen erlebt, als ich; ich kenne die Zeit in ihrem Fortschreiten; mit Riesenschritten und Riesenarmen reißt sie das Neue hervor, und tritt hinter sich alles zu Grabe. Drum, es mag Dich noch so wundern, gib mir meinen Ring wieder! Laß mich etwas besitzen, Freundesauge gleich! Ich *fürchte* mich. So wahr ich lebe! Ich sehe in keines Menschen Gesicht die Sicherheit, die *gewiß* aus dem meinigen strahlt. Es wird mir ängstlich und ungeheuer. Ich kann nicht ohne den Ring zurückbleiben. Er weiß, wie ich alles meine, er sieht aus, wie ich, als ich jung war; lasse mir dieses Bild! Dir kann er nicht nützen; und was hülfe es Dir, wenn ich ihn mir ununterbrochen zurückwünschte! Du weißt, wie ich ihn Dir gab; es war ein redlicher, dankbarer élan des Herzens: er muß auch bei *mir* und *meinem Herzen bleiben.* Dur wirst es einsehen. Verzeih, verzeih! daß ich mein Herz und seine Angst abschreibe; – *Zauber*mittel, es gleich zu stillen, gibt es nicht. Genug ich werde selbst dafür sorgen, und sorge schon. Hätte ich Vergnügen, Zerstreuung, ich sage es selbst ich brauchte kein Glück. Sei *Du* ganz vergnügt. – Gib mir den Ring wieder, und sei vergnügt! Denke an die Scheine der Sonne, an Wipfel, Täler und Berge, und an die stärkenden großen Luftzüge: und auch ich würde das freudig genießen. Sieh das Wetter! Adieu.

Rahel.

Komme nur nicht unglücklich; ich bin auch wohl! Allheilende Kraft allheilender Natur!

An Gentz, in Prag

Sonntag, den 18. September 1808

Nie werden Sie mich los! So lange uns Eine Erde trägt. Auch ich bin im Unglück – wie Sie vom vorletzten Winter schrieben, ›Sie schämten sich so glücklich zu sein‹ – erblüht. Wer war mir ewig gegenwärtig, für wen zitterte ich? für Sie. Ewiger, immer geliebter Freund. Welches war mein Mittelpunkt von Verdruß, über alles Weltunglück? daß es mich noch mehr von Ihnen trennte! Sie mö-

Karl August Varnhagen von Ense

gen sich verändert haben, wie Sie wollen: Sie sind derselbe! für mich derselbe; so wie ich Ihnen nur gegenwärtig werde. Wie sehr, geliebter teurer Freund, lieber alter dicker Gentz! sind Sie's mir! Sind Sie noch so naiv? O! ja. Sie Taubensträßler. Mit dem gelblichen Überrock. O! Ich sehe Sie auch noch wieder! Wie lange, wie sehr *ich* mich über unsere Trennung gegrämt habe! Dies geschieht gewiß selten: weil selten Menschen solche Einsicht voneinander haben. Dabei weiß ich doch, daß Sie mich vergessen haben: nämlich, daß *ich Ihnen* gar nicht gegenwärtig bin; aber das tut nichts, das ist nur eine Tournüre Ihres Gemüts. Morgen mittag reise ich auf zwei Tage nach Magdeburg, und von da nach Leipzig. *Dazu* habe ich mich mit Gewalt entschlossen; weil ich zu fest und stupid im ewigen Bleiben wurde. Ich bleibe die Messe über dort. Sie schreiben mir dorthin, oder hierher *nur* durch einen Reisenden. Nicht mit der Post. Es *geht* nicht! Ostern ist mein letzter Termin, und sollte ich mit einem Bettelsack abgehen, ich verlasse dies breitstraßige Nest!

Ich habe viel in und mit der Zeit gelitten; bin aber jetzt ganz gesund und in der Seele frisch: und stehe in nichts stille. Und so wächst die Liebe zu Ihnen mit. Wir haben zwei Freunde verloren! Pauline ist nach der Schweiz endlich. Sie war stark; aber sie verplumpte sich: obgleich sie für mich doch Reiz behielt. Sie und mich liebt sie am meisten.

Diesen Brief nimmt ein Freund, ein lieber Mensch, ein ganz junger, mit nach Dresden, und sucht ihn dort jemanden mitzugeben. So schreiben Sie mir *wieder*; und schreiben Sie mir, ob Sie verliebt sind. Mir geht's wie immer, also habe ich Ihnen nichts zu sagen über mich. – Hier kenne ich fast *niemanden*. Athen kann nicht ausgestorbener, und mir fremdartiger sein. Der Freund, der von mir reist, war mein *einziger*, und mehr! Er geht nach Tübingen; er ist Arzt. Nichts wirft mich mehr ganz um, als Krankheit: und Gefängnis. Sonst – kenne ich die Welt. Heute bin ich der Reise wegen zerstreut, so sollt ich Ihnen nicht geschrieben haben. Die Trennung von meinem Freund etonniert mich, die Öde, der Schmerz kommt nach; auch fühlt ich ihn voraus, nur jetzt nicht. Übermorgen früh reist er. Ich wollte *so* die breite Stadt nicht ertragen! – Ich schrieb in einem fremden Haus, wo noch zwei an meinem Tische schrieben: das bedenken Sie! Nur daß ich ebenso echt, ebenso gut bin als sonst, und Sie ewig mein Gentz bleiben, sollten Sie Undankbarer, Zerstreuter, wissen. Wissen Sie's auch! Haben Sie hübsche Kleider? ziemliches Geld?

Aus einem Tagebuch

Montag, den 19. September 1808

Kamen wir gegen 5 in Potsdam an: der Weg dahin schöner, als man es je sagt, und wie auch ich es immer wieder vergesse; in Schöneberg sprachen wir bei Mad. Eph[raim] an, die an den Wagen kam; in Potsdam kauften wir Früchte. Potsdam war lange nicht so öde, als ich's dachte; keine Zerstörung, lebhafter in den Straßen, als sonst. Viel von den Pocken blinde Kinder. Viel und gutes Obst! Die Menschen bei weitem dienstfertiger als sonst. − Gleich hinter Potsdam ungemein und wie nicht zu vermuten schön. Besonders Artischocken*felder*, die, sähe man sie in andern Ländern oder Klima, ganz bedruckt wären: alles verrät Anbau dort. Wie angenehm ist Chaussée! Welch Gefühl von Sicherheit; welcher Trost, daß sie das Land schaffen kann. Die Havel überrascht einen von Viertelstunde zu Viertelstunde in ganz ansehnlich großen Seen rechts und links, und häufig findet man sie grade vor sich. Es ist schön, daß sie so krumm herumläuft, wie die arme Spree, die auch ihr Möglichstes tut. Man reist ordentlich ganz angenehm diesen Weg: sonnen-orange mit spike-farbenen Abendwolken mit glattabgeschnittenem Umriß war der liebe Himmel; so blieb es hell und lange ohne Sterne; sie traten auch hervor, und so kamen wir sicher, das heißt behaglich und mit dem geliebten preußischen Sicherheitsgefühl, mit ihnen nach Großenkreuz, einem Bauerhause in einem Dorfe in Buschwald gelegen. So nenne ich einen Wald, nicht größer als ein Busch. In einer Stube saßen von den Dragonern zurückgebliebene Mädchen − wie die Wirtin sie erklärte − und eine Societät Krob! Wie eitel waren sie, wie vergnügt, wie redselig, wie ennuyiert und wollend; einer mit schnarrender Sprache nahm das Wort, und erzählte ihnen mit Gewalt Anekdoten; sie hörten sie nur mit Geduld. Kurz, wie in einem Salon: nur mit Schmutz überzogen. Wir aßen in einer zweiten Stube; Braten, Kuchen, Bier. Ich trank Kaffee vorher. Die Wirtin schien vernünftig, ein sehr hübsches Mädchen wartete auf, blond mit kurzer Nase; und sonderbar stach ihre Traurigkeit zu dieser überaus muntern Bildung ab. Sie sagte mir, sie sei nicht traurig. Aber blieb so. Sehr guter Kaffee; und gutes Bier. – Auch in diesem kleinen Hause bemerkte ich mehr Wohlstand und Aufwartung als sonst: die Wirtin schien sehr zufrieden mit ihrem Unglück. Um halb 9 fuhren wir bei den schönsten Sternen auf der weißen Chaussee im stärksten Trabe ab, und so blieb's, und war durchaus nicht finster. Gemachter Weg ist der größte Landessegen, er leuchtet sogar. – Als wir so viel gefahren waren, daß ich dachte, wir hätten bald eine Meile zurückgelegt, sah der Postillon nach dem Hinterrade; ich frug gleich. »Das ist weg!« sagte er, alle Speichen waren zerbrochen. – Nach einer Viertelstunde kam uns ein leerer Postwagen entgegen, wir beide stiegen in Heu, denn es war ein kompletter lieber Bauerwagen; und fuhren voraus nach Brandenburg. Schade! daß es nicht länger dauerte, denn nun war es erst schön. Das Heu roch nach allen guten Kräutern und nach Pfeffermünze, wir lagen beinah darin, wie frei, wie schön, wie nächtlich, wie bequem. Wir kamen in einer Viertelstunde nach dem heimatlichen Brandenburg, so ist die preußische Stadt. Schwer kam ein Hausknecht ohne Licht: noch schwerer das Licht; und noch ärger *ein* Mädchen. Wir nahmen nichts mehr; unser Wagen kam, und wir endlich ins Bette. Hier hat sich die *alte* Saumseligkeit und Unvernunft erhalten, als ob die Reisenden für die Wirte kämen, und dafür bezahlt würden. Unterwegs war es zu meinem Erstaunen umgekehrt. Alle Menschen, und der Postillon an der Spitze, glaubten sich für uns geschaffen; mich ängstigte es ordentlich. Das Volk hat sich sehr verändert.

Dienstag, den 20. September

Die Nacht besser als ich dachte. Am Morgen, Magdeburg schwamm in Sonne: die dicken Weiden mit den dicken Haaren. Ankunft. Zimmertausch. Markt. Kugelkarren. Konskription. Lesen. Nathusius Garten; hübsche Frau, Kind. Nachhausefahrt lustig.

Von Magdeburg. Um halb 11, nicht weit von unserm Wirtshause, in einem von den engen Gäßchen, mußten wir hinter einem Wagen halten, auf welchen Mehlsäcke von einer Bodenluke hinabgelassen wurden; unser Postillon blies, aber wer weder sich stören ließ, noch rückte oder rührte, waren die Auflader: mich empörte sowohl die Geduld des Postillons, als die rasende Unbilligkeit der Leute, die gelassen verlangten, man solle ihr Geschäft abwarten, womit sie eine Straße einnahmen. Es standen andere Markthelfer und Leute umher, die die Sache einsahen, und etwas drein redeten, besonders ein Alter, der uns zu amüsieren dachte, und mit einem jungen, der auf dem Wagen stand und die Säcke packte, scherzte, und ihm von der wartenden Post sprach. Mit einem Male antwortete der junge, der ziemlich wie ein eleganter Hausknecht aus einem vornehmen Wirtshause aussah: »Ich muß auch fort.« Warum nicht gar! sagt der Alte; worauf der junge, ganz rüstig und bequem geschäftig aufladend, folgendes Lied mit einer ganz lustigen Melodie, doch rührenden Ausdrucke, ungefähr so sang, als: Ja, ja! Es kann nicht anders sein, mit mir ist's auch aus. »Mit mir ist es aus, mit mir hat's ein End; Husar muß ich werden im Leibregiment.« – I! nicht doch! erwiderte der Alte: – »Gott straf mich«, sagte der Husar, »ich habe schon Quartier und alles.« Ich griff nach meiner Bleifeder, um das Lied aufzuschreiben, indem fuhr ihr Wagen, und unserer. Wir fuhren aus den Toren und Wällen von Magdeburg; am letzten Tore und beim letzten Examen durch einen Offizier, knüpperte unser Postillon an den Pferden, ein Höke saß dicht neben der Wache, und erzählte fünf sehr aufmerksam zweiflenden und amüsierten westphälischen Soldaten von der Übergabe der Stadt, wie da ein Soldat, der brav war, mit seinem Obristwachtmeister gesprochen habe etc. Mit einem Male geht ein gemeiner gesunder Mann vorüber, der Erzähler unterbricht sich gelassen, aber plötzlich: »Nun, wie ist's abgelaufen?« – »Gut! mir können sie einen Dr[eck] tun, ich habe achtzehn Jahr den Preußen gedient.« Die sechs blieben dicht vor der Wache mir nichts dir nichts sitzen. Wir holten den Menschen noch ein; ich besah ihn, er war kaum dreißig, rüstig und wohlaussehend. – Man fährt durch Dörfer, die wie französische aussehen. Fester Boden, die Elbe links; *dicht* vor Schönebeck vorbei, und sieht einen Teil der Salinen-Anstalten ganz nah. Vier Meilen nach Calbe, da gingen wir ein wenig spazieren, aßen Biersuppe und Tauben. Der Magdeburger Postillon hatte einen ekligen Charakter: sagte, er lebe von seinen Gütern, und führe, um die Welt zu sehen: nachdem ich mit ihm gesprochen hatte, fuhr er gut. Wir fuhren um 2 von Calbe, gleich hinter dem Ort wird es sehr schön: der Weg geht sonderbar immer ringsum. Gendarmen setzten Deserteurs nach: sie ritten mit uns. Eine Fähre setzt einen über die schmale Saale, einem Mühlbach ähnlich, man fährt südlich, wenn's nicht rundum geht; hat den Harz und den Blocksberg und den hallischen Petersberg rechts, die untergehende Sonne hinter sich. Nah an Köthen sahen wir auf Stoppelfeld Gesellschaften von zwanzig, vierzig, zehn, Rebhühnern *laufen*, Hasen zu sechs, drei, fünf; und viele. In Köthen kamen wir um halb 7 an: ich überredete meinen Reisegefährten, obgleich es finster war, die Stadt zu sehen. Ich redete einen kleinen artigen Jungen in der Straße an, uns zu begleiten: er tat es gütig. Wir sahen des Herzogs Schloß und Garten etc. – Als ich nach Hause kam, hatte ich den Mordschreck, dies Büchelchen verloren zu haben: der Hausknecht fand es mit der Laterne im Schloßgarten. Liebes dummes Buch, du kostest mich acht Groschen, aber küssen möcht ich dich, die hast du gut verdient!

An die Gräfin ***

Berlin, Montag, den 11. Oktober 1808

Dies ist mein zweiter Brief, liebe Gräfin, den ich Ihnen seit diesem Sommer schreibe. Mein erster war eine Antwort auf den von Ihnen, der mich so sehr freute, als ich es Ihnen doch eigentlich nicht bezeigen konnte; und indem ich Ihnen flüchtig mein Leben, d. h. mein inneres Sein berichtete. Von Woche zu Woche wollte ich Sie wieder anreden, obgleich mich Ihr Schweigen weiter nicht wunderte, noch mein Brief eine direkte Antwort erforderte; aber freundliche und unfreundliche Wellen des Lebens verschlangen mit meiner Zeit die Ausführung meines Vorhabens, dessen Lebendigkeit manchmal bis zur Qual in mir stieg. Nun aber bin ich nach vierzehn Tagen von Leipzig zurückgekommen, wohin Unruhe und ein kleines nicht zustande gekommenes Geschäft mich rief und stürzte; und plötzlich erzählt mir ganz diskursiv der Baron B., der hier durchreist, daß Lothario unumstößlich gewiß heiratet. Mein Schreck war beinah dem gleich, als ich die noch verschleierte Existenz von Leontine erfuhr – B. dachte ich sei närrisch – das ganz Unerwartete erhöhte ihn um die Hälfte: denn nie konnte ich eine endlich wirkliche Ausführung eines so derben Vorhabens von Lothario erwarten. Welchen Henkerschlag hatte ich Cäcilien beizubringen, wenn sie es etwa nicht wußte! Gestern kam sie zu mir, beklagte sich – eine Wiederholung von mehr als sechs Monaten – über Vernachlässigung in jeder Rücksicht; und nach langem Schmachten, Missen, und Verlegenheit nach Geld, war endlich ohne ein Wort des Trostes und der Freundschaft die nackte, kahle Pension für das Kind angekommen; so beträgt sich, so stumm immer Lothario, wenn er in Verlegenheit ist; dies bemerkte mir das Mädchen von neuem. Wie erschrak ich von neuem! Und wie ein Wundarzt mußt ich mich nun entschließen, ihr den Mordschlag beizubringen. Ich verschone Sie mit den Details! Wissen Sie soviel: daß ihr Herz und seine Forderungen schon längst mit der unerbittlichen Allgewalt des Unglücks abgetötet ist: daß ihr erster Schmerz sich auch von neuem nur dahin wandte und gestaltete, den letzten Pulsschlag zu töten. Aber welche Angst, welche Sorge erwachte, und wütete in ihr für das Kind! Sie kann sich wenig mit Worten und mit der Schrift äußern – und jeder Schmerz kehrt in sie selbst zurück. Ich sah es, und hätte vergehen mögen! Was auch hätte sie von diesem feigen Manne nicht zu erwarten! seine Feigheit ist ja so gediegen, daß sie Grausamkeit ist. Auf sein machtloses Herz ist nicht zu rechnen; gebrauchen wir also seine Furcht vor éclat; Cäcilie hat Briefe, die ihn vielleicht vor Gericht zu nichts zwingen können, ihn aber in den Augen aller Rechtlichen so darstellen, daß er davor zittert. Da ihn Gott so schwach unter unsere Augen gebracht hat, so nutze man für dies arme Kind, welches er Bastard in seinem Herzen nennt, und welches aus dessen Blute ist, seine Schwäche! Sprechen Sie, Gräfin, Worte des Ernstes zu ihm. Sie muß er hören, schätzen und fürchten, Ihnen muß er sich gleich stellen! Sie sind ihm an männlicher Kraft und Mut und Rechtschaffenheit überlegen. Er denkt, spricht und schreibt nicht besser und richtiger als Sie. Bei weitem. Ihren Wandel kennt die Welt, die, wie sie auch zusammengesetzt ist, nach zehn Jahren immer die verflossenen richtig beurteilt. Sie sind ihm an Macht und Geburt in der Gesellschaft gleich; Sie sind schon die einmalige Beschützerin, der wahre Ritter dieser beiden unglücklichen Femellen – Weiber drückt mir noch nicht alles aus! Sprechen Sie zu dem vergessenen Manne. Und da er Cäcilien das Herz gebrochen und vernichtet hat; daß er sein Kind und die Mutter endlich sicher der Not und der ewigen *Sorge*, und dem schändlich prekären und abhängigen Zustand entreißt. Es bleibt der Schmach, des Jammers, des Ertragens genug! Er glaubt sich – *der* vielfach verflochtene, der vierfache Vater – frei und leicht –!– und jungherzig genug, edles Liebesglück zu bereiten und zu genießen, ein junges Fräulein will er sich zugesellen, und der endlich Gemahl und Beschützer sein, und *Kinder* und keine *Bastarde!!* mit ihr zeugen; deren Jugend in jedem Sinn will er saugen. Und sie – soll ewig ignorieren, was er, seine Geschichten, und die Welt sei. Ich schweige! Sie kennen das Greuelgebäude, welches Gesetz und Sitte Europas schützen! welches ganze Vegetationen von Liebe und Treue verheert und schändlich gebraucht; und das Beste, die Bessern unter seinem Schutt erstickt. Ich füge kein Wort hinzu: und weiß, Sie reden diesen Mann für die beiden Geschöpfe an! Für jetzt empfindet nur die Mutter die Schmach und Angst: an seine eigne Tochter wird die Reihe kommen. Daß er nur nicht denkt, sie von Cäcilien zu trennen! dem größten Skandal setzt sie sich lieber aus; und es gehen mehr bettlende Weiber mit Kindern umher. Ich wenigstens rate ihr im schlimmsten Fall diesen Schritt nicht ab. Haben Sie doch die Gnade mich mit einer Antwort zu erfreuen! Sie wissen aus meinem letzten Brief, aus diesem, aus meinem Wandel und meinem Sein, wie sehr ich Sie schätzen muß; ich füge nur noch hinzu, daß mich meine wahre Hochachtung Ihnen ergeben macht.

Rahel

Cäcilie wird ihm nicht schreiben.

An Varnhagen, in Tübingen

Sonnabend morgen, den 5. November 1808

Endlich bin ich verdrießlich. Weißt Du, was das heißt! Aber was kommt auch zusammen. Die Jahreszeit selbst wird toll: und schon seit dem Juli – Du wirst es lächerlich finden – konvulsiert der Winter in den Sommer hinein! – Seit gestern quäle ich mich damit, ob ich Dir schreibe, oder nicht. Lügen kann ich gar nicht: bei Dir grade tritt die ganze Wahrheit hervor. Und doch habe ich Dir auch Hübsches zu schreiben. – O! die Gaben, die ich habe, hat man nicht umsonst! Dafür muß man ausstehen. Mein scharfes Wissen, Sondern, und Scheiden; das große Meer in mir, mein präziser, tiefer, großer Zusammenhang mit der Natur; kurz, das bißchen Bewußtsein darüber, was hier doch so viel ist; kostet mich was! Welche Schmerzen, welche Unruh, welches Vermissen läßt das aufschießen; und wie muß ich es verarbeiten! Ich zweifle, daß Du selbst einen Begriff davon hast! Und wie ekelhaft, herabziehend, ärgerlich, beleidigend, *un*sinnig schwächlich, niedrig meine Umgebungen, denen ich nicht entfliehen *kann*: und die, solang ich es nicht kann, mich auch verfolgen: ein gelindes Ausweichen hilft gar nichts. Ein einziges Besudeln, *eine* Berührung macht mich schmutzig, stört meinen Adel. Dieser Kampf dauert *ewig*! So lang ich gelebt habe, und leben werde! Wodurch soll er enden? Diese Einsicht, nicht daß es bleibt, aber daß meine Konvulsionen umsonst sind, und doch nur mit allen meinen Kräften aufhören können, bringt hart an Raserei! Alles was mir Schönes im Leben begegnet, geht mir fremd, als Besuch vorüber; und mit Unwürdigen soll ich anerkannt leben müssen! Sie brauchen und mißbrauchen mich nur. Und gesellig stellen wir uns beiderseits; sie, weil sie mich brauchen; und ich, weil ein Zweikampf, einer mit Blut, es nicht enden kann. Du siehst, ich bin außer mir! So nennt man es, wenn das wahre Herz spricht. – Die Narren und Lügner beschützen sich untereinander. Ich habe aber kein Gesetz, keinen Verwandten, keinen Freund. Und bei dieser Ungerechtigkeit ärgert mich sogar der Tadel. Keiner, nicht einer tadelt mich, der nicht in ihrer Meinung selbst gegen alle gefehlt hat: meiner nimmt sich keiner an, mich verfolgen sie, weil ich für jeden bei dem andern sprach. Ich will Dich mit den kleinlichen – und auch mich – Geschichten verschonen, die mich aus der Entfernung her dieser Ansicht zudrängen. O! wie entwachsen wäre ich ihnen durch *Deine* Nähe! durch die Nähe eines Freundes. Einer befreundeten Kreatur. – Die Frauen, die ich sehe, bringen mich ganz herunter, physisch. Meine Nerven. Sie spannen mir die Gedanken so ab. Sie sind so erstaunlich matt, beinah unklug aus Zusammenhangslosigkeit. Und nehmen die Parallele von sich zu mir so gewiß an, daß nur aus dem Zimmer laufen mich retten kann. Lügen tun sie auch: weil sie's so oft nötig haben; und weil Verstand zur Wahrheit gehört: und Lügen ennuyiert mich bis zur Krankheit: so ist auch meist ihr Unglück: und wenn sie welches haben, kommen sie zu *mir*. Gestern kam ein Mädchen zu mir, die in starken drei Jahren meine Schwelle nicht betreten hatte: eine Freundin von Louis' Geliebte, ich mußte denken, sie sei auch gegen mich: weil man in ihrer Gesellschaft mich verantwortlich für die Wege, die sich seine Leidenschaft erlaubt hatte, machen wollte; und sie war es auch; nun hat sie eine Katastrophe, sie übergeht all ihren Umgang, und stürzt weinend in mein Zimmer, ich fange sie auf; und auf meinem Sofa findet sie Trost, Rat, Zusprechen; kurz, eine Freundin. Gerührt war ich nicht. Auch nicht schmeichelnd, aber tätig; und sehr wie ein Mann. Mir war so. So plagt mich jetzt noch eine andere Matte, deren Geliebter heiratet. Ein Lothario, ohne Jarnos, seine Liddys zu heiraten, ohne Zweikampf für mißbrauchte Gattinnen, ohne Güter und Geld für seine Bastarde! – Als ich nachmittags wegging, schien plötzlich nach vielen Tagen die Sonne. Die beschienenen Bäume lockten mich weiter. Wie Frühling war's; und auch wie ein stiller, fester, mit Schnee schon eingestampfter (aber nicht abgeschmolzen) Januarabend. So zogen mir auch Wetter, allerhand erlebte, durch das Gemüte, wie durch die Brust; alle Gänge, die ich je gemacht hatte, mit ihren Bildern und meinen unschuldigen Herzenslagen, zogen recht schnell, und doch sehr vernehmlich, und wie mit einem Male, wie eine zu übersehende Reihe – Banquos Geschlechte in etwas ähnlich – vor meinem Geiste vorüber. Ich wußte das selbst, und es war mir doch so sonderbar! Nur die Zukunft blieb ganz verschlossen, auch das dacht ich auch nur einen Augenblick (die schließt in der Tat nur wirkliche Hoffnung, Narrheit oder Jugend auf). Die milde Luft des Augenblicks erweiterte sehr meine Augen, ich sah weit. Georges Garten, des Prinzen Haus – wahre Grabstätten – lockten mich. – Der Garten war schon sehr licht, und dem Frühling, wenn er verspricht und die Unruh in die Adern treibt, nicht unähnlich; es war als tanzte der Herbst mit ihm; wie große Herrn nach Schlachten und Krieg sich Feste geben! – Nun lockte mich wieder die Brücke, ich ging hinüber, klar war das Wasser, die Sonne recht warm, und ich nach dem Schiffbauerdamm. Da dacht ich, das ist Varnhagens Weg. Und mir wurde wieder weh! In der größten Sonne weiter! Am Ephraimschen Garten mußt ich umkehren; es wird zu einsam, und durch den Tiergarten konnt ich doch gar allein nicht. Ich sah Deinen Weg noch einmal an, und kehre langsam um; indem ich's tue, hatte ich die Sonne hinter mir, und einen herrlichen, dicken, grünen, von ihr beschienenen Baum vor mir, der im Ephraimschen Vorgarten steht. Ich gehe heran, um niedrighängende, noch sehr konservierte Blätter für Dich zu nehmen. Ich konnte es nicht aushalten, den Baum allein zu sehen: er hatte mir das Herz erquicken können! Als ich aber herankam, war der Zweig doch viel höher, als es aussah. Ich war ganz allein; ein Bürger kömmt vom Tiergarten her an, mit einem Stock unter dem Arm, einem grauen Kleide, einem dreieckigen Hut. »O! mein Herr, Sie sind doch größer als ich, der Baum ist noch so schön grün, reißen Sie mir wohl ein Blatt ab!« Der Mann suchte mit großem Anteil das grünste, gab es mir recht mit Freude; und als ich mich bedankt hatte, und von ihm ging, sah er mich mit großem Vergnügen an; er schien sich zu freuen, daß eine mit einem Schanzlöper, und Hut und Schal an so was Vergnügen findet. Ich habe es in Wasser gestellt, und schicke es hier mit. –

Bei Mad. F[riedländer] fand ich Raimond. Der hatte von einem Freund gesprochen, der sehr gut deklamierte, aber weder Talma noch irgendeinem nachmachte. Ich hatte ihn gebeten, er möchte ihn bringen, und er brachte dann gestern Monsieur Richard. Er sagte die Szenen, wo Othello vor dem Senat erzählt, durch welche Künste er Desdemona bekommen habe. Da malte er *sie* selbst ab, anstatt mit Entzücken, mit Seligkeit: mit Unglauben und Nichtbegreifen; er machte ihr nach. Falsch! Dies ist sehr französisch: jedoch auch deutsch. Dann sagte er eine Szene, wo Achill von seiner Geburt spricht, und was er tun will. Die sagte er wie ein

Göttersohn! und schon mit einer physischen Löwenkraft. – Nun frug er nach Molière, und ich erschrak, wie er Tartüffe aufschlug. Zu bekannt! dacht ich: aber ich Esel dachte nur an den Gang, an den Plan des Stücks. Er las denn also! – Und ich lachte *so*, wie bei der vollkommensten Vorstellung. Wie ich in Iffland und Langhans in fünf Jahren nicht lachte. Diese Vollkommenheit ist aber selbst schon zum Lachen! Und Molière, – diese Sprache! – die hatte ich wieder vergessen – diese sprudelnde Bewegung, dieser Witz, der gar keiner mehr ist; sondern Leben, die Sache! O! ich bitte Dich, goutiere *den*! oder vielmehr, höre ihn von Franzosen, und Du mußt es. Ich litt wieder, denn ich gönnte es mir gar nicht! Ein wirkliches französisches Spektakel. Großmutter, Mann, Frau, Jungfer, Tartüffe, Bräutigam, alles spielte er; schreien vor Lachen mußte man: und ohne krasses Nachmachen, ganz edle Nüancen, und doch die echteste Komödie! O! hätte ich einen Zeugen, dem Du glaubtest! hätte es nur Chamisso oder Neumann gehört! – Und sei nur still! ich dachte wohl vorher an Fichtens Wort des vorigen Winters: »Sie halten ein Lehrgedicht in Versen für ihre beste Komödie.« Und fand es doch so göttlich! Wort für Wort! Der Mensch hat großes Talent. – Raimond sagte immer, von meinem Lobe ergriffen, und auch vom Meister: »Quelle profonde connaissance du cœur humain!«, und es war so wenig die Rede bei Molière vom cœur humain, als bis jetzt hier von Bomben. Wie die das nehmen! Und lachen bei denselben Stellen. Aber sie nennen etwas anderes cœur humain. Wie ich Molière so sehr liebte, erzählte mir Richard diese Anekdote von Piron: »Il était au parterre, à voir Tartuffe; et en fut si charmé qu'il disait toujours, oh! oh! que c'est beau, divin, charmant! enfin, des interjections; quelqu'un qui se tenait devant lui, lui dit à fin: Monsieur, vous oubliez que vous êtes dans un endroit public et que vous n'êtes pas seul! Comment? *criait* – aber schreien muß man – Piron, insensible! vous n'avez donc point de cœur? vous ne savez pas que, si cette pièce n'avait pas été faite, elle ne le serait jamais!« Adieu, bester Freund, nimm den Brief wie er ist! Den schicke ich nun wieder heute des grünen Blattes wegen. – Werde nicht traurig! Man muß sich ja wenigstens schreiben können!

An Varnhagen, in Tübingen

Berlin, Montag vormittag, den 7. November 1808
Wie allein habe ich sein müssen! Sieh, ich konnte nicht einmal
einen Freund finden – Du hast mir in den ersten Tagen unserer
Bekanntschaft abgefragt, was ich unter einem Freund verstünde;
und als ich fertig war, sagtest Du: dies haben die Alten Freundschaft genannt; es sei die antike Freundschaft –, und die hohlen
Luftbilder belebte ich alle selbst. Ein Roland, ein Don Quixote ist
nicht wahrhafter als ich. – Du wirst schon alles aus meinem
Briefe nach dieser Erinnrung, und der Kenntnis, die Du von mir
hast, ergänzen. Ich vermag nichts zu sagen. Das Wesentlichste,
bis jetzt unsägliches, bleibt zurück; das was ich aussprechen soll,
das was nur ich auszusprechen vermag, kann, wenn es auch
Schmerzen nur erzeugt haben, nur im Glück ausgesprochen werden (wenn es auch oft scheinen mag, mein Schmerz sei beredt).
Im Glück, oder im Tod. Bis dahin bindet Scham mich noch.
Wahres Unglück schämt sich; habe ich immer gesagt: oder vielmehr nie; einmal mir es selbst aufgeschrieben.

Dienstag, den 8. um 9 Uhr
Ich wußte gestern auf einen Moment alle Gründe, warum es mir
so gehen muß: und es beruhigte mich ganz einen Augenblick –
immer vermag das der Geist übers Herz. Und doch werd ich den
herbsten Wünschen wieder überliefert, den größten Wogen des
Gemüts! Ich wußt's auch gestern schon; und der Wunsch, es
möchte doch nicht so sein, und mir die Helle des Augenblicks
bleiben, wie gutes heilsames Wetter, war mein erster Wunsch, aus
der dunklen Zukunft im Herzen; da liegt sie zu ewiger Entfaltung
drin! Verzeih mir! auch Dir zeige ich mich so ungraziöse! O! ich
verstehe es ja sehr gut, was schön ist, oder nicht: und sehe auch
das, wenn es auch mich betrifft. Aber sei nur ruhig und mach Dir
keine Sorge! Du kennst mich ja in der Nähe, und da bin ich besser: bequem, leicht und lustig genug. Auch weißt Du, habe ich ja
einen starken Hals, wie ich Dir schon sagte, und wende den Kopf
wohl wieder empor, aus dem finstern Abgrund! Eins muß ich Dir
noch sagen, was ich gestern in meinem Bette dachte, und das zum
erstenmal in meinem Leben. Daß ich mich, als ein Verwandter,

und Eleve von Shakespeare, von Kindheit an mit dem Tod beschäftige, kannst Du glauben. Aber *noch nie* konnte mich mein Tod rühren; und auch daran, daß das nicht so war, dachte ich nicht. Gestern aber, in meinem Bette, dacht ich, daß ich Dir doch heute noch schreiben wollte; wenn Du an das denken wolltest, was mir begegnet ist – da Du doch so vieles weißt, so viel eigentlich, und nur vieles noch nicht –; so sollst Du auch denken, daß einen Tag, von dem ich Dir schon sprach, mein Geschick mir in Folgendem klar vor Augen trat. – – – Dies dachte ich gestern muß Varnh[agen] wissen, wenn er an mich denken soll; und wenn ich tot bin. Mir schien, als müsse ich sterben – als ob mein Herz über diese Erde wegzog, und ich würde ihm folgen – und mein Tod tat mir nachher leid: denn noch nie, nun sah ich es, hatte ich gedacht, daß er irgendeinem Menschen leid tun würde: von Dir wußte ich es; und es war zum erstenmal in meinem Leben, daß ich das dachte; und daß ich wußte, daß ich's noch nie gedacht hatte. So einsam habe ich gelebt. Wisse es. Ich dachte auch, wenn ich tot sein werde, wir Varnh[agen] erst wissen, was ich für Schmerzen hatte; jedes Schreien wird vergeblich sein, meine Gestalt begegnet ihm in aller Ewigkeit nicht: weggewischt bin ich dann, wie der Prinz und Gualtieri. Und niemand kann mir dann wohltun; mit dem stärksten Willen, mit der Ausübung der Verzweiflung nicht: dieser Gedanke an Dich, über mich, war es, der mich endlich rührte. Ich habe es Dir ziemlich schreiben können: ich dachte es doch noch ganz anders; aber ich nahm mir fest vor, es Dir zu schreiben; wenn es Dich auch martert. Ich lebe ja, und liebe Dich. Ja Varnhagen, meine Liebe war hart: überlege es Dir. Auf Seligkeit nicht, weil es meine war, und jeder eine solche Liebhaberei an seiner haben muß, eben weil er sie kennt. Aber Du sollst sie wo möglich sehen, ihre Gänge nachspüren, denn selten ist so viel Kraft und so viel Schmerz, und diese Unbefangenheit! denn welche Entwicklung ging in jedem Sinn dabei in mir vor: wem diente, und wen kannte ich nicht dabei, was wußte ich nicht! Kurz, Du sollst es wissen, weil es reich und sonderbar war; und ich eine Seele haben will, ein menschlich Wesen! – Über die Darstellung der Gegenden denke ich bei weitem anders, als Du! Sie darzustellen, oder sie beschreiben, ist schon ein unendlicher Unterschied, und bald muß ein Dichter das eine, bald das andere.

Du z. B. hast in Deinem Dresdener Briefe die Brücke ganz göttlich beschrieben, und willst Du je in einem Gedicht eine Beschreibung, so brauchst Du nie eine bessere zu machen. Goethe
aber z. B. hat durch seinen ganzen *Hermann* und *Dorothea* durch –
ohne daß einer so gütig ist, daran zu denken – von der ersten
Zeile bis zur letzten, so genau eine Gegend, einen Tag, und sein
ganzes Wetter und Schreiten dargestellt, daß er ein Element seines Gedichts ist, und wie ein wahrer Tag, eine wahre Gegend, es
machen hilft. Das weiß ihm meines Wissens noch keine gedruckte
Zeile Dank. Wer da nicht die Gegend sieht, von der Goethe
spricht, dem fehlt die Camera obscura, von der Jean Paul spricht;
und Goethe hat es so eingerichtet, daß sie wirklich beinahe fehlen
kann, und nur der sie nicht sieht, den man etwa zweimal hintereinander an denselben Ort führen, und ihm einbilden kann, es
seien verschiedene.

Den 9. November 1808

Ich dachte, Jean Paul wüßte nichts mehr von mir! und das bißchen, was er wissen könnte, wäre böse! Ich schrieb ihm zuletzt
über die Weiber, die er immer vorkommen läßt, und verlangte andere. Das, dacht ich, hätte ihn gebissen! nämlich mich für dumm
und vorwitzig zu halten. Er ist aber *ganz gut*. Wie Du ihn schil-
derst – dick ist er also jetzt? Daß seine Meinungen sich so biegen,
steht hell und klar in seiner Ästhetik und Levana, schlechte *Bücher*. Anpochende, aufhauende Meinungen fürchtet er, und daher
imponieren sie ihm auch. Und da die letzten grade so waren, so
fügte er sich unter, mit zu vieler Liebe, wie ein bestraftes,
fürchtendes Kind. Dabei ist seine Arbeit spinnenartig, und gleich
kommt jeder Vorrat in sein neuestes Gewebe. So hat ihn auch die
kühne Richtung der neumodischen Empfindsamkeit, nach Alt-
modischem, als Katholizism u. dgl. erschreckt; und seine kriecht
ihr etwas nach, ihr eignes natürliches Gehege vergessend. Der
muß sich für allein halten, um Original zu bleiben; jedes, viel, alles, kann er mit dieser Gabe nicht ergreifen. Sein Traum einer
Wahnwitzigen ist göttlich, und seit recht lange mal wieder echt.
Wie schön gleich geschrieben! da sieht man recht, wenn er sich
versenken, isolieren will, was er dann ist. Umgang mit noch lebenden Schriftmenschen, auch nur ihre Bücher, ihre Kritiken nun

gar! ist ihm todschädlich. Wieso er mich nur für humoristisch hält! mich dünkt, ich habe nie etwas in seiner Gegenwart gesagt; aber ich weiß schon; weil ich sein Komisches so rasend goutiere. Und *das* weiß er. Dazu *gehört* auch Humor. – Als ich grade nach Paris reisen wollte, sah ich in der Jägerstraße mit Jean Paul aus dem Fenster und sagte ihm: Ich begreife es gar nicht: ich reise in acht Tagen; und seit ich meiner Reise gewiß bin, werden mir alle die bekanntesten Gegenstände fremd; ich erkenne die Ecke drüben nicht mehr; sie ist mir wie die fremdeste Straße. Es war wahr. Er sagte ganz in sich gekehrt, und beinahe mit Kopfschütteln: »Das ist eine große Phantasie! Sie haben eine große *Phantasie*!« Wieso? sagte ich! Er schwieg aber, und ich auch, weil es von mir war. Ich verstand ihn nicht, und verstehe noch nicht was er meinte. Denn es war ja ein Unvermögen und ganz negativ. Meinte er, daß ich mich so losdenken konnte, und die neuen Gegenstände mir schon vorhielt? Antworte mir!

An Varnhagen, in Tübingen

Freitag früh um 10 Uhr, den 18. November 1808
Gestern abend habe ich den Sigurd gelesen. – Lange, lange nicht hat mir etwas so gefallen! So schön kam es mir vor, so fest, so eigen, so echt, so still ersonnen, frisch mit Gesundheit ausgeführt: so wenig Überflüssiges gesagt darin: zusammenhängend und neu, von einem neuen Menschen endlich glücklich gefertigt. Indem ich's las, freut ich mich immer schon des Lobes, und Deiner Freude und Zufriedenheit, welches ich Dir aus vollem Herzen spenden würde. Seine Runen kamen mir bis in den innersten Sinn, mit ihren Reden, und die erste Geliebte Sigurds, die da nichts traut, und das Ganze; wie ich nur Lady Macbeth und einmal Juden die lange Nacht habe weinen sehen, so mußt ich das Buch weglegen, und Schleusen eröffneten sich innen, laut reden und ächzen mußt ich dabei. Aufgelöst und geschlossen schien mir ganz klar auch mein Leben; – es tut mir gut endlich! – und das Ganze so schön! Du kennst meinen Haß gegen jede andere, als die olympische Mythologie, gegen nordische Sagen, Runen u. dgl. und die neue Hoffnung auf die alten Nebelgötter. Alles das tat

mir nichts: und Dein lieber Freund, der liebe Fouqué, traf richtig
mein doch unbefangenes Gemüt!

Berlin, Freitag, den 2. Dezember 1808

Alle Tage kommt mir das Erbärmliche erbärmlicher vor: und gar
nicht mit Ingrimm, Zorn, oder Wehmut. Nein, ganz in Zerstreuung verloren, wie über eine Sache, die so gewöhnlich ist, daß man
sie zeitlebens schon weiß. Meine Lage bringt es auch mit sich; so
paradox dies im Augenblick klingt. Meine Einsicht ist so tüchtig,
meine Weltkenntnis so gereift, daß diese bestätigenden Entdek-
kungen meinen Geist nicht bereichern noch stutzig machen; mein
Gemüt kann nur noch von Edlem, Ausgezeichnetem, Geist*vollem*
und *Reichem* affiziert werden: denn vom Schlechten bin ich im
Äußern so sehr herunter und zurück, als es nur mit mir ging:
Neues ist hier nicht möglich; und diese Lage bleibt nun wohl
ohne ungeheure Revolution – im Schlechten – wie sie ist. Gutes!
Glück, du kannst mich entzücken und beschäftigen; und Einfluß
auf mich haben! Sonst – ist es wie es war. – Vormittag war ich im
schönsten Wetter weit allein in den Straßen spazieren. Es wirkte
so gut, daß mir luftig in der Seele, hell und klar im Kopf zu tausend Gedanken wurde; und ich genoß vom ganzen Gange so
recht eigentlich den Genuß. Wie vieles wußte ich mit einem Male
deutlich, was jahrelang ungeboren als Schmerz in meiner Seele
lag, und nun hervor an der Sonne, im hellen Bewußtsein, beruhi-
gendes Gut wurde. Ich empfand den Besitz der mancherlei Ge-
mütsreichtümer recht schwelgend, und doch fromm, möchte ich
sagen; denn meine Freude war nur Freude, und glich einem er-
wärmend hellen Lichte. Auch dachte ich über die ganze Masse
der Menschenbildung; und ob wohl alle Essenz davon, das höchste Entzücken edler, reichbegabter Menschen aneinander, und jeder andere erhellte, erhobene Moment im Leben, das Placken
und den Jammer aller wert ist, den es zum Dünger jahrhunderte-
lang erfordert? Arbeitende Karrende, und ich, brachten mich auf
den Gedanken.

An Varnhagen, in Tübingen

Berlin, den 5. Dezember 1808
Dienstag abend, bald 10 Uhr

Weißt Du, warum ich Dir besonders schreibe, mein einziger Vertrauter meiner Gedanken, – wegen Heinse! Denke nur nicht, daß
ich stupid bin! Ich habe mich bloß gröblich geirrt; und das wieder
auf Anstiften meines Gedächtnisses! Wie ich Dir sagte, Ardinghello gefalle mir nicht, meinte ich beständig ein anderes Buch,
dessen Titel mir nun nicht einfällt; ist Dir so etwas vorgekommen? Vorletzte Nacht besann ich mich erst auf den wirklichen
Ardinghello, weil ich mir den göttlichen Briefsteller Heinse gar
nicht mit dem andern Buch zusammenreimen konnte. Ich hatte,
als ich Dir das letztemal schrieb, von den Briefen nur wenige gelesen. Der liebe, liebe Kerl. Die strotzende Pflanze; der Ehrliche!
Warum hast Du mir das Buch nicht viel heftiger empfohlen? da
Du doch von Schlegels Gemäldebeschreibung so eingenommen
bist! Wie anderer Art sind die! Heinses. Dem hatte Gott seine
richtigen *fünf Sinne* gegeben – und allen ein weites Gesicht – und
dann *den* köstlichen, von Musen und Grazien bereiteten, von
Apoll bewilligten, dazu, der sie alle zusammenhält. Ich kann mir
wirklich einen gut ausgestatteten Menschen, einen solchen, *nicht*
denken, ohne einen Areopag von Göttern, die ihm Gaben mitge-
ben, auf die Erde! Also nicht nur Redensart! Ich wollte Dir erst
vieles über das Buch sagen: nun ich weiter darin bin, kann ich
nur über ihn sprechen. Weißt Du's noch? wo nicht, lies es nach!
was er über Rubens sagt! Besonders wie er so lange von ihm
spricht, ohne ihn zu nennen; anfangend: ›Es war einmal ein
Mann‹; ein Meistergeschichtchen. Goethe, glaubte ich nur, könne
so etwas! Und die Beschreibung der Amazonenschlacht; der Fall
Sanheribs; die Beschreibung der Rubensschen Landschaft! er at-
met sie ein, er riecht sie! Wenn ich nur Raffaels Johannes in der
Wüste sehen könnte, das, glaub ich, ist sein bestes Bild; ich habe
die berühmtesten in Paris und Dresden gesehn; aber diesen Gedanken machte mir schon Forster in seinen Ansichten; und
Heinse gibt mir dieselbe Sehnsucht. Und wie er von meinem besten Freund, dem Apoll von Belvedere, spricht! den ich nun persönlich kenne, und der ganz vertraut mit mir war – dabei mußt

Du wissen hasse ich nichts so, als über Gemälde schreiben; und die neueren Babler haben es mir gar verekelt. Die stimmen sich erst katholisch, katalogisch, chronologisch, papstmittelaltrig-geschichtlich, und dann legen sie los; zeigen unsern Augen, und den Griechen, den Platz an; und zeigen dem, der Sinne hat, *welche* ihnen fehlen. Sinne, Sinne, die fünf Sinne! Gott, könnte man doch solchen fleißigen, strebenden, sich allein emporbewegenden Manne, wie Heinse, etwas antun! Oft habe ich geweint bei diesem Buche. Sonst konnte Preußen stolz sein: und Friedrich der Zweite wog uns in die Höhe in Europa: wir hatten alle einen Teil an seinen Siegen, von und an seiner Einsicht: ich auch! Nichts wär ich, bei meiner Geburt, ohne ihn; er gab jeder Pflanze Raum in seinem sonnezugelassenen Lande. Und eine Ehre war's, sich daher zu nennen: und wirklicher Vorteil für Leib und Geist. Antworte mir hierauf nicht. Ardinghello ist mir nicht mehr in allen Details gegenwärtig; aber noch sind mir die Briefe lieber. Adieu bis morgen.

An Varnhagen, in Tübingen

Berlin, den 17. Dezember 1808

Was Du mir über den Meister geschickt hast, hat mich ganz besonders gefreut. – Das ganze Buch ist für mich nur ein Gewächs, um den Kern als Text herumgewachsen, der im Buche selbst vorkommt, und so lautet: ›O wie sonderbar ist es, daß dem Menschen nicht allein so manches Unmögliche, sondern auch so manches Mögliche versagt ist!‹ Du kennst die Stelle von mir. Und dann die andre, daß dem Menschen jeder Strich Erde, Fluß und alles genommen ist. Mit einem Zauberschlage hat Goethe durch dies Buch die ganze Prosa unsers infamen, kleinen Lebens festgehalten, und uns noch anständig genug vorgehalten. Daran hielten wir, als er uns schilderte; und an Theater mußte er, an Kunst, und auch an Schwindelei den Bürger verweisen, der sein Elend fühlte, und sich nicht mit Werther töten wollte. Den Adel wie er ist, und der den andern als Arena – ich weiß das Wort jetzt nicht – vorschwebt, als wo sie hin wollen, zeigt er beiläufig, gut und schlecht, wie es fällt. Dann bleibt noch die Liebe; und darüber ist die gedrängteste Bemerkung die, welche ich anführte, und wo sich Geschichten darum bis zur Niedrigkeit und bis zur Tragik bewegen; die Menschen treffen sich nicht; Vorurteil, wenn sie sich getroffen haben, trennt sie, der Harfner, Aurelia usw., und da der Mensch hier nichts begreift, weil ihm die andre Hälfte, wozu dies Irrspiel gehören mag, fehlt, so bricht Meister und Goethe in die Betrachtung aus, daß unser Mögliches hier, was wir dafür halten, auch mit Ketten gehalten sein mag, an Pilastern, die auf andern Welten ruhen, die wir nicht kennen; unterdes bewegen sich aber die Menschen, und dies trägt er uns in seinem Buche wie in einem Spiegel vor. Verzeih, und sieh die entsetzliche Eil! – Künftig einmal über jedes Wort!

Berlin, den 17. Dezember 1808

Mir fällt aber immer ein, was Goethes Carlos dem Clavigo sagt, nämlich, es sei nichts Erbärmlicheres als ein Mensch zwischen zwei Empfindungen, von denen er keiner ganz angehört; anderes, als dieser musenvergessene Mensch weiß ich auch nichts. Könnt ich verhindern, daß dieser Brief in der rauhen Entfernung kein Leid machte! Vergeblich! Es entwickelt sich Stufe vor Stufe, Folge aus Folge: und das Reich des Herzens und die andern Reiche scheinen ohne Zusammenhang. Glück hat der, dem dieser Folgengang wohltut, Unglück der, dem er weh tut. –

Nun hab ich geweint; und es ist mir in der Tat, als sei ein Tropfen gelöset von dem finstern Strome tief in mir; ein Tropfen, nicht mehr! Ich habe in Heinses Briefsammlung gelesen. Es ging ihnen wie uns. Man sollte sich nicht trennen! Drei sind schon tot: Gleim, und Heinse und Forster. Sie wollten sich immer sehn. Sie waren Männer; Gleim schon, wo ich jetzt lese, neunundsechzig Jahre alt; Müller sechsunddreißig, und wie sehnsüchtig, wie lebendig-feurig ihr Wunsch, sich zu sehen; und immer zunehmender. Auch sie interessierte Europa, und was für Menschen darin geschehen sollte, so lebhaft! Wie sie rieten und kombinierten! Vom Fürstenbund, von Joseph, von Friedrich Wilhelm, vom damaligen Koadjutor Dalberg, von allen Gelehrten, ihren Werken, den Kriegen; wie wahr, wie wahrscheinlich sah alles aus; *wie* jetzt! Ihre Herzen schlugen in unsäglicher Unruhe von Wunschesstürmen in ihrer Brust, wie unsere! auch wir wissen nichts; und können nur leben: und tun's nicht; wie sie. Einige wenige und zwanzig Jahre haben kluge Leute zu Narren gemacht; und die uns preisgegebene erste Sandfläche der Erde scheint wirklich verändert. O! wie weint ich über ihre Liebe: mit welcher Leidenschaft empfand ich ihre Sehnsucht, ihre stürmenden Wünsche mit! Ich hatte es nötig, o Gott! auch ohne Gegenstand müßt ich ewig fortlieben! Nun seh ich es; es sind die geistigen Schläge meines Herzens, aber alle Herzen sind nicht so: das habe ich erst heute in meinem Kopfe erfahren. Den Unterschied habe ich in tausend Schmerzen erlebt; auch gefühlt; aber nie genannt, und in meinem Geiste aufgestellt. Der mir so sehr bekannte Johannes Müller ist mir doch lieb geworden: man liebt so zärtlich, ängstlich, ehrenvoll keinen neunundsechzigjährigen Mann, wenn man nicht wacker ist: und aufhören kann das auch nicht. Und nun ist es mir wieder lieb, daß er in Kassel, in einem sich zurecht rückenden Staate, ist! Es geht zwar karg mit ihm her, und man sieht selten sein Gemüt in reichen Bewegungen: aber er spricht wohl nur nicht davon; und geht einen andern Weg (wozu ich die Veranlassung in seiner Seele und *eigentlichen* Geschichte wohl auffinden möchte); aber einzelne und auch sehr schön ausgedrückte Äußerungen sind mir unumstößliche Beweise, und bürgen mir für die schönsten Regungen in ihm. In seinen körperlichen Anlagen ist gewiß das Wesentlichste und die Wurzel von vielem zu suchen; aber dem früh sich entwickelnden Geiste muß doch auch auf die Spur zu kommen sein, und das möchte ich. Wüßt ich nur mehr von ihm, ich wollte schon! Auch gelesen habe ich nur Schlechteres von ihm, und beinahe nichts.

An Moritz Robert, in Hamburg

Montag abend, den 18. Dezember 1808
Hier hast Du einen Brief, den Dir die arme alte Frau schon den Sonnabend geschrieben hat. Als ich Deinen Brief bei ihr bekam und auch las, mußt ich so ungezähmt lachen, daß ich ihr vieles verlas. Sie lachte auch sehr: und ist sehr froh, daß Du vergnügt bist; sie hatte mir aufgetragen Dir zu sagen, daß sie sich ein Vergnügen draus macht, Dir die Hemden zu verehren; hat es Dir

aber indessen selbst geschrieben. Ich kann Dir versichern, daß ich gar nicht lache, und Dein Brief eine Komödie (Kommedje, wie die Juden auf der Gasse sagten) für mich war. Ich dächte, Du könntest es den wenigen Worten, die ich Dir geschrieben habe, anlesen, wie ich lebe; da Du mich aber fragst, so sei es Dir gesagt. Übernatürlich schlecht. Mama weiß ich in einem düstern, ruppigen, unbequemen chezelle; ohne Gesellschaft, ohne Genuß, ganz das bißchen Glanz und Zusammenhang und Wohlhabenheit weg; und mit Verdruß genug! im erbarmungswürdigsten Geiz, fast allein existierend, also die ist mir für die Einsamkeit, in welcher ich lebe, und so ungerecht, und so zwecklos, und mit so vielem Verdruß, und mit so vieler Kränkung, bin hineingestoßen worden, kein Ersatz. Im bittersten Gegenteil, eine heimlich drückende Sorge, eine immer sich erneuernde Kränkung mehr. Ich muß mir einen Bedienten halten, und tausend Kleinigkeiten; und lebe teuer und schlecht, und bin dabei in meinem alten Neste, und kein neuer Gegenstand erquickt mir die Sinne; dabei bin ich viel krank diesen Winter, und immer wenigstens kränklich, viel allein, oder mit abgetragenen, ebenso unglücklich geistlosen armen Bekannten. Niemals in Gesellschaft, niemals im Theater, nie zu Wagen; *Talg*lichte; und Branntwein anstatt eau de Cologne. Bis Ostern habe ich nur mein Quartier, welches bequem für meine Vermögensumstände ist (*zwar* habe ich es nicht zurecht machen lassen; und die Möbel die Du mir kennst), aber zu hoch für mich zu steigen, und um ein Bad zu nehmen; das Haus mir verhaßt; wegen Lärm, und alles. Die Jägerstraße und jede ordentliche Familien-Einrichtung ist mir nicht nur ein Stich, sondern Hiebe ins Herz. Also bis Ostern *kann* ich nur in Berlin bleiben, dann will ich nach Wien: und erlaubt es der Krieg nicht, nach Paris. Allein bin ich allenthalben, und reicher hier auch nicht. Ich kann vor Gottes Thron schwören, daß ich nie für Ohr, Auge, Geist oder Herz, auch nur das mäßigste Angenehme gewahre. Dies ist mein niedertrachtvolles Leben! nun ist es reif. Die Charaktere, das notwendig erfolgende immer ärgere Spiel derselben, mag Dir entfallen sein, und entfällt einem vor dem Tore schon immer …

Über Deinen Brief habe ich gelacht, und das ist mir noch lieb, und ein Trost. Ich muß den Sommer von Berlin. Ich habe es vorigen Sommer mit einem lauten heiligen Fluch in den Himmel hinein geschworen, und breche den Fluch nicht. An sich selbst muß man glauben können. Du kennst unsere selbstgezeugten Vorurteile. Robert reist in weniger Zeit mit dem Baron Drieberg nach Wien, und will zum Frühjahr wieder hier sein. Ich habe keine Idee wie ich fortkomme, aber ich muß fort; aber wie ich hier bleiben könnte, das weiß ich auch nicht. Ohne Quartier in noch aus der Stadt. Ohne Geld mir irgendein agrément schaffen zu können, ohne Bekannte zu irgendeiner Promenade, weder die Gute, noch Nette, noch die Schwägerin wirst Du mir doch zu rechnen erlauben. Mlle. Bauer reist auch weg, die sitzt jetzt bei mir und näht das Weihnachtsgeschenk, was Hanne ihrer Mutter macht, eine kleine Tischdecke, fertig. ›Der *jüngste* Bruder hätte wegbleiben können?‹ Eben wollte ich sagen, ich hätte beim Ausziehen aus dem Bauche, einen Schaden anrichten sollen, aber da fielst Du mir ein. Meine tiefste Kränkung ist, daß wenig Menschen so viel Talent zu leben haben als ich, und zum Lachen, und daß ich und das schöne Geschenk in Schmerz untergehen müssen. Ich könnte mich göttlich amüsieren. Daran erkenne ich Dich, daß Dich die G. entzückt. Wir sind umgekehrt, wie das andere Schund, Krop. (Gentz nannte sie alle kurzweg *Schund*, mir ist das nicht genug.) Die Sauzähne prahlen sich immer was vor mit ihrer Liebe und Sanftheit; und eine Makrone, ein Hecht, ein Schlitten, ein Epaulet, ein Vers, eine Loge, ein Kreuzer ist ihnen lieber als ihr Gegenstand, und ihre eigenen Herzen: und wir schimpfen und schimpfen, und sind gefangen. Du Esel nun ganz besonders. Durch bloßes Zuhören und Zulachen, und durch die Stube, durch Essen, Bequemlichkeit: und unbewußt, durch was das andere Krop Liebe nennt. Veit rangiert sich ganz richtig. Das sind ja alle unsichere Menschen, die sich eine Moral von außen, und nach ihr, ein solches Schickt-sich schaffen; die mit von uns seit zehn Jahren verlassenen Dingen sich balgen; und denken nun haben sie etwas Würdiges, weil auch in Journalen *da*von geplaudert wird, und nennen unsere alten von uns angeekelte (und wir wegen ihnen bitter verschrieen) Schauspieler Künstler, und saugen Ennui für Ergötzlichkeit ein. So macht's jetzt hier das ganze Nest: was blaffte, als die noch jung und reizend waren, die ich damals sah, und die jetzt Runzeln in Seel und Körper haben, aber geheimrätlich tun. Der arme Veit, der sollte mit seinem bißchen gerettetem Verstandesvermögen der Natur einen Prozeß machen, und sich seine Sinne herausschaffen! anstatt die armen Kunden mit Lapinschen Anekdoten zu morden. Adieu, schreib mir!

R.

An Varnhagen, in Tübingen

Sonntag, gegen Mittag, den 19. Februar 1809

Da ich Dir Dienstag noch nach Tübingen schreiben will, muß ich nur gleich anfangen, und kann nichts Besseres tun. O! lieber teurer Freund, dies war ein zu gräßlicher Winter und Herbst. Ein Leben voll Glück sollte damit nicht errungen werden müssen. Wie betrübt, geängstigt, gedrückt, verzweifelt war ich noch vor zehn Minuten! wie ennuyiert! Noch soll ich mich, nach allem, was ich wahrlich schon erlebt habe, in solcher kleinen, niedren, ungewissen, nun gar einsamen, von Menschen und Künsten, und Natur geschiedenen Lage, herumbalgen. Und all mein Mut, meine Klarheit, meine Gaben, sollen mir zu nichts dienen können, als daß ich wie eine Verzweifelte – Verlassene – davongehen kann. Dies ist doch die trockene Geographie meines Zustandes. So war es doch diesen ganzen Winter – gespickt mit tausend Kränkungen, Neckereien, Beleidigungen und Unsinnen, ohne Labe für Herz, Geist, Phantasie (Hoffen durch Geist für Herz). Du weißt die drei guten Sensationen, die ich vielleicht hatte; ich teilte sie Dir ja mit! – als Du noch nichts wählen konntest, und auch mich nicht lassen konntest. Und können wir uns wohl gegenseitig durch etwas helfen, als durch Liebe und frischen Herzensmut?! O und was ich sagen kann, und gesagt habe, ist das wenigste! Die Reihe der Gedanken, die bei mir in der Zeit aufgeregt wurden, *der* Ärger, der Verdruß, das Unbehagliche, das in jedem Augenblick in meiner Lage mich anpickende, anpackende, immer wiederkehrende, sich aus jedem Neuen neu erzeugende Ungemach, auf Menschen-Seichtigkeit, Schlechtheit und Dummheit zu meinem Wahnsinn gegründet; dies getrübte, gekränkte, empörte, und gesunde nie ermüdete Herz! diese Stützenlosigkeit nach *jeder* Seite! Auch Du, Varnhagen, mißdeutest meine Kraft. Ein siebzigfaches Leid, eine Äußerung davon ist sie! Diese Woche habe ich erfunden, was ein Paradox ist. Eine Wahrheit, die noch keinen Raum finden kann sich darzustellen; die gewaltsam in die Welt drängt, und mit einer Verrenkung hervorbricht. So bin ich *leider*! – *hierin* liegt mein Tod. – Nie kann mein Gemüt in schönen Schwingungen sanft einherfließen, wozu dies Schöne in der Tiefe meines geistigen Seins wie in den tiefen Eingeweiden der Erde verzaubert liegt. – Wie richtig, geliebter Freund – und wie traurig – vergleichst Du mich – wie *überaus* witzig, nie hat man etwas erschöpfend Ähnliches über mich gesagt!! – vergleichst Du mich zu einem Baume, den man aus der Erde *gerissen* hat, und dann seinen Wipfel hineingegraben; zu stark hat ihn die Natur angelegt! Wurzel faßt der Wipfel, und ungeschickt wird Wurzel zu Wipfel! Das, Lieber, leider! leider! bin ich. Dies ist der Durchmesser meines Lebens. Seine erste Verschlingung zum Wirklichen. Laß dies mein Epitaph sein, und dies ist dasselbe, was mein ›Paradox‹ ist. – Mit dem: ›Sie arbeitet viel!‹ meinte ich weiter nichts, als die Indignation: ›die denkt noch sie arbeitet! *Sie*, arbeiten!‹, und dann gleich hinterher: ›Ja! bei *ihr* ist auch *alles* Arbeit!‹, und das alles drück ich aus Eil und Überdruß kurzmöglichst aus. Sonst meint ich nichts; ist das aber witzig, so war ich es: ich finde es nicht. Antworte mir hier drauf; was den Geist so geregt hat, ist mir interessant, und wär's über einen verlorenen Westenknopf! – Das Buch der Frau, die Du getroffen hast, und sie, ist doch noch weit lügenhafter, als man ohne des allmächtigen Gottes eigenhändigen Witz, oder die Dummheit erfinden kann, die er in dem Puppenkopf zum Statthalter gelassen hat. Sie lügt wie ein Räuber mit der Pistole auf der Brust; und man muß sein schönes Eigentum Wahrheit ihr lassen; oder dieses rechtmäßige Gut durch harten Kampf wiedererringen; und nur, wenn man sich dazu entschließt, kann man ihr ihr Attentat beweisen, sonst geht sie noch als weinender, verkannter, verwiesener Bettler ab. So hat sie mir es vor Jahren, als ich sie in Paris kennenlernte, mit vielen Umschweifen gemacht. Das *Ende* – denn wozu etwas anderes davon wiederholen! – war, daß ich als maréchaussée, und Richter zugleich, ihr endlich antwortete: »Wenn Sie *wahr* sein werden, *dann* werde ich Sie lieben.« Sie wollte – wirklich – vor Weinen platzen, so hatt ich ihr den Keil der Wahrheit ins *Herz* geschlagen, und es *mußte* springend voneinander! – Geistig Zerknirschung genannt: »Weinen Sie nicht!« konnte ich nur sagen; und dabei blieb's! Nachher drehete sie in einem Brief auch dies Gespräch wieder um, – aber ein Tacitusischer, unerbittlicher, ziemlich kurzer zeigte ihr ihren Kuschwinkel an. In den vielen Diskussionen sagte sie: »Hypochondrisch bin ich nicht« – sie freute sich der imaginairen Anklage –, »ich zwinge mich ja, jeder andere läge.« Hypochondrisch sind Sie gar nicht! – kriegte sie – aber kranksüchtig! Sie denken Kranksein ist hübsch; und nie sagen Sie mit Freude: Heute befinde ich mich gut! – Ist der Mensch nicht genialisch, so will ich nur Freiheit von ihm. Negation; wo Negation ist. Will man's anders, so ist das Verwirrung, und meist leidenschaftliche. – –

Wie wahr ist das, was Du über Freundschaft auf einem kleinen Zettel mir schicktest: ›Jedem Gebildeten muß man alles sagen können.‹ Wie schade! daß ich jetzt unfähig bin, Dir auf die Zettel, die ich so gut finde – auch Neumann ist sehr davon eingenommen; dem gab ich sie alle –, zu antworten. Sprechen wollen wir darüber! Und daß die Gemeinen, die sich keine Rechenschaft geben können, in der Liebe so blind recht haben: je gröber sie scheint; je mehr auf Äußeres, auf den Eindruck gegründet! O! es fiel mir viel bei den Zetteln ein! Mündlich. Ich lasse Deine Briefe einmal drucken, und das Geld wollen wir verfahren: und die Welt hat doch noch Vorteil. Adieu. Ich erliege. –

O! wäre ich steingesund, hätte Klima, Freunde; wahrlich, ich wollte das Beste anständig entbehren und vermissen. So aber bin ich ja wie unter eine Horde wilder Tiere gestoßen, die alle nichts sind, als fressender, verzehrender, personifizierter Mangel. Ich ertrage bei meinem Gesundheits- und Geisteszustand die Sorge, die elende, mir im innersten Geiste verhaßte Sorge der Ungewißheit nicht! Für Pöbel ist die, der in seinem eignen Geiste *auch* ungewiß ist, und dem wahrhaft eigentlich alles, wenn er sich recht abfragt, egal ist. –

Gegen 4 Uhr ging ich nach Hause essen; mit einer großen hübschen Nähterin, die ich jetzt oft bei mir habe; und die Neumann lobt; die amüsierte ich sehr; dann legte ich mich nieder; und schlief wirklich ein wenig ein: aber der unselige zehnmal während meinem Fieber und meiner Genesung weggeschickte Baron Bielfeld – unser letzter Gesandter in Konstantinopel – ließ mich wecken: Line hatte nicht den Mut, ihm wieder abzusagen. Ich bemühte mich drei Viertelstunden ihn zu ennuyieren, war aber dadurch in eine Laune gekommen, daß die Nähterin sich schon wälzen wollte, und daß er sich recht sehr gut amüsierte; endlich trieb ich ihn doch weg; und beschied ihn spät mit der Guten zu mir zu kommen. Baron Drieberg trat in die Stube: er war dreimal im Tag dagewesen, um mich zu sprechen, weil er durchaus, obgleich er gar nicht zu mir kam, Briefe von mir nach Wien haben wollte. Ich schalt ihn gradezu: er begab sich gleich, durchdrungen, der Briefe: und ich Esel setzte mich hin, ihm einen nach *Prag* zu schreiben: vier große gestörte Seiten! als der Brief fertig war, und ich sieglen will, sagte er nein! dies koste hundert Louisdors: ich lasse also meinen nur für meinen Freund Gentz geschriebenen Brief offen in seinen Händen. Was schadet *mir* ein junger Baron! – Meine Nähterin beurteilte ihn und Bielfeld sehr gut. Ehrlich ist er. Ich trug ihm auf, den Prinzen de Ligne zu grüßen: und da wurde er wie außer sich, und wollte einen Brief! Ich – tat es: aber nicht als Esel. Diesen alten Freund lieb ich von Herzensgrunde, und will in Relation mit ihm bleiben; für Dich hauptsächlich; wenn Du mal nach Wien gehst: und so wollte ich mich bei ihm auffrischen. Ich konnte ihm, von Drieberg und Nettchen belagert und gestört an meinem Tisch, doch einen sehr guten Brief schreiben: von dem, als er fertig war, ich glaubte, es könne keiner sein; es war aber einer; und ein rechter Schmeichelbrief. Nämlich, er freut ihn gewiß. Und das Französisch! Drieberg, ohne im geringsten etwas zu tun, als seinen Namen zu nennen, sehr empfohlen. Meinen Freund habe ich auch für ihn um seine besten Bekanntschaften gebeten; dabei ist er Baron, hat Geld. So ist's. Die empfehle *ich*! – Ich bin heute munterer, weil ich auf zwei Stunden relâche habe. Das ist mein doppeltes hundertfaches Verzweifeln, daß ich so vergnügt sein könnte. Es können wahrlich nicht alle Menschen.

An Varnhagen, in Wagram

Sonnabend, den 8. Juli 1809

Vielleicht, mein Freund, hast Du einen sehr guten Brief nötig in dem Augenblick, in welchem Du diesen erhältst, und das wird kein guter werden. Schlecht ist nun einmal alles, muß alles werden, weil wir uns getrennt haben! – Du mußt nun bleiben. Sei tapfer und brav! Denk an mich, wenn Du in einem Gefecht bist: Du weißt, ich bin furchtsam: aber den unbekannten Tod würd ich wählen, wär ich durch eigene Wahl darin; und wiche nicht. – Du weißt, wie ich über Krieg, über diesen denke. Krieg ist für keinen gebildeten Menschen. Die nicht wissen, daß der Körper die Person ist, können ihn sich zerschießen lassen: sonst nur in dem Augenblick, wo man angegriffen wird, muß man sich wehren, und wenn Zorn und Rache fort *reißt*! Du selbst fühltest es tief bei des jungen Marwitz Schenkelwunde. Der Unselige! Doch konntest Du ohne Mut- und Tatbeweis nicht leben – so führ das herzhaft aus! – Auch ich ginge in Schwerter, um *den* Preis; das Schicksal selbst forderte ich. Lâche bin ich nicht; getan will ich *alles* haben, was helfen kann: mein tiefes grenzenloses Unglück liegt darin, daß ich keine Tat zu meiner Hülfe *weiß*! – – Marwitz hat mir mit derselben Post einen großartigen, edlen, himmlisch ausgedrückten Brief geschickt. – Sein Bruder ist außer Gefahr, schreibt er. – Marwitz lieb ich nach wie vor. Sei gut gegen ihn: er ist etwas unsicher über Dich geworden. Wie edel drückt er das aus! Wie fragend! Kannst Du denn sein Gemüte nicht finden, wie ich; den Lebenspunkt, das Herz, wo alle seine Eigenschaften hinlaufen und ausgehen?

An Fouqué, in Nennhausen

Charlottenburg, Mittwoch, den 14. September 1809
Donnerstag abend, Sie Guter, Kindischer, brachte man mir Ihren Brief hierher nach Charlottenburg, mit der Einlage an Varnhagen; Sonnabend reiste sie schon auf die beste Weise, die hier unter den vorfindlichen Umständen erfunden werden kann: durch des österreichischen Ministers Korrespondenz. Ich habe dieselbe Hypochondrie über Adressen; es geht bei mir so weit, daß ich sie von Freund und Feind vor dem Abgang lesen lasse, weil eine ewige Furcht mich anwandelt, sie seien schlechterdings nicht zu lesen: ich bin von nichts so eingenommen als von meinen Schwächen, und liebe sie besonders wenn ich sie bei andern finde. Auf

Friedrich de la Motte Fouqué

der Stelle hätte ich Ihnen geantwortet; aber man hat mir eingebildet, nur Donnerstag gehe ein Brief an Sie gut ab; und den Donnerstag war es zu spät. Wie wird sich Varnh[agen] mit Ihrem Briefe freuen! Mich freute er auch, aber auf eine andere Weise: Ihr kindisches Wesen darin rührte mich. Wie Sie von seiner und Ihrer Muse sprechen! Sie sind gewiß schon einmal älter, als jetzt, gewesen. – Leben Sie nicht so einsam, lieber Fouqué! nicht so in sich gezogen; jetzt ist es noch lieblich für andere schön in Ihnen; es muß aber stocken. Ich habe es ja gesehen: Sie sind einer recht lebendigen, munter witzigen, herzlich echten, vielseitigen Mitteilung fähig; *also* bedürfen Sie ihrer auch recht eigentlich: nichts muß in uns brachliegen; am wenigsten Menschenverkehr, die innerliche Anregung, die nur ihrer Berührung entstehen kann: was macht denn sonst wohl das eigentlichste Wesen des Menschen aus, und macht ihn *dazu*, als daß er andere Wesen, die Angesicht tragen, dafür annimmt, und sie behandelt wie sich selbst: wann kann er das besser, als im vielfältigsten, reichhaltigsten, häufigsten Umgang aller Art mit ihnen! Ich tadle nicht sowohl Ihre Einsamkeit, als Ihr leidenschaftliches stagnantes Wohlgefallen daran; Ihr Lob derselben; Ihr Vergraben und Verkriechen, in der Meinung, diese, und nur diese sei Ihnen gut, heilsam, passend. Dahinter, oder vielmehr *davor* ist ein Schmerz; der soll uns nie wegdrücken; bekräftigen, erfrischen, erneuern, urbar machen soll er uns zu allem; und der Inbegriff von allem für Menschen ist menschlicher Umgang, man mag es drehen wie man will. Man kann nach der Einimpfung des größten Schmerzes, wenn man ihn auch erlebt hat, doch noch lebendig umhergehen. Sie sind ein Dichter, und schenken den Menschen das Schönste vom Menschen. Und so gibt's noch manche Weise, wie man ihnen, eingesperrt und abgesperrt von ihnen, göttliche Dienste leisten kann: aber Ihnen fehlt doch das Leben innerhalb der fünf Sinne; das nähere, täglich emotionierende, blutumtreibende, wortausstoßende, und gestaltvollere lebendige Gedanken absetzende. Sie sollen kein Eremit sein! Ich habe keinen Sinn dafür! – nur für Eremiten-Gedanken mitten unter Menschen; ja, unter den gewöhnlichsten: denn ach! – oder finden Sie *das* nicht? – sie stellen so gut die außerordentlichsten vor! Kurz, ich kenne mir nichts als Menschen: und nur dann bekömmt Einsamkeit ihren Sinn! –

wenn man dann allein ist. Daß Sie Ihr Kind so lieben, wer goutiert das mehr als ich! Aber, wenn es möglich ist, lieben Sie's nicht mit Leidenschaft! – Lieber, lieber Fouqué – das heißt, mit Prätention. Ich habe kein Kind: aber dies Verhältnis ist – beinah daher – mein einziges Studium: niemals kann ein Kind leisten; leisten, was Eltern ihr Herz ausfüllen könnte. An seiner Existenz, an seiner Entwickelung, an seiner Natur können Sie sich freuen, seines Herzens höchste Blüte fällt in ein anderes Gehege als in Ihres. Sagen Sie sich das früh, *bald*! Wundern Sie sich nicht, mich die Kinderlose so sprechen zu hören, und in dem Eltern-Schmerz so kundig zu sehen: viele Reiche des Schmerzes habe ich ergründet, und ihre Gründe; getrieben von *einem*. Ich mußte Klarheit über alle Lebensverhältnisse haben; das Herz mußte springen, oder erleuchtet werden! Mir tut Gewißheit, Gründe, Klarheit gut. Es muß Ihnen auch so sein! Verstehen Sie mich? So frage ich immer, wenn ich weiß, daß ich undeutlich war.

Hanne, meine Hanne, hat mir Wunder und Zeichen von Ihrem Kinde erzählt: Sie sind nicht allein so eingenommen von ihr: (ich habe den Namen vergessen.) Nur zweimal in ihrem Leben habe ich Hanne von irgend etwas so ergriffen und sprechselig gesehen: Einmal, als sie jünger war, und ich mit ihr dem Gießhause vorbeiging, und sie oben auf einer Mauer desselben einen Pappelbaum gewahr wurde, der drollig genug da herauswächst: und dann, wie sie aus Nennhausen zurückkam, über Ihr Kind. Seine Augen, seine Haare charmierten sie; seine Sprache – sie sagt, *wie* Fouqué, *accurat*! – rötlich ward sie, wenn sie von dem Kinde sprach; und immer fing sie wieder an. Das machte mich sehr gewiß über das Kind; Hanne ist nie demonstrativ; und sie war ganz wie erlegt von seinem Reiz, und einnehmenden Wesen.

Nun aber ein Zank, lieber Fouqué! was ist das, daß Sie gar nicht antworten, wenn Sie schreiben: Sie schreiben mir auf den Brief, den Ihnen Hanne brachte, als schrieben Sie aus dem Stegreif; auch nicht eine Silbe Antwort. Ich liebe Antwort. Wenn Sie das immer tun, kann ich auch am Ende *nur* antworten. Sie müssen approbieren oder tadlen, oder recht geben oder widerstreiten. Sie sehen, ich dringe wieder auf das Lebendigste im Briefumgang! Machen Sie aber doch wie es Ihnen recht und gemütlich ist: ich liebe zuletzt alles wie es mit und in Ihnen ist! Nur freuen Sie sich nicht so mit Jean Paul Richters Rezensionen: ich hasse sie von ihm; mit seinem laxen Schreiben: eine Rezension soll packen und vor die Augen halten: und er fließt wie eine Phantasie auf dem Piano – *höchstens*. Nein! das will ich nicht! Auch der Brief an Sie war zu literarisch! so monatsschriftlich, wie von einer Universität zur andern; so mager und karg, so abgetragen freundlich; so nichts bezeichnend, so dürftig witzig: hier wo Sigurd hätte wallen machen sollen. Nein! Lieber will ich Silbenmaße und Prosodie studieren, und dann eine schreiben: die soll das ungerüttelte Publikum gewiß rüttlen. Verzeihen Sie der Freudeverderberin! – Apropos, Achim Arnim und Brentano sind hier: ich habe sie auf der Straße gesehen. – Ich bekomme doch alles von Ihnen was gedruckt ist? Sie wissen, daß ich's verdiene. Leben Sie wohl. Schreiben Sie mir! – was und wie es Ihnen durch den Kopf geht. Sie schreiben es einer treuen Seele, keinem stumpfen Geiste; einer wahren Freundin. Und kommen Sie ja zum oder im Winter zu uns! Ihre gute gute Freundin.

Rahel

An Fouqué, in Nennhausen

Berlin, Donnerstag, den 14. Dezember 1809

Es wäre nur lächerlich, wenn ich Ihnen die Größe des Opfers verständlich machen wollte, welches ich mache Ihnen zu schreiben, ohne daß es verständlich würde. Seit Sonnabend, Guter, Lieber, der es wohl wert ist, an welchem Tage ich Ihren Brief erhielt, quäl ich mich, Ihnen zu antworten. Heute geht die Post nach Ihnen, heute ist der letzte Termin; und um einer Welt Gewinn – inn- oder äußern – hätte ich Sie nicht einen Posttag länger ungewiß über mich lassen können, wissend, welchen Stimmungen Sie unterworfen sind; Zuständen eigentlich: die sind und bleiben mir doch das Heiligste, das mich zu allem Treibende, ja Verleitende. Und denken Sie nur! Auch der Schlechteste bringt mich mit einer leisen Fähigkeit zu solchem, zu *allem* – beinah; mich zu opfern immer: diese Handlungsweise schrie man sonst so sehr an: ach! und ich klage nur, nun und in aller Ewigkeit, ihren Grund an, weil der leider ewig ist. Zweiflen Sie nie an mir, lieber Freund; Sie mögen nichts von mir hören; oder was Sie wollen! Die Mischung, woraus ich gemacht bin, ist zu fest; ich höre auf; oder bleibe, ohnerachtet, ja sogar vermöge, aller ihr möglichen Modifikationen, immer dieselbe. Bis zu meinem zweiten Jahre hinab kann ich mich besinnen; und finde denselben Gemütsweg, dieselben Fäden, an denen mein Geist spinnt, die Ehre und die Sitte immer aus demselben Punkt ausgehen; und den ewig im Herzen; wie ein unzerstörbares Ressort. Dem Freunde aber soll und kann diese bloße Anlage nicht genug sein: Tätigkeit derselben heißt nur Leben; und die Freunde müssen und sollen das meiste davon haben, genießen, und brauchen. Zwei Wege stehen mir offen, Ihnen zu schreiben, so wie ich mich fühle: entweder, mich beiseite zu legen, und mich zu zwingen, Ihnen von dem zu sprechen, was wir grade vorhaben; oder, meine Seele vor Ihnen spielen zu lassen wie sie kann, daß Sie beurteilen, was dieses Spiel hemmt, treibt, trübt, und daß Sie am Kaskadenfall noch Lust der Betrachtung fänden; das letztere ist unvermerkt schon geschehen; und zeigt sich überall bei mir leicht, in jeder Wortfügung. Ich *kann* mich gar nicht bilden: in nichts! mein tobendes Herz – in *Sanftmut*, Liebe, Freude, Schmerz; in *allem*! – bildet ja alles in und an mir: bis zu meinem jedesmaligen Stil im Schreiben. Und kein Fleiß hilft mir; aller kehrt in mich selbst zurück: Gott! was hätte ich für eine Erziehung haben müssen, wenn ich nur hätte leidlich werden sollen! Sehen Sie, wie lyrisch, wie auf mich selbst gekehrt, und zurückgeführt durch alles ich heute sein muß!

Ich habe lange nichts Erfreuliches erlebt, gesehen, vernommen. Auch keinen Himmel, keine Musik; nichts von Kunst; kein reges Menschengemüt, kein Gespräch von Geist. Habe viel Arges erlebt. Mit einer Leidenschaft von Schmerz, die ich jetzt nicht mehr beschreiben kann, meine Mutter sich vier Monate quälen sehen; und dann vor zwei Monaten ihrem Tode beigewohnt. Alle Leidenschaft hatte ich schon kurz vor ihrer Krankheit auf diese Mutter geworfen. Und ihre namenlose Gemütsheiligkeit, wie ihre Fehler, und Mißverständnisse gegen mich, regten mich gleich auf! Ihr Tod zerriß wahnsinnig mein Herz. Abgeschnitten bin ich. Dies Verhältnis konnte mir kein feindliches Geschick ganz rauben, da ich in der Reihe der Naturwesen Einmal bin, nur verderben, vergällen. Und ich hielt es hoch empor: besonders zuletzt. Meine Mutter mußte mich lieben. Das einzige Bild, was mir zu einem

Erdenwunsche übriggeblieben war, war *das* Glück, *ein einziges* Jahr! die zu pflegen, in Ruhe und Wohlhabenheit. Vergebens! So wie dieser Wunsch, dieses Bild, aus dem Herzen herauf atmete, vor meiner Stirn sich bildete: fiel sie in Elend, mir zum Fluch: und starb auch. Nun gibt's für mich nur ein Wogen auf Erden. Eine allgemeine Liebe, ein Anziehen, ein Leisten nach allen Seiten hin; eines wie es sich für einen Gott, für einen Märtyrer schickt. Auch ich schicke mich darin. Ich schätze und sehe meinen Geist ein: der mich nach keiner Seite hin bändigt: fühle gern meine Seele und Taten gebunden von meinen ewigen sittlichen Überzeugungen, die ich mit unabläßlichen Bestrebungen ergründe, und denen ich ewig freudig, ja nur freudig folge. Ich bin mit mir selbst einig, und halte mich für eine schöne gute Gabe. Das erste größte innre Bedürfnis ist mir erfüllt; ja, die eigentliche menschliche Existenz, das was eins mit ihr ist, ohne welches sie mir gleich auseinanderrinnt. Und ich sehe es ein; und bin sehr froh. Übers ganze Leben weg froh! Doch freundlich für den Tag, in seiner Entwickelung nach außen hin kann das Leben nur werden, angenehm, wechselwirkend unter Menschen, wenn die ersten Verhältnisse gesegnet sind; wenn uns die Eltern gelingen. Das geschah mir nicht halb: also wird nie etwas mit mir. Nie. Aber dieses halbe Band, mir auch nur halb in einer Mutter gelassen; war sehr wichtig! Ich wußte gar nicht, was ich alles wegen meiner Mutter tat, und empfand. Sie hat mich wirklich als Waise verlassen. Kinderlos. Ihr bracht ich lange dies Opfer. Doch *hiervon* einmal *mündlich*. Denn wie es erscheinen kann, oder erzählt werden kann, klingt es unsinnig, und muß auch unwahr erscheinen. Auch darüber bin ich sehr gefaßt *keine* Kinder zu haben. Solange man sie nicht hat, fehlt einem der Sinn: so denke ich: sich aber Sinne, und neue Organe zu wünschen, dieses Begehren geht ins Unendliche. Auch gehören die Kinder den Eltern nur durch der Eltern Liebe: und allein liebt man genug; ja, immer. Und welche Störung, wenn man nicht ganz des Vaters Natur in ihnen lieben kann, des Vaters Schutz und Liebe an ihnen erlebt! Und dann! Ich mag mein Schicksal nicht so gerne lebendigen Naturen – durch meine eigentlichste – eingeben. Geschähe es, so wäre ich auch darüber ruhig. Größer sind die uns bekannten Naturkräfte (und organisch über die ganze Erde wirken sie), als alle unsere Überlegungen; unter ihren Gesetzen stehe ich mit all meinen Gedanken.

Nun ich mich Ihnen so überliefert habe, nun fragen Sie noch, ob Sie sich mir zeigen sollen! Alles dies, was hier steht, und was ich noch hinzufügen will, hielt mich ab, Ihnen zu schreiben. Ist es genug? Gott! was hat es mich für rhetorische Mühe gekostet, nur soviel davon zu Papier zu kriegen! Hören Sie den Rest, der als Rinde um alles übrige sitzt, und mich nicht schreiben läßt. Seit sieben Wochen habe ich die mir unangemessensten Geschäfte; die alle darauf abzwecken, daß ich nicht *ärmer* werde und nicht in mehr Unordnung komme. Solche sind nicht für mich; und nur in dem Fall erträglich, wenn ich einem andern dadurch Ordnung in sein materielles Leben schaffe; ist's aber nur für mich, daß ich Listen machen, rechnen, zählen, besprechen, verschließen, etwas zanken, bezahlen, besorgen soll: so bin ich meine eigene Dienstmagd. Kommt nun noch dazu, daß ich seit fünfzehn Jahren es mit Mühe, Recht, und Vernunft nicht habe dahin bringen können, dem einmal *nicht* ausgesetzt zu sein: daß ich es ewig befürchtet habe, und daß es ärger noch eingetroffen ist: daß ich sonst noch ein Verhältnis habe, das mich kleinlich in die Tagesaugenblicke hinein quält, und mich auf *Groschen* rechnen macht, so ist's ein Wunder, daß ich Ihnen schreibe; daß ich die Numancia so beherzigt habe. Künftig von ihr – die mir *göttlich* gefällt! – und von Goethens Roman.

Ihr Kind war hier! *das* konnten Sie mir nicht einen Augenblick schicken? Sie hätten doch wahrhaftig die acht Meilen fahren können, bloß um es mir zu bringen. Ich vergöttre Kinder. – Kommen Sie her! Schönere Briefe als Sie schreibt kein Mensch. Die Handschrift muß sich ordentlich nach den köstlich-fallenden Worten richten; die wie Sommer-Regentropfen sanft, groß, dicht, in gesetzmäßiger Ordnung, und eben daher natürlich, erquicklich, unschuldig, kühlend, aus Sommer erzeugt, niederfallen, sich niederlegen! Wo bekommen Sie die Ruhe her, die Innigkeit so sanft ausfließen zu lassen! Sie Bösewicht: Sie nehmen einem die Talente alle weg. Niemand, lieber Fouqué, goutiert Ihre Briefe so, als ich rasender Kritiker. Sprechen Sie zu mir: ich verdiene es durch Treue im Auffassen. Sonnabend erhielt ich auch einen Brief von Varnhagen aus Wien. Wenn Sie ihn wollen, schicke ich ihn Ihnen auf einen Posttag. Er reist mit seinem Obristen nach Italien, es geht ihm gut: er ist derselbe. – Leben Sie wohl! ich bin sehr müde vom Schreiben. Ich liebe Sie recht vom Herzen. Sie sind ein lieber Mensch. Kommen Sie auch her!

Rahel

Künftig von Numancia und Goethe.

Schreiben Sie Varnhagen, er bittet darum. Wollen Sie ihm diesen Brief schicken? Nämlich wenn Sie *wollen*. – So brauche ich ihm nur wenige Worte zu schreiben. Vorläufig, *im Fall*. Grüßen Sie ihn aus Herzensgrunde. Italien freut mich. Er soll frisch bleiben. Und meiner versichert, solange ich lebe. Wenn er kann, soll er machen, daß mir Marwitz schreibt. Ich habe Varnhagen *vier* Briefe geschrieben. Und viel später als den Juli. Marwitzen *drei*; ich habe eben so viele von Marwitz; nach seiner Katastrophe keinen.

An Rose, in Amsterdam

Berlin, Dienstag, den 20. Februar 1810

Liebe geliebte Schwester, welche bittre, bittre unverdauliche Vorwürfe mache ich mir, Euch, meine sehr Lieben, auf Eure intime wahrhafte Freundschaftsbriefe durchaus nicht geantwortet zu haben: Ihr müßt glauben, ich habe sie nicht empfunden. Nur gestört war ich diesen Winter: gräßlich gestört. Durch ein Geschöpf, welches mir alle Stimmung, *alle* Muße raubte. Noch sitzt diese Person neben mir, und jammert und weint. Zu bedauren war ich; aber erzählen kann ich es in einem Briefe *nicht*. Meine *Angst* und mein Gewissen treiben mich dazu, Dir diese wenigen unverständlichen Worte zu schreiben, sonst tät ich's noch nicht. Zu Euch kommen täte ich gerne: ich habe aber noch kein Geld zur Reise – zu leben habe ich – zusammenfinden können. Dir Karl und Rose dankt mein tiefstes wahrstes Herz für Euer Anerbieten, bei Euch zu leben. Ganz und durchaus recht gebe ich Dir, Karl, auf Deinen letzten Brief, den Du mir schriebst. Das Leben kann man ehr zerreißen, in Dürftigkeit hinbringen, eh man die Ehre zerreißt; ich denke wie Du, wie Rose: *was* Ehre ist, worin sie in Deiner Lage, in Deinen Verhältnissen besteht, kannst Du nur ganz allein beurteilen: und ich füge mich im voraus mit meiner klarsten

Überzeugung allen Deinen Beschlüssen: nur teile sie mir mit. – Warum verstummt Ihr: wenn ich nicht reden kann! Ihr müßt mir immer schreiben; und alles was Euch betrifft mitteilen! – oder Ihr setzet voraus, es ist lockeres loses Wesen, daß ich Euch nicht schreibe. Nur Störung ist es, von Ewigkeit, und für alle Ewigkeit, wenn es eintritt. Ich werde Euch mitteilen, was ich für meinen Sommer beschließen kann, noch weiß ich es nicht. Mama und das Verhältnis zu ihr, das zerrissene, geht mir nicht aus dem Kopf. Alle reell irdische Bande sind für mich lädiert, vernichtet. Nur meine Geschwister habe ich noch, nur das ist mir noch natürlich. Schreibt mir von Euren Plänen. *Sollten* wir Geschwister nicht alle nach der Wärme ziehen können, und mäßig da, von mäßigem Einkommen leben können? Nein? Gott? – mein *einziger* Plan in der *ganzen* Aussicht ins winzige Leben hinein! Verliebt bin ich nicht mehr. Wenn man Dir's erzählen sollte, glaube es nicht! Mir glaube: ich bin es *nicht*. Antwortet mir, geliebte Freunde. Ich schreibe Euch dann frisch wieder, und besser umgeben, und gestimmt. Markus hat sein jüngstes Töchterchen die vorige Woche plötzlich verloren. Es war uns ein großer Jammer. Ich weinte, wie Eltern, wie er selbst: wir fassen uns aber sehr vernünftig: ich bin zum Trost immer dort. Und es ist niemand von uns krank. Moritz in Hamburg vergnügt und gesund. – Rose, der Onkel in Breslau wird im März achtzig Jahr! ich liebe ihn. Ich war in einer kleinen Korrespondenz mit ihm, er schreibt noch überirdisch schön: und ist voller Witz, Lebendigkeit und der frischesten Empfindung. Frau von Humboldt kommt zum Frühling, ihr Mann ist Geheimer Staatsrat hier, Minister des geistlichen Departements eigentlich. Es sind interessante und gelehrte Leute hier; aber nichts von Kunst: keine Musik; kein frischer Mut. Etwas Furcht vor allem; und Unsicherheit in allem. Adieu. Schreibt mir: und seid ewig meiner versichert. Von Euch schrieb ich auch dem Onkel, von unserer Einigkeit in allem und unserer Liebe und wahren Harmonie mit Karl. Adieu.

Eure Rahel

Es liegt noch ein großer Brief bei mir, den ich Dir im Winter einmal schrieb. Aber ich bereute zornige Worte gegen andere drin, und ließ ihn liegen.

An Varnhagen, in Prag

Welch einen Katzenbrief hast Du der Guten geschrieben! Ja, er ahmt die glatten, kleinen Bewegungen eines Katzenrückens bis in den kleinsten Teilen seiner anscheinend verwickelten Phrasen bis zum Verwechseln nach, und könnte der Mensch aus einem Briefe eine Katze machen, wäre es ihm vergönnt, Deiner finge Mäuse. Die kann aber eine Welt um sich her zur Katze machen! Diese Hunde-Ader, daß Du ihr gut bist; mußte sie nicht unter das Glanzfell? Muß ich nicht endlich nur sie loben? Hat man sie auch lieb, wie man es denn tut; zwingt sie einen nicht zu ewiger? bei mir ganz unerhörter Empörung durch ihre ungeheure Versteinerung – ach nein! das ist es nicht – mehr wie ein glattes festes Austertier, in sich geschlossen, zu kleinen, blinden, trüben Funktionen – gegen Überzeugung. Ich behandle sie jetzt ganz wie Du es ihr im Briefe machst: nur nicht mit so kleiner, regelmäßiger, ebenmaßvoller, geschloßner Schrift und Art: rhapsodischer, zerstreuter; größerer, unebenerer Handschrift! Gestern nachmittag schickte sie mir Deinen Glanzbrief, mit einer Oblate gesichert, und mit den Worten auf dem Umschlag: ›Lesen Sie den Brief, Liebste! und lassen Sie mir sagen, ob Sie wohl einmal schreiben. Ich bin ganz beschämt.‹ Nun spreche ich es ihr noch zurechte! Kurz, es muß ihr wohl sein – in der Schale – und sie muß mich nicht quälen! Und nun von uns. Keiner von uns will mehr, daß mein ehrliches Leben auch geschaut werde von solchen, die es selbst sind; und genug findet man immer, unter Deutschlands Lesern, wenn man nur drucken läßt. Immerfort erzeugt die Erde auch wieder solche. Ich weiß, welche Freude, welches Behagen mir ein Fünkchen Wahrheit in einer Schrift aufbewahrt macht! Nur davon bekömmt die Vergangenheit Leben, die Gegenwart Festigkeit; und einen künstlerischen Standpunkt, betrachtet zu werden; nur Empfindungen, Betrachtungen durch eine Historie erregt, schaffen Muße, Götterzeit, und Freiheit; wo sonst nur allein Stoßen und Dringen und Drängen, und schwindliches Sehen und Tun möglich ist; im wirklichen Leben des bedingten beschränkten Tages, wie er vor uns steht! Nicht weil es mein Leben ist, aber weil es ein wahres ist; weil ich auch vieles um mich her oft, mit kleinen unbeabsichtigten Zügen, für Forscher, wie z. E. ich einer bin, wahr, und sogar geschicht-ergänzend aussprach. Und endlich, weil ich ein Kraftstück der Natur bin, ein Eckmensch in ihrem Gebilde der Menschheit, weil sie mich hinwarf, nicht legte, zum grimmigen Kampf mit dem, was das Schicksal nur konnte verabfolgen lassen; jeder Kampfgesell der Natur, der größern Geschichte, ist in einen Geschichtsmoment geworfen, wo er kämpfen muß, wie bei einem Tiergefecht in der Arene; glückliche Veteranen, wirken weiter, zu ihrem und der Menschen Bewußtsein; unglückliche, zerschellen; mich trugen Gedanken und Unschuld, als ich zerschellt schon war, empor, zwischen Himmel und Erde. Kurz, wie es mit mir ist, kann ich nicht sagen; ich will nichts mehr. Kein Plan, kein Bild; es schwankt und schwindet die Erde mit den Lebensgütern; der Lebensschatz ist alles! Sehen, lieben, verstehen, nichts wollen, unschuldig sich fügen. Das große Sein verehren, nicht hämmern, erfinden und bessern wollen: und lustig sein, und immer güter! So wie ich war und werde, mögen meine Brüder mich sehen! Ich aber selbst will aus meinen Briefen alles suchen, und verwerfen; und nicht in vierzig, fünfzig Jahren, wie Du der Guten schreibst, sondern viel früher; ich will noch leben, wenn man's liest. Ich mache mir nichts aus der Welt. Ich habe keinen *Plan*; wer den nicht auszuführen hat, hat keine Rücksicht; und Schande kann ich nicht haben: Schande, die mir das Leben hemmte; andere achte ich, wie Du weißt, nicht. Nur *meine* Billigung ist mir nötig und wichtig. Adieu, Lieber! Diesen Sommer, und das früh, und wahrscheinlich sehr bald, komme ich nach Töplitz, und auch wohl vorher nach Prag. Lebe wohl!

R. L.

An David Veit, in Hamburg

Berlin, den 20. April 1811

Ich danke Ihnen recht sehr, lieber Veit! Weil Sie mir gratulieren. Was hilft es aber, mein Freund, mit fremden Augen in die Glückseligkeit schauen! wie der englische Dichter es ausdrückt –, die Stimmung in diesen Zeilen wird der Revers von der sein müssen, die mein Bruder hier hingesetzt hat; und so wird doch ein Ganzes sich zusammenfinden, wenn auch kein Gleichstimmiges. (Ich kann jezt gar nicht mehr schreiben, weil, sowie ich nur die Feder in der Hand habe, mir die tiefsten Meinungen des Geistes und Herzens entfahren, und gar nichts anderes mir zu Gebote steht. Diese aber sind meist kritisch, oder lyrisch; und beides schickt sich, fühl ich wohl, nicht für mich; die ich Weib, alt, und Mädchen bin, und sein soll. Aus diesen Gesichtspunkten bitte ich Sie, die Erklärungen − déclarations −, woraus dieser Brief nun bestehen wird, anzusehen.) Wissen Sie also, daß ich nichts von dem, was ich getan, und ganz besonders von dem, was ich unterlassen habe, bereue; daß ich streng eben so denke, wie ich von je gedacht habe; und wenn ein Unterschied statthat, es nur eine Modifikation ist, eine Entwickelung und Begründung meiner eigenen Natur; das ist, umfassendere, deutlichere, ineinandergreifendere Gründe für meine Meinungen, und ein Schärfen aller meiner Zu- und Abneigungen. Ich bin ungelehrt wie immer; ›verstehe aber, was kluge Männer sagen‹; und Geschichte der Dinge, womit Denker aller Art und wissenschaftliche Leute sich beschäftigen, ist für mich auch Geschichte, interessant, und auch der Gegenstand meiner innern Beschäftigung. Und das von Natur, und trotz − nicht durch − Umgebung: also fruchtbar für meine Seele; und glücklich. Nun werde ich Ihnen in zwei Worten deutlich sagen können, wie es mir äußerlich geht. Es mögen nun wohl zehn Jahre sein, daß ich Ihnen sagte: ›Sein Sie überzeugt, daß in meinem Schicksal sich nichts geändert hat, solange ich noch auf der Dachstube lebe, und Line habe.‹ Von der Dachstube kam ich durch ungünstige Umstände, vor anderthalb Jahren. Line habe ich noch. Und wenn ich dem Glücke nicht danken kann, so halt ich mich für überzeugt, liegt der Punkt des Zaubers darin, daß ich nicht beide behielt, bis ich sie zugleich loswerden konnte. Ich bin tiefgründlich abergläubisch; und sage Ihnen also das hier im größten Ernst. Vernunftwidrig und mit Gewalt, konnt ich in dieser Sache nichts tun; das erlaubt und glückt nur einem andern Wesen; absolut, nicht meinem; also auch eine mutige Wahl würde mir nur Unheil gebracht haben; stellen Sie also keine Frage hierüber an. Ich habe große Krankheiten ausgestanden. Alle meine Kräfte und Funktionen verwirrten sich. Jetzt neigen sich in unzähligen Wellenschlägen diese Übel zur stillen Fläche der Gesundheit: und, es ist kein Scherz, mein Körper − die Körperseele – fragt gewissermaßen Geist und Herz, ob er wohl weiter leben soll? Ich sehe das ganze Jahr meinen Arzt *nicht*. Vorigen Sommer kurierte er mich schlecht, und *trotz* ihm wurde ich besser; ich sollte weiter leben: der Vorrat von Leben war da! Nun wissen Sie das über mich, was in geschriebene Worte zu fassen ist. Antworten Sie mir so, daß ich das von Ihnen erfahre! Und glauben Sie, daß Sie selbst mich nicht gegen Sie verändern können.

Rahel

Das Papier war fettig! Gräßlich. – Ich kenne vorzügliche Menschen. Sie sind mir auch gut: und lieben mich zu sehen, wie einen Fels, wie Wolkengebilde, und sturmbewegte Wellen u.dgl. Keiner herbergt den Menschen in mir; wo sie doch alle untertreten! Dies ist die Wahrheit.

An Alexander von der Marwitz, in Friedersdorf

Berlin, Donnerstag abend nach halb 11,
den 16. Mai 1811

›Mehr und Besseres kann Ihnen mein beunruhigtes, zerrüttetes Gemüt nicht geben.‹ Diesen Schreck muß ich von Marwitz haben, das von meinem geliebtesten Freund erleben! Wie oft könnte ein in Wunden zerrissenes Herz heilen, genesen, zum Leben berührt werden, in seiner Not; von einem einzigen Blicke, von einem Worte, von einer Bewegung, einer Inflexion der Stimme, des geliebten Menschen, auf den der Ringende harrt; nicht aus Schwäche, aus Menschenelend harrt, und harren muß. Vergebens! Nicht Blick, nicht Wort, nicht Ton kommt zu uns: wir verschmachten, vergehen, leben *nicht*; und Welt, und wir selbst manchmal, wähnen uns getröstet. ›Die Menschen verstehen einander nicht‹, sagt Werther. Sogar die Jammertöne werden nicht erkannt, die aus eines jeden Brust geschlagen werden; vom andern nicht! dies ist wahr und schrecklich! Das andere Schrecknis besteht darin, daß wir auch nicht heilen, nicht helfen können, wenn der von uns Geliebte leidet! Wir verstehen ihn ganz, sein Leid reißt in unserer Brust; und einsam ist er, einsam sind wir.

Diese Klause, worin jede Menschenseele haftet, und wo Liebe *dann* und *wann* Leben und Leben vermählt, wie Licht, vom Himmel geschenkt nur, hinüberträgt, – dies ist der Graul, wovor der Mensch erstarrt (des Denkers Geschäft in Gebet übergehen muß), und ich verzweifle. Mit mir ist es aus. Sie erscheinen mir, den ich lieben kann. Jung und gut dotiert, wie ich es nur wünschen mag, stehen Sie vor mir; ich lerne Sie auch genau kennen: Sie erkennen mich, ich bin Ihre Freundin; das meiste und beste der Welt, des Lebens, sehen wir mit gleichen Augen, mit gleichem Geiste an; fühlen, sind überzeugt, jeder vom andern, daß er ein lebendiges, unschadhaftes Herz im Busen trägt; besitzen und lieben unsere fünf Sinne. Ich tröste mich – wie man sich an einem Kinde etwa trösten kann – eine ähnliche Natur in ihren besten Vermögen, in ihren geheimsten, feinsten Nuancen zu kennen, auf der Erde zu wissen, der es glücklicher gehen soll, als mir; kurz, – die Worte sind alle dumm, und drücken plumpe Gedanken und Absichten und Verhältnisse und regrets aus! – ich kenne, durchschaue und empfinde Sie so, daß mein Glück und Ihr Glück Einen Strom geht! Sie wissen, ich halte *nur* auf Beieinanderleben; aber Sie sind der erste, den ich nie wieder sehen, wieder hören will, wenn es *Ihnen* nur gut geht, wenn *Ihre* Natur mit ihren Bedürfnissen sich nur deployieren darf. Eins wissen Sie nicht, Marwitz, wie über alles zu fassende Maß dies bei mir viel ist. Wissen Sie dabei, daß Ihre Gegenwart mir wie das Auge der Welt geworden ist; ich sehe sie, auch wenn Sie nicht da sind; aber in die Augen sehe ich ihr nicht: ich weiß auch nicht, ob sie mich sieht. Ich habe viel geliebt, aber nie einen Menschen wie Sie. Und mußte auch mein wahnsinniges Herz mich bis zu den Grenzen meines eignen Seins reißen, so war mein Geist nie irre: und einem wirklichen Gegenstande war es aufbewahrt mich zu lehren, daß das Maß nicht in mir, sondern in ihm abgesteckt ist. (So habe ich Goethe geliebt in seinen Werken.) Von diesem Freund, dessen Wohlsein ein neues anderes Lebensziel für mich werden mußte, hör ich nun auch die trüben zerstockenden Klagetöne, mit denen ich die Atmosphäre durchdringen mußte, *und kann ihm gar nicht helfen*. Fühlen Sie das? begreifen Sie's? *das* wollt ich Ihnen sagen: und so viel mußte vorhergehen. Einsam steht jeder; auch liebt jeder allein; und helfen kann niemand dem andern. Halten Sie kein

Alexander von der Marwitz

Wort, keinen Unmut, keine Stimmung zurück: beehren Sie mich damit: ich will Ihr Leben wie meines ertragen, doppelt leben ist ja schön; so wie es dem Menschen möglich ist, will ich es gerne annehmen, dahinnehmen. Auch weiß ich wohl, lieber Marwitz, daß solche Stimmung nicht permanent ist, wechselt, sich beim Schreiben an Intime mehr entwickelt, mehr aufbraust; ich weiß alles hierbei zu stellen, zu würdigen; es ist, als ob Sie zu sich selbst sprächen: sprechen Sie zu mir! Ich danke Ihnen für die Beschreibung Ihres Hauses: ich weiß, daß Sie sie zu Anfang für mich imaginierten, aber nie einzig richtig sah ich dadurch Ihren Zustand, Ihre Denkungsart, und die Veranlassung zu den vielfältigen Stimmungen in der einen Grundansicht! Ich kann mir Vorfahren und alles denken (Sie wissen es), wovon ich entfernt bin; wenn es edel, wenn es natürlich, einfach und groß ist. Mir tut der Frühling auch *vielfach* weh. Ich kann nicht allein leben; und bin es: nicht ohne Beziehung; und habe keine. Reger und reger nur wird mir Sinn und Herz; bestimmter und schärfer der Geist: und dieser Frühling zaubert mir, zieht mir alle verflossenen durchs Herz; macht es mir erklommen stillstehen, vor Angst, vor allen künftigen! *Auch* nur Worte! *Gott* weiß, wie bange, erstockende, zum Tod erstarrte, betrübte Momente ich durchfühlen, durchleben muß. Schreiben Sie mir nur! Wenn auch nur noch so wenige, noch so trübe Worte. Um 6 Uhr, als ich nach dem Tiergarten gehen wollte, kam H[arscher]; ich hatte soeben Ihren Brief erhalten und las ihn; er bat mich, Sie freundlich zu grüßen. Ich zeigte ihm und zeige ihm Ihren Brief nicht. Er brachte mich hinaus. Gute Nacht! Es war heiß, ohne Regen, und ist jetzt ziemlich kühl.

Freitag morgen um halb 11 im dicksten Sonnenschein,
die Laden nur ein wenig offen.

Wenn Sie nicht geschrieben hätten: ›Antworten Sie gleich‹, so wüßte ich gar nicht einmal, ob Sie dergleichen Briefe von mir haben wollen, wo so alles darin steht, wie es an mir vorübergeht, wie ich darin wühlen muß, – so wenig antworten Sie, oder tun nur dergleichen. Diesmal haben Sie recht; und dies eine hier angeführte Wort *ist* Antwort auf alles, was ich schrieb. Künftig aber sprechen Sie auch ein wenig zu mir zurück. Lesen Sie Adam Müllers Buch z. B.? Ihr Haus gefällt mir ja sehr gut! Es ist sinnig und bequem eingerichtet, und einzurichten gewesen. Darin könnte einem wohl werden. Sie müssen gut in den Zimmern schlafen: die dicken Mauern beruhigen, und halten Hitze und Kälte ab. Sind die Kastanien dicht vor Ihren Fenstern, daß Sie sie anfassen können? Können Sie auf die Wipfel sehen, oder gar drüber weg? Beschäftigen Sie sich? Können Sie arbeiten? Lassen Sie Ihrem Körper ja Zeit, Fortschritte zu machen. Dazu müßte die Seele erfrischt werden; und gesunde Seelen werden dies doch am Ende nur durch Menschen. So wie die bestorganisierten Gesundheiten am leichtesten leiden, so können nur dumpfe Seelen in Einsamkeit gedeihen. (Sehen Sie dies Schreiben! Ich schreibe mit einem Stück Holz, welches ich mit der Schere zugestutzt habe.) Ich grüble mich zu Tode über Sie, bis ich Sie fertig habe. Was kann ein Mensch mit solchem Bewußtsein, wie Sie es haben, ich möchte sagen ein wissenschaftliches Bewußtsein, ausrichten. Sie *können* der Zeit nicht entfliehen. Es gibt nur Lokal-Wahrheiten, und die Zeit ist nichts, als die Bedingung, unter welcher sie sich bewegen, entwickeln, leben, wirken. Alle bekannte Wesen sind darin streng gebannt; jeder Mensch in seine Zeit. Unsere ist die des sich selbst ins Unendliche, bis zum Schwindel, bespiegelnden Bewußtseins. Und die größten Heldenanlagen, die wirkungsreichste und fähigste Natur muß austrocknen, vergehen, in Luft und Flammen aufgehen, wenn sie doppelt begabt, recht menschlich begabt ist; wenn ihr ein spekulativer sinnender Geist zugesellt ist, ein scharfes intelligentes Verständnis, eine zu bewegende Dichterphantasie, ein starkes, aber zartes Herz. Einem verstehenden Menschen ist in der zerstückelten *neuen* Welt, wo Griechen, Römer, Barbaren und Christen *ausgehaust* haben, nichts übrig, als das Heldentum der Wissenschaft. Staatshelden, die erst vernichten und erobern sollen, haben und dürfen kein großes Bewußtsein haben. Sogar Staatsverwalter müssen den Kranken, den sie vor sich haben, talentartig, ziemlich empirisch und instinktartig behandeln. Auf eine andere Weise gebricht der Mut, und der Augenblick, mit allen Vorteilen schwanger, avortiert. Sie nun sind der Mensch mit den doppelten Gaben, mit dem zwiefachen Sinn; und wie geknebelt, erdrosselt, stehen Sie mittendrin. Dies ist Ihr Unglück, Ihr Leid. Sie *scheinen* zu schwanken, und eine ausgesogene Welt ist es, die farb- und marklos um Sie her wogt. Ich spreche nicht, wie alle Menschen, von der armen französischen Revolution; die war schon da, eh sie ausbrach. Zu zerrieben liegen die Elemente der Menschheit von den Jahrhunderten da, weil es der Staub der Trümmern ist, die Gottlosigkeit und Blödsinn geschlagen haben; nicht eine heilsame Mischung, durch frommes Beginnen und ehrliches Handeln erzeugt. Ist sie ganz in chaotischem Aufruhr, die Welt, so strebt der Geist hinweg, nach dem Himmel; eine Religion bringen die Seufzer, die élans der Seele, von ihm herab; zweimal kommt sie nicht in gleicher Gestalt, und da diese für die Erde ist, ist auch keine ewige vorhanden; es ist auch jetzt eine neue Religion da. Mir ist sie verkündet, stark, in der Seele. Allein bin ich aber noch. Zu eitel sind noch meine Freunde. Die *ganze* Welt können jetzt nur die Schlechten umschaffen. Menschen*gebäude* lassen sich nicht aufführen, wehren kann man sich nicht, entfliehen auch nicht. Hütten aber, und stille Anstalten sind zu treffen: dazu aber sind die Guten zu stolz. Einen Namen sollen ihre Taten, ihre Werke haben; nach Alexander, nach Moses, nach Christus sollen sie heißen. Es sind der Guten mehr da als je; seien sie gut, leben sie gut; leben sie nah, soviel als möglich; und dies für eine Tat angesehen, ist viel möglich. Die Kolonie ist gleich da; nur ohne Projekt, nur das Allernächste immer gut gemacht; *so* sehr hindert keine Regierung, und hindern sie wirklich, die Regierungen, so ist es ja gut zusammensein, sich helfen, besprechen, sich da wissen, sehen. Kann einer sterbend die Welt, sein Land retten: ich rate es ihm und wären Sie es. Geht es? nützt es? Das Grübeln über Rettung und die Zeit, die ambitiösen Versuche, sind das Schlechteste. Leben, lieben, studieren, fleißig sein, heiraten, wenn's so kommt, jede Kleinigkeit recht und lebendig machen, dies ist immer gelebt, und dies wehrt niemand. Und von einer großen, immer größern Vereinigung dieses wollender Menschen sollte nichts, gar nichts entstehen? Ein Wachstum solcher Vereinigung müßte alle rohen Anstalten sprengen, in sich aufnehmen. Aber dies hat keinen Namen, und es unterbleibt: oder es geschieht auch nur unbewußt; denn es *geschieht allwährend*. Aber die Braven, Sie, tummeln sich elend. Auch ich sehe Sie so, wie Sie sich mir mit wenigen Worten schilderten. Ganz sehe ich das ganze Sein und Tun ihrer Seele, meine lehrt mich dies. Sie können ›die Berührung des Gemeinen nicht dulden‹; das sind ja die

Strohhalme, die auch mich dem Wahnsinn nah bringen, mir alles Blut umwenden, und die Besinnung rauben. Auch den ›faulen Fleck‹ kenne ich. Sie *müssen* ›das Gemeine verachten lernen‹. Sie müssen das können. Sie müssen es absolut lernen! Durch Zwang, durch Gewalt an sich selbst ausgeübt, erreichen Sie dies nie. Sonst würd ich Ihnen, wie Hamlet seiner Mutter rät, sagen: wirf den schadhaften Teil (des Herzens) weg! (wenn sie ihm sagt: du spaltest mir das Herz.) Durch Fleiß aber, durch unablässigen Fleiß und Anstrengung können Sie das Gemeine verachten lernen. Durch unablässigen! Ich kenne auch diese Krankheit, und wehre sie mir ewig ab. Ein ununterbrochenes Untersuchen dessen, was gemein ist, rettet allein davon. Denn so unsinnig ist unser Inneres nicht, daß wir das Gemeine als solches lieben könnten und halten wollten; aber wir unterscheiden's nicht schnell, und lassen uns meist von andern, und oft von uns, übertölpeln; und überschreien die ewige Stimme in uns. Habe ich Sie verstanden? Meinten Sie *dies*? so rotten Sie's aus; lassen Sie dies Ihr erstes und immerwährendes Geschäft sein; wo Sie's nur finden. Dies wird Ihnen auch die nötige ›Besonnenheit‹ geben es ›abzuwehren‹. Adieu für jetzt!

Sonnabend vormittag, den 18. halb 12

Ich schäme mich, da ich die bekleckesten Bogen vor mir sehe, daß ich Ihnen dies als eine ordentliche Sendung schicken soll; Sie es ordentlich aufmachen und lesen sollen, was ich so gut zurückhalten kann. Sprechen kann man noch so ungezimmerte Dinge; die Luft, und das neutrale Ohr, bewahrt sie nicht, aber dergleichen Phrasen und Perioden mit dicker Dinte, bleiben unbescheiden. Vieles davon wünsche ich wieder zu Ihrer Kenntnis! Andrerseits schiene es mir auch wieder zu präpariert, und wie eine Toilette, wenn ich es besser zu machen suchte; mir war so als ich schrieb; und Sie nehmen es als *gesprochene* Worte hin: da ist viel erlaubt. Warum bin ich entfernt von Ihnen? Schlechtes erzeugt Schlechtes. (Hier störte mich mein Schuster, und dann Heister, der zwei Tage in Potsdam war, und den ich aber nun doch employierte, mir diese Kritzelfeder zu schneiden: jetzt steht er neben mir, und schneidet ein Kuvert.) Ich habe mir jetzt angewöhnt, abends nach dem Tiergarten zu Markus zu gehen; es sind viel Blumen und

Blüten und schöne Bäume da, hinten geht es nach dem Felde, ich bringe mit wen ich will. Das Asyl ist artig genug. Jedoch geh ich auch leicht nach andern Orten. Der Wald ist *göttlich*! – wunderbar schön. So dünkt mich hatten sich Laub, Zweige, Blätter, Scheine und Farben nie. Alles so zauberartig! Und wahrhaftig, ich befinde mich doch nicht so prächtig. – Mad. Herz hat mir sehr freundlich und natürlich von Dresden geschrieben; in welchem sie unter dem Namen ›M. der Koloß‹ nach Ihnen fragt, H[arscher] aber wie ein *Kind* pflegen möchte!

An Alexander von der Marwitz, in Friedersdorf

Sonnabend früh 9 Uhr, den 1. Juni 1811

Gestern abend um halb 12 kam ich im schönsten, aber kalten Mondschein, nach vielen Promenaden, mit den gräßlichsten Kopfschmerzen nach Hause – die Geschichte dieser Schmerzen nachher in zwei Worten; um Ihnen eine Idee *meiner* Gesundheit zu geben – und finde, *wie* unverhofft! Ihren Brief. Mein lieber, lieber Marwitz! Wie berührte dieser Brief lieb und schmerzhaft mein Herz. Wo stellt der mich hin! – Wie der Staatssekretär der Elisabeth, der das Urteil der Maria in Händen hat, und es auf seine Gefahr vollziehen lassen soll oder nicht: erst neulich, als ich Maria wieder sah, dacht ich, ›nie hättest du so gehandelt wie der! Elisabeth *müßte* aus dem Kabinett wieder vor!‹ Gott hat mir eine große Gabe verliehen; ich habe ein Herz, was außer sich sein kann; keines Menschen Geist ist mehr darauf gestellt, faßt mehr, was Verzweiflen ist, als meiner; will ich aber einen Gegenstand erwägen, alle seine Seiten betrachten, ihn in seinen Beziehungen richten und messen, so legen sich wie durch ein Gottesgebot alle Wellen des hochbewegten Gemüts; und wie auf einem erhabenen Berge allein, vermag ich zu urteilen und zu beschließen. Nur *eine* Leidenschaft, Zorn, kann mich da hinabschleudern. – Es kommt darauf hier an, in dem was wir vor uns haben, genau zu finden was in Ihrem Gemüte vorgeht; was dies Gemüt durchaus, gestellt in die Menschenwelt, *nicht* ertragen kann; und genau zu untersuchen und klar hinzustellen, was sie ist diese Welt 1811, und was unser Vaterland in ihr ist. Ich habe jetzt Ihren Brief wieder gelesen. Sie werden sich der Dilemmas erinnren, die Sie uns darin vorlegten. Eines davon heißt so: ›Soll ich mich nun anschließen an die leibliche Seite meines Vaterlandes, die ich erst begeistern, erst einer großen spekulativen Ansicht unterwerfen muß, wenn sie mir nicht ganz gebrechlich und tot erscheinen soll.‹ Bei welcher Sache in der Welt muß dies ein Mensch wie Sie *nicht*? Ist irgend in der Welt etwas so, als es der Haufen sieht, der darum, und darin wühlt? Machen die höheren Beziehungen, die wir allein im Innern bearbeiten, nicht ganz allein das Hohe einer jeden Angelegenheit, eines jeden Gegenstandes aus? Wie ein anderer lüderlich wird, so wollen *Sie* sich doch nicht in jene Angelegenheit stürzen, nur damit Sie etwas trägt, hebt, und fortbringt, was nicht Sie ist? Sie ist schön diese große Sache, wie Sie sie mir schildern. Auf Reisen gehen, die Freunde finden, Schönes mit ihnen vollbringen; und mit einem Male, eine zerbrochne bürgerliche, eine krankhafte Existenz hinter sich lassen. Tun Sie *das*, sag ich Ihnen nach dieser Ansicht: und bald. Denn hiebei gibt's kein Warten, wie bei Kammerdienste nehmen. Nun stellen Sie sich einmal einen Augenblick vor, wie Ihnen mitten, und zwischen den österreichischen Schlachten war, wie hohl, wie leer, wie elend; wie alles sich in kleinen Mühseligkeiten, Strapazen und Unsinnigkeiten zerspaltete. Wie fremd, und allein, Sie sich trotz der Freunde, unter den näher verwandten Sprachgenossen fühlen mußten; bloß weil ein Gesetz, eine Sitte, eine Ambition, uns doch mit ihnen nicht verbindet. Nationales schaffen Jahrhunderte, und der beste Wille, des *besten* Einzelnen kann es nur gründen, nicht schaffen. Dies bedenken Sie! Wie wird es unter den zwei schon unter sich verschiedenen Völkern sein [Engländern und Spaniern]; wovon das eine so sehr zur Nation *gezimmert* ist, daß es glatt und fertig nichts Fremdes mehr aufnimmt? Ein anderes ist es, wenn der dringende Augenblick Nation mit Nation aufregt, wie Sturm verschiedene Erden; dann ist solch Aufstehen natürlich, und gemächlich in seiner Not. Ein Einzelner reißt sich immer nur los, und fühlt, in oft wiederholten Momenten dies Gerissene und dies Alleinsein. Wären Sie einmal auf der Insel dort, oder in jenem Lande! – auch dann ist ein Mitgehen oft natürlich; man hilft angegriffenen Fremden, wo man als Gast Freund geworden ist; und erzählt nachher den Hausgenossen daheim, wie dem schlechten

Streich begegnet werden mußte, und was einen aufgehalten hatte. Es ist hart, in einem stagnierenden kranken Lande mit zu siechen: es ist hart, die kranken Freunde der pesthaften Not zu überlassen; und dereinst zu erfahren, oder nie, wer blieb, was blieb, wer sank! Unmöglich kann und werde ich Ihnen sagen, siechen Sie mit. Es gibt edle Gemüter, die lieber sterben, rüstige, die den gesunden Bluttod lieber *suchen*. So sank Louis. Und sind Wissenschaften denn wirklich nichts für Sie; so müssen Sie hinziehen wie er. Zwei Dinge erwägen Sie noch. Kann es Ihre Gesundheit? vermag sie es? Und werden Sie nicht einsam ohne Krieg und Bewegung in den fremden Ländern liegenbleiben? Dies müssen Sie, und der Arzt, und die ersten zwei Monate – die ersten zwei Monate dort – bestimmen: und – sollen wahrlich die Bessern uns verlassen, und wie in einem Naturaufruhr, das Unterste nach langem Pressen, Stillstand, und unsichtbarer Gärung zu oben kommen, und das Ungefähr entscheiden, ob dies sich bilden kann? Aber alles in diesem Brief hier Erwogene muß nicht erwogen werden; und allein diese, allein wichtige Frage gefragt werden: können Sie es aushalten, hier zu bleiben, oder nicht? Müssen Sie sich selbst noch Beweise von Tätigkeit geben; schämen Sie sich zu sehr, wie ein Alter, oder wie ein Weib, oder wie ein Kind, oder ›ein Pflastertreter‹, wie Sie sich einmal ausdrückten, hier herumzuwarten; können Sie sich wartend nicht achten, und nicht achten lassen: so müssen Sie dahin, je eher je lieber. So ist es ein Duell: und mehr nicht; aber das ist in *seinem Augenblick* auch sehr viel. Denn man kann nicht weiter leben. Und ich rate es Ihnen aus tiefster innerster Seele, aus dem Herzen voll von Liebe, wie ich es mir selbst raten würde. *Sie* müssen nicht elend leben. Hier ist der Platz, wo ich Ihnen Paulinens letzten Brief schicken muß. So ist es wenn einer tot ist. Keine Kunde von ihm. Kein Laut: zu ihm, von ihm. Pauline hatte acht Tage ein Messer in ihrem Bette nach Louis Tod; und sie hat mir geschworen, und so daß ich's glaube, sie hätte sich erstochen, wenn sie hätte nur *ein* Zeichen kriegen können, daß es Louis weiß: aber so in der ewigen Stummheit, ewigen, vielleicht doppelten Getrenntheit! – Mit seinen Briefen sitzt man dann, wenn einer tot ist; nichts, nichts ist mehr; kein Zeichen des wühlendsten empörendsten Schmerzes, der allgewaltigsten Liebe dringt mehr, durch keine Möglichkeit zu ihm. Aber alles müssen

Sie tun, ehe Sie elend leben. Sie können ja auch Glück haben, leben bleiben; und vieles heilen in der Welt. Gehen Sie; sagt übernatürlich ruhig mein tiefster Geist; ich mag mich untersuchen wie ich will. In meiner ganzen Liebe zu Ihnen sehe ich, ich mag's machen wie ich will, nur Sie: gewaltig lenken Sie von allem Eigennutz, von aller Beschauung und Befühlung meiner eignen Gefühle, meine ganze Seele auf Ihr Sein. Sie fühle ich. Wie Ihnen sein muß, immer. Gehen Sie; und wenn Sie tot sein werden; das Ärgste; so wissen Sie jetzt, werde ich denken: ›Leben, so leben, elend leben, das konnte er nicht.‹ Und kann sich jetzt in Ihnen und um Sie nichts ändern, so werd ich nachher *nicht* denken: es hätte geschehen können. Dies sei Ihr Trost über *mich*: dies wird meiner sein. Ein herrliches Zusammenleben gibt es doch nicht! Wäre ich Ihr Freund, so wie ich eine durchaus Elende bin, so verließ ich Sie jetzt nicht. Nun, mein teurer Freund, erwägen Sie sich selbst, was ich nicht kann; und schicken Sie mir das Urteil. Lassen Sie sich aber durch die Strenge, die das Zusammenschieben alles zu Erwägenden schon allein in diesem Briefe ausmacht, nicht übereilen, und meinen Sie nicht, Sie müßten auch so schnell wählen, als der Brief dringend scheint. All diese Worte sind nur Gedanken, wie anderer Menschen ihre, über jedes Unternehmen und Geschäft. Lassen Sie mich *diesmal* auf keinen Brief schmachten. Länger als den 12. bleibe ich nun durchaus nicht. O wieviel, über wie vieles, habe ich Ihnen so einen Tag über zu sagen! Was ich kontinuierlich noch für Entdeckungen in mir mache! Wie vieles sähen wir! In Briefen geht das nicht. Von meinen Kopfschmerzen! – weil es heute *nacht* gewittern *sollte*, kriegte ich sie, bei ganz kühlem schönen Wetter. Es waren Gewitter-Kopfschmerzen, aber es dachte nicht an Gewittern, also konnt ich ihren Grund nicht finden. Ein lauter *langer* Donnerschlag weckte mich um 3 Uhr in der Nacht. Einem starken Gewitter sah ich zu. Nun bin ich besser. Adieu.

R. R.

Eins noch vergaß ich; vielleicht der Aufenthalt, die Reise allein nach der Insel, tun sie Ihnen schon gut. Schwer aber ist es jetzt schon hinkommen.

Ich muß den Brief wieder aufreißen. Er drückt nicht aus, was ich im Ganzen sagen wollte; ich sprach zuviel vom Tod und von der Trennung. Denken Sie an das Leben: und wie die Insel, das gesunde – doch verhältnismäßig gesunde – Volk, wie die Reise, das viele Neue, zu Besichtigende, zu Vergleichende, auf Sie wirken, Sie beschäftigen, rüstig machen muß. Und was Sie uns hiervon mitbringen, dereinst für uns gebrauchen können. Sein Sie dort fleißig, Sie werden es dort können. Vor allen Dingen aber sein Sie gesund, und wenigstens imstande hinzugehen. Reisen setzt immer eine gewisse Müßigkeit voraus, oder man muß sie dazu voraussetzen; gebrauchen Sie die allgemeine – die nicht abzuändernde Pause zu einer Reise. Bedenken Sie dies, und antworten Sie mir.

An Alexander von der Marwitz, in Friedersdorf

Sonnabend 12 Uhr mittags, den 8. Juni 1811
Sagen Sie, Lieber, was ist das? Gestern vor acht Tagen schreiben Sie mir, und sagen mir, Sie würden mir den Sonntag mehr schreiben, Sie erhalten unterdes einen dicken Brief von mir, und nun erwarte ich Ihren versprochenen vergebens! ich muß mich ja immer ängstigen, wenn Sie mir so etwas tun! Wodurch geschah's denn diesmal? Mir ist es sogar im Briefe, in der Entfernung recht unangenehm: nun muß ich Abschied von Ihnen nehmen! Mittwoch reise ich. Also bis Dienstag kann ich nur noch Nachricht von Ihnen haben – erkundigen Sie sich doch nach der Posten Lauf und Ankunft – schnelle, nahe Nachricht. Wie unangenehm, mich zu entfernen, ohne einen Brief zu entfernen! Vieles habe ich zu besorgen und zu tun. Mir alles Verhaßtes! Schwer wird's mir zu reisen: ich sehe nun, ohne schöne Heimat reist es sich schlecht, und schwer. Tätig sein ohne Glück, und daß ich's sage, ohne irgendeine Hoffnung, ist nur Narren möglich; vom Unwesen sich verzehren, erschlagen lassen wie vom Gewitter, das kann man allenfalls in seiner Herzens-morgue; – wie drückt dies selbstgeschmiedete Wort mein Verhältnis zu den beiden Sprachen aus! – Ich mag nicht über eine Elende grübeln, oder auch nur schwätzen! Das Wetter ist der größte Reiz! Die Sonne plinkt der Erde zu! bald ist sie da, bald nicht. Lebendig reden Schatten und Licht

miteinander. ›Wäre nur das Mögliche möglich!‹ aber *auch* nicht! Und warum büßt, und bessert man sich nicht schnell, wenn es weiter nichts sein soll! Wenn ein Nahbekannter stirbt, und vorher viel leidet, komme ich immer zu der ergrimmten Talbotschen Laune. Schon die Dinge *im* Leben, die nicht schnell und mit einem Effort gelitten und abgemacht werden können, eklen mich, nun gar das ganze heilige Dasein! Warum die edle Seele einsperren, und warum sie hoch, und niedrig bis zum unflätigsten Kote kommen lassen, wie Wasser, welches bald Sumpf ist, und die niedrigsten Dienste leistet, bald als luftiger Gebirgstau Sonne und Sterne abspiegelt. Leben Sie wohl. Mein ganzes Herz ist mit Ihnen, und sprengt die dicke Rinde des augenblicklichen, doch zu ernst und oft ermüdeten Unmuts! Schreiben Sie mir, wenn ich Vergnügen haben soll. Und *alles* was Sie betrifft. Ich mache zwei Nachtlager bis Dresden, bin den dritten Tag dort, und bleibe *höchstens* drei Tage, dann über den Geiersberg.

Rahel

An Varnhagen, in Prag

Dresden, Montag vormittag, den 23. September 1811
Mein wahrer einziger Freund, vor einer halben Stunde erhielt ich erst Deinen Brief, obgleich er schon gestern abend hier war, wegen dem sonntags zugeschlossenen Komtoir. Alle Deine Gemütsbewegungen gaben auch meinem dieselben! Tränen waren zwischen mir und dem Briefe. Fasse Dich, mein Freund. Denn höre. Bei Naturen, wie die meinige, geht kein ernstes Denken, kein Empfinden, kein ernstes Wollen, keine ernste Liebe wie ein Schatten vorbei! Bist Du, wie ich es sehe und weiß, ganz von meinem Dasein durchglüht und erfüllt, so werde auch ich in Deiner Nähe glücklich sein, und Dich zu Schutz und Umgang wählen können. Ich fühlte es *vor* Deinem Briefe. Wir sehen uns gewiß bald. Dies sei Dein Trost; ich will es und Du willst es. Quäle mich nicht mit Kleinigkeiten, und wir können ein edles und schönes Leben führen. Findet sich gar und gar kein *Mittel,* so kommst Du unterdes ohne Mittel, und es muß sich nachher eines finden. Diesen Fall setz ich, wenn Du es nicht aushältst, und die Trennung Dich zu sehr mordet. Erst lasse mich nur nach Hause kommen. –

Halte diesen Brief nicht für unzärtlich, ich habe keine *Zeit*, und packte also das Wesentlichste für Dich, so *hieß* mich meine Zärtlichkeit. – Ich versäume die Galerie, und soll Nachmittag mit Marwitz nach der Meißner Gegend eine Meile von hier fahren. Bis jetzt haben wir alles zu Fuß abgemacht. Ich lebe sehr eingezogen. Abends *immer* bei mir mit Marwitz, dem Maler Friedrich Meyer aus Rathenau, Lippe, oder den Dlls. Hebenstreit. Gestern war ich mit Marwitz allein, und da lasen wir Novalis, und hatten die tiefsinnigsten Gespräche. Wir leben wie zwei Studenten, wovon der eine eine Frau ist; er ißt mittags mit mir, dann und wann Meyer auch. Lippe zankt sich gehörigst mit mir: und war gestern nicht da, weil ich vorgestern bei seinem sonderbaren Ernste lachen mußte. Marwitz ist mild und gehorsam, und wie ein jüngerer wahrer Bruder gegen mich; angeschlossen, aber ohne *jede* reizende und gereizte Galanterie. Mir lieb, recht, bequem und angenehm; wir haben den vielseitigsten reichsten Wortwechsel. Er spricht *außerordentlich* richtig, gütig und unbefangen, und oft, von Dir. Er denkt über Adel und des Bruders Geschichte anders, als ich glaubte; Du weißt also *wie!!!* Du würdest Dich über die Ausdrücke *tot*wundern. –

Sei versichert, ich denke oft, oft, bei jedem Vorfall, Wetter, Schein, Bild, ja bei gutem Essen an Dich. Wie sollt ich nicht! Du hast mich gelehrt in einer Atmosphäre von Liebe zu wohnen; und alles berührt mich unheimisch und kalt ohne sie. Ich kenne Dich ganz und liebe Dich: und rechne auf Dich; und auf Dein Fortschreiten in jedem Sinn. –

Grüße ja den Obrist; ich lasse ihn fragen, ob er böse auf mich ist? – Grüße sehr *Oliva*. Ich habe *lange* lange nicht so zärtlich geschrieben, wie ich Dich hege und an Dich *denke*. Es ging alles in den Plan Dich zu sehen über.

Grüß nur den armen Beethoven; und ich gedenk ihm stets seine *unerwartete* Gefälligkeit, daß er mir gleich etwas vorspielte. Wieso hält er aber soviel von mir? Den Plan der Oper will ich durchsehen, er soll ihn mir nur schicken; und aufrichtig will ich sein, ich *kann* gar nicht anders.

An Fouqué, in Nennhausen

Ein leichtes Flußfieber, welches mich Montag befiel, hinderte
mich Schriftzüge zu machen, was seit einer großen Nervenkrank-
heit mir immer schwer wird, und auch immer das erste wird, was
ich unterlassen muß; diese Schwierigkeit geht dann auf Gedanken, Empfindung und Ausdruck über; sonst hätte ich wohl gleich
auf Ihren Brief geantwortet, den ich Sonntag abend, als ich meine
Nichten zu einem Ball anzog, erhielt. Ich möchte Ihnen danken,
wenn man dergleichen bekommen könnte, ohne es zu verdienen;
in dieser Antwort will ich Ihnen von neuem zeigen, daß ich es
wohl verdiene, so von Ihnen bedacht und angeredet zu werden!
Und diese Erkenntlichkeit wird Ihnen der wahrste wirklichste
Dank sein. Ich gratuliere Ihnen aus dem teilnehmendsten, ein-
sichtsvollsten Herzen, daß Ihnen jene schöne Erscheinung begegnete; und mir, daß Sie mir nach so langem Schweigen davon sprechen mußten. (Ich merke, daß ich *noch* nicht schreiben kann, und
hunderttausend bessere Briefe Ihnen während fünf Tagen geschrieben habe, als dieser hier. Auch hat man mich hier mit
einem Besuch, und einem Brief und Einlage gestört. Jetzt also –
wie zur Unzeit, hör ich auf: doch nein! noch ein bißchen!) *Könnt*
ich Sie nur für verliebt halten! – was Sie mir verbieten – von der
Liebe kann man nichts Absurdes sagen, sagt Chamfort; und so ist
es auch wahr, daß sie die tiefste Überzeugung ist. Ich freue mich
also Ihres Glücks, daß Sie ein Geschöpf von Angesicht zu Angesicht sahen, welches jeden Ihrer Blicke von neuem reizt, und die
Überzeugung in Ihnen zum Leben hervorruft, daß es ein reiner,
lieber, verstehender Engel ist. Je vollkommener das Geschöpf, je
weniger von unserm eignen Herzensglanz beschienen, je ›freuden-
reicher‹, ›ruhiger‹, je weniger ›Verlangen‹ flößt es ein. Lieben ist
ein außerirdisches Verhältnis; eine Empfindung. Ein Glück. Alles
übrige, was sich auf Besitz, außer dem Herzen, bezieht, Verhältnis; schlecht, und peinigend. Ich tadle hier niemand: ich bedaure
uns alle! Ich gönne Ihnen diese helle Sonne im Leben, die das
Graue, erstickend-tötende, verscheucht, und die zum Erstaunen
weckenden Kinderfarben wieder hervorruft; das Herz zum neuen
Umschwung alles Lebens und Seins berührt! Es hängt von Ihnen

ab, ob Sie es verliebt nennen wollen, das erfrischte Sein; ich beneide es Ihnen; ich gönne es Ihnen. Ich möchte es auch haben; ich freue mich, daß Sie von dem Zauber getroffen sind. Ohne das Glück, namenlos zu lieben, ist die Erde mir ein unverständlicher, ängstlicher Klumpen; entweichender himmelaufsteigender Dunst alles Denken! *Ihnen* wird alles doppelt gedeihlich; und des Herzens, und der Augen Liebling, wird Ihnen gütige Göttin, Muse; die wohl weiß was Liebe ist, und es nicht verschmäht sich den Augen, dem Herzen zu fügen, in der geliebten Erscheinung! Also vielfach glückauf! Warum aber sprechen Sie von der Schönen wie von einer wirklichen Bewohnerin des Himmels; warum sollte sie nicht wiederkommen? Sie sie nicht besuchen können, oder finden, treffen? Wäre das Glück zu groß? Fassen Sie es! Wollen Sie durch Leben nichts an der Empfindung, an dem Eindruck stören? Lassen Sie's gehen wie Gott will. Bleibt es so, so bleiben Sie wie Sie sind; muß es anders werden, so konnt es anders werden: *ist* der letzte Fall, so wünsch ich Ihnen mit aller seiner Sehnsucht, den ersten; und so tun Sie auch.

Ich habe viel die Zeit her an Sie gedacht: ich habe Undine gelesen, den Todesbund: und eine Geschichte eines jungen Wahnsinnigen in einem Almanach von 1812, der Name ist mir entfallen. Dies letzte halte ich für das Gelungenste in betreff des Vollkommenen, und Tadellosen. In Undine sind die größten, ja die witzigsten Elemente zum Großen; es sind aber drei verschiedene darin, die sich nicht ergänzen, und harmonisch organisch zum Leben bringen, sondern sie leben nebeneinander; und hindern *sie* sich nicht zu sichtbar, so hindern sie mich. Sie heißen Liebe, Sittlichkeit, und Spekulation, über die Möglichkeiten des menschlichen Seins, bis zu den Grenzen anderer Wesen. Welch schönes neues Sujet!

(Sechs Uhr abends, mir ist sehr unwohl; ich werde den Brief nicht fertigbekommen; er soll aber weg, damit Sie nicht länger warten, und mich nicht für undankbar halten müssen. Künftig will ich Ihnen alles schreiben, was er enthalten sollte.) Der Todesbund ist aber für jemand, der Sie so kennt wie ich, das Interessanteste; und eben wo es nicht Buch ist, wo Fouqué durchbricht und dies auseinanderspaltet. Mich dünkt ich habe tiefe Blicke seit diesem Buche in Ihnen – in Sie, wie sagt man denn? – geschickt. In allen dreien aber fand ich liebe herrliche Züge, wie sie nur Ihnen entschlüpfen können. Ich gebe Ihnen hier meine Kritik, wie Sie der Welt Ihre Bücher geben; zur Kritik. Alles schlecht: alles kurz, roh, erbärmlich! wie ich unpaß bin! Nachsicht! Einsicht!

Gestern war ich kränklich, und allein von 3 bis nachts 1 Uhr auch zu lesen nur halbstundenweise fähig. Da kramt ich in einer kleinen, kleinen! Kinderkommode, und fand inliegendes Billett, mit Schnallen von meinem Vater, manches von meiner Mutter, und Trümmern alten Lebens alter Art. Damit man die Karte nach meinem Tod erkennen soll, schrieb ich drauf, was auf der Rückseite steht: als ich es aber unvorsichtigerweise auf die Karte selbst geschrieben hatte, gefiel sie mir nicht mehr, und ich steckte sie gleich zu Ihrem letzten Briefe. Hier ist sie nun: Ihnen kann sie dadurch nicht unangenehmer sein, und muß Ihnen ein doppeltes Geschenk gewähren. Sie ist ein Wechsel, worauf Ihnen die Tücher sogleich ausgeliefert werden sollen. Auch sollen Sie die Briefe und Billetts haben, die ich von Louis konserviert habe: weil Sie sie am meisten lieben werden. Sie aber vermachen sie mit den Tüchern wieder Ihrem liebsten Verwandten, und so der weiter, und immer der Liebste dem Liebsten. Er ist ein geschichtlicher Mann. Er war die feinste Seele: von beinah niemand gekannt, wenn auch viel geliebt; und viel verkannt. Es ist nicht Eitelkeit, daß ich mich so mit hinüber spielen möchte. Meine ehrenvollsten Briefe sind verbrannt, daß Feinde sie nicht lesen! Denn alles schrieb der Vielverworrene der vertrauten Freundin, oft auf einen Bogen, auf einer Blattseite. Mit wahrhaftem Vollgefühl sag ich Ihnen aber: »Schade, daß *meine* Briefe an ihn nicht da sind!« Gerne ließ ich der Welt das Exempel, wie wahrhaft man mit einem Königlichen Prinzen, der schon vom Ruhm geführt, und hoch geliebt war, sein kann. Er hat alles was er schriftlich besaß – wie ich – vor dem letzten Ausmarsch in Schricke verbrannt, weiß ich vom Major Möllendorf. Auch hat sich nichts gefunden. Sonst hätte man das Geklatsche schon gehört. *Man kann* Fürsten die Wahrheit sagen; und verschweigt man sie bei einem Wütrich, um Martern auszuweichen: so wird er dies schon merken. Mißhandelt wurde Louis oft – zur Empörung – aber schmeicheln taten sie ihm doch, und die Wahrheit hab ich ihm nicht sagen hören, wenn nicht Persönlichkeit dazu trieb; und großartig dies, nur von einer;

von Paulinen. Mir aber machte er es möglich, sie ihm jedesmal wie ich sie einsah zu zeigen. Halb, gewiß, gebührt diesem menschlichsten Menschen dieser Ruhm! Das Menschlichste im Menschen faßte er auf; zu diesem Punkte hin wußte sein Gemüt jede Handlung, jede Regung der andern zurückzuführen. Der war sein Maßstab, sein Probierstein; in allen Augenblicken des ganzen Lebens. Das ist das Schönste was ich von ihm weiß. Nie sprach er darüber mit mir, nie ich mit ihm. Ich sah es aber ein, lebenslang. Er errötete, wenn Menschen von andern zum Narren gehalten wurden: das sah ich, als man dies einmal ziemlich gelinde mit einem verrückten Juden Schapse in seiner Gegenwart vornahm: er schenkte ihm Wein ein, und behandelte ihn geschwind als Gast. Mein Verhältnis zu ihm war sonderbar: beinah ganz unpersönlich. Obgleich er seine letzte Lebenszeit mit und bei mir zubrachte (mehr als die letzten drei Jahre). Von uns zueinander, war nicht die Rede. Doch mußt er mir alles sagen: komponierte er, sollt ich bei ihm sitzen; spielte er – am Ende gezwungen – Karten, auch. Mein Greuel! Ich werde Ihnen noch viel von seinem Innren sagen, wie ich's weiß, was Sie aufschreiben können. Wir hatten einmal, er, und ich, und Pauline, eine Kontestation, wo denn häufig drin vorkam, was er mir gesagt hatte, und nicht hätte sagen sollen; und er machte ihr dieselben Vorwürfe. Mit einem Male, gelangweilt, sagte ich zu ihm: »Prägen Sie sich fest ein, daß Sie mir alles wiedersagen, und daß mir Pauline auch alles wiedersagt; *ich* kann das nicht behalten, was ich sagen, oder was ich verschweigen soll, solchen Kopf habe ich nicht. Sie sagen es mir ja dann doch beide zusammen.« Er lächelte ganz fein, und unvermerkt, und schwieg. Einmal schrieb ich ihm eine Antwort nach Schricke, sehr aus dem Herzen, worin ich ihm sagte, ›wenn ich Ihnen die Wahrheit nicht sagen soll, so hab ich Ihnen gleich gar nichts zu sagen; dies ist unser einzig Verhältnis‹. Ich schrieb ihm ›Gnädiger Herr‹; und ›Königliche Hoheit‹; und Sie. Im Gespräch ebenso, nur in sehr guter Laune, im Scherz, und urgenten Fällen anders. Er nannte mich *Kleine*, Levi, oder Rahel, oder Mlle. Levi vor Leuten. Vor vielen Jahren, als wir noch nicht so sehr liiert waren, und er nur viel zu mir kam: attackiert' er mich über Goethe. Ich sprach *nie* von Goethe. Fing mich in einer Türe; und dozierte, wie schlecht Egmont sei, sehr lange, mir zur marterndsten Langenweile, weil ich nur der Schicklichkeit fünf Worte opferte, und gar nicht antwortete. Wie Goethe einen Helden habe so schildern können! in einer miserablen Liebschaft mit solchem Klärchen etc. Ein Jahr vor seinem Tod schrieb er aber seiner Geliebten, er sei vom Herzog von Weimar mit Goethen zu Hause gegangen, habe sich in sein Bette gelegt; Goethe davor; und da wäre er denn bei Punsch aufgetaut, er habe über alles mit ihm gesprochen, und nun habe er gesehen, was es für ein Mann ist; mit noch vielem Lobe, welches er so beschließt: ›Laß dies ja der Kleinen lesen; denn alsdann bin ich ihr gewiß unter Brüdern dreitausend Taler mehr wert.‹ Dies, Fouqué, war mein größter Triumph in der Welt.

Ein großer Prinz, mein Freund, der Vetter meines Königs, der Neffe Friedrichs des Zweiten, der noch von Friedrich selbst gekannt war, mußte mir das schreiben; ohne daß ich je von Goethe mit ihm gesprochen hatte. Es *mußte* der menschlichste Prinz seiner Zeit, in seinen eigenen leibhaften Freunden dem größten Dichter huldigen. *Dies* schreib ich Ihnen *aus Eitelkeit.* Nun aber setzt ich mich hin, und schrieb Louis einen großen Brief, worin ich ihn bat sich zu erinnren, daß ich nie mit ihm von Goethe gesprochen hätte, nie ihm gesagt, er soll etwas von ihm lesen; jetzt aber möcht er es tun, und nicht Einzelnes um Goethens Werke kennenzulernen, sondern alles von ihm um Goethe kennenzulernen, aus ihrem Zusammenhang. Jetzt sei er's wert, denn jetzt liebe er etc. Er hatte mir erzählt: wie er sonst gar sich nicht hätte zu lieben unterstanden, wenn es nicht eine berühmte Elegante war; wie er war, wie französische Koterien und Familien sind. Eine Menge! Mündlich.

Sie Glücklicher. Ein Kind, eine Familie, eine Muse, Muße, ein schönes Feenbild, alles haben Sie! Ich – bin ziemlich herunter. Wozu leb ich wohl. Gott weiß es wohl: doch fühl ich es nicht. Ich bin nichts, tu nichts, erfreu niemand mehr; und mich auch nicht. Und will ich ein Narr werden, so will ich's aus alter Gewohnheit nicht leiden. Eine Dummheit. Labsal ist Narrheit, für arme Leute, sollen die ihr Stück Welt sehen wie es ist?

Für Ihr Kind möcht ich die Bibel, wie Rousseau für alle, La Fontaines Fablen, verbieten. Welche Reife gehört dazu, dieses Buch nach der neusten Mode – *nach* der neusten, oder nach der *neusten*; wie Sie wollen – zu verstehen! Es muß es für ein Buch von Geschichten halten. An die Anfänge der Dinge, mein ich, sollen wir nicht Kinder, sondern sie uns erinnren. Sie meinen das auch; und es ist *Lohn*, für die Kleine solche Geschichten zu lesen.

Gerne käm ich nach Nennhausen! bin ich aber nicht furchtsam in einem fremden Hause? nicht bequem? an mein Mädchen gewöhnt? Ist nicht trübes Wetter? Sie haben recht, lieber Fouqué, daß Sie sich voraus entschuldigen: Sie werden wohl in den vierzehn Tagen nicht zu mir kommen! Kommt Frau von Fouqué nach Berlin? Legen Sie mich ihr zu Füßen: ich könnte wohl vor ihr knien und mir erzählen lassen, nach den Augen sehen: und auch ihr vom Sommer erzählen. Ich empfehle mich dem ältesten Fräulein, wie alle Meinigen tun. Robert will ja mit dem Fest zu Ihnen schliddren. Adieu! Trauen Sie mir wie bis jetzt. Ihre Freundin

R. R.

Ich habe den ganzen Sommer mit Varnhagen gelebt: im Anfang schlecht; und dann sehr gut. Heute sähe ich ihn sehr gerne. Ich lieb ihn.

An Alexander von der Marwitz, in Potsdam

Berlin, den 23. Dezember 1811
Sonnabend vormittag halb 12 Uhr
Gestern aber hätte ich Ihnen doch geschrieben, wenn mich nicht Heinrich Kleists Tod so sehr eingenommen hätte. Es läßt sich, wo das Leben aus ist, niemals etwas darüber sagen; von Kleist befremdete mich die Tat nicht; es ging streng in ihm her, er war wahrhaft, und litt viel. Wir haben nie über Tod und Selbstmord gesprochen. – Sie wissen wie ich über Mord an uns selbst denke: wie Sie! Ich *mag* es nicht, daß die Unglückseligen, die Menschen, bis auf die Hefen leiden. Dem wahrhaft Großen, Unendlichen, wenn man es konzipiert – kann man sich auf allen Wegen nähern; begreifen können wir keinen; wir müssen hoffen auf die göttliche Güte; und die sollte grade nach einem Pistolenschuß ihr Ende erreicht haben? – Unglück aller Art dürfte mich berühren? Jedem elenden Fieber, jedem Klotz, jedem Dachstein, jeder Unge-

schicklichkeit sollte es erlaubt sein, nur mir nicht? Siechen auf Krankheits- und Unglückslagern sollt ich müssen, und wenn es hoch und schön kommt, zu achtzig Jahren ein glücklicher imbécile werden, und von dreißig an schon mich ekelhaft deteriorieren? Ich freue mich, daß mein edler Freund – denn Freund ruf ich ihm bitter und mit Tränen nach – das Unwürdige nicht duldete: gelitten hat er genug. – Keiner von denen, die ihn etwa tadeln, hätte ihm zehn Taler gereicht; Nächte gewidmet, Nachsicht mit ihm gehabt, hätt er sich ihm nur zerstört zeigen können. Den ewigen Kalkül hätten sie nie unterbrochen, ob er wohl Recht, ob er wohl nicht Recht zu dieser Tasse Kaffee habe! Ich weiß von seinem Tod nichts, als daß er eine Frau, und dann sich erschossen hat. Es ist und bleibt ein Mut. Wer verließe nicht das abgetragene, inkorrigible Leben, wenn er die dunklen Möglichkeiten nicht noch mehr fürchtete; uns loslösen vom Wünschenswerten, das tut der Weltgang schon. Dies von denen, die sich nichts zu erfreuen haben; forsche ein jeder selbst, ob es Viele oder Wenige sind.

An Varnhagen, in Prag

Donnerstag 11 abends,
den zweiten Weihnachtstag 1811

Vorgestern beim Bescheren dacht ich an Dich, und wußte, daß Du an mich dachtest! – Aber weg mit diesen alltäglichen Erinnerungen – sagt Hamlet. Seit Goethens Brief vor mir liegt. Wie eine Überschwemmung ist es über mich gekommen: ein Meer ist alles; und es muß sich erst jedes nach und nach daraus bilden. Ob ich Dir danke – Du weißt es; Du wirst es erfahren. Du weißt, ob ich eitel nach Beifall strebe, den ich mir nicht selbst gebe; ob ich große Bemühungen anstelle, um gelobt zu werden. Aber meine wirklich namenlose Liebe und bewundernde Verehrung dem herrlichsten Mann und Menschen einmal zu Füßen legen zu können, war der geheime, stille Wunsch meines ganzen Lebens, seiner Dauer und seiner Intensivität nach. In Einer Sache hab ich meinem tiefsten Innersten gefolgt, mich von Goethe scheu zurückzuhalten. Gott, wie recht war es! Wie keusch, wie unentweiht, wie durch ein ganzes, unseliges Leben durchbewahrt, könnt ich ihm nun die Adoration in meinem Herzen zeigen. Durch alles, was ich je ausdrückte, geht sie hindurch, *jedes* aufgeschriebene Wort beinah enthält sie. Und auch er nur wird es mir anrechnen können, wie schwer es ist, solche liebende Bewunderung schweigend ein ganzes Leben hindurch *in* sich zu verhehlen. Wie beschämt schwieg ich vor zwei Jahren, als Bettine mir einmal als von dem Gegenstand ihrer größten Leidenschaft feurig und schön in dem von Herbstsonne glänzenden, stillen Monbijou von ihm sprach! Ich tat, als kennt ich ihn gar nicht. So ging's mir oft; ein andermal schwatz *ich* wieder, Du kennst es. Jetzt muß es Marwitz aushalten. Alle unsere Gespräche fangen mit ihm an, und hören mit ihm auf. Nun wieder sein Leben. Die Propyläen las mir Marwitz gestern vor. Und so geht es immer weg mit ihm: urteile, da Du mich ganz kennst, wie sich meine Seele freut, daß er weiß, wie man ihn liebt; und er weiß es *nicht*. Alles müßt er sehen, wissen, hören. Nenne mich nur, wenn Du willst. Er wird sich zwar doch unangenehm wundern, daß es eine so nichtsbedeutende Person ist; in Welt und Literatur. Aber mein ganzes menschliches Sein ihm darzulegen scheue ich mich nicht; und bin daher nur halb verlegen, daß ich es nur bin. Vor allen Dingen muß der Mann nicht mehr raten, und ich stünde lieber als der größte Plöter da, als ihn wie vor einem Rätsel zu sehen. Du kennst meinen grenzenlosen Haß gegen Rätsel, Erraten u. dgl. Nein, welch einen Goethischen, allerliebsten Brief er Dir schickte! Der ist wohl klug! Ich gönne Dir die lieben himmlischen Worte. Wie gütig! So gütig, glaub ich, hat er noch nicht geschrieben an unbekannte Leute. Ich danke Dir auch recht umständlich und ausführlich. Wie froh *ich* aber bin, daß das Büchelchen erst unter dem Schutz *seiner* Beurteilung erscheinen soll, das glaubst Du nicht! Du weißt, ich traute dem Dinge nicht gar sehr; und war schon zufrieden, daß er erführe, wie geliebt, wie geehrt er ist; und nun findet er es gar tunlich, ich glaubt es nicht. Nun wird es aber gewiß ganz schicklich. Von ›Wohlwollenden‹ spricht er! In seinem Leben schon entzückte mich das bescheidene tiefe Wort bis zu Tränen; Marwitz mußte es gleich auch finden. Freilich Wohlwollende! Und nun schreibt er Dir gar Wohlwollende. Ich halt es nicht aus! Gerne gebe ich ihm, was er nur von dem Buchstaben G zu sehen wünscht; wühlte ihm das tiefste Herz auf, spannte alle Ressorts des Gedächtnisses. Aber wie soll ich unter den Briefen wählen? Sie noch lesen ist gräßlich. Wenn Du sie hättest, könntest Du ihm alles zeigen, und was er nur wissen möchte. Leg mich ihm huldigend wie dem größten Fürsten zu Füßen.

Nach diesem herzberührenden Glück muß ich gleich den Tod des Kindes lesen. Sag Josephinen, ich möchte sie in meine Arme schließen. Ich habe hier mit ihr geweint, bin hier mit ihr erstarrt. – Lieber Varnhagen, tröste sie ja! stehe ihr recht bei. Eigentlich meine beste Freundin, meine verehrteste. Liebe beste Josephine, ich weine, und umarme Dich. Liebe, Arme! Wie hart! –

.Heute muß ich aufhören. Es ist 12. Leb wohl, und wisse mich ewig Deine Freundin, weil ich wahr mit Dir sein kann. Adieu, Guter, Ehrlicher, gegen mich!

An Varnhagen, in Prag

Sonnabend, den 11. Januar 1812. Mittags 3 Uhr
Ich habe zuletzt Clemens Brentanos Brief gelesen, also fange ich von ihm an. Der Brief gefällt mir sehr, und ich habe mich in ihm nicht geirrt. O! hätte ich doch ewig meinen wahren Blick über Menschen befolgt, ewig dem Ausspruch gefolgt, der mit so unumstößlicher Wahrheit mitten in meiner Seele über jeden mir Vorkommenden zu mir herauftönen will. Ich finde eine unaussprechliche Milde und Biegsamkeit in diesem Briefe: und ich muß Dir wieder sagen, eine außerordentliche Ähnlichkeit mit mir darin. Auffallend, und sehr unvermutet war mir gleich die Handschrift; nie hätte ich sie von ihm so erwartet. Ganz wie von einer Frau, ich kenne tausend solche. Mich interessiert sein Gemüte so, und mich dünkt ich kenne es so sehr, daß ich für mein Leben gerne wissen möchte, womit Du ihn so gekränkt hast. Auch sehr meine Art mich auszudrücken, diese Stelle. Wenn *ich* ihm doch die heilende Entschuldigung unter Deiner Gestalt hätte machen können! ich hätte ihm unendlich geschmeichelt, seinem Herzen; ich hätte es verstanden, wie man es machen muß. Du schriebest mir ja, er wäre nach Wien, und so sagte ich hier auch immer aus. Mir

ist die Geschichte oder Anekdote, woraus er sein Stück schreibt, wie das meiste, was ich gelesen habe, nicht gegenwärtig; und Du sprichst mir davon wie zu einer Mad. Staël, die alles an den Fingern herzuzählen weiß; Du schreibst gut über seine Art zu schreiben; ich aber wünsche nun schon von ihm eine strengere Manier; Du weißt, ich will die Schriftsteller schreitend; und immer mehr Herr ihrer eigenen Manier. Von mir hat sich Herr Clemens, wie ich von einem Österreicher in feiner Naivetät erfahren habe, wieder plaisant geäußert; *was* er gesagt hatte, wollte mir der Mensch gleich nicht erzählen, als er sah, mit welchem gar nicht zurückgehaltenen Begehren ich hastig danach fragte, und das Ganze wieder beschönigen. Ich tat das gleich selbst: und erfuhr auch nicht was er gesagt hat: frug auch nicht zu welcher Zeit. Es ärgert mich nur insoweit, als es der etwanigen Bekanntschaft zwischen ihm und mir in Weg tritt, weil es doch eine vorgefaßte Meinung verkündigt, die ihn darüber ganz nachlässig, oder abgeneigt dazu machen muß: ich fürchte mich aber gar nicht, daß wenn ich ihm nahe käme, ihn nicht durchaus zu gewinnen: ich weiß was er sich an Menschen wünschen muß; und ich habe den großen Vorteil über ihn, daß ich wohl ihn, er aber nicht mich gelesen hat. Daß er aber nicht besonnen genug ist, lieber über eine ausgezeichnete Person, die er nicht kennt, nichts zu sagen und zu meinen, das verdrießt mich am meisten; und daß sein Innres, sein Schicksal und das seiner Freunde, ihn nicht *dazu* bestimmen, grade das Gegenteil von gemeinen, rohen, weitschichtigen Urteilen zu denken; wie *ich* es mit *ihnen* mache. Das gilt auch von dem Frauenzimmer, von der ich Dir neulich schrieb; die mich gut, mehr als noch rein menschlich, behandelte nach dem Eindrucke, den ich ihr machte, ehe sie wußte, wer ich war; und als sie es erfuhr, nicht schön sich über mich äußerte, und ich schäme mich zu sagen, nicht wahr; – ich aber umgekehrt, hatte alles mögliche Ungünstige von ihr gehört, glaubte nichts, weil meiner Vorstellung die Person fehlte, auf die alles ankommt: ich sah sie, und eine übernatürliche Liebe berührte mein Herz; die ich aus Bescheidenheit, gegen sie, darin fest hielt. Sie hat unaussprechlich *da*durch bei mir verloren. Denn *alles* erlaube ich einer Solchen, aber ordinär sein, nicht. Dies lies ihm alles. – Warum lobst Du mich auch so sehr! Lieber! dann kann man Dich natürlich leicht ärgern und mich attackieren. Ich liebe es aber doch! Lieb und lobe mich nur! kommen doch schlechte Menschen durch falsches Lob empor; so müssen bessere, da man ihnen keine Stelle vergönnt, auch durch übertriebenes gehalten werden. Adieu für heute, es wird ganz dunkel, und ich will essen. Adieu Lieber!

Abends 6 Uhr

Das Komischste in der Welt ist, daß ich ganz überlesen, und unbedacht gelesen hatte, daß Clemens schreibt: ›Da wir ja auch über Rahel, Fouqué, Arnim und Grimm, und mich selbst anderer *Meinung* sind‹ etc., ich also eine Art Rolle in dem Streit, und in den vorgelegten Versöhnungspunkten habe! Wenn Du es nun für unschicklich und arrogant scheinend ansiehst, teile ihm das Obige nicht mit: arrogant, weil es so sehr unpersönlich war. Ich habe erst jetzt seinen Brief noch einmal gelesen; und was ich schrieb, bezog sich auf sonstiges. – Vorzüglich aber war alles darauf gemünzt, daß ich ihm gut bin. – Wie erkenne ich Dich an den Zitaten, wo Du ihm ›peinlich‹ warst! bei solchen Dingen kannst Du auch zur Pein werden! Ich würde gar abends nicht schreiben, sollte der Brief morgen nicht auf die Post, und ich für einen letzten Tag immer Störungen, von Menschen, Geschäften, Aufträgen, und Kränklichkeit fürchte. Du mußt gar nicht recht nachrechnen, wie schnell ein Brief geht oder nicht, wenn Du sagen kannst in Deiner Seele, R[ahel] schreibt so lange nicht. Nun lese ich Deinen Kritzelbrief bei Lichte noch einmal, und dann will ich antworten. Fettig Papier und eine Greuelfeder habe ich! –

Lieber Varnhagen! Wenn Du Goethen schreibst, laß ihm nur rechte Zeit, und ihn durch wahre Bescheidenheit sehen, wie hoch Du seinen weisen gütigen Brief schätzest. Marwitz hat mir ganz göttlich drüber geschrieben, und kann die Güte, den Ton des Briefs nicht genug bewundern. Der ist unser Konfident. Was der von Goethe alles schreibt und sagt, möchte ich ihm auch spedieren. Ich – für mein Teil, bin ganz beschämt und gestört, daß ich ihn nicht mehr so heimlich liebe; und dastehe wie andere. Heimlich aber wird es ewig bleiben; denn ich selbst, kann es nicht so herausspinnen aus dem Herzen, und weiß ich, was er noch schreibt und tut? was *ich* noch erfahre? Volumes hätte ich Dir zu sagen, wenn ich Dir mitteilen könnte, wie verblüfft sein Leben sie wieder macht; wie sie auf mich fallen, auf *mich*: und was ich manchmal glücklich rednerisch erschöpfend antworten kann, wie ich manchmal königlich schweige, zur höchsten Konfusion der Redenden, nicht weil ich schweigen will, weil ich schweigen muß: und sie sehen es. Manchmal gelingt es mir, mit zwei Worten an Stellen im Buch selbst zu verweisen; »Überlesen Sie doch nicht, welchen Rat Ihnen Goethe selbst gibt, den Gesichtspunkt, den er für solche Biographieen angibt, daß er die Zeit schildert in bewußter meisterhafter Unschuld: zeigt und sagt, wie sich ein Mensch in und an ihr entwickelt, entwicklen kann und muß.« So frug mich Graf Egloffstein eigends in einem dazu angestellten Besuch: »Was denken Sie von Goethes Leben?« Erst wollt ich nicht reden; er brachte mich doch dahin. Ich konnte ihm in sehr klaren, bündigen – nicht meine Force – Worten eine ordentliche Erklärung vortragen; er lächelte häufig, meines guten Sprechens, der für ihn neuen Gedanken, und sagte, ganz ehrlich und froh am Ende: »Sie haben recht, nun weiß ich, was er meint.« Der muß mir nun in die Lesekabinette, und das Casino und seine tausend Gesellschaften. Vornehmen tue ich mir dergleichen beinah nie; aber es fiel mir doch nachher ein. O! wie babylonisch ist die Welt; Clemens hat recht: wo *ich* ein Dolmetscher sein muß! Siehst Du, daß ich recht habe, Bentheim so zu lieben? Auch auf mich haben die biblischen Stellen den größten Eindruck gemacht, als die *reinste beauté*. Wie erhaben, wie abgezogen: das reifste Beschauen und Begründen aller Geschichte, mit dem unbefangensten, kindlichsten Auffassen gepaart! *Wie* göttlich! Mein alter Spruch: widersprechende Eigenschaften, in Harmonie gebracht, machen den großen Mann. – Das Buch hat aber das größte Aufsehen gemacht, und hat die größten Verehrer, wütendsten Anhänger. Wolf sagt, zweitausend Exemplare wären gleich weggewesen. Schede bracht es mir ehrlich; die vergöttern es. –

Es tutet 12 Uhr. Noch ein Wort. Varnhagen! ich sehe Dir ernst in die Augen; und schmeichle Dir sehr jetzt! Mißverstehe meine Worte nicht, die ohne Ton und Blick hier stehen! – *Vergiß nicht*, daß Deine Freiheit mir das Wichtigste ist, und sein muß – nicht aus Pflicht etwa verstanden – und daß es ganz von Dir abhängt, daß auch Deine Nähe mich sehr glücklich macht. Nur laß mich *zu* Ostern Deine Pläne wissen. Gute Nacht! –

Es war grade so wie ich es befürchtet heute, mit den Störungen, die langweiligsten, gräßlichsten, und doch unvermuteten, mich überfallenden Familienbesuche, und Frauenbesuche, ich bin ganz erstorben. *Gnädiger* Gott! dergleichen ertrag ich nicht mehr. – Daß Josephine P[acuta] so beschränkt ist, weiß ich sehr wohl: dies allein machte, daß ich nicht gleich, als ich sie kannte, bei ihr blieb. Nicht allein ich *will* mich absolut mit höchster Einsicht nicht beschränken; und hätte ich eine dahin neigende Natur, so würde ich mich zum Gegenteil zwingen; sondern, ich *kann* mich nicht beschränken, und könnte *diese* meine Natur nicht bezwingen. – Lieber, ich habe alle meine Papiere durchsucht, und kann keine Gedichte von Dir finden. Ich möchte vergehen! aber *machen kann* ich doch keine! –

Ich denke ich soll wahnsinnig werden für Glück, wie Goethe immer in die hohe Kammer geht, ›die Gewitter abzuwarten‹. In meiner tiefsten Kindheit tat ich das auch schon, und noch berücksichtige ich alle Quartiere danach, ob man zu einem Gewitter viel Himmel sieht. Jetzt hab ich Elende auch das nicht. Worauf dies aber alles in einem Menschen deutet, das weiß ich; und seine Konstitution kenne ich auch. Erinnerst Du Dich des Gewitters in Charlottenburg, wo Du mit Markus und Bribes ankamst? da fürchtete sich die Schwägerin, und ich wurde ganz grausam: ich hasse die Leute, die sich vor Gewitter fürchten. Adieu! Nostitz wird über Berlin quer-ein schimpfen. Rechne ab. Lebe wohl!

An Varnhagen, in Prag

Donnerstag, den 27. Februar 1812

Ich bin allein, ohne lesen zu können, – seit drei Tagen geht es etwas – und ohne Menschen ertragen zu können: unzufrieden mit den Geschwistern. Ohne Luft, Musik, Augen-Weide, oder nur -Punkt. Ohne Hoffnung für *irgend*ein Glück, oder Amüsement; den Sommer *fürchtend: und ganz* in einem *großen Meer*, von *zahllosen* Tropfen des *Mißlingens*. Ohne Narrheit, ohne eine jene Welt. Denn diese ist mir eben so gut eine jene. Kurz! in der langweiligsten Verzweiflung! Es dauert zu lange; zur Probe, zur Buße, zu was es sei. Für ein edles Geschöpf. – – Auf dies Leben hoff ich *nicht* mehr. Ich kenne nichts Elenderes, als so bis sechzig hinan zu *warten*; mit Hoffnung. – Mir geht's ja Schritt vor Schritt schlechter durch jedes événement durch! Und kein Freund: kein Mensch kann mir nur sagen, tun Sie dies, oder das: es *ist* nichts zu tun. Es geht ihr gut genug, denken sie dumpf, nicht deutlich: die mich am *wenigsten* hassen. Freunde lassen es geschehen. Erschöss' ich mich: wunderten sie sich, wie über Kleist. Diese Begräbnisfeier, mich nicht zu wundern, habe ich ihm wenigstens gehalten! –

Du bist der einzige auf der Erde, der mir begegnet bist, der da fühlt und weiß, bei dem es immer rege ist, wie übernatürlich schlecht es mir geht. Wie *keine* Antwort auf alle Anforderungen des Lebens meiner Natur kam. Nie. Davon bist Du ergriffen, und das ist ein großer Teil Deiner Liebe zu mir. Für Dein Aug allein, ist das schreckliche Schauspiel *da*!

Hättest Du *mich selbst* gemordet, und ein Bewußtsein schwämme noch auf der Erde, so würde ich Dich *dafür* wieder mit Liebe erfassen müssen, wie jetzt. Das wollt ich Dir längst gerne ausdrücken; und jetzt ist's Schuldigkeit; und es geht oft, und immer, lieblicher in mir her, als ich's jetzt in Krankheit und aller und jeder Betrübnis aufsetze. Das weißt Du auch; und diese Wurzel trug Dir Liebeszweige, und auch manche Blüte. – War es Eitelkeit, so nahm meine Eitelkeit den Weg, auf dem ich dachte: er wird mich anders, als die andern Frauen behandeln; Neigung scheint ihn zu mir zu führen; und keine war ihm noch, von denen er begegnete, gewachsen. Ich stehe auch als Freund hoch über allen bei Dir. –

So irrst Du auch, mein lieber Freund, und sagst Dir durchaus die Wahrheit nicht, wenn Du Dir und mir vorsagst: ›Man lebt unwachsam in die Jugendjahre hinein, und sieht sich unerwartet zum Bösewicht geworden aus einem guten Kinde.‹ Ein Kind ist ein unentwickelt unberührtes Ding, und immer gut, weil sein Toben gegen Tische, Stühle und Spielzeug geht, welches man ihm preisgibt, und welche Zerstörung man ihm nicht anrechnet; so ist's nicht *schlecht*, im Mangel der Begriffe höchstens! Aber die Jugendjahre sind die tugendsamsten, schönsten, aufflammendsten; *ich* verzeihe grade der *Jugend* nichts Schlechtes. Das ist gewiß ein faules Produkt: wo die höchste Gärung nur Schlamm erzeugt.

Leichtsinnig kann tobende Jugend wohl sein, aber nur gegen sich selbst. Ja, eine edle glaubt *gar nicht*, daß man andere beeinträchtigen, verletzen kann. Erst spät, wenn man selbst dahin ist; von Stößen und Wunden, und nirgend mehr Raum finden kann, noch Stelle zum Bleiben, ist es möglich, daß man endlich sich entschließt, sich Platz zu machen, und sollten auch andere – *doch* Verwundete und Verwunder – eine Narbe davontragen: und doch vergeht mancher Edle, ehe er selbst die wahre Jugend durch solche Handlung von sich abstreift. Wenn ich Staatsgesetze zu geben hätte: so schützte Tollheit keinen Verbrecher vor Todesstrafe, wenn sich seine Tollheit mit dem Verbrechen, worauf jene steht, anhöbe, wenn er sich selbst verletzt, kann er nach dem Tollhause.

›Glaube mich nicht schwach: ich habe Frevelmut genug in mir, um weiter zu leben, Besonnenheit genug, um in Tätigkeiten zu bestehen, für die mir kein Gemüt und kein Geist bleibt!‹ So schreibst Du mir im letzten Brief; nicht gedenkend der Worte, die den von Clemens begleiteten: ›Ich stehe hoch über meinen Fehlern.‹ So, mein sehr Lieber, denk ich von Dir: und habe es Dir schon öfter gesagt: ›Das ist ein gebildeter Mensch, der seine Anlagen bezwingt, wenn Natur nicht gnädig gegen ihn war; der sie nur in sich einsieht; sie ermessend behandlen, ist einen Schritt weiter.‹ So ungefähr sagte ich. Du stehst als der Gebildetsten einer mit Deiner Einsicht hoch über Deinen Naturfehlern. Teurer Freund! hasse sie *immer*, *nenne* sie Dir, bekämpfe sie. Du liebst ja das Schöne so in andern, bist so gerecht, so tapfer in der Aufweisung und Schätzung ihrer Gaben; mach Dich selbst urbar, wo Dürre gelassen ist, und laß *Dich* von Deinen Freunden hinwiederum lieben: Du weißt, welches Glück, welcher alles heilender, weicher Zustand dies ist.

Lieber Guter! Dein Brief an Goethe über mich ängstigt mich ordentlich. Freilich, Lieber, wird er ihm die Jugend und Liebe wohl ansehen. Du sprichst von meinem ›Talent‹!? hab *ich* ein namhaftes Talent? das, das Leben zu fassen; und manchmal barock, in komisch- oder tragischer Hülle, es zu nennen was ich sah. Mein Unglück – sag ich ja schon lange – ist zu meiner Schmach eins ohne Titel; darum wird mir auch nie geholfen. Ich bin eine Falschgeborne, und sollte eine Hochgeborne, eine schöne Hülle für meinen innren wohl ergiebigen Grund sein! Eher hättest Du

ihm von meinen wirklich vielen Verbindungen und Bekanntschaften sprechen sollen. Darauf zielten auch seine Fragen; und er
merkte es wohl, der Merker par excellence, daß es eine solche Person sein müsse. Doch wie es sei! Und sieht er mich je, so wird er
schon wissen, was – Gebratenes – an mir ist. Adieu. Indessen!
Lebwohl!

An Alexander von der Marwitz, in Potsdam

Dienstag abend 7 Uhr, den 17. März 1812

›Allgegenwärt'ger Balsam allheilender Natur.‹ Auch dem menschlichen Geiste muß so etwas beigegeben sein; ein seliges Vergessen,
ein nur auf ein Maß Zeit gegebenes Fassen des Unheils; und auch
ich habe schon öfters empfunden die Unzulänglichkeit in mir des
Verzweifelns und Unglückaufnehmens. Denn soeben wollt ich
losschreien über der Franzosen Vergeßlichkeit! Sie machen, so
lange die Revolution währt, und besonders die in Frankreich, und
in ihren Büchern seit der Zeit, als hätte es dergleichen noch gar
nicht gegeben. Und was war diese Revolution gegen Karls VI. Regierung! *Chauffeurs*, Septembriseurs, Verräter, an Bürgern und
König, gab's aus allen Klassen; Mord, Mordenlassen, falsche
Eide, wozu die Religion und ihre ersten Diener in Anspruch und
zu Zeugen genommen waren, war Tagessitte. – Frankreich ist das
bewunderungswürdigste Land! Erstlich, begreife ich nicht, wo in
einer ganzen solchen Zeit nur eine Ernte, eine Aussaat, eine Fa-
brikation zustande kam; und dann, wie in wenigen ruhigen Regie-
rungsjahren sich eine so freundlich feine Sitte bilden konnte, die
das Muster der übrigen Erde wurde. Das sind wahrlich *echte* Menschen; sehr bös, sehr vergeßlich, und leichtsinnig; sehr religions-
und ehrbedürftig, geschickt und zerstörend, geistreich und roh;
und ganz unbegreiflich. Und solche unbegreifliche Unsinne gehen vor! oder ist das nur der Verfasser der Memoiren? Welch entsetzliches Aufheben wird von Johanns von Burgund Ermordung
gemacht, als wenn er ein unschuldig Täubchen wäre, und der
Herzog von Orleans von seinem Girren umgefallen wäre? Als Johann den vor, – oder hinter, kurz beim Ausgang einer Kirche –
morden ließ, und es drei Tage nachher selbst gestand, geschah

nichts; als kriegen, welches immer seinen Gang hatte; und als Mörder, Mörder eines königlichen Prinzen, eines Verwandten, war nicht von ihm die Rede. Wissen Sie, was ich bemerke, woraus großenteils das Unglück der Zeiten besteht? Daß eine immer in die andere greift; und nicht die neue in die alte, sondern die alte noch in die neue. Frankreichs Unglück, zum Exempel, hätte damals gar nicht so wachsen können, wären nicht so viele feste Schlösser dort, so viele kleine Gebiete, so verflochtene Herrschaften vorhanden gewesen; und der Sinn und die Meinung all der Besitzer davon: daß sie teils eigenmächtig und wehrständig sind, und teils das Recht haben einen Lehnsherrn nach Belieben zu wählen. Von den Vilains war nur beiläufig die Rede, und das durch die frömmsten weisesten Leute, deren immer nur wenige sein können. Was ich hier gesagt habe, heißt nur mit andern Worten: Schade, und Jammer! daß der Geist unserm Ausüben auf Erden immer vor ist; welches sich ewig von neuem zu unserer Qual und Schmerz wiedererzeugt. Ich kann gar nicht raisonnieren, wie Sie sehen; weil ich immer bis zum Erdball, der Menschen Geist, und dem lieben Gott komme; und dann an dem Berg stehe: und ein Raisonnement soll schreiten. Aber ich wollte meinem Geschichtsprofessor mich doch auch einmal produzieren: und ihm zeigen, daß ich mir Gedanken bei Lesung derselben mache; welches mir mit Gedächtnis *noch* schwerer gelänge. – Nun warte ich auf einen Brief von Ihnen! bis mir etwas einfällt.

Dienstag, den 24. März, Vormittag 1 Uhr
Wer weiß, ob man mich so lange allein lassen wird, bis ich Ihnen ein paar Zeilen werde geschrieben haben! Sie sehen, Undankbarster, wann dieser Brief angefangen ist. Sie sind stumm, und schikken mir auch kein Buch; und nun muß ich mit meinem Lesen warten. Dazwischen lese ich, wenn sie mich nicht stören, ein altes Buch, den Streit von Mendelssohn und Jacobi betreffend, den ein gradgesinnter, vernunftrechter Mensch darlegt; Mendelssohn hat unrecht. Dieser letztere aber hat, welches dabeigebunden ist, die Schrift eines englischen Juden [Manasseh Ben Israel] übersetzt, und eine Vorrede dazu geschrieben, die meine Bewunderung ausmacht, so elegant und besonnen ist sie geschrieben; auch das Buch könnte, nein, sollte, den jetzigen Übersetzern ein Muster abge-

ben. Des Juden Buch betrifft seines Volkes Zustand in Europa, und die Auseinandersetzung der Gründe an die englische Regierung, aus welchen sie sie bei sich aufnehmen sollte: es ist im Original englisch; der Verfasser lebte zu Cromwells Zeit in Amsterdam, und bekam die Erlaubnis, nach England hinüberzugehen. Er schreibt einen sehr schönen Brief an einen vornehmen Engländer. (*Ich*, die unter Friedrich Wilhelm von Preußen lebt, schrieb vorgestern einen großen original-deutschen Brief an Frau von Fouqué; welches mich abhielt, dem Ritter von der Marwitz, meinem Freunde, zu schreiben.) Unter einem Usurpator, wie man's nennt, regt sich die Menschheit, es sei unter (entre heißt dies ›unter‹) welchen scheußlichen Larven und Gestalten es wolle, immer; dünkt mich. Könnt ich doch einmal ganz aussprechen, wie die Geschichte vor meinem Geiste liegt. Ist es nicht Jammer und Schade, daß ich die Geschichte nicht weiß, wie Sie? Nein! so viel, wie bei und an mir, ist lange nicht verwahrlost worden! Sind *Sie* noch *zerstreut*, lieber Hamlet? Hamlet, wegen: ›Zweifle, ob die Wahrheit lüge‹ etc.

Die Menschen zu einer Höhe zwingen, und haben, wo sie sich nicht halten können, ist wahrlich schülerhaft. Aber nichts ist schwerer wieder mit aus der Welt zu nehmen, als der Drang nach Bewunderung, Liebe, Wohlwollen; die Reich- und Weichherzigen übereilen sich diese Schätze auszuschütten; und nur *sehr* wenige, auch mit Maß und großer Stärke, zu jenen Gaben, Begabte, sind weise vor dem großen Defizit. Ich bin es mit und *während (!)* der größten Einsicht *nicht*. Da steh ich *wieder*! Fest hatt ich mir vorgenommen, nicht mehr von mir zu sprechen: wie von einem ausgegangenen Baum: an dessen Stelle endlich neue Pflanzungen kommen müssen. Mein Geist lebt aber noch: und wie soll sich der anders nennen, als: *ich*? Mit mir steht es höchst elend. Meine innerste Gesundheit scheint erschüttert; und außer meinen Geschwistern merken's alle Menschen an meiner ganzen Haltung und Weise; auch ich fühle es, auf alle Weise, von der stumpfesten Eitellosigkeit, bis zum konvulsiven Schmerz − Schrei der Tränen −, und in wahrer Verzweiflung bin ich, wenn ich glaube, ich würde nicht wieder gesund, und so hingepeitscht bis ins taube, stumme Grab: ohne Gesundheits*gefühl* vorher; jedoch lodert mein Geist immer von neuem wieder auf, als schüttete man große Behälter voll Schwefel auf eine Flamme; der sie zu dämpfen scheint, und furchtbar nährt. Dies kann ich denn den Freunden nicht, nicht einmal jeder Umgebung, verbergen. Immer noch einmal überdenke ich das Überdachte, kombiniere es zu andern Gegenständen des Denkens, und es muß passen. Teils bin ich *dazu* gezwungen; teils geht das in meinem Kopf wie in einem Gebiete vor, wo ich nur das Hinsehen habe; wie große Vegetationen, die sich die atmosphärischen Kräfte untereinander selbst verleihen, in dem einmaligen zum Leben gezauberten Dasein! Mein unschuldigster, und auch leidenlosester, fast amüsanter Moment ist, wenn ich ganz neugierig werde, wie das noch mit mir und allem werden wird.

Ich war auch in der Komödie, wo ich das Opferfest habe spielen sehen. Dies ist doch die größte Marter, die man sich antun kann: sich durch schmerzbringende Töne, und Verkehrtheiten, stillsitzend, und zur Bewunderung einer Masse von Menschen, die doch alle acht Groschen haben, beweisen zu lassen, wie entfernt unsere Nation von aller Kunst ist; durch zehnfach mißverstandene Ausübung einer, die die meisten gebraucht, und, wie jede von ihnen, alle in sich begreift; einer Kunst, die den Menschen so natürlich ist, daß sie durch eine Schule von verrenkten Ein- und Ansichten erst aus ihnen muß ausgerottet werden: von welcher Schule – wie selten gelingt dergleichen! – Rebenstein ein lebendiges Ideal ist; zur sichtbaren Glorie des großen Meisters. Amen! Ich brauche Luft! denn ich schöpfe nicht Atem vor Disgust. Leben Sie wohl! Und verdienen Sie solche lange Briefe durch ebenso lange.

R. R.

An Alexander von der Marwitz, in Potsdam

Freitag nachmittag 6 Uhr vorbei, schneeig, hell,
etwas blau am Himmel,
den 9. April 1812

Sittliche Menschen, die keine Narren sind, gestellt wie wir (das bißchen Modifikation rechne ich nicht), werden rein vom Tod berührt. Ich habe mich längst gewundert, *keinen* solchen Brief von

Ihnen zu erhalten; die Gründe dieses Wunders und meiner Behauptung, sind zu oft, zu lange dargelegt in allen meinen Briefen an Sie! ›Grau in Grau.‹ Dies sind meine *Worte* schon vor Jahren an Varnhagen. So sollen die frischesten, biblischten, ich meine frömmsten, lebendigsten, Gemüter ausdauren müssen? Mit mir ist es nur noch schrecklicher! Sie wissen, wo ich mit meinem Vergehen, meinem Verzweiflen hielt: nun hat grenzenlose Angst, und *Sorge* den Fuß auf mich gesetzt. Angst vor Exzessen − von denen welche, einige, vorfallen; und Sorge, wie ich es nur bestreiten soll. Diese beiden niedrigsten Affekte, oder was es sonst ist, steht *meine* Seele, wie sie ist, lebendig *nicht* aus; sie schrollt in Untätigkeit zurück, und dies nur fühl ich. Die edlern Klagen, das gerechte Vermissen, schweigen; und wenn ich auch jetzt für *Ruhe*, Glück und Seligkeit dem Himmel verpfände, so weiß ich von allem doch wie es ist. Wie *mir* ist, ist keinem *Gefangenen*, und keinem *König* im übelsten Zustand; entwickelt, dies nur mündlich! Ich habe einen Kommissair und einen Bedienten als Einquartierung; der Herr aber durch das größte Ungefähr wohnt woanders! Reines Glück, welches sich in *jeder Viertelstunde* ändern kann. Ich sehe *niemand*, gehe nicht aus: und fürchte mich unvernünftig. Sie haben mir vortrefflich geschrieben: und das Gefühl darüber wend ich dazu an, daß es mir wenigstens die Kraft geben soll einen Brief zu schreiben, wenn auch nicht zu anworten. Ja mein teurer Mitmensch! − mehr noch als zufälliger Freund − Sie drücken es aus, wie man über Gott nicht sprechen kann. Wenn der Begriff eines solchen Daseins nicht die Grenze des unsrigen ist, was ist er denn! Eine grenzenlose Unterwerfung muß es sein jedesmal, von etwas Unendlichem erzeugt, was in uns vorgeht, was wir auffassen! − Schneidende Messer sind es mir, wenn sie so dreist weg von Gott sprechen, wie von einem Amtsrat; und grade den Stummen, Übererfüllten, von ihm *(ihm!)* abwendig glauben. Diese Empfindungen machen mir auch jetzt wieder in der Bibel alle Reden und Gesetze in der Wüste. Ich werde meiner Nation ganz abgewandt; wenn ich auch Moses die Gerechtigkeit muß widerfahren lassen, daß er's mit sechsmalhunderttausend Jungvolk nötig hatte. Gräßlich geschrieben und vorgetragen ist es gewiß. Nur bis nach Josephs Geschichte ist es schön; so weit ich bin. −

Ich brachte diese Woche Schl[eiermacher] einen Teil von

Heinrich Kleists Erzählungen wieder, und wollte von ihm ein
Buch, und griff Spinoza. Ich lese ihn. Den habe ich mir zeitlebens
anders gedacht. Ich verstehe ihn sehr gut. Fichte ist viel schwerer.
Es ist sonderbar; mir kommt immer vor, als sagten alle Philosophen dasselbe; wenn sie *nicht seicht* sind. Sie machen sich andere
Terminologieen, die man ehrlich, gleich annehmen kann; und
den Unterschied find ich nur darin, daß sich ein jeder bei einem
andern Nichtwissen beruhigt; entweder aus einem solchen seine
Deduktion anfängt, oder sie dahinführt, oder, weniger streng, es
mit drunter laufen läßt. Spinoza gefällt mir sehr; er denkt sehr
ehrlich, und kommt bis zum tiefsten Absolutesten und drückt es
aus; und hat den schönen Charakter des Denkers; unpersönlich,
mild, still; in der Tiefe beschäftigt, und davon geschickt. ›Von
den Gemütsbewegungen‹ ennuyiert mich; weil das Wichtige im
›vom Geiste‹ schon vorkommt, und wie sich's weiter fortbewegt
mir und uns allen genug bekannt ist; den abstrakten, einsamen
Mann aber unterhielt, wie es scheint. So viel *ich* von Spinoza! Ich
lieb ihn aber sehr, den Mann. Wissen Sie, was Faust Gretchen
antwortet, als sie ihn frägt: ›Glaubst du an Gott?‹ Das schönste
Gebet! Welch schöne Gebete strömten schon durch eine Seele, die
dies antwortet; wie wälzte da der Geist schon Gedanken empor! –
Über [Gerla]ch haben Sie recht. Ich bin es überzeugt; Sie haben
ihn göttlich beschrieben; wie unschuldig, wie ehrlich, und wie
wirklich gesehen: das erfindet man noch schwerer, als man's sieht.
Das Abspeisen, neumodischer Art, mit dem Glaubenswesen, ist
meiner tiefsten Seele zuwider. Einzeln steht dieser Behelf: auf *keinem* Grund und Boden erwachsen; *nicht* auf Güte, nicht auf keu-
schem Auffassen der Geschichte, nicht auf Enthusiasmus des
göttlichsten Exempels, nicht auf kinderhaftem Glauben an das,
was Eltern und Lehrer meinen und lehren; auf schlechte Weise,
wie Theater und Galerien besucht werden, hausen sie und dispu-
tieren, und verschanzen sie sich gegen les ennuis (den ›großen
Verdruß‹) ins neuerfundene Glaubenswesen hinein und herum!
Und *kaum* paßt dies zur Wahrheit, die Sie mir von [Gerla]ch loben; und die ich glaube. Sie lieb ich doppelt wegen Ihrem Brief,
und Ihren Gebeten darin. Es *gibt nichts* anders! Wer nicht in der
Welt wie in einem Tempel umhergeht, der wird in ihr keinen finden.

Ich kann *Ihnen* nichts schreiben, – als: trösten Sie mich! Machen Sie mir Hoffnung zu Sommer, zu Luft, zu ›Grünem‹! Zu anderm, als ich sehe, was *mich ganz* erdrückt. Leben Sie wohl! Varnhagen hat mir wieder einen Liebesbrief geschrieben, mit einer Einlage von Hrn. von Nostitz an mich; recht artig in jeder Art. Antworten konnt ich dem aus Unseligkeit nicht. Varnhagen nur wenig, damit er nicht denkt, ich sei böse. Was ihm Graf Golz geantwortet hat, weiß ich nicht, da Neumann seit zehn Tagen bei Fouqué ist, und erst morgen wiederkommen soll. – Ich wünsche Sie wohl zu sehen! – aber nicht zum Zeugen meiner Angst. Kommen Sie! Adieu! Ach! wär ich auf einem schönen, ruhigen Berg, und sähe glückliche *Familien*! Adieu!

R. R.

Schl[eiermacher] fragte mich gleich höchst freundlich nach Ihnen; pour me plaire, glaub ich.

An Alexander von der Marwitz, in Potsdam

Montag, den 8. Juni 1812

Vorgestern abend, lieber Marwitz, erhielt ich ein Schreiben von Hrn. von Klewiz, worin mir gesagt wurde, ich würde ›nach dem Drang der Umstände‹ (?) geschont werden, und sollte künftig nur einen employé oder Offizier zur Einquartierung haben. Von Hrn. Br[ink] ist weiter nichts erfolgt, dies halte ich aber für eine Folge. Dies endlich danke ich Ihnen! Ich war so ganz durchdrungen, wie Sie es nur sein können, von dem Opfer, welches Sie mir durch die Ihrem Sein ganz unangemessenen und widersprechenden Schritte auf dem Bureau brachten. Aber ich habe es gefordert, und ließ es mir bringen; weil Sie anders in meiner Seele stehen sollen, als all die, die ich wie Weihnachtspuppen in meinem Geiste ansehe, denen nur ich, und sie mir nie leisten. Jetzt ist *auch* eine Zukunft: und ich will nicht mit allen Versprechungen und Erfüllungen bis über das Grab hinausgeschoben sein! Ich leiste was ich vermag auch gleich, und stets: und meine Liebe und Achtung ist eine fruchtbringende; so sollen meine Freunde auch sein. Sie sind so gut wie ich: oder keine. Zu lange bin ich verächtlich schonend mit Schund umgegangen: mit wem ich so rede, wie mit Ihnen, der muß sein können, wie ich. Es ward mir *so schwer* als *Ihnen*, Sie dahingehen zu lassen – *dies* glauben Sie! – aber lieber war mir alles, als auch Sie in mir anzuklagen, und fahrenzulassen! Sie werden nicht finden, daß ich von einer Kleinigkeit eine zu große Wichtigkeit mache: es ist keine Kleinigkeit, was uns plagen kann: und es ist keine Kleinigkeit, ob der, den wir als Freund behandlen, uns von dieser Plage rettet, wenn er kann, oder nicht. ›Des Lebens Baum ist frisch und grün‹, und will manchmal mit der Schere beschnitten, mit Tätigkeit behandelt, mit dem Messer geputzt sein. Apropos! der Maler Müller hat mir göttliche Augenblicke erweckt, herbe häufige Tränen gekostet. Ich erriet, daß er aus einer schönen lieben Gegend ist: und so war es auch. Er ist aus Kreuznach, und hat eine Ode an diesen Ort in Prosa gerichtet, die mich wie eine Fontaine hat weinen machen. *Der* liebt sein Vaterland. Weil er *sieht*, weil er seine Mutter, seine Schwestern liebt. –

Ich bin gestört durch Nettchen. Vorgestern war Götterwetter: ich ging am Schiffbauerdamm und Weidendamm, kurz an allen großen Plätzen der Stadt umher, und dachte an Sie. Gestern war ich im Tiergarten, und wollte Ihnen Kaprifolium pflücken und mitschicken, und nachher vergaß ich's doch. Adieu. Lesen Sie alles von Müller, und kommen Sie bald. Gehen Sie viel? Ich denke immer an Wetter, Wolken, Wald, Luft; und bete darum.

Aus Rahels Tagebuch

Juli 1812

Nun will ich meine *fünf Träume* aufschreiben, in der Folge, wie sie mir träumten. Vor zehn Jahren hörte ich auf, den *ersten* zu träumen, der mir wohl sechs Jahre bald öfter bald seltener träumte. Ich befand mich immer in einem vornehmen bewohnten Palast, vor dessen Fenstern gleich ein großartiger Garten begann; eine mäßige Terrasse vor dem Gebäude, und dann gleich große Linden und Kastanienbäume auf einem beinah unregelmäßigen Platze, der zu Gängen, Teichen, Laubgängen und dem Gewöhnlichen in solchen Gärten führte. Die Zimmer des Gebäudes waren immer erhellt, offen, und die Bewegung einer großen Aufwartung darin; so sah ich immer eine ganze Reihe geöffnet vor mir da; in deren letztem eigentlich die Gesellschaft der vornehmsten Personen war, wovon ich jedoch keinen einzelnen mir denken konnte, obgleich ich sie alle kannte, zu ihnen gehörte, und zu ihnen hin sollte. Dies aber, ungeachtet die Türen offen waren, und ich wohl ihre Rücken, an einem großen Spieltische – wie eine Bank – sah, konnte nie geschehen. Mich hinderte ein Unvermögen, eine Lähmung, die in der Luft der Zimmer und in der Erhellung zu liegen schien; ich dachte mir diese Hemmung nie im Ganzen, und glaubte nur jedesmal von andern Zufälligkeiten gehindert zu sein; und gedachte auch jedesmal zu meiner Gesellschaft zu kommen. Jedesmal aber, wenn ich noch sechs bis acht Zimmer von ihr entfernt war, stellte sich ein Tier in dem Zimmer ein, wo ich war, welchem ich keinen Namen geben konnte, weil seinesgleichen nicht in der Welt war; von der Größe eines dünneren Schafes, als Schafe gewöhnlich sind; rein und weiß wie unbetasteter Schnee; halb Schaf, halb Ziege, mit einer Art von Angola-Haaren; bei der Schnauze rötlich wie der reinlichste, reizendste Marmor, Aurorfarbe, die Pfoten ebenso. Dieses Tier war mein Bekannter; ich wußte nicht, woher: es liebte mich *unendlich*; und wußte es mir zu sagen, und zu zeigen: ich mußte es behandeln wie einen Menschen. Es drückte mir mit seinen Pfoten die Hände, und das ging mir jedesmal bis ins Herz; es sah mich so voll Liebe an, wie ich mich nicht erinnere eine größere in eines Menschen Auge gesehen zu haben; am gewöhnlichsten nahm es mich bei der Hand, und da ich immer zur Gesellschaft wollte, so durchschritten wir die Zimmer, ohne jemals hinzukommen; das Tier suchte mich zärtlich, und als hätte es wichtige Ursachen, davon abzuhalten; weil ich aber hinwollte, so ging es in Liebe gezwungen immer mit. Nicht selten auf die sonderbarste Weise; die Pfoten nämlich bis zum zweiten Gelenk unter den Dielen; durch die ich auch nach einer andern Etage hinuntersehen konnte, und die doch fest waren; manchmal ging auch ich so mit dem Tiere; bald im Erdgeschoß, bald eine Treppe hoch, meist unten. Die Bedienten merkten gar nicht auf uns, obgleich sie uns sahen; ich nannte diesen liebenden Liebling mein Tier; und wenn ich eher da war, so fragte ich nach ihm: denn es übte auch auf mich eine große Gewalt aus, und ich erinnere mich nicht in meinem ganzen Leben wachend eine so den Sinnen nach starke Empfindung gefühlt zu haben, als mir der bloße Händedruck dieses Tieres machte. Dies aber war es nicht allein, was meine Anhänglichkeit ausmachte; sondern ein herzüberströmendes Mitleid; und daß ich ganz allein wußte, daß das Tier lieben, sprechen konnte, und eine menschliche Seele hatte. Besonders aber hielt mich noch etwas Geheimes: welches zum Teil auch darin bestand, daß keiner mein Tier sah oder beachtete, als ich; daß es sich an keinen wandte; daß es ein tiefes vielbedeutendes Geheimnis zu verschweigen schien, und daß ich nicht ungefähr wußte, wo es war und hinging, wenn ich es nicht sah. Doch befremdeten und beunruhigten mich diese Dinge alle nicht einmal bis zur Frage an mich selbst; und im Ganzen fesselte mich des Tieres Liebe, und sein anscheinendes Leiden davon, und daß ich es durch meine bloße Gegenwart so überirdisch glücklich machte, welches es mir immer zu zeigen wußte. Manchmal nur, wenn es mich so bei der Hand führte, und ich sie ihm innig zärtlich wiederdrückte und wir uns in die Augen sahen, so erschreckte mich der Gedanke plötzlich: Wie kannst du einem Tiere solche Liebkosungen erzeigen: es ist ja ein Tier! Es blieb aber beim alten; diese Auftritte wiederholten sich mit kleinen Abwechselungen immer wieder: nämlich immer in neuen Träumen: in demselben Lokal. Es kam aber, daß ich lange diesen Traum nicht gehabt hatte; und als er mir das erstemal wieder träumte, so war alles da, das Schloß, die Zimmer, die Bedienten, der Garten, die Gesellschaft; ich wollte auch wieder hin; nur war etwas mehr Bewegung, und eine Art Unruh in den Zimmern, ohne sonstige Störung noch Unordnung; ich sah mein Tier auch nicht; welches, wie mich dünkte, mir schon sehr oft gefehlt hatte, eine lange Zeit her; ohne mich besonders zu kränken noch zu befremden, obgleich ich mit den Dienern des Hauses davon gesprochen hatte. Weil die unruhige Bewegung mich noch mehr störte, als die gewöhnliche Gewalt, die mich vom letzten Zimmer abhielt, so trat ich de plain pied aus großen Glasfenstern auf die Terrasse, die sich bald in den Platz mit Bäumen ohne weitere Grenze verlor; dort waren zwischen den alten Bäumen hin und her helle Laternen auf großen Pfählen angezündet; ich betrachtete müßig die erleuchteten Fenster des Schlosses, und das prächtig beschienene große Laub der Bäume: die Diener liefen häufiger und mehr als sonst hin und wider; sie beachteten mich nicht, ich sie nicht. Mit einem Male sehe ich dicht an einem großen Baumstamm, halb auf seiner starken Wurzel, mein Tier zusammengekrümmt, mit verstecktem Kopf, auf dem Bauch schlafend liegen: es war ganz schwarz, mit borstigem Haar: Mein Tier! schrei ich, mein Tier ist wieder da; zu den Bedienten, die mit Geräten in den Händen und Servietten über den Schultern, in ihren Gängen bloß gehemmt, aber nicht ganz nahe tretend, stehenbleiben. Es schläft, sag ich; und tippe es mit der Fußspitze an, um es ein wenig zu rütteln: in demselben Augenblick schlägt es aber über sich um, fällt auseinander, und liegt platt da als Fell; die rauche Seite auf der Erde, trocken und rein. »Es ist ein Fell, es war also tot!« rufe ich. Der Traum schwindet; und nie hab ich wieder von dem schwarzen noch dem weißen Tier geträumt. –

In meinem *dritten Traum* befand ich mich auf einem äußersten Bollwerke einer sehr ansehnlichen Festung, welches sich in breiter, flacher, sandiger Ebne weit von dem Orte ab hinausstreckte. Es war heller lichter Mittag; und das Wetter an diesem Tage einer von den zu hellen Sonnenscheinen, die eine Art von Verzweiflen hervorbringen, weil sie nichts Erquickliches haben, durch keine nahrhafte Luft dringen, oder auf Gegenstände fallen, die auch beruhigenden, ergrünten Schatten werfen könnten. Dieses Wetter wirkte um so mehr, als die ganze Gegend aus dürrer, vegetationsloser, sandsteiniger Erde, die sich in wirklichem Sande verlief, bestand; holperig und uneben; wie Orte aussehen, wo man Sand gräbt. Dieser zu helle und alles zu hell machende Sonnenschein reizte mir Augen und Nerven nur zu sehr auf; und ängstigte mich schon auf eine eigne Weise. Man sah auf der unseligen Fläche nichts; und der Eindruck davon war, als ob die Sonne zornig durcheilte, diesen nichtswürdigen Ort nicht gar umgehen zu können! So stand ich dicht mit der Brust am Rande dieser alten Schanze – denn sie war beschädigt, wie vieles umher – von einem ganzen Volke hinter mir gedrängt; diese Menschen waren alle wie Athenienser angezogen. F. stand neben mir, mit bloßem Haupte, wie sie gekleidet, aber in rosenfarbenem Taffent; ohne im geringsten lächerlich auszusehen. Ich sollte von dieser Schanze, die die letzte der ganzen Festung war, hinuntergeworfen werden; tief

hinab; unter Steine, kalkige Sandgruben, und ganz verfallene Fe-
stungsstücke und Schutt. Das Volk verlangte es; und schrie zu F.,
der ihr König war, er möchte Ja sagen! Er stand grausam verbis-
sen da, und sah nach der Tiefe: man schrie stärker und heftiger,
und forderte sein Ja; immer dichter an mir; sie faßten, mit den
Augen auf F., an meine Kleider; ich suchte ihm in die Augen zu
sehen, und schrie immer: »Du wirst doch nicht Ja sagen?« Er
stand unbeweglich verlegen da; verlegen gegen das Volk, noch
nicht Ja gesagt zu haben. »Du wirst doch nicht *Ja* sagen?« schrie
ich wieder; das Volk schrie auch: und er, *»Ja!«* sagte er. Man ergriff mich, stürzte mich über den Wall; von Stein fiel ich zu Stein,
und als ich nach der letzten Tiefe kommen sollte, erwachte ich.

Und wußte in tiefster Seele wohl, wie F. gegen mich war. Auch
machte mir der Taum ganz den Eindruck, als ob die Geschichte
wahr gewesen wäre: ich war still; aber ich hatte mich nicht geirrt. –

Fünfter Traum. Diesen schrieb ich Marwitz gleich den Morgen
nachher, als er mir geträumt hatte, weil ich ihn nicht vergessen
wollte, und er mich sehr affiziert hatte.

Berlin, Sommer 1812

Ich glaube, ich werde wohl eingewilligt haben, diesen Jammerweg
des Lebens zu gehn, und als Mensch menschliche Geschicke zu
erfahren; oder es mag ein Höherer, mit tieferer Einsicht, weil er es
für mich als gut erkannte, diese Einwilligung für mich gegeben
haben; genug, die Einwilligung denke ich mir immer, und dieser
Gedanke nur kann mich trösten für allen erlittenen, sonst unver-
geltbaren, Schmerz. Vielleicht war es nur so möglich, die Persönlichkeit zu gewinnen, und den Keim künftiger Erhebungen in ge-
deihlichern Existenzen; wenn es auch nur das wäre, was die
unselige Menschheit bedeuten soll, daß der bewußtlose im Ganzen
der Gottheit aufgelöset gewesene Lichtpunkt als Menschenseele
in das selbstständige Dasein eines eigenen Ganzen göttlich hin-
überginge! O gewiß ist es auf diese Weise; höher konnten meine
Gedanken nicht klimmen am Rande aller Wissenschaft, und
keine Weisheit wurde mir bekannt, die höher gedrungen sei.

Nach einer fürchterlichen, aber weichen Nacht; mit sehr bestürmtem, mißhandeltem Herzen. Meine unseligen Gedanken! Das hellere Wissen lief Sturm dagegen, und es war keine Gnade; sie ließen es nicht in Ruh. Um vier Uhr wacht ich noch: und krank fühl ich mein Herz noch jetzt. Wie sollte es auch kommen! Wer schmeichelt ihm wohl! Welcher Umstand; wer tut ihm gut! Vieles hat mir der Himmel in meiner Not gelassen, diesen Strahl seiner allmächtigen Sonne hat er mir noch nie zukommen lassen! Soll ich wirklich so sterben? Wie ich verstehe ein Herz zu heilen, zu schonen! Man könnte dies anders nennen: still!

Eigentlich wollt ich dies niederschreiben. Wie finde ich Goethe groß in den Worten, die der Prinz im Triumph der Empfindsamkeit sagt: ›O ihr Götter! schickt mir ein neues unbekanntes Glück aus den Weiten der Welt!‹ Wie schlagen diese wenigen Worte bis nach den zwei äußersten Enden des Menschen hin. Ganz zertrümmert ist das Gemüt des Prinzen; nichts davon hat er sich vorbehalten; alles ehrlich eingesetzt; das Schicksal konnte ihm, und nahm ihm, alles in der Puppe: ohne Herz, fühlt er – nur dies kann er noch fühlen – *kann* er nicht leben! Er hat *keine* Hoffnung; in der ganzen bekannten Welt ist ihm nichts geblieben, eine zu bilden; sein Inbegriff ist hin! Der Geist ist ihm noch übriggeblieben; mit dem hält er noch alles für möglich; eine neue Welt, die er nicht erfinden kann; mit diesem Geiste setzte er der Götter Macht voraus; sein Herz muß von ihrer Güte haben, weiter leben; und so fleht er sie im gefühlten Untergang an.

Sonderbar ist's! Die andern glauben auch Liebe beschreiben zu können; und sind noch recht stolz darauf, wenn sie sie, wie sie es nennen, nicht als Leidenschaft gefühlt haben: sie meinen, dann ging es um so besser – haben sie sich aus Goethes Definition eines Dichters im Meister herausstudiert. – Mit gestampften Lumpen, Galläpfeln und Gänsekielen hoffen sie herauszuwürfeln die furchtbar-großen und doch tröstenden Orakelsprüche, die aus dem Tempel nur kommen, den die Natur sich selbst geschaffen hat, in dem Herzen der gelungensten Menschen! Nie! ihr stolz glücklichen Wüstlinge, die ihr noch immer ein Restchen für euch zurückbehaltet! Ihr Armen! deren Sinn nichts ganz trifft. –

Novalis sagt: ›Die Liebe ist eine ewige Wiederholung.‹ Sie ist die größte Überzeugung, sage ich. Unüberwindlich ist Auge, Ohr und Gefühl überzeugt; unüberwindlich unser Herz von dem Gegenstande, den wir lieben; unüberwindlich der Eindruck; und ist die Überzeugung zu überwinden, so lieben wir nicht mehr. Daher lieben nur Menschen; hohe überzeugungsfähige Geschöpfe. Mitteilen, beweisen, läßt sie sich nicht. Jeder liebt allein, wie man allein betet.

Thekla ist ganz und gar nur die tragische Gurli. Beide ohne Knochen, Muskeln und Mark; ganz ohne menschliche Anatomie; so bewegen sie sich auch, wo gar keine menschlichen Glieder sind. Mir aber zum Erstaunen mit dem Beifall des ganzen deutschen Publikums! Eben fällt mir aber nach langen Jahren Wunderns ein, daß sich die Leute eben daran ergötzen, diese bei natürlicher Gliederung nicht hervorzubringenden Bewegungen zu sehn; und bei diesem ihrer Moral *schmeichelnden* Schauspiele der gesunden menschlichen Organisation vergessen. Vergessenheit, die täglich in Anstalten des notwendigsten Heils und des Ergötzens anzutreffen ist.

An Frau von Fouqué, in Nennhausen

Berlin, Februar 1813

Einige Tage vor Ihrer Abreise hatte ich gehört, Sie würden diesmal längere Zeit in der Stadt bleiben, der Kriegsumstände wegen. Da wollt ich's für mich abwarten; mit einem Male aber waren Sie weg! Meine Klagen Ihnen nach; wovon Sie hier nur wenig hören; das werden Sie auch wohl wissen, und an diesen Worten, die hier stehen, und den besten, die Ihnen selbst oft im Herzen bleiben müssen, abmessen. Besonderes steht mir in diesem Augenblick nicht vor der Seele, was ich Ihnen zu sagen hätte; aber unendlich viel könnten wir miteinander sprechen, gingen wir nur miteinander spazieren, träfen wir uns abends vor dem Sofa, und lebten wir die verschwendeten Wochen nebeneinander! Vielleicht wird Friede aus der Erschöpfung des Krieges; und ein Sommer für Menschen daraus, nicht einer für Krieger und Bekriegte; und vielleicht fällt alsdann ein Tröpfchen klaren Segens auch auf mich, und ich kann Sie besuchen! Sie sehen, liebe fromme Karoline, ich bin hier nicht so fromm als Sie! Wer kann Gott nachrechnen! Menschen, und ihr Glück sind Bestandteile des großen Alls, warum sollten sie zu einem glücklich-Organischen nach der größten Zerrüttung und Trennung sich *nicht* auch wieder zusammenfinden; zu neuen weitern Beziehungen? Wie viel aber hier untergeht, zeigen die Begebenheiten *aller Zeiten*: jedes Menschen! Gewiß sein, daß ein vielfältigerer höherer Geist aus heilbringenden guten Gründen Recht dazu hat, ist meine einzige Religion. Es ist mir auferlegt; muß ich denken; ist es doch viel, daß ich so viel weiß; und Klarheit und Verständnis in einem höheren Wesen zu hoffen vermag. Anfang der Gnade! Vergeht uns oft dieser Strahl, so verzweifeln wir; aber ganz können wir nicht verzweifeln, so wenig, als durch unsere eigene Gedanken aufhören zu sein. Müssen wir doch unser ganzes Dasein als ein Wunder annehmen; ergeben wir uns ohne Richten über den Lauf desselben; und richten wir immer von neuem uns selbst; *unser* Bestimmen. Aber alle Buße sei Reinigung, Stärkung, Feinerung, Besserung; Reue vor der Tat; und fleißige Unschuld nach jeder. Greueltaten begehen nur kranke Tolle, arme unglückliche, bedaurungswürdige Menschen. Mich beugt übrigens der Krieg sehr. Hab ich innen alle Zerstörung erleben müssen, und hat mir mein Herr die Einsicht in allen Jammer, und auch die Kinderfähigkeit für alles Liebliche, Freudige und Lebenswerte gelassen; so hatte ich nur noch äußere Zerstörung zu befürchten: ich erlebe sie; und fühle es herb, ganz herb: nicht aber was mich persönlich betrifft, beugt mich *ganz*; aber der Beweis, daß wir noch inmitten des Rohesten leben, daß verwundender Krieg, und tolles Nehmen und Wehren bis zu unsern Schwellen kommen kann, daß wir vor den Wilden *nichts* voraus haben; Bücher, gebildete Reden, wohltätiges Sein aparte daliegt, und nicht in unsern großen Verfassungen mit inbegriffen steht, daß wir allem ausgesetzt sind, und nur prahlend uns aufmuntern, wenn wir unsere Meinungen und Religionen über alle andere setzen: – das macht mich ganz perplex und beugt mich. Freilich war irgendwo Krieg, solang ich lebe; das Nahe dringt sich einem aber am meisten auf; und die ganze Erde ist ja jetzt in der Ansteckung. Vier kluge Gedanken, kann eine ganze Nachkom-

Karoline Fouqué

menschaft einmal über uns und unsern Zustand hervorbringen, diese Nachkommenschaft besteht denn aus drei oder vier Historikern und einer kleinen Zahl sie Fassender! Dies ist meines Bedünkens für die Menschengesamtheit daraus zu erbeuten.

Noch haben wir ruhige Abende! – in einem solchen las ich gestern Tiecks Phantasus. Daraus habe ich ganz etwas Neues erfahren, daß man die klügsten, ja feinsten Dinge sagen kann, und über jede Gebühr langweilig dabei sein kann. Dialogen sind schon das Schwerste, wie mich dünkt, und nur Shakespeare, Goethe und Jean Paul in den Flegeljahren sind welche gelungen: dieses fortfließende Leben, mit seinen unendlichen Voraussetzungen, durch die kleinsten aber bestimmendsten Züge kenntlich gemacht: gelingt nur dem lebhaftesten, gründlichsten, leichtesten Bemerker, wenn er die Gabe des Beurteilens während der Verteilung derselben in seinen Werken aufs höchste besitzt. Nun kommt Tieck mit roh zusammengestoppelten Reden und Gegenreden ohne alle Situation, als die willkürlichste, die mir weder Ort, noch Menschen, noch Lage zeigt; diese armen Phantasmagoren gehen in ebensolchen Gegenden spazieren, und reden mich wahrlich tot. Der einzige Trost ist, wenn man nach ihren allseitigen langen Behauptungen, von denen Tieck selbst nicht weiß, ob sie Scherz oder Ernst sein sollen, und wem er recht gibt, Atem schöpft und sich gratuliert, nicht auch solche geschwätzige Tage mit den Herren und Damen verleben zu müssen! Ich müßte toll werden in *den* Sälen, Gärten, bei den Wasserfällen und Brunnen; bei den leblosen Scherzen! Hübsch ist, was der Kranke von seinen Lektüren erzählt! Jetzt sind sie auf dem Gute, und wollen sich einander vorlesen. Tieck muß phantasieren in seiner eigenen Person, und komisch und ernst sein dürfen. Ein Stück Leben darf er nicht in ein Buch fassen wie Goethe, wo das noch mit hineingeht, von welchem er nicht spricht! Adieu. Schreiben Sie mir nicht mehr ›Ihre ergebene‹, Karoline sans phrase ist besser. Ihre R. R. Über Tieck könnte ich noch lange sprechen, aber die Feder ist müde. Tausend Grüße den Kindern. Mariens Knäuel liegt noch bei mir. Hrn. von Fouqué hab ich nur als Geist vorbeischweben sehen. Vielleicht kommt auch mit dem Frieden Muße für uns beide!

An Varnhagen, in Hamburg

Berlin, Sonnabend, den 27. März 1813

Vor zwei Stunden, jetzt ist 1 Uhr, trat der Hr. von Canitz bei mir
herein, und überreichte mir Deinen lieben Brief. Glück auf! daß
die ersten Schritte auf Deiner neuen Bahn angenehm und erquik-
kend sind! Dafür will ich gern schon einen großen Teil meiner
Angst und Sorge anrechnen. Das Lügen geht nicht: sonst verschwieg ich es; mein Herz ist noch nicht befestigt. Doch bin ich
gottlob hierin dumm, und will darüber schweigen. Wittgensteins
Proklamationen und Aufrufe gefallen mir über alle Maßen; weil
er seinen Feind zu ehren weiß, die Nation schont, und nicht
schimpft; wie jene, die wir seit Jahren deshalb tadlen. So redlich
muß man auftreten; fühlen, daß man nur so aufzutreten braucht;
und, will man der Deutschen Charakter hervortreten lassen, diese
geziemende edle Seite hervorkehren! Es ist mit wahrer Kunst aus
dem Herzen geholt, was man zu jedermanns Verständnis sagen
muß, daß es wieder ins Herz gehe! Jede Ironie, jede Prahlerei weit
zurückgelassen! Sorge, was an Dir ist, mit dafür, daß auch das,
was von Euren Heeren ausgeht, edel, einfach, gefaßt und ernst
sei. Und nimm mir dies nicht übel! Ich bin so ganz durchdrungen
und überzeugt davon, daß, wo Prahlerei, hohles Reden und Ironie
sitzt, nichts anderes Gutes sitzen kann, daß ich mit Sichel und
Harke den ganzen Tag ausrauten gehn möchte: da wir alles Gute,
ganz gutgemeinte Wackere und Reine so sehr nötig haben! Diesen
Morgen ist Marwitz abgegangen: bis heute hielten ihn ein paar
Kameraden auf; sonst wäre er gestern gegangen: doch weiß ich
nicht, ob er allein ist, oder mit ihnen: länger wollt er nicht warten.
Seine Truppe ist voraus. Gestern war ich bis halb vier mit ihm bei
Bouché − wo wir zuletzt waren − die Tauben, die zwei wiegenden
Pappeln, die Sonne, die Blumen, alles war da, meine Gedanken
an Dich, mein Verlassen auf Dich, alles, aber anstatt Deiner, Entfernung, mit allen ihren Ungewißheiten. Wisse aber, um Dich
persönlich, und auch um niemand, ängstige ich mich nicht. Aber
den Himmel *bestürme* ich mit Gebet und Tränen, nämlich es werden immer Tränen, für uns alle. Nicht, daß ich patriotischer als
persönlich wäre: Du weißt, ich verstehe nur den Gedanken: alle,
durch den: jeden; aber da jeder geht, und es jeden trifft, fasse ich

nichts einzelnes mehr: und auch hauptsächlich! für *Einen*, für *Dich*, für mich, kann ich mir ein Glück, ein Entkommen denken; für ein Ganzes aber nur, weise Führung: oder, biblischen, unmittelbaren Gottesschutz. –

Frau von Fouqué ist noch hier, hat mir aber nichts sagen lassen: ich ihr wieder nichts. Marwitz ist ganz entzückt, daß ich stolz bin, wie er's nennt: mir ist es *ganz egal!* So expliziert ich's ihm; und so verstand er's auch. Heute schickte mir ein General mit einer Botenfrau aus Köpenick einen dicken durchstochenen Brief: die Frau sagte, es sei ein französischer General, und ich war sehr betreten. Der Brief war von Barnekow aus Jaroslaw vom 14. Oktober, der General ein preußischer mit einem französischen Namen, worauf sich die Frau nicht besinnen konnte. Der Brief ist ganz aus seinem liebenswürdigen Herzen geströmt, und ebenso angenehm, und zum Lachen. Das Schreiben tötet mich; ich will ihm doch morgen schreiben. Hr. von Canitz, den ich nur einen Augenblick gesehen habe, scheint sehr artig zu sein; ich konnt ihm gar nichts dergleichen erzeigen, weil er morgen früh abreist und seine Zeit gewiß besser braucht. Bestelle ihm dies und meinen Dank! Viele Glücksgrüße an Hrn. von Pfuel: ich danke ihm noch, daß er mich in dem Trouble besucht hat. Empfehle mich auch dem Obristen! Marwitz frug mich immer, ob mich die ganze Stadt nicht um seinen Besuch beneidet hat. Ich sagte ihm, er wisse, wie geschieden ich von der Stadt lebte, aber die ich sprach, hatten alle zu mir kommen wollen. In Hamburg muß ja presse bei ihm sein. Wir lesen sie immer, die Zeitungsartikel, wo Tettenborn vorkommt. –

Alles Neue von hier erfährst Du durch Hrn. von Canitz. Auch ist nichts; als der Ausmarsch der Preußen. Das Wetter ist fortdauernd herrlich: Sonne und erfrischende Luft. Nur sind mir alle Orte, außer Bouché, verbittert. Nach Spandau hin richte ich weder Blick noch Schritt. Da verstehe ich den Tiergarten, und *seine* Spree drunter. O! teurer, schöner, verkannter *Friede!* Doch Glück auf! Euch ermuntert, ermutigt, erfrischt der Kampf. Ich hoffe! baue auf Dich. Liebe Dich; und grüße Dich mit treuem Herzen.

An Varnhagen, in Hamburg

Berlin, den 29. März 1813
Montag abend, gleich 7 Uhr

Deine Briefe sind jetzt meine einzige Freude! Dies ist wohl der beste Dank, lieber August? Nicht wahr? Gestern brachte einer, der nicht einen Augenblick wartete, mir einen Brief von Dir, mit dem Stück Amtsblatt und zwei Zeitungen. Ich freue mich, daß unsere Meinungen über Wittgensteins Proklamationen sich begegneten! – Du weißt, ich möchte gerne die Nation geschont wissen. Weil es klug und heilsam von uns wäre; und gerecht hauptsächlich: es gingen andere als sie selbst vorwärts, und sie war nicht die einzig bezwungene. Wir Deutschen müssen uns nur mit dem echtesten Schmuck schmücken; das ist Gerechtigkeit, Mäßigung, Rechtlichkeit und Gesetzmäßigkeit. Welches letztere ich, Gott sei ewig gelobt, auch allenthalben zu meines Herzens Stärkung wahrnehme! Feure nah und ferne, wie Du nur kannst, zu dieser stärkenden alleinheilbringenden Ordnungsmäßigkeit und Rechtsanerkennung und Übung an! Ich bin ein Nichts: und Kraft und Stimme spar ich *dazu* keinen Tag, bei keinem Menschen, bei keiner Gelegenheit; wenn ein jeder so tut und wirkt, so werden alle besser; und daß dies geschehe, dazu sei unser langes Elend, und unser herbes Streiten uns gut! daß wir nicht nur ein starkes, derbes, sondern auch ein gutes gottgefälliges Mustervolk werden! Mich dünkt bei den Deutschen zu bemerken, daß ihnen das Irren und sich Aufblasen nicht ganz natürlich und bequem ist; sie haben nur Grazie in der strengen Ausübung von dem, was sie für wahr und recht erkennen; so hab ich bemerkt, daß man die heterogenst Gesinnten – wenn nicht nichtswürdige *Absichten* sie leiten, das Gift, zur Menschensünde auf der ganzen Erde ausgestreut, – mit wohlgemeinter, redlich ausgedachter Wahrheit bald überzeugt. So konnt ich gestern gleich zum ersten Male den Professor Z., der gewiß ganz andere Gedankensphären durchgeht und gegangen ist, als ich, zu diesen meinen Dir bekannten Meinungen bald überführen; und auf eine sehr naive, nicht mich lobende Art gab er mir dies zu erkennen. Minna S. hatte ihm ein paar Zeilen, mich kennenzulernen, mitgegeben. Ich glaub es ist ein braver, wahrhafter Mensch. Etwas rustre: Du weißt, ich liebe das nicht: mit ihm aber bin ich doch zufrieden. Noch dazu, ich wußte, er ist ein neumodisch Deutscher: seine Gesinnung scheint mir aber sehr redlich, und naiv.

Ich habe gräßlichen Büchermangel: gar kein Buch: da nahm ich gestern spät die Bibel. Herr Jesus Verrat und Tod las ich; und weinte sehr. Ich kann es mir so lebhaft denken; und wie er *wußte*, daß ihn Petrus verraten mußte; so natürlich: gewiß wahr! und wie Petrus selbst weinte, als der Hahn zum zweitenmal krähte. Es gefiel mir sehr! – Das Evangelium Johannis las ich heute etwas: das find ich wieder schön. Mir gefallen *nur* jetzt ganz großartige, großgezeichnete biblische Charaktere; alles wird mir zu klein. Nur Eingebungen, Patriarchen, wie sie Goethe uns auffrischt, und deren einfach großes Zusammensein mit den Gegenständen der Natur, und nicht dem frikassiert Römischen, Römischmodernen, gefällt mir noch einigermaßen. Neulich konnt ich dies Marwitz sehr gut und kurz sagen.

An Varnhagen, in Hamburg

Berlin, den 20. April 1813
Dienstag morgen 11 Uhr, bei kühlem stürmischen
Wetter, welches, ich fürchte, den Blüten schadet,
die schon heraus sind; obgleich nicht die meisten.
Diesen Morgen muß ich noch nach Hemden laufen, die Markus gibt: *ich* muß es, weil ich mich keine Mühe, kein Klätern, keinen Weg, keine Anrede, und Rede mit gemeinen Leuten verdrießen lasse: weil ich denke, je schneller die Hülfe, desto mehr ist sie Hülfe: weil ich weiß, was *krank schmachten ist*; und keine Wäsche anziehen *können*, ebenso halte, als keine anzuziehen *haben*. Unser großes Lazarett war in einem *schrecklichen* Zustand!! Wegen unordentlicher Einrichtung und Deprädation. Kaum erfuhr es aber die Stadt, so war ein General-*Aufstand: Jeder* schrie, lief, und gab. Ich schrieb Markus, dieser Böhm, Böhm dem Zivilgouverneur, die schnellsten Einsammlungen kamen in drei Tagen zusammen; vom neuen Lazarett wurde alles hingeschickt; alle Ärzte sammelten, fuhren mit großen Geldbeuteln: Wäsche aller Art, Betten, wurden nach ihren Häusern geschickt, Essen, wo immer hundert-

fünfundzwanzig Frauen kochen ließen; keine schlief, ruhte mehr. – Mir hat's einen großen Teil Gesundheit gekostet; aber ich *bin* gesund, und kann sehr laufen. Gestern lief ich darum von der Dreifaltigkeitskirche bis in die Landsberger Straße, heute wieder dahin. Ich schreibe dies mit Tränen in den Augen, und mit Entzücken über unsere *Stadt.*

Die Juden geben, was sie nur besitzen: an die wandt ich *mein* Geschrei zuerst. Die Herz ist unendlich tätig: ich sporne sie noch mehr. Nein, wie freut mich die Stadt! Kommt sie doch zu sich selbst; tut sie endlich wohl, wie es Jesus meint; und wie es mich peinigt, daß es nicht geschieht. – Welche Wehmutswunden hat mir dies Lazarett geschlagen! Reil nimmt sich der Sache jetzt an; ich will heute noch mit Böhm sprechen: ich habe *keine* Ruhe! Der Deutsche Beobachter findet hier den größten Beifall: und ich behalte ihn niemals! Alle Herren der Stadt lesen ihn. Was du darin geschrieben hast, freut mich in der Seele. Behalten wir Herz, das innerste Wollen, und unser Urteil rein, und heißen wir meinetwegen Vandalen, Irokesen! Lieber guter August! in jetziger blutigen Zeit ist es gewiß recht nötig, gib Dir rechte Mühe, Du kannst alles, und schreibe ein Wort über Lazarette! Nicht wegen *unserer* letzten Katastrophe *allein.* Schon lange drückt mir eine Reilsche Aussage, und mehr was ich von Lieferanten erfahren habe, das Herz! Reil sagte nämlich, als die Frauen hier ihr Lazarett errichten wollten, es helfe alles nichts, wenn sie nicht selbst wirtschafteten, und der ganzen Ökonomie und Pflege vorstehen wollten; in keinem Lazarett in der Welt bekämen die Kranken, was sie sollten. Der muß es erfahren haben. Sag es recht populär, recht eindringlich, welche gräßlichste Sünde eine Betrügerei an Kranken sei! daß *jede* Stadt, die den Namen verdienen will, eine Kirche in ihren Mauern haben, an göttliche und menschliche Gerechtigkeit Anspruch haben will, daß sie ihr geschähe, die besten verehrtesten Bürger aus ihrer Mitte dazu hergeben muß, solche Werke zu unternehmen und ihnen vorzustehen; daß kein Lieferant und kein Inspektor reich werden kann. Nenne *unsere* Stadt *ja* nicht: aber sage, in den bestgesinnten und vornehmsten gingen noch Greuel darin vor; also muß ganz Deutschland, ja die *Welt* sich gefallen lassen, Ermahnungen darüber zu hören; und durch die Tat sie beherzigen. – – Lieber August, wie dehnt sich alles! *Wann*

kommt man zum Leben; lauter Bereitung, Du bist schon mittendrin, und legst nur zurecht: ich – aber viel habe ich erlebt, und
bin an Höheres gewiesen, das ist auch viel und groß, wenn auch
nicht leicht und angenehm. Du schreibst mir hierüber sehr richtig, teurer Freund! – Ach wir wissen alles! Wir wollen aber fleißig
und stark bleiben. Das Leben ist eine Arbeit, die man aufbe-
kömmt; und eine davon besteht darin, es verstehen, ertragen und
ergreifen zu lernen; es nicht zu schätzen, weil es im Allgemeinen
und einzeln unsicher ist; und es sehr zu schätzen, weil es eine
Probe zu einer Existenz ist, und alles was wir kennen, und womit
wir das Mögliche erraten. – Gott gebe meinen geliebten Landsleuten Mut und Bescheidenheit. Unser *armes* Land leidet entsetzlich. Jeder Kerl geht mir in die *Seele*! Bauerndörfer! Aber sie benehmen sich wirklich *noch* gut! Alles hat Mut, Willen, und hilft in
jeder Art. Auf der Gasse kann man's hören, bei jedem Vorübergehenden, das Papier ist zu klein zu allen Anekdoten! Jünglinge *verzweifeln*, die nicht mit sollen; übernehmen drei, vier Posten und
Stellen für ihre Brüder, und sagen, sie überleben die Schmach
doch nicht!

An Gentz, in Prag

Sonntag früh 7 Uhr, den 18. Juli 1813
(18 abscheuliche Zahl)

Wer tief aufbrausende Wellen eines ganzen Meeres, von sonnen-
leerem Firmament überdunkelt, beschreiben könnte!

So sehe ich mein Herz unter mir; keine Sonne, keine Hellung
des Geistes will hinableuchten, seit ich Sie sah: seit ich Sie hier
weiß eigentlich. Jede Leidenschaft; jeder noch so fromm ergriffene Wahn, jeder einseitige Naturhang des Herzens muß vergehen – ich kenne alle – durch Zeit; und zerstören sie nicht das
Herz, das Leben selbst, so geht dies neu hervor; wenn auch nach
tausend Jahren.

Was soll ich aber zu meinem Herzen, zu mir selbst, zu meinem
Geiste sagen, in dem namen*losen* Bewußtsein, daß ich die elf Jahr
hätte müssen unter Ihren Augen leben; ja! daß es so damit ist, wie
mit Seelenaugen, die ich wiederbekommen habe; und mir nun

Friedrich von Gentz

vorrechne, daß ich im schwarzen Dunkel die ganze Zeit mich allein gequält habe. – Glauben Sie an keine Übertreibung! – Sie sollten von meinem Leben wissen, alles gesehen haben: wer gibt Freuden und Schmerz, Gedanken und Ereignisse, frisch aus der Seele gebrochen, einer so langen Zeit, zurück. Wie ein Irrender ging ich gestern unter den wohlbekannten, mir freundlichen Menschen umher: wie über meinem Haupte gingen ihre Worte an mir vorbei; ich antwortete wie sonst, sie waren zufrieden: ich meinte, es antwortete ein anderer für mich, aus göttlicher Zaubergnade. Habe ich doch gar nicht gewußt, daß solche Schmerzen in meinem auf ewig beruhigten See, in meinem Herzen noch möglich sind! Es sind auch nicht Schmerzen: ein Wogen, das Wogen eines *Welt*meers; worüber, man sieht es, man nie Herr wird. Ich seh's, die Natur ist *un*endlich! und immer anders unendlich, als der gewitzigste, bescheidenste Geist es sich zu denken vermag. Was soll mir die *Zeit* ersetzen; diese Zeit? Und doch glaub ich das Unmögliche, das Unbegreifliche: Gott kann sie mir ersetzen. Ich nehme ein Jenes-Leben darum an; – mein tiefster Ernst, den ich auszusprechen erbebe. Ich scherzte nicht gestern, als ich in der Menschen Gegenwart sagte: Gott müsse eine große Ursache zu unserer Trennung haben. Sie, Gentz, fühlen dies alles nicht so, sind davon nicht so überzeugt: und ich weiß auch ganz, wie ich Ihnen erscheine: Sie lieben mich nur, diesen Brief, und alle meine Briefe, wie Sie den entzückten Tasso liebten, begegneten Sie ihm in jenen Gärten gekrönt. ›Ich bin entzückt‹, sagt er, mit seiner irren Krone: und sieht rein. Ihnen ging es äußerlich besser in der langen Zeit, und mit nennbareren Maßen waren Sie beschäftigt, hatten Sie zu tun. Aber unsere Trennung war doch eben solch Unglück für Sie, als für mich: ewig wird mir diese Überzeugung bleiben; und nur mit diesem Bewußtsein enden; Sie können sie nur bekommen mit jedem Tage, den ich bei Ihnen lebte! zusammen mit Ihnen erlebte. Können Sie sich den Wahnsinn von Unmut, Schreck, und sich für die Ewigkeit aufwindender – wie Schlangentiere – Verzweiflung, über meinen Stand, über meine Lage denken, die mich daran verhindern? Nein! Glauben Sie, daß ich noch irgendeine Ambition habe, als die mir zu Genüssen *dienen* soll? Ich bin ganz so weit darin, als Sie. Erinnern Sie sich an meinen Brief, den ich Ihnen über Prinzeß Louis schrieb; und an *mein*

›Blassiert‹. Wenn es möglich ist, sollen Sie doch wissen, wie es in ein paar Hauptpunkten um meine arme Seele steht. Sie sollen auch wissen, daß Ihre Lieblinge gewiß die meinigen sein werden: – gewisser, als meine Ihre – und daß, wenn ich gesagt habe: ich müsse mit einem Menschen alles sprechen können, ich gemeint habe: wenn ihm auch nicht alles einfällt, der doch *alles* gleich verstehen und in die Familien seines Wissens aufnehmen muß, was ich ihm nur irgend Neues oder Unerhörtes sagen kann. Und seine ganze Klugheit, sein ganzer Geist muß darin bestehen, dahin *gehen, alle* Härten, alle Härte zu verlieren, zu hassen, zu vermeiden. Härte im Umgang: und für das, was sie frivol nennen, Gründe zu finden, und zu haben: und Einsicht dafür. Denn es *ist* nicht frivol. Es gibt auch nichts Eiteles; als Herzensdürre; Kopfhärte, Armut, Naturarmut. Gott! wie klein, wie unwürdig beschäftigt komme ich mir vor, daß ich mich erst legitimieren muß! *Lebten* wir zusammen, so liebten Sie mich nur, und könnten nicht ohne mich leben. Dann wollt ich Ihnen noch sagen, daß Sie mich allerdings benachrichtigen lassen, wenn ich Sie sehen soll: daß Sie aber, wenn Sie einmal eine kleine Zeit haben, unverhofft kommen: mein Mädchen weiß immer wo ich bin; und Sie schicken mir, wo ich auch sein mag, gleich einen Wagen, (*Ist* es denn nicht schrecklich genug!) wenn Metternich wieder nach Brandeis fährt, wie gestern. Den ganzen Tag schrieb ich Ihnen gestern, und anders, als hier steht. *Also!* Sie *sind* zufrieden mit mir. Ich bin ganz beglückt, daß wir auch in den großen Umrissen gleich denken: so entfernt, und so gleich. Sie werden noch erst *sehen*! und dächten Sie auch total anders; mit Ihnen wäre das doch gleich: auch dies gleich. (Meine Feder kleckst. Eine Verzweiflung!) Fragen Sie doch wo möglich Humboldt aus, *was* er wider mich hat: wenn man nur erst das weiß. Grüß Sie Gott! und lenke etwas für mich!

R. R.

An M. Th. Robert, in Breslau

Prag, den 16. August 1813

Jetzt muß man sich oft schreiben, sonst weiß man nicht, wo man geblieben ist. – Ich habe nun Geld für die Verwundeten und ein wahres preußisches Bureau bei mir. Hemden, Socken, Essen, Geld, wird hier ausgeteilt und verschickt. Die Szenen könnt Ihr Euch denken. Ich habe schon das Glück gehabt, drei anständigen Preußen *ganz* wieder zur Existenz zu helfen: und *viele* Gemeine gelindert. Gestern bringt mir Tieck einen Enkel des Staatsrats Albrecht aus Berlin, der hier krank war, nichts hat: und fort will und muß; dem schieße ich vor – aus meiner Kasse – und er gibt mir inliegende Anweisung an diesen Großvater, die ich Dich zu besorgen und mir den Inhalt zu spedieren bitte, weil ich's auch ferner für andre brauche! Als ich eben gestern um 4 mit Tieck und dem jungen Jäger verhandle, rechne, zahle etc., geht meine Türe auf, und Marwitz steht vor mir! den Arm in einer Binde: etwas mager, übrigens wohl. Acht Wunden hat er. Bei Coswig unweit Dessau wurde ihm das Pferd totgeschossen: es fiel ihm auf einen Schenkel, er konnte nicht hervor: seine Truppe zog aus: Polen fielen über ihn, stachen ihn mit der Lanze, schlugen ihn mit Kolben, daß ihm der Degen entsank; hieben ihm auf den Kopf eine große Wunde; drei in den rechten Arm, und noch dergleichen; ein polnischer Obristlieutenant rettete ihn – Skrzynecki, dem tue man Gutes, wo er zu finden ist – rettete ihn da hervor, bot ihm seine Börse an: gefangen war er aber; so führte man ihn nach Wittenberg, wo er immer eingesperrt mit achtzig aufs abscheulichste war, auch in Leipzig, und so herum; er hatte kein Ehrenwort gegeben: und entkam nach langen Avantüren im großen Regen damals in der Nacht. Deutsche halfen ihm: so kam er durch ein Stück Bayern, das Weimarische, und Sachsen, gestern hier an: steigt im Erzherzog Karl ab, und kommt zu mir. Wohnt auch wieder bei Rahlchen, denn Frau von Reimann hat ihm ein Zimmer eingeräumt, wie für ihren Bruder. Ich bin bei Engeln! Achtmal war sie und ihre Bonne gewiß oben, um immer zu fragen, ob alles recht ist. Sie hat ihn mit großer Mühe anstatt eines andern genommen; tut *alles*. Bei welchen Leuten bin ich! Und wie schützt und segnet mich Gott, daß ich Gutes tun kann in dieser Not. Jetzt sind drei Mädchen von Frau von Reimann, eins von Augusten, und Dore und die Jungfer von Frau von Lämel, die es ihnen zuweist, nach St. Nikolas, wo solche Not war, daß sie gestern das Kloster anstecken wollten, um lieber zu sterben. Da schicke ich wohl für Hundert Essen; und für Zwanzig Hemden

hin. Morgen wieder. Leinwand, Socken, muß ich kaufen, Marwitz
Briefe schreiben sous la dictée, an Tschernitscheff usw., habe an
Frau von Humboldt nach Wien geschrieben, an Varnhagen; war
bei Lämels – das Komtoir solltest Du sehen: die heitere Ordnung, und Schnell- und Höflichkeit, – habe hundert Menschen,
Soldaten, gesprochen, abgewartet, und also nur die Zeit Euch zu
grüßen. Ich bin gesund: und lobe Gott. Was sagt Ihr zu Marwitz
Glück! Das Beste habe ich vergessen. Ein Pole setzt ihm, wie er
liegt, das Gewehr vor die Stirn, drückt los, und es schießt doch
nicht: und nun ist er vor wie nach bei Rahlchen wie zu Hause.
Adieu, adieu! Grüßt den Onkel, und sagt ihm, ich wäre jetzt eine
preußische Chevere-Frau. – Marwitz stört mich aus Ungeduld.
Auguste sitzt auch da. Adieu Kinder!

R. R.

An Ernestine Robert, in Wien

Prag, Mittwoch, den 19. August 1813

Seit Sie mir die Anweisung geschickt haben, Liebe, habe ich
Ihnen schon zweimal geschrieben: den letzten Sonntag hat mir
auch Moritz Geld aus Breslau geschickt; worauf ich ihm gleich
den Montag schrieb. Nun habe ich vorgestern wieder einen Brief
von Ihnen erhalten, in welchem Sie mir sagen, daß Sie nach Baden fahren, und mich in Brünn zu sehen gedenken. Noch weiß
ich nicht, ob ich dahin muß, ich warte das Gefecht hier erst ab.
Markus schreibt mir vor ein paar Tagen, als wäre Moritz noch in
Breslau, und ginge vielleicht nach Brünn? Ich kann Ihnen nicht
eher schreiben, bis Sie mir von einem festen Ort und einer festen
Stelle schreiben; und auch nicht was Clemens über Sie geschrieben hat. Auguste grüßt Sie, Sie sollen nicht nach Brünn, sondern
nach Prag kommen. Gestern habe ich tausend bekannte Preußen
gesehen, gesprochen, viele unbekannte, unsern König in fremdem
Freundes-Land gesehen, und große, große Erschütterung erlebt!
mündlich von diesem schönen, großen, wenn auch in Gottes Beschluß nur einzelnen Tag. Sonne, Wetter, Kanonen, Rauch, Volk,
Geschrei, der Kaiser mit Fritz in Einem Wagen; die Nation für
uns! Adieu, adieu, ich bin noch zu erschüttert, und ach! fürchte *je-*

nes Talent, und die einmalige Konstellation. Adieu, adieu, man schlägt sich vielleicht schon an Spree und Elbe. Napoleon soll nach Luckau, eilf Meilen von Berlin, aus Dresden gehen. Adieu! *Gott* befohlen wir alle!

R. R.

An Varnhagen, in Lüneburg

Dienstag, bald trüb bald helles Wetter,
sehr windig: den 12. Oktober 1813.
Noch immer bei Augusten.

Wo ich auch den Winter, wenn es der Feind erlaubt, bleibe. Wo soll ich *hin*? Wo ist Heimat? Warum soll ich in morastigen Gebirgsgegenden reisen? Hier behält man mich willig und bequem; das habe ich hinlänglich untersucht. – Ich habe Einsicht in das Glück, Augustens Charakter gefunden zu haben, der *nichts* Unangenehmes hat, und tausend Angenehmes, und zum Nahleben geboren ist; und *das* Glück, den Verwundeten aller Nationen helfen zu können. Über dreizehnhundert Gulden habe ich dazu! Frau von Humboldt schickte mir über tausend, Bartholdy neulich dreihundert; ich habe von jener durch den Gesandten Bernstorff, der mich zwei Tage vergeblich mit dem Fiaker nach Gentzens dummer Beschreibung suchte, und mich denn am Ende nur durch den konnte grüßen lassen, noch sechs Dukaten, von Bartholdys Schwester hundertundvierzehn Gulden empfangen, und Hoffnung aus der Hauptstadt dieses Landes noch mehr zu erhalten. Ich bin mit unserm Kommissariat und unsern Stabschirurgen in Verbindung; habe eine Unzahl Charpie, Binden, Lappen, Socken, Hemden; lasse kochen in mehreren Vierteln der Stadt; sehe zu dreißig, vierzig Jäger und Soldaten des Tages selbst; bespreche, belaufe alles: und mache mit der mir vertrauten Summe das *Mögliche*! Daher traue ich es auch niemanden als mir selbst an, und zu; und verschmähe, es öffentlichen Behörden einzuliefern, und öffentlichen Dank, den ich für Bequemlichkeit und nicht pflichtgebotene göttliche Menschendienste bekäme. Zeit aber, Lieber, behalte ich gar nicht. Die Korrespondenz, die Rechnungführung, die Adressen, Quittungen, Gänge, Besprechungen: kurz mein Beginnen verzweigt sich zu einem großen Geschäft. Und ich melde Dir's, weil's Dich freut. Meine Landsleute suchen Rat, Hülfe, Trost: ja und Gott erlaubt mir, klein, und Nichts, und gering geboren, und verarmt, wie ich bin, es ihnen zu geben. An Konnexionen fehlt es mir nicht. – Diese breite äußere und tiefe innere Beschäftigung hält mich hin. Ich schäme mich, daß mir Gott das Glück zuschickt, helfen zu können! und wenn ich mich schäme, daß Ihr Euch alle schlagt, so tröste ich mich wieder, über meine Bequemlichkeit indes, damit, daß ich auch tue ihm Helfen und Heilen. Ich tröste mit Worten, Jäger und Soldaten, so gut und eindringend, und einfach, daß sehr Leidende schon oft plötzliche Freude lächelten von meinem bloßen Worte, und es fuhr, wie Sonnenblick über düsteres Gewölk, über ihr Gesicht. Mich besuchen die Konvaleszenten. Und *göttlich* beträgt sich *unser* Volk: unser junges auch; welches ich vor dem Ausmarsch tapfer *glaubte: nun sind sie's mit Wunden:* und wollen und gehen zum Heere zurück: und wie einfach, wie bewußtlos, und bescheiden! Ich weine! Nicht *Einen* Rodomont fand ich. Du kennst *meine* Kritik! *mein* Mißtrauen auf uns. Seit sechs Tagen hatte ich katarrhalisches Fieber: ich kurierte mich selbst: mußte den dritten zu Bette bleiben; hatte mein Bureau vor dem Bette etabliert: und alles trat davor hin; Ruhe hatte ich doch nicht. Soll ich Jäger und Soldaten *trost*los abreisen lassen? *Gott* bewahre. Ich *hatte* auch immer wieder Kräfte. Wie kann man seine Pflicht nicht tun. Ich verstehe es nicht. Wenn ich eine ordentliche Besorgung hätte! O! ich verstehe es, wie Friedrich der Zweite lebte. Ruhig, tätig, gewissenhaft; und dann Königlich, in Kunst und stillem Genuß. –

In meinem frühern Brief steht schon, daß Marwitz übermorgen vor vier Wochen hier plötzlich ankam; er ist wohl; die Hand bessert sich: er sitzt still am Fenster, und liest Plato. Er wird wohl nun bald reisen. Wunder und Zeichen hätte ich Dir von ihm zu berichten, traut ich sie einem Briefe an.

Mittwoch, den 13. Oktober. Nachmittags 4 Uhr
Sonnenschein, ziemliches Wetter.

Gestern morgen gehe ich die Wohnstube durch nach Augustens Schlafzimmer von dem meinen zum Kaffee, vor ihr Bette – weil mein Ofen noch blakt; und ich in der Unpäßlichkeit weder dies, noch die offnen Fenster ertragen konnte. Ich erzähle ihr gleich Folgendes. »Gut habe ich geschlafen, bin aber mit Kopfschmerzen aufgewacht; die auch schon vergehen: die Köchin klappte wieder so draußen; es ärgert mich recht; denn eben träumt mir, Frau von Humboldt – ich namte sie wirklich – schickt mir ein länglich Paket, worauf Varnhagens Hand ist; es hat nur einen umgewickelten losen Umschlag; und noch ein ordentlich Kuvert, auf *etwas* fließendem Papier, wieder von seiner Hand meine Adresse; und dabei geschrieben: Inliegend die gedruckte Institution. Eben als ich's nun erbrechen will, tobt die dumme Köchin!« Wir haben noch lange unsere erste Tasse Kaffee nicht aus, so tritt Dore herein mit einem länglichen Brief von Gentz, wo Deiner mit den gedruckten Zeitungen drin liegt; ein Billett von ihm, und Dein Brief an ihn! Sag, was ist das, daß ich so oft träume was geschieht; nur ein wenig konfuse, als hätte mein innrer Sinn nur noch nicht Kraft genug. Als ich es Augusten erzählte, und auch vorher, war ich ganz überzeugt, dergleichen zu erhalten. – Gentz schrieb mir bloß, wie ich mich befinde, und nichts von Dir. Ich antwortete nicht: weil ich, ohne daß er's weiß, gespannt mit ihm bin. – Sonst schmneichelte ich ihn mit und in Antworten aus meinem Herzen: dies merkte er *nicht*. Er soll das Gegenteil schon merken. Deinen Brief an ihn finde ich *vortrefflich*! er hat mich sehr gefreut. Der wahre Ton! und um so mehr gefreut, da er mir Deine weltliche Haltung immer mehr beweist; *da*rum sie mir so besonders verbürgt, da Du das, was ich über ihn geschrieben habe, schon erhalten hattest; doch noch so gerecht über das warst, was er hat drukken lassen: es ihm in so ganz gemäßen, anstehenden Ausdrücken zu sagen vermochtest, worin ich die wahre Würdigung von dem gerecht-exagerierten Anerkennen wohl zu unterscheiden wußte. –

Wie verliebt ich in sicheres Urteil und haar-richtiges Betragen sein kann, weißt Du; aber nicht, *wem alles* – !!! – den größten Geschäftsleuten Europas, hier hab ich's erfahren, weil ich *alle* Details weiß – dies abgeht! *Ein* wenig Glück! und es *muß* uns gut gehen. Glück liebt aber Lotterbuben: und sucht sie sich fleckweise aus, wenn es keine ganze findet: wo einer einen faulen Fleck hat, steht das Glück ihm bei: und Du siehst's, ich beleidige es immer: jetzt wieder. – So richtig gesehen schriebst Du mir auch einmal über

Pfuel; ich vergesse es *nicht*. – So hat mich auch Dein Sein nach der Affaire gefreut! Ich kann es sehr fassen, wie Du dachtest, die andern bluteten für Dich mit! Bedenke, daß Du auch schon für sie blutetest. Gott stärke und segne Deinen General Tettenborn! für sein liebes mildes Betragen gegen Feinde und Verwundete! Sag ihm, ich grüße ihn jetzt mit Tränen in den Augen, und hätte schon in Berlin gewußt, daß er sich nur bisweilen *rauh stellt*. So wollte er auch schon seinen französischen gefangenen Wundarzt von Hamburg nach Hause lassen u. m. dgl. Ich kenne ihn schon; an einem Wort, einem Ton, einem Blick. Seelen entgehen mir nicht. Im Guten wie im Schlechten. –

Dabei hat Gentz das größte, ungemessenste Bedürfnis mir *alles* zu sagen was er weiß; und besonders was *ihn* betrifft. Wie *dumm*, wie stumpf aus *Dumm*heit, und wie dumm aus Stumpfheit, *gar* kein Interesse an mir zu nehmen! Mein Herz, das geht dir *nicht* durch! Sein Herz mein ich.

Was soll ich aber zu Deinem lieben Brief an mich sagen!? *Lieber*! dies, daß meine ganze Seele ihn erkennt, jedes Wort, jede Äußerung von Dir. Dir nur traut. Dich allein nur echt gegen mich gefunden hat, und findet: und Dir nur traut; traut alles zu sagen: in Deiner Gegenwart alles zu sein. Wo uns auch Gaben, Natur trennt; verbindet uns Freundschaft, Einsicht, Nachsicht, Gerechtigkeit, Treue, Ehrlichkeit, wahre Bildung. Geh! die andern all geben nicht treu aus, wie ich: sehen nicht klar überall: *können* also nicht gerecht sein.

Ich scheue mich auch nicht, Dir unaufhörlich von meinen Soldaten zu sprechen. *S*oviel Jäger und Soldaten wie *heute* hier waren! und wie die sich freuen! und wie wohltätig unser ganzes Haus ist! Einen fieberkranken Preußen nimmt bei jedem Acceß ein Kaffeeschenk unten im Hause auf; ich kleide ihn heute warm. Kurz, mein ganzer Tag ist *ein* Fest des Gutes-tun. Mitten in dem Unglück ich solch ein Glück! – Du weißt: ich liebe den Krieg nicht, als Beschluß: wer weiß, was er beschließt in der allgemeinen Verderbnis! – Frei von Feinden, weiß ich, muß das Land sein; höheres, anderes sehe ich nicht in diesem Kriege: und gleich, als alle *rüsten* halfen, dacht ich: Sieg oder Schmach; Verletzte, Verwundete bringt er unfehlbar: denen hilf! Und so tue ich auch. Und Gott hat Großes an mir getan; die sich monatelang zwölf Taler absparen mußte, wenn sie sie geben wollte: nun spende ich im fremden Lande, wo unsere Jugend, und unsere Soldaten verwundet dürftig sind, hunderte! Dies bezahlt mir unsere Schmach von *sonst* – Tilsit – meine grenzen*lose* jetzige Angst, die Du gesehen, und vieles Übel und persönliches Leid. Ich bin von *Gott* nach Augustenburg gesandt, denk ich. Adieu für heute, es wird dunkel. Morgen noch ein Wort. Ich umarme Dich! In diesem Augenblick geschieht Dir gewiß nichts!

An Varnhagen, in Bremen

Prag, Mittwoch, den 17. November 1813. Abends halb 11
Ich kann ja weiter gar nichts, lieber August, als Dich recht ansehen und Dich umarmen für Deine Briefe! Gestern – er war schon vorgestern hier – erhielt ich Deinen vom 7. November. So waren wir denn alle zugleich krank! Noch die ganze Zeit paßte ich nicht so auf einen Brief: und keiner kam mir unverhoffter, als der schnell gegangene, gestern! – Nun wollt ich Dir den ganzen Tag heute schreiben, aber sie litten's nicht: Vormittag besuchte mich der russische Kommandant Baron Rehbinder; nachmittags Graf Reichenbach, der preußische. Frau von Pereira schrieb mir dringend, Mariane Saaling: ich mußte antworten; mit dem preußischen Kommandanten hatte ich zu verhandeln: denn nun, August, geht's ins Spaßhafte über: *alles* wendet sich an mich. *Behörden*. Vielen soll ich geben; die Oberstburggräfin gibt mir; und so ins Unendliche! Schreiben; Zählen, Kombinieren, Menagieren, Notieren, und *Entrieren* in alles. Dabei bin ich noch sehr konvaleszent. – –
August! wir tun nichts, als präparieren: ich bin wahrlich (nach dem allem, was ich habe durchgehen müssen: denn was suchte ich wohl falsch, was präpar:erte ich, was konnte ich wohl vermeiden mit aller Klugheit!) zu alt dazu; und so durchlitten, daß ich oft in Verzweiflung, oft stupid bin. In meiner ganzen Lage hält sich noch bis jetzt, *und hier* jeder an mich; und *durch* mich! *Nur Du* hilfst mir. Verzeih! Wie sollte dieser Brief anders werden; das glaubst Du gar nicht! Erst wollt ich Dir sagen, wie herrlich es ist, wenn einem der Freund schreibt, grade was man ihm schreiben

wollte; schon seit mehreren Posttagen wollte ich Dir sagen – trotz dem, was ich das letztemal über *Geld* äußerte; und Du wirst schon sehen, daß das zusammengeht, und, daß meine Lage nur immer, meine Denkungsart auseinander zerrt –, wie recht Du hast: man muß das Pekuniäre zu verachten wissen; nur dann kann man's ergreifen: und jedem Punkt applaudiere ich in Deiner Aufführung; und wir sehen nun ganz mit den nämlichen Augen. Dadurch, lieber August, daß Du erkennst, was Du etwa von mir hast – und nicht wie *alle* andern, im verblindeten Gebrauch meiner Schätze, *arm bleibst* –, stellst Du Dich ganz – zu meiner lebhaftesten Freude – über mich: denn, was *Du* besitzest, vermag ich mir nie anzueignen. Daß Du Rücksicht in Deinen geschichtlichen Schriften auf mich nimmst, freut mich auch; das tut den Schriften gewiß sehr gut. Ich sehe, ich liebe Wahrheit; bin einfach, streng; aber weich; habe keine Resultate vorher im Aug und Geist; und bin immer bereit unschuldig aufzufassen. Denkst Du also nur an einen solchen Menschen: so müssen bei Deinen übrigen Talenten, und Gewandtheiten, schon lesenswerte Dinge, in dieser von Lügen zusammengebackenen literarischen und großen Welt, herauskommen. Gott! wie ganz stupid, und nichtig; durch Dünkel zusammengekittet wird Deutschland! Ein irres wirres Nachsprechen summt aus jedem Kopf um die andern umher, und betäubt sie, bis zum Betrunkensein in Eitelkeit. Aber wie freut mich *das*, daß Du mir schreibst, Du nähmest auf *dieses Land* Rücksicht! Du kommst mir ja in allem zuvor, in allem entgegen! Wie äußerst angenehm war mir vorgestern Dein Zeitungsstück: ich siegelte es auf der Stelle mit einigen Worten ein, und schickte es Gentz. Hier seine Antwort. – – Denk Dir, ich habe nur den Namen Metternich gesehen, das Blatt weiter nicht gelesen, und es sogleich Gentz geschickt; die Schnelligkeit ist in dergleichen alles. – Über Österreich und Preußen denk ich *wie* du; freilich haben sie beide verschiedene, und ausschließende Eigenschaften. – Marianen Saaling und Frau von Pereira schrieb ich gestern abend zusammen, ein Meisterstück; aber ganz geschwinde, wie dies. – Marwitz geht mit diesem Monat, sagt er. Ich sage ihm sehr die Wahrheit; es mag veranlaßt sein wie es will; diese nimmt *er* immer an. Er amüsiert mich gar nicht. Adieu! Ich bin zu müde! Vielleicht morgen noch ein Wort!

Es ist nichts vorgefallen, als daß ich Unglückliche viel schreiben mußte: weil ein Herr mir Depeschen mit nach Berlin nehmen will, – mir ist ein Jäger gestorben, das muß ich referieren!!! und Mendelssohn tausend Geldgeschäfte und Rechnungen berichten: er kleidete durch mich noch besonders Jäger hier: und gibt, weil ich sie ihm gebe, und mit Vergnügen dieser Familie ausrichte, viele Aufträge. Ich kann aber alles von ihm haben. Und für Freunde auch. Gentz war gestern abend bei mir: recht gut; aber er müßte erst wieder kurze Zeit unter ebenso Klugen leben, als er ist: die Salons haben ihn engourdiert. Er braucht ein weniges sich zu entrosten. Wir sprachen viel. Das Stück in der Zeitung, worin Mett[ernich] vorkommt, ist nicht in so schönem Ton geschrieben, als ›Aussicht der Gegenwart‹. Es tut mir leid. Glaube nur, dies Land hier will glimpflich bei den größten Schlachten bleiben: und alle söhnen sich aus: nur Partikuliers bleiben dann sitzen, und werden aufgeopfert. Dies alles unmaßgeblich, und nur zur Erinnerung! Du bist übrigens überzeugt, daß wenn ich die Sache an sich, ganz richtig, edel, und ersprießlich für alle hielte; mich keine Rücksicht ihr abspenstig machte. Das böse Prinzip aber, ist anderweitig zu finden, und zu verfolgen: und mit einem gelassenen, nicht ironischen Ton, wie Du ihn schon gefunden hast. Nicht wahr? – Nun muß ich mich geschwind anziehen; – es ist gefroren, ich will auch endlich ausgehen. Willisen hat an Marwitz geschrieben aus einem Orte des Reichs, den der nicht kennt: lauter kriegrische Dinge. Ich schicke ein Stück der Adresse mit, die vor mir liegt. Zur Ergötzung. Viele Grüße, und die herzlichste Umarmung! *Danzig* soll über sein! Adieu!

Sonntag, den 28. November 1813

So wie kein Dichter sich ausdenken kann, was besser, mannigfaltiger und sonderbarer wäre, als was sich wirklich in der Welt entwickelt und zuträgt; und nur der den besten Roman machen kann, welcher Kraft genug hat, das was geschieht zu sehen, und in seiner Seele auseinanderzuhalten: ebenso sind unsere tief natürlichsten Wünsche roh; und greuelhaft entwickelte sich ihre Erfüllung für uns; nur das, was Gott wirklich zuläßt, ist in allen Beziehungen heilsam für uns, weil wir uns ihm entgegen bilden können. Mir ist dies schmerzhaft geschehen und, klar geworden. Wem dies glimpflich begegnet, der hat Glück.

›Die Menschen verstehen einander nicht.‹ Sie lieben sich zu ungleichen Stunden; möchte ich noch hinzusetzen.

An Varnhagen, in Holstein

Prag, den 1. Dezember 1813

Die Gemütsbewegungen waren diesen Sommer zu stark für mich. Angst, Sorge, Ärger, Mitleid. Und was ich *hier* sah!!! Nie sah ich so den Krieg. Im September war ich schon krank, und wollte doch die Soldaten nicht weggehen lassen, also ging ich immer auf den Flur zu ihnen mit Fieber: zuletzt ließ ich sie scharenweise vor mein Bette kommen; es war au fort ihrer Leiden. Ein Schuft wäre ich gewesen, hätte ich *nichts* davon leiden wollen. Ich wußte es sehr gut, ich fühlte wie es mir schadete, aber es ist mir noch eine Wonne! Ich mache mir so bei jeder guten Suppe, bei jedem guten Bissen ein Gewissen. Nun sind wir hier ruhig: aber in ganz Deutschland, in Holland, überall hiebt und schießt man in Menschen, in weiches, schmerzfähiges Fleisch, Adern und Gebein. Man nimmt, darbt, mißhandelt! Ach von meinen Jägern, die den ganzen Tag bei mir sind, weiß ich jedes Detail. Da bist Du drunter! gegen den bösen Davoust. Und doch wollt ich nicht, Du wärst zu Hause. Ich kenne einen sehr braven Jäger L. aus Lübeck. Sein Vater ist dort Uhrmacher, und ursprünglich ein Genfer. Kannst Du den Mann wissen lassen, daß sein ehrlicher braver Sohn hier bei mir ist, so tue es. Der preußische Generalchirurgus hier hat ihn mir aus einem schweren Nervenfieber gerissen. Marwitz lief immer zu dem Arzt. Kurz, er ist durch; und erblüht mir recht wieder unter den Augen. Ich equipiere ihn *ganz.* Und mache ihm während seiner Genesung jeden Tag eine kleine Freude. Auch ist er viel bei uns, und diese Distinktion und mütterliche Freundlichkeit stärkt und freut ihn am meisten. Kann ich mir irgend etwas unter einem mutigen, braven, gut gearteten deutschen Jüngling denken, so ist er's. Dabei ist er in Berlin erzogen, ein Erz-Preuße, und Berlin sein Leben. Ich tadle ihn wacker, und lehre ihn die

Welt schonen, lieben und ansehen. – Wir Preußen werden vergöttert: und in Tapferkeit, Betragen und Sitte angestaunt. Wie ich zum Guten und zur Bescheidenheit ermahne, kannst Du denken! Ich möchte sagen, sehr lieber Freund, ich folge Dir! *so* gleich denke ich über alles mit Dir: so freue ich mich über jedes Tun von Dir, so billige ich in tiefster Seele jedes Wort, jeden Deiner Ausdrücke! Beinah habe ich Dir nichts zu schreiben. – Man lobt mich in Wien, Breslau und hier sehr. Dies aber bloß, weil ich das Glück hatte, für die Soldaten etwas zu *erlangen*; die Tätigkeit hätte mir niemand ohne das Gelingen berechnet. – Es freut mich, ausgestoßen wie ich war, ohne Vermögen, Stand, Jugend, Namen, Talente, zu sehen, daß ich doch meinen Platz in der Welt finden kann. Deinen Besitz, Deine Hülfe rechne ich obenan: aber warum liebst Du mich? bloß weil ich rechtschaffen bin, und das andern gönne und tätig schaffe, was *ich* selbst gerne will. – A. Mendelssohn beträgt sich gegen mich ganz ausgezeichnet freundschaftlich, tätig und zuvorkommend, und hat sich als wahrer Freund und eigentlicher Bruder gegen mich bezeigt, indem er mir de but en blanc hier einen Kredit machte; weil *ihm* einfiel, es könnte mir angenehm sein! er hat das letzte Geschäft mit einer Pünktlichkeit und Ausrechnung zu meinem Vorteil besorgt, als wäre ich eine Königin, deren Gunst er sich schaffen wollte. Außerdem beträgt er sich in diesem Krieg, und betrug sich hier in Prag, wie der größte Weltpatriot: man kann *nicht* edler. Auch hat er nun eine Freundin an mir, und einen Freund an Dir.

An Frau von Grotthuß, in Dresden

Prag, den 2. Februar 1814

Arme liebe teure Freundin! Und in welchem Zustand traf Dein Brief *mich*! Auch heute werde ich Dir nur in den kürzest abgebrochnen Perioden das Notwendigste schreiben. Wisse also kurz! Ich bin nach tausend Not, Angst, *Kränkungen*, Mühe und *Sorgen*, endlich den 9. Mai 1813 aus Berlin dem Landsturm entflohn; ohne Schutz. Kam den vierten Tag nach Breslau, wo ich vier Tage blieb, und von dort nach Reinerz getrieben wurde, von dort wieder weg mußte, und direkt hierher fuhr; die Gräfin Pachta war zwanzig Meilen von hier auf einem Gute, und antwortete mir also nach Reinerz, nur als ich schon weg war: als ich die letzte Post von hier war, mit ganz Preußen, erfuhr ich, daß man hier kein Unterkommen fände, und sah es auch schon unterwegs. Ich schickte dem Grafen Bentheim einen Boten hierher, und sprach ihn um seinen Schutz an – meine *Seele* hatte sich schon längst an diese Flucht denkend *nur* auf ihn verlassen –, er verlieh ihn mir ganz, und ich stieg bei einer Freundin von ihm ab. Diese beiden waren für mich wie Geschwister. *Alle* alte Freunde *nichts.* Auch hier erlebte ich noch große Angst, große Not. Und die größten Evénements für mich. Tausend und tausend Menschen konnte ich helfen, beistehen, schützen, unterstützen, trösten. Unser ganzes Land sah ich hier. Es schwoll mein Herz. Persönlich *verlor* ich alte, sechszehnjährige Freunde, die ich in eilf Jahren nicht gesehen hatte, die Pachta drunter, die nicht kam, und noch nicht hier ist. So kam die Kulmer Schlacht; unsere von Platzregen begossenen Straßen waren mit unbehausten Verwundeten bedeckt. *Meine* Landsleute! Ich stürzte auf meine Knie und schrie zu Gott. Er gab mir einen Brief nach Wien ein, und Geld, unzählige Kleidungsstücke und Wäsche erhielt ich. Frauen standen mir hier bei: und ich ließ kochen; und half. So lange bis ich unpaß wurde, dies aber der Verwundeten, *Darbenden* wegen nicht achten konnte; ich wurde kränker, mußte mich im Oktober legen: arbeitete doch: stand wieder auf, ward immer kränker: die Agitation *dazu*; alle Preußen kamen zu mir, jeder schnitt mir ins *Herz*. So ging's, mit tausend Ereignissen, die nur zum Erzählen sind, vermischt. So kam Dezember; da wurde meine freundliche Wirtin heftig und gefährlich krank: ich wartete sie, selbst krank: sechs Wochen quälte ich mich mit Wirtschaft und *allem*, wie *Du* bei Grotthuß. Ich wurde immer kränker: den letzten Montag vor sechs Wochen stürzt ich zu Bette, wo ich noch liege. – Auch nur mündlich! Wie von meinen Gebeten, Gelübden, *wie* sie Gott annahm und erhörte. *Dir darf* ich mit Gottes Erlaubnis so etwas erzählen. Dies ist meine ganze Liebe zu Dir. – Offenbart sich uns des Almächtigen Willen so *hart?* Amen! Er weiß es: ich bin ganz ergeben: und denke mir wahrlich Gutes aus während unverständlichen Leiden und Schmerzen; damit auch schon jetzt für mein Bewußtsein welches daraus entstehe. Anders *weiß* ich Gott nicht zu dienen; mich nicht aus der Verzweiflung zu ziehen: von den schweren, schlechtern, wirklich nur Nebenmomenten, wag ich Dich nicht zu unterhalten: die sind keine Resultate, keine Stufen meiner Ausbildung, sondern die harten Knorren darauf. Hier hast Du Deine Freundin ganz in Skizze. – Den 4. Oktober kam Gr[af] Bentheim von Kulm zurück, und errichtete hier als General die deutsche Legion; bis vor kurzem. Der war mein Trost. Er behandelte mich, wie einen Brüder behandeln sollten. Bis den Oktober war Ludwig Robert hier, den ich von Reinerz aus mitgenommen hatte, und der jetzt mit dem Grafen Goloffkin ganz brillant in Stuttgart lebt. Varnhagen ist russischer Hauptmann, beim General Tettenborn; lebt *nur* in mir: und sagt's der ganzen Welt. Wie er's mir zeigt und sagt, sollst Du aus seinen Briefen sehen, von mir hören; und wie er sich geändert hat, und vervollkommnet, selbst beurteilen. Läßt mir Gott dies Glück, einen *solchen* Freund zu behalten; so darf ich nicht mehr klagen, wenn auch nur ein Viertel noch von mir lebt. – Schreib mir, was Du beginnst. Und was Goethe vornimmt. Denn diesen Schutz der Erde auch nur noch Einmal mit meinen Augen zu erreichen, heilt mich, ich weiß es. Und etwas Trost muß ich jetzt haben, sonst sterbe ich wahr und wahrhaftig. Zu viel kam, zu viel hintereinander. Seit zwanzig Jahren crescendo, und = = dissime. Gestern schrieb mir Frau von Humboldt, sie bliebe nur bis zum Mai in Wien, und machte dann eine Reise, oder ginge nach einem Bade. Ich frage sie, *wo*hin. Vielleicht ließe sich dies alles mit Deinem Aufenthalt kombinieren. – Du fragtest mich, Liebe, nach einer Stiftung bei uns, von der auch ich nichts weiß; zu gleicher Zeit sagtest Du mir auch, Du wollest Dir etwas absparen, und es den Landsleuten reichen lassen. Kannst Du etwas geben, so gib es einer, die ich Dir vorschlagen werde, und wenn Du es nach meinen Worten ebenso rechtmäßig findest, als ich. Es ist die *. Ihr Unglück geht ins Große; nur ihr Charakter, und meine Verehrung für sie, mag es übersteigen. – Sie leidet reell durch den rasenden Krieg, wie ein Verwundeter, wie ein Geplünderter. – Ich füge Dir nichts mehr hinzu, als daß ihr *ganzes* Schicksal ein historisches, nicht *ab*zuwendendes, alttestamentarisches, ja der Fluch ist, dem die Kinder seiner Anhänger vergeblich auf allen Erdpunkten entfliehen!

Obgleich tausend Dinge mich umgeben, die alle mit Ungeduld mich abrufen vom Schreiben, obgleich tausend andere sich vordrängen, und gleich zuerst geschrieben sein wollen, obgleich ich seit Freitag von unserer gewonnenen Schlacht in Frankreich weiß, so daß ich ganz mich und *alles* Leid vergaß: so laß uns doch zuerst von unserm verehrten Lehrer und Freund sprechen, dem ich Ehre und Leben in die Hand gegeben haben würde, ohne noch hinzusehen; dem ich das tausendmal in die Augen hineindachte, und nie sagte, welches ich jetzt grimmig bereue, weil einem Menschen von andern edeln, denkenden, nichts Höheres werden kann, und wozu ich Elende nie den Mut hatte! Laß uns von *Fichte* sprechen! – Deutschland hat sein eines Auge zugetan; wie ein Einäugiger zittere ich nun erst für das andere! Ich nenne keinen; wie die Griechen die Furien umgehen, und wahre Herzensangst es immer tut! Nun kann ja Unverstand, Lüge, Irrtum auf dem ganzen Grund und Boden der Erde umherwuchern, und wie üppiges, ungesteuertes Unkraut ihr alle Kräfte nehmen und sich aneignen; keiner rottet es mehr aus; pflanzt, befördert, macht ihm Platz, säet ihn aus, den reinen nährenden Weizen, der Geschlecht zu Geschlecht verbessernd zu geleiten vermag! *Fichte* kann umfallen und faulen! Das ist *nicht* Zauber? Krank wie ich war, fand ich es vorgestern unvermutet in der hiesigen Zeitung ›aus Berliner Blättern‹. Ich weiß nicht, ich war beschämter, als erschrocken; so gedemütigt! fast beschämt, daß *ich* leben geblieben, und dann wieder eine wahre *Furcht* vor dem Tode empfindend. Wenn *Fichte* sterben muß, dann ist niemand sicher; mich dünkte immer, Leben schützt vor dem Tode: wer lebte mehr als der? Tot ist er aber *nicht*, gewiß nicht! – Fichte konnte also nicht erleben, daß sich die Länder vom Krieg erholten, Zäune wieder aufgebaut würden, dem Bauer geholfen, den Gesetzen nachgeholfen, daß die Schulen sich wieder herstellten und füllten, daß gewitzigte Staatsleute ihnen von den Fürsten Schutz verschafften! daß Gesetze erfunden und ausgeteilt würden, daß die Denker frei, ohne den Augenblick zu schaden, sie Volk und Regenten zur Geistesprüfung vorlegen dürften; dies selbst ein Glück, zu aller Zukunft Glück! Der Mann, der dies, und *also* Deutsches, was *allein* so genannt werden dürfte, nur einzig und allein beabsichtigte, mißverstanden von den meisten Mitlebenden! Also auch *er* soll *nicht* aufgehn sehn, was er aus den dunkeln Schluchten, im Schweiße seines Angesichts, in dem ganzen Aufwand seiner Seelenkraft hervortrieb? – Lessing! Lessing liegt auch; von wenigen nur nicht vergessen; und mußte kämpfen um das, was jetzt *platt* in jeder Zeitung stehen darf, um das, was solcher Gemeinplatz geworden ist, daß sie den Erfinder vergessen, und es in stupider Albernheit *nur ihm nach*sprechen dürfen! Und was würde er *jetzt* wieder den andern *vor*sprechen! Wie würde er sie über ihren Dünkel abkappen; sie polemisch, lebendig überführen, ihnen zur rechten Minute Völker und Geschichte vorrücken, in die blinde Aufgeblasenheit Löcher reißen, und ihnen die Aussicht für Tat und Sache öffnen und frei machen, mit Ernst und Spott. Dieser Mann mußte sich mit einem Goeze abringen, und Schutt wegräumen, der damals fest und gerade stand wie *unsere* Gebäude. So auch Racine und Voltaire und all die andern, die sie jetzt verachten wollen, weil sie die Zeit nicht fassen, in der jene leben mußten. Racine mußte große Kränkungen erleben, große Korrespondenzen führen, weil sein Sohn Manschetten angehabt hatte, und in einer gewissen Schule darum nicht mehr geduldet werden sollte, und mußte diesen jungen Menschen deshalb schelten, und sich anklagen und entschuldigen! Eine vornehme Dame wurde krank, und von ihrer Tochter verfolgt, weil diese rechtgläubig, und die Mutter es *nicht* war! Mit Gewalt schickte man einem Dichter, welcher krank wurde, die Sakramente! Und diese Leute sollten *da*von sprechen und schreiben, was jetzt vorgeht? Die Religion der Jetzigen ist prahlerischer, als der Abscheu jener vor den nur herrschenden *Zeremonien* derselben. Lessing, Fichte! und ihr Ehrlichen *alle*, möget ihr unsere Fortschritte *sehen*, und uns mit euren starken Geistern segnen! So denke ich mir Heilige, begabt von Gott, geliebt von ihm, ihm treu. Selig sei unser ehrlicher Lehrer!

An M. Th. Robert, in Berlin

Prag, Sonntag früh 9 Uhr, den 20. Februar 1814
Ich nehme den Zeitpunkt des Morgens wahr, um Dir heute gleich mit der schlesischen Post anzuzeigen, daß ich gestern – als die

sächsische Post längst weg war – Deinen Brief mit dem Kredit-
brief erhalten habe; davon nachher. – Natürlich habe ich Gicht:
und das von der besten Sorte. *Einst* erzähle ich wie es war; für
jetzt nur dies als Zeichen. Der alte Arzt, als er da war, sagte in
meiner Gegenwart zu Augusten ganz in Mitleid aufgelöst: »Ich
kenne den Schmerz; ich spielte mal mit Kinsky – dem vor einem
Jahre gestürzten Fürsten – und noch fünf Militairs (und nannte
sie alle), bückte mich, und bekam den Schmerz – im Kreuz aber,
also nur Kourbatüre –, konnte nicht wieder auf: und – man
macht solche Gesichter, glauben Sie's, daß *da*von bloß in der
Angst alle die sechs Männer wegliefen, weil sie bestimmt glaubten, ich verscheide.« – Die beiden, die mich *hielten,* weinten aus
Nervenzustand in den Winkeln, wenn ein *Acceß* bei mir vorüber
war. *Drei* Lager mit Betten waren in meiner Stube gemacht; und
ich kam doch häufig auf die Erde. etc. etc.!!! und Du *glaubst,* es ist
Gicht? Alle Ärzte, die mich besuchen, stellen *dieselben* Fragen an:
nämlich, nach den Bewegungen, die ich machen kann: weil es zu
häufig ist, daß man gelähmt bleibt: dennoch ist es nur Rheumatism: weil Gicht nicht einmal immer schmerzt, aber im ganzen
Körper ist, und lähmt. Wie bei Tieck. Die Einreibung hat allerdings den Ausschlag – eine Art Pocken, denkt Euch – bewirkt,
aber als Soulagement nur, nicht als Radikalkur. Alle Tage stehe
ich zu Tische auf, und gehe bis an die Tür, dann dauert das Essen
und das Sitzen wohl drei Viertelstunden: dann gehe ich oder laß
mich zu Bette tragen: und dann, schwör ich Euch, fühle ich *solche*
Müdigkeit und Anstrengung, solche zerbrochene Glieder, und
solche Wonne, als wenn ich von einer zweitägigen Jagdpartie wie-
derkäme. Jedoch bin ich froh und bessere mich. Schreiben nur
kann ich schwer, des Schwitzens wegen, welches oft nachher fünf,
sechs, ja mehrere Stunden anhält: und mich dann so sehr erkält-
lich macht, weil mir dabei oder nachher die Glieder verklammen.
Mein Arzt gibt mir die zweckmäßigsten glücklichsten Mittel; er
sieht klar meine ganze Natur ein. Ein übermenschliches Glück.
Heute ist das hellste, kälteste, knurprichste Winterwetter! Allerhand Bälle, wo ich geladen bin, im Fasching. So in vier Wochen
werde ich wohl ausfahren, wenn's Wetter schön ist. Seit September war ich *drei*mal aus! Schrecklich. So etwas muß man erlebt haben. Nun nur noch ein Anekdötchen, und dann nichts mehr vom

Körper. Mit welchem Zittern und Mühe ich in das Bad hinein- und herauskomme, habe ich Euch geschrieben. Mittwoch bin ich denn auch eben mit Mühe hineingehoben; natürlich nichts zum Heraussteigen gewärmt noch bereit; ich will mich eben niedersetzen, die Beine – das *kranke* – sind drin, Dore und das andere Mädchen schreien, stürzen zurück, kurz – der Boden der Wanne stürzt ein: und elf bis zwölf Eimer Wasser in mein Zimmer: ich wurde *nicht* ohnmächtig, und schrie: tragt mich nach dem Bett! Die Mädchen aber waren es, und ließen mich stehen: endlich trug mich doch die eine. Aber das Zimmer schwamm, und sie schrieen nur wie die weißen Gespenster: Herr Jesus! Ich ließ mir die grüne Decke umschlagen, und durch ein *kaltes* Zimmer mich in Augustens Bette tragen durch die herbei*geschrieene* Hausmeisterin; in Augustens Zimmer war es *ganz* kalt, die *Fenster* offen, mitten im Reinemachen: sie in der Probe. Alle Wärmsteine wurden gebracht: und so lag ich denn in *Gott* gefaßt, ob ich wieder einen Rückfall haben sollte. Beordern mußte alles noch ich, Dore war ganz naß, und hatte den Zitterkrampf (noch um 7 abends), das andere Mädchen zu Krämpfen geneigt, stumm und steif! Als ich so lag, kam unverhofft mein Arzt. Untersagte mir den Gebrauch der Arzenei für den Tag, weil bei *der* Agitation an kein Mittel zu *denken* sei! so etwas hatte er nie gehört! (Freilich, wenn ein *anderer* krank, und *ich* gesund gewesen wäre, so wäre es *unmöglich* gewesen. –) Gott erhörte aber mein wirklich in Verzweiflung *ergebenes* Gebet, es schadete mir *gar* nichts. Aber *die* Gefahr!

Meine ganze Seele freut sich, Markus, daß Du mir die Hoffnung gibst, daß ich die Vorschüsse werde bezahlen können. Denn meine *ganze* Seele war vom Gegenteil immerweg heimlich gedrückt. Ich habe auch ein gutes Gewissen, das ist die innre Luft, in der die Seele atmen oder ersticken muß. Zum Leben gehört aber mehr, als Atmen. Schulden machen, sich arm werden sehen: sich einschränken müssen – nicht begrenzen – sondern ordentlich einschränken müssen: ist nicht plaisant. Ich *glaube* Dir, daß Du Teil daran nimmst und Dich auch für Deine Rechnung freust, daß die stockende Erbschaft sich löst. Einzurichten weiß ich mich, das darf ich dreist sagen. Ich werde von dem Kredit nur alle Monat so viel nehmen, als ungefähr = = machen. Was meine Krankheit kostete, will ich von dem Gelde wechslen, was ich noch

Du weißt von wem habe; und welches ich zur *Flucht* noch immer aufbewahrte, und zur *Reise.* Nicht einen Pfennig hab ich unnötig ausgegeben: aber die Krankheit wird gewiß nah an dreihundert Taler kosten; das sehe ich schon jetzt. Ich schreibe wie immer jeden Pfennig auf. Meinen Breslauer Hut habe ich noch; zum Winter schwarz gefärbt, aber *noch nicht* aufgehabt!!! Einen schwarzen Wattenrock habe ich zur Krankheit im Hause haben müssen, die allernötigsten Schuh und Handschuh. Sonst nichts. Aber oblique Ausgaben hat man *immer.* Und auch hier behauptet *jeder,* ich sei reich; bei meiner Ruppigkeit.

Nicht hoffen können kommt *nicht* von Leidenschaftlichkeit; sondern ob einem im Leben etwas gelungen ist oder *nicht;* und von *Einsicht,* ob einem auf gradem Wege ohne Zutun des *reinen* Glücks etwas gelingen *kann.* Unfähigkeit der Natur hindert daran nicht, sondern ander Positives. Ein Glück ist es; zu hoffen. Aber die Menschen z. B., die immer hoffen was sie wünschen, sind mir *bei* ihrem Glück zuwider: meine Niedergeschlagenheit darin aber, ist, von einer andern Art, auch *sehr* häßlich; noch dazu, als Geburt *langen* Mißlingens. In Krankheiten z. B., worin ich immer noch Glück hatte: bin ich *nichts weniger* als hoffnungslos.

Daß Moritz zufrieden ist, freut mich, weil das nichts anders heißt, als er verdient Geld. Er *muß* gewinnen, um einige Ruhe zu haben: besitzen reicht ihm nicht hin, und besäße er auch so viel, daß er sich monatlich seinen Verdienst davon nehmen könnte. Ernestine hat mir *nicht* geschrieben, sie ist doch wohl? Ludwig ist gesund. – Dir, Hans, kann ich heute nur flüchtig danken. *Du* denkst nicht besser von Dir, als ich: so viel wisse. Künftig schreibe ich *Dir.* Heute bin ich zu echauffiert. Dein Brief freute mich, und ich weinte. Hanne, Dir dank ich Deine Zeilen auch. *Ja!* Ihr hättet mir auch einen Teil der Schmerzen abgenommen. Ich Euch, *Gott* ist Zeuge, auch. Laßt die Bauer wissen, daß ich jetzt nicht schreiben kann. Und wo möglich alle Bekannte; den Onkel. *Ich glaube,* daß Fanny gesund ist: aber schreibe, wenn auch nur ein Wort! Ihr *könnt* mir nach solchen Leiden die Angst nicht verdenken: und *alle* Menschen sind hier heftig krank; einer nach dem andern. Und *sterben:* wie Blüten abfallen, zahllos. Ich weiß längst von Grapengießer: und allen, die gestorben sind. Hans, Dir schreib ich nächstens ganz genau. Kinder, wenn wir nur in Frank-

reich keine Bataille verlieren! Varnhagen ist durch Bremen nach
Bonn. *Hab* ich schon geschrieben, daß er den Schwertorden hat?
ich glaube. Adieu, adieu. Mein Kopf fängt an. Friede und Freude
sage ich auch. – Grüßt Ernestinen und Nette. Und küsse einer
Ferdinand, Du Hans, Kinderfreund! – Grüße Mendelssohn. Laß
Dir doch von Hitzig oder Prinzeß Radziwill das Stück der Tetten-
bornschen Feldlager-Zeitung geben, worin seine Erhebung zum
Bremer Bürger steht. –

Das ist noch hübscher! Ich endige, womit ich, bei Gott, anfangen wollte. Dir für Deinen Trost, Deine Exaktitüde, für Deine
Versprechungen und für Deine Sendung zu *danken*!

Prag, den 28. März 1814

Die Geschichte der Madame de la Pommeraye in Diderots Jacques
le Fataliste ist für mich viel tragischer, als die von Romeo und Ju-
lia im Shakespeare. In jener ist gar kein zufälliges Unglück, welches sich zu dem der Liebe noch erst gesellen müßte. Die Frau
muß ihr größtes Leid erleben, worein sie nicht willigen will; sie
schafft sich Rache, die ihr gelingt, sie drückt sie fest auf das
schmerzende Herz. Vergeblich! dem Feinde ist Glück in der
Liebe zugedacht, er findet es in der Schande, die sie ihm berei-
tete, weil ein Gott ihn segnete, aber von ihr sich wendet, und allein muß sie bleiben, mit dem Schaden fürs Leben. Das hat Di-
derot sehr richtig gefühlt, und auch er allein nur, meines Wissens
dargestellt. Das ist nicht tragisch, was andere Moralisten zeigen;
wie man sich selbst schadet, was man vermeiden könnte, wie man
sich Unglück zuzieht, wie man mit den Göttern wählen sollte und
nicht ohne sie, wie innerer Friede schätzenswerter als ander Ge-
wünschtes sei. Tragisch ist das, was wir durchaus nicht verstehen,
worein wir uns ergeben müssen; welches keine Klugheit, keine
Weisheit zerstören noch vermeiden kann; wohin unsere innerste
Natur uns treibt, reißt, lockt, unvermeidlich führt und hält; wenn
dies uns zerstört, und wir mit der Frage sitzen bleiben: Warum?
warum mir das, warum *ich* dazu gemacht? und aller Geist und alle
Kraft nur dient, die Zerstörung zu fassen, zu fühlen, oder sich
über sie zu zerstreuen. –

Sollte Goethe mit Bedacht im Wilhelm Meister alle diejenigen, denen die Liebe das ganze Leben in sich aufnahm, haben

sterben lassen? Sperata, Mariane, Mignon, Aurelie, der Harfen-spieler?

Und sollte er die beiden Texte zu dem Buche in dem Buche kennen? die des ganzen Werkes Keim sind, aus dem es nur Goe-thes Geist, wie Sonne, hervortrieb? – die Bemerkung nämlich, ›daß jeder Fluß, jeder Berg genommen sei auf der Erde‹, und dann das, was Meister Aurelien, vor oder nach seiner Verwun-dung an der Hand, sagt: ›O wie sonderbar ist es, daß dem Men-schen nicht allein das Unmögliche, sondern auch so manches Mögliche versagt ist!‹ Dieses Netz von Witz, in dem uns die Göt-ter hier gefangenhalten, in welchem wir erraten, toben, arbeiten, beten müssen, und durchschauen und durchgreifen können. Für möglich halten wir manches; das was nicht ist, ist unmöglich; wenn wir das immer wüßten und dächten, täten wir nichts; und kein Buch würde wohl geschrieben mit seinen Voraussetzungen, Bildern, Beweisen und Erörterungen.

Darum finde ich auch in Goethes Tasso das tragischeste Ereig-nis. Ganz seiner innersten Natur zuwider, muß er sich am Ende an den halten, der ihm das Abscheulichste ist; im Kampfe mit der Seligkeit seines Herzens überwunden, sie fahrenlassen; und end-lich, um das Vernünftige zu ergreifen, die Seele nach der unna-türlichsten Lage hinrenken; und so das Herz in fremden, rauhen Gehegen ausströmen lassen, welches geboren war, nach seinen selbst erkornen Himmeln zu strömen. Solcher Totschlag bleibt ein ewiger Schmerz: ist nicht zu bekämpfen, nicht zu ändern, und einzig tragisch.

Montag, den 11. April 1814. Am zweiten Ostertag
als man in Prag die Einnahme von Paris erfuhr.

Shakespeare sagt: ›So soll ich denn mit fremden Augen in die Glückseligkeit schauen!‹ Wie vor einer ausgehungerten Stadt, können einem sehr Unglücklichen alle möglichen Lebensmittel vor dem Herzen vorbeiziehen, und kein Korn, kein Tropfen Nah-rung hineinkommen; er sieht den Reichtum, und nimmt teil an der erquickenden Fülle der andern, und feste Tore verschließen auf ewig sein Herz. Einem solchen beneidet und tadelt man oft noch Eitelkeit: ach! und er vermag gar nicht eitel zu sein, im Grunde!

Holde, reiche, milde, trostvolle Natur, nimm ihn auf in deinen unendlichen Schoß! verwehe ihm Menschenspur aus dem geängstigten, mißbrauchten, von ihm selbst mißbrauchten und mißverstandenen Herzen: verleibe ihn ein in dein Gesundheitsatmen, vereinige ihn mit Element und Wetter! daß er, selbst gesund, durchsonnte Atmosphäre atme, einsauge, empfinde, und mit ihr einverstanden sei, durch frei bewegten Organismus der Glieder, und seines Geistes; daß er kein Verhältnis, nur ein Sein fühle, und eine frohe Welt empfinde!

An Varnhagen, in Paris

Prag, den 23. Mai 1814. Montag abend 8 Uhr
Ich *bin* auch ›froh‹, August – Du schreibst, ich soll es nun auch sein, daß alle meine Angst und Sorge vergebens war: und wie oft sagte ich zu Gott, ich will mich ängstigen, nur soll es umsonst sein! – daß Du lebst, und daß Dein Tod nicht eins von den sich rührenden Sandkörnchen war, denen es von Anbeginn der Welt befohlen, zugedacht war, herabzukräuseln bei den Bewegungen der Erdbälle, ihren unsichtbaren Entwickelungen und Gedeihen! Hin hätte ich's nehmen müssen, wie Marwitzens Tod, und alles Unglück, und alles, was einem versagt wird. Aber ein abgenommenes Unglück ist doch nur, als wäre einem ein Todeskrampf von der Brust genommen; deren ich hinlänglich empfunden habe! – Man betet währenddem, als hätte man um nichts zu bitten, als das: und Gott weiß sehr gut, daß es so sein muß, und nachher wieder anders. In weitere Kreise dringt das feine, in allem unbegreifliche Leben, als da, wo es auszuströmen scheint, und dem Gefühle, und allen Sinnen nach, die Bedingung seines eigenen Daseins ausmacht. (Die Phrase ist nicht wie von mir; zu gut.) –
Gegen Morgen hatte mir geträumt, ich stünde mit Marwitz vor Krausens Haus in Berlin, wo wegen Revue viele Offiziere wohnten, deren Pferde und Reitknechte vor der Tür waren; sie an den vielen Fenstern: ich sah nicht hin, sondern war nur über Marwitz verwundert, und noch mehr über *alle* Tote, die ich liebte, und die *da* lebten. Mama, Veit, Gualtieri, Selle, Herz, und *viele* mehr. Ich fragte immer Marwitz über die andern, weil ich mich schäme

über ihn zu fragen: »Die leben ja alle noch? also sie waren nicht tot?«, und so viele Male: er sagt immer nur in einem langen verlegenen, halb dummen, unartikulierten Ton: »Hm? Hm!« Während des Fragens schlag ich die Augen in die Höhe; und Prinz Louis steht *hoch* am offenen Fenster, in Generalskleidern, und gepudert: ich grüße ihn, weil die Menschen da sind, wie einen Prinzen; er grüßt, und nickt mir freundlich, wie immer im Leben: und etwas ironisch: und diesmal, als wüßt er, daß ich mich wundere; und er wisse es besser; und lächle über mich. Ich halte alle ihre Todesnachrichten für einen Irrtum, und glaube an ihr Leben. Als ich ins Haus trete, bin ich in geräumigen, ziemlich dunkeln Wirtszimmern, wo *alle* Verstorbenen sind: ich frage Mama, die mir nicht antwortet: ich sehe Herz, und freue mich; er sieht gesund und blühend aus, und freut sich auch; auch frisiert. Ich sehe Selle! Ach Herr Jesus, sag ich, das ist ein Glück! Ich habe schrecklichen Rheumatism; was soll ich tun? – »Schwefelbäder!« schreit er gleich heftig, und als habe er keine Zeit: Nein, sage ich, man hat mir Töplitz verordnet: »Ich *weiß*«; sagte er, »Schwefelbäder!« – Ich habe nicht die Gicht, wie sonst, *ganz anders*! – »Ich *weiß alles*«, sagt er, »ich *weiß* es. Schwefelbäder!« – Nun ist's in mir fester, diese zu nehmen, als allen Ärzten zu folgen. – Ich habe jetzt keinen. – Ich glaube vielleicht nur an drei in der *Welt*, die ich *nicht* kenne; und an Einen über *mich*. Was da für Gaben zu gehören!! *Gott* hat mir diesen Traum geschickt. Du kennst *meine* Träume. Im Schlaf bin ich wacher. Auch hat er mir ein Trost*gefühl* hinterlassen; als *hätte* ich die gesehen, als *sollte* ich meine Toten sehen! Wahrlich zu viel Matadors sind mir für mein Alter entwandt. *Wir* wollen zusammen sterben. Auch leben: genug! Du kommst und holst mich, *gewiß*. –

Wenn ich nur wüßte, wie lange Du noch im unseligen Paris bleibst! Denk! Endlich gefällt auch mir Frankreich nicht. Seine Liebenswürdigkeit und Gesellichkeit ist zu sehr, zu lange, für zu lange zerrüttet; welches sonst sein ganzer namenloser Reiz war; unseliges Vorvolk! (wie Vortrab!) Nur in einzelnen Franzosen findet man noch, was ihm sonst als Depot eines Teils der kollektiven Person *Franzose* mit sich herumzutragen gegeben war. – Frau von Staël radotiert in ihrem Buche de l'Allemagne. Über die Ehescheidung ist sie platt und dumm, und sich selbst aus Angst und

Furcht ungetreu, bis zur Empörung. Sotte! hab ich ihr nebenan geschrieben. Wenn jemand, der Deutschland nicht kennt, *ihr* Buch – *Buch!* lose, sich selbst aus der Regierung gesprungene Gedanken; *Gedanken!* Bemerkungen, Apperçus; *Lektüre,* die nicht wieder als Blut zu Blut aufgenommen ward – liest, so muß er's für ein finstres, kaltes Rauchloch halten, wo traurige Phantasmagoren umhergehen, die Gott zur Ehrlichkeit verdammt hat; und wo dann und wann einer sitzt und verzaubert meditiert: auch hat sie noch im großen solche Zaubernester als unsere Universitäten beschrieben: so traurig sie selbst ist: die Frau ohne Sinne und ohne Musik. Macht sie nicht, als ob Frankreich das lustiglichste Land für Augen, Ohr und Fell wäre, und lauter griechische Tempel zu Wohnungen hätte! Man friert wie bei uns: und unser Wetter ist ebensogut. Unsere Dörfer tausendmal schöner – ich kenne nichts Trostloseres, als die steinernen, laub- und blumenlosen Dörfer Frankreichs im Norden! Und wenn sie ihre olle Françaisen tanzen, sehen sie ja so erbärmlich aus, als ob sie dazu angehalten würden. – Der lieben Staël ihr Buch ist für mich nichts anders, als ein lyrischer Seufzer, nicht die Konversation in Paris machen zu können; und die wichtigsten Gegenstände derselben – wie sie wohl umfaßten, berührten – sind ihr erst durch dieses Medium etwas. Für die Bauern z. B. gut sprechen, ist noch schöner, als wirklich und gleich gut wirken. Bedauert hab ich sie auch *sehr,* und gleich liebgehabt. – Weil ich sie auch liebhabe; das heißt, besinne ich mich *doch,* bedaure; sie hat zu wenig großartige Gaben: eine gewisse Verstandes-inquiétude, zu welcher sie *zum Glück,* noch Verstand und Wort-Imagination *genug* hat! – wie solche Menschen reisen: solche reiche Leute aus der Gesellschaft; solche Literatorinnen; die Französisch wissen, und denen man's allenthalben entgegenspricht! Die Arme! Nichts hat sie gesehn, und gehört, und vernommen.

An Karoline von Woltmann, in Prag

Töplitz, Sonntag, den 17. Juli 1814
Kurz vor dem Bade 12 Uhr.

Ich wollte Ihnen einen langen – ich kann keinen kurzen machen – detaillierten Brief schreiben; der sollte so anfangen: ›Ich mag Varnhagens schönes Schreiben nicht verschampfieren, liebe Berliner, teure Ojeser Freunde!‹, und so würde er fortgeflossen sein und Ihnen gesagt haben, wie ich hier *nicht* schreiben kann; und dabei erzählt haben, wie es hier ist: wie ich es finde, wie es mir geht, was ich denke, und wie ich an Sie gedacht habe. Alles war zu diesem gewiß angenehmen, denn er wäre treu und wahr geworden, Brief zusammengelegt, als mich *plötzlichst* ein Halskrampf überfällt, den ich seit vier Wochen ungefähr kenne, aber nie in dem Grad gefühlt habe. Es spannt sich dabei die Hals- und Kopfhaut, und zwingt mich zu einem stickenden Erbrechen. Der Anfall war so stark, daß mir noch die Glieder und Beine zittern; und ich wie der größte Narre weinen mußte, als man eben aus dicken Böllern von einem Berge hinter meinem Haus den Frieden herab schoß, so angegriffen war ich Esel in dem Augenblick. Nämlich, so wirkte das *Knallen.* Hier ist es göttlich, liebe Kinder! und wenn Sie *irgend* können, Herr von Woltmann, so kommen Sie her. Man steht hier nichts aus von der Gesellschaft; man kennt sie nicht; und sieht sie kaum von weitem schwindlen: hören Sie's, liebe Karoline? Das Tal ist schöner als je! Vom Krieg, keine *Spur!* Außer, daß mancher Platz ungemein verschönert ist, so, daß ich dachte, Fürst Clary habe es machen lassen; so schön haben die Truppen von ungefähr ausgehauen. Gestern war ich bis am Fuße des Geiersberges, in drei Dörfern, wo der Krieg recht eigentlich wütete. Ja! such ihn mal einer! Nicht zu finden! Nichts davon zu finden. In Mariaschein im Wirtshause gestand's die Wirtin selbst, deren Haus – ein gewesenes Kloster – eingenommen von den Alliierten – eigentlich Preußen – und befestigt war, daß *alles* schon wieder gut sei. Auch war ich in den bergigen Waldgängen, wo das eigentliche Gemetzel war; les fleurs s'en moquent. Nüsse, Hambutten, Kornblumen; blaue, violette, weiße, alle Sorten; Eichen, Buchen, Kamillen, und die tausend Kräuter, wühlen wachsend und nichts eingedenk empor; schöner, reicher, üppiger, stiller, als sonst; im goldigsten Wetter; welches auf dies Göttertal, um ihm abwechselnd die nicht zu fassenden Gestalten und Scheine zu verleihen, herunterströmt. In Prag hatte ich doch keinen Herrn und keinen Bedienten? hier hab ich beides. Varnhagen (hier ruft man mich mit Gewalt ins Bad.) (Nun bin ich *aus* dem Bade; und war schon wieder gestört, als ich zu schreiben angesetzt hatte), der zwei Tage nach mir hier ankam, hat einen Bedienten mitgebracht, und da der Herr so gütig gegen mich ist, so ist der Diener entweder davon verführt, oder er verstellt sich aus Furcht und Respekt, und bedient mich. Es ist ein Pariser, und seines Handwerks ein Schneider, ein Bursch von zwanzig oder so viel Jahren. O! wie stellt der mir wieder die gute Sitte des ganzen Volkes dar! den Besitz, den es von seiner Sprache genommen hat, den Ersten des Landes gleich; kurz, das Gute von Frankreich, so wie es geht und steht. Ebenso hab ich hier Geheimrats-Familien von uns gesehen und andere Adliche unseres Landes (welches so sehr mit meinem Herzen verwachsen ist, daß der Anblick des Letzten desselben mir Tränen in die Augen pumpt), die mich recht mit Schreck erfüllten und stutzig machten; so sehr, und so leicht entwöhnt man sich deren stupiden, trocknen, steifen, steinernen, und doch ganz hohlen Stolz, auf die nichtigste Einbildung: bei der sie selbst sich in keiner Art etwas Reelles denken, gegründet. Einen neuen Krieg sah ich vollkommen fertig aus denen grade hervorbrechen. Ein Johanniter besonders mit zwei brummenden Damen, gingen ganz wütig gestern in dem Hauptgang des Gartens umher, *bloß* weil sie noch nicht wußten, ob die Menschen-Rudel, die sie da sahen, wohl Gesellschaft seien; d. h.Grafe, Barone. Nun sieht man auch sogenannte Gebildete: die sind wieder so bieder – daß man's schon den Männern an den neuen russisch-kriegspreußischen Mützen ansieht, und den Frauen an dem naiv-kinderhaften, häuslich-bürgerlichen altdeutsch-puffenreichen Anzug; den sie keineswegs vermischen, wohl aber zugleich an sich tragen; mit einer Haltung, die dies gerne in Ordnung halten möchte, das Strickzeug und die tugendhafte Treue besorgt, und doch dem Geist so viel Spielraum läßt, die Gegend und Neues überhaupt insoweit in die Seele zu lassen, als eine geistreiche Erzählung für die Zuhausgebliebenen erfordert, und natürliche gute Neugierde sucht. Die machten mich sehr herunter; und meine Erwartung für Berlin auch. Ich kenne nicht einen, nicht eine davon persönlich; ich habe sie nur so schwindlen und sitzen sehen. Varnhagen hat aber schon mit ihnen gespeist und geschnackt. Eine Breslauer Elegante ist hier, die ich von Berlin kenne, die mich sehr liebt: und die sehr schöne Eigenschaften hat. Auch eine Equipage: mit der leb ich im Freien. Auch sehe ich des Major Selby Frau und Schwägerin, der hier in Garnison ist, und die ich von hier und Prag kenne; er ist ein Däne, gebildet. Sie sind artige hübsche Blumen; die Frau derb, voller Unschuld: schön gegen Mann und Kind: dann sprech ich noch flüchtig mit Offizieren, sonst weiß ich von keiner lebendigen Seele. Ich wohne sehr gut. Zwei Zimmer nach einem Platz; Varnh[agen] zwei hintere nach dem Garten: der voller Rosen, ganz aufgeräumt ist, und nach einem Berge führt, und nach den Schloß- und andern Gärten hinsieht. Den Bädern im Fürstenhause bin ich gegenüber, welches auch einen schönen Garten, der nach dem Felde geht, hat. Wo ich gehe und stehe, bequeme angenehme Spazierorte! Dies alles für Woltmann. Teurer als in Prag ist hier außer dem Quartier nichts, vieles wohlfeiler. Kolonial- und andere Waren. Mein Kreuz schon beinah ganz besser; das Bein, vom gehabten Schmerz nur affiziert, noch nicht. Berge steige ich schon wie ein Tiroler. Mir half sogar ein hoher, den ich unversehens diese Woche erklimmen mußte und auch wieder herab, äußerst; nämlich das Kreuz befreien; alles für Sie, Herr von Woltmann, damit Sie sich die Effekte des Badens ausmalen. Nun *muß* ich zu Tische. Das Essen ist recht gut und gar nicht teuer, nur die Suppe laß ich, und muß man lassen, selbst kochen. Adieu, à tantôt! (Nun nach Tische; nach Schlaf, und einem Besuch, von meiner Eleganten.) Kommen Sie denn *nicht* hierher? Ich möchte Sie gar gerne bereden. Es ist *zu* herrlich hier, und die Quelle zu gesund. Nur das Quartier und die Reisekosten brauchten Sie; bedenken, berechnen Sie's! Varnhagen hatte Ihnen vorige Woche, in demselben Sinne einen Brief geschrieben, und ihn kassiert, weil er glaubte, er sei zu arrogant; ich redete es ihm aus; und mit einem Male hatte er wieder diesen Brief geschrieben, der nun mit meinem, oder meiner mit seinem, abgeht. Nehmen Sie unsere anhängliche Gesinnung, auf der besten Meinung erwachsen, und also auch voller Zuversicht, gut auf. Und gebe der Lenker der

Umstände, daß unsere Wünsche für Sie in Erfüllung gehen. Es geschehe aber wie da wolle, so wollen wir nicht aufhören ununterbrochen bemüht zu sein, das Beste an und für die Besten zu fördern. Sei auch das Chaos der Welt wirklich so groß, als es mir scheint, oder schon eine gebildete Epoche; diese guten Bemühungen können und müssen sie nur weiter fördern, und darin kann auch der Unbedeutendste, die formloseste Person helfen; drum will ich es mir nicht entgehen, und das Gegenteil zuschulden kommen lassen. Bei Ihnen nun gar, wo es nichts, als der Ausdruck, das Wirken, des leidenschaftlichsten Wohlwollens ist; im Einklang der *besten* Meinung von Ihnen; und eine wahre Bewunderung für Karolinens unschuldige Tugenden, die sie gar nicht kennt! Leben Sie recht wohl. Antworten Sie mir *bald*. Im goldenen Löwen. Und lassen Sie mich wissen, wie sich Woltmann befindet, und ob, und *daß* Sie kommen.

Rahel Robert

An Varnhagen, in Hamburg

Berlin, Freitag, den 10. September 1814

Tieck kam gestern abend nach dem Theater: wir hatten schon Tee getrunken; er trank noch einmal, erholte sich nach und nach von der Erschöpfung des Ennuis, er hatte das Ballett Arlekins Geburt, wo – hier! – nichts vor, nichts nachgegeben wird, seinen Kindern zu Gefallen ausgehalten. Bald kamen wir in die natürlichsten, muntersten, prätensionslosesten Gespräche, worin die Mädchen gar nicht hinderten; ich lag hinter dem Lichtschirm: weil ich sehr vom Schreiben, Gehen und Leben fatiguiert war. Er ist ein köstlich einfacher, versatiler Mensch. – Ich sprach ihm viel von Dir, und wie Du Dich ärgern würdest ihn zu versäumen; und mit welchem Recht. Wir hatten sehr schöne Gespräche über das Lügen, und die Lüge: er ist ungemein wahr, und so naiv, als ob er von Glas wäre, so läßt er seine innren Untersuchungen sehen – *wenn* er einmal auf diese Punkte gebracht werden kann –, in den einfachsten Bürgerworten, die sich, wie die vornehmsten Leute, gut stellen, und ganz mild und einfach einander behandeln, ganz einfach. – Er spricht oft schwer: klagt oft darüber; und noch gestern: daß er sich so leicht vernichtet fühlte; durch Ennui; welches ihm den Abend bei X. geschehen war – ich *sah* es; weil ich ihn kenne, und lachte so, daß ich mir das Tuch vorhalten mußte, weil es die andern Damen nicht ahndeten, in ihrem breiten Dasein, ohne Unterfutter! – Wir sprachen von Schlegels. Er sehr wahr, tief, mild; weltlich, komisch, beichtend. Wir aßen; er, Babette und ich; wir hatten die behaglichsten Gespräche dabei; das Mädchen amüsierte sich mit; er erheiterte sich ganz. – Da hast Du den Abend, führ ihn aus. Er war sehr gut: nur gönnt ich ihn mir nicht: da Du es nicht hörtest. Tieck saß zwischen Babette und mir. »Da! nun sehen Sie den berühmten Dichter Tieck an!« sagte ich dem Kinde. Er nahm es sehr gut: und es wurde kein Mißton; auch war das Mädchen ganz lieb und bescheiden. Adieu, adieu!

Wien, den 3. März 1815

Ich habe seit einiger Zeit viel über das Lügen nachgedacht. Es wirkt doch viel nach außen, und von außen nach innen. – Könnten sehr geistreiche, geistvoll ergründende, wahrhafte Menschen mit einem starken Charakter das Lügen studieren, und dann wie andere erlernte Dinge mit Fertigkeit ausüben, es müßte zu kolossalen Wirkungen führen: der Wahrheit würde angst und bang, sie stünde ganz klein, als Seufzer, als regret, als Angeführter in der Welt da, und flüchtete ganz in die dunkle innere; so reell könnte das Lügen im Großen, Planmäßigen aufstehn. Große Zeit und fanatische Anhänger könnten nur schwer dagegen siegen. Meine Meinung hier ist nur sehr roh vorgetragen: die Klugen werden sie schon ergänzen. Die Lügner unserer Zeit pfuschen nur, wie groß sie auch ihr Spiel ausdehnen wollen, sie haben keine Wahrheit in der Seele, und haben die Lüge nicht studiert.

An Moritz Robert, in Berlin

Wien, Sonntag, den 12. März 1815

Ich hatte mir heute schon alles, was man seit gestern über Napoleon weiß, im Kopfe zurechtgelegt um es Dir zu berichten, aber ich fand es in Ordnung und Kürze im heutigen Beobachter, den ich morgen hier beilegen werde. Der Fürst, der ihm begegnete, ist der Prinz von Monaco. Der ist es auch, der einen Kurier hieher aus Turin sandte. Napoleon war aber nicht niedergeschlagen, sondern so aufgeregt wie bei seiner Schlittenfahrt von Moskau nach Frankreich. Er fragte holprig und poltrig den Fürsten, ob er keine Bewegungen in Frankreich und in Paris, woher der kam, gesehen: und wollte es nicht glauben, daß dort alles ruhig sei: vous ne savez donc rien! meinte er! und erzählte, der Kongreß hier, sei in Unfrieden auseinander. Der Prinz von Monaco wurde nach Napoleons Biwak gebracht, wo der hauste, weil ihm das kleine Fort abgeschlagen wurde. Diese Sache müssen wir nun abwarten: Dienstag kommt eine Post hieher. Vielleicht habt Ihr über Paris und früher Nachrichten, weil man seit gestern hier weiß, daß sie dort vom Telegraphen unterrichtet sind. Peschiers Kompagnon, Fries und andere schieben ihre Reise nach Frankreich wenigstens posttagweise auf. Monaco weiß aber wirklich nichts: Napoleon hat recht. Ich habe gestern einen Brief aus Paris, den ein reicher Geschäftsmann, der große Verbindung in Frankreich hat, ein Reichsländer, vom 28. datiert gesehen, wo man natürlich Napoleons Einbruch noch nicht erwähnte. Der klang aber nicht nach nichts! Sondern nach den größten Bewegungen gegen die Jetzigen; mit großen Details, Namen, Bewegung, Straßen, alles genannt. Ich glaube, man wird sich den Napoleonschen Lärm zunutze machen, wie man sich jeden ersten zunutze gemacht hätte. Hier spricht man von einer Proklamation, welche die Alliierten gegen Napoleon und alle die, welche ihn hegen oder schützen, werden ergehen lassen, und die ganz den Schutz der Bourbons verkünden soll. Eine solche könnte mich sehr unselig machen. Diese Nation muß man allein lassen, und nicht wieder zu einem Ganzen setzen, wie vor zwanzig Jahren; da meinen Briefen nach, die Armee ohnehin *brennt, irgend*wo hin zu fallen; und stark nach Belgien trachtet. Sollten wir selbst Pechkränze zu der unseligen Entzündung liefern? die nun weit und breit Kombustibles findet! ich bin mir alles von dem Rat, der waltet, gewärtig: und halte es, ganz im Gegenteil der andern, für ein Unglück, daß die Regenten noch hier zusammen sind; jeder müßte fest sein Land behaupten, und möge Deutschland noch immerhin verschiedene Namen tragen. Ich fürchte, es wird zu schnell eine zweite Generation Ein Deutschland erleben! *und*, wie es die Leute prophezeien, Deutschland Eins und Frankreich geteilt werden. Von dieser traurigen, für *mich* – alte Generation – höchst trüben Betrachtung muß ich natürlich auf Frisch kommen! Gott, wie hat mich das betrübt, erschüttert, erschreckt, und nachdenklich gemacht! Und es war doch so natürlich! Er so alt; er mußte sterben. Aber so stirbt man: so stirbt *man selbst*! Alles was wir intim und jugendlich kannten, geht ab, nimmt ab; *stirbt*. Und wenn nun erst einer von uns Geschwistern sterben wird! Ein Glück, daß ich erst dran muß! So sind die Eltern, meine Wurzel, mein Stamm, an dem ich haftete, hin; ich dorre im Wipfel, fallen aber Äste neben mir, so ist es aus! – Ich fühle mich heute so schwer; fühle überhaupt das Alter; nämlich die ewigen Zerrüttungen der Lagen und Verhältnisse; die Trennungen, die Kränklichkeit, die Entfernung der Jugendgenossen, der habitués, den Tod der Kernfreunde, der muntern. Und *da* ich Ruhe haben sollte, und *müßte*, die Erschütterung der Staaten, und Stätten!!! Ich kann weinen. Humboldt, Gentz, die Pachta, Wiesel, *sind hier*! – Aber wie leben wir miteinander? – Natürlich lache ich, spreche ich, sehe ich Leute, lerne welche kennen: erwäge und schätze mein Verhältnis mit Varnhagen, und bin als hätte man mir den besten Rat gegeben. So habe ich mich gestern abend in einer gewöhnlichen Soirée bei Arnsteins recht gut amüsiert; mit Frau von Arnstein, mit einer guten Französin, mit Frau von Ephr[aim], mit manchem Sehen und Hören, und bei Tische *lachten* wir! Heute morgen war ich mit der Arnstein in einem brillanten Konzert, wo ein junger Mann eine Oper von den Kennern untersuchen ließ, die er gemacht hatte (die Oper, nicht die Kenner, hatte er gemacht). Sie bestand aus Reminiszenzen. Nachmittag sah ich einen Augenblick Bentheims Schwester; gestern war ich spazieren im schönsten Wetter, wo ich Menschen sah und sprach, morgen bin ich bei Eskeles. Also beklage mich nicht! So ist's aber. – Wien behagt mir mehr im Frühling, und muß ich bleiben, mit Krusemarck, gewiß noch besser. Doch gehe ich auch gern weg. Kurz, wie es kommt: meine Familie, und die Kinder, und die alten Bekannten, liebe ich, und brauche ich.

An M. Th. Robert, in Berlin

Wien, Donnerstag, den 16. März 1815
Ich wollte soeben mich befleißigen, Euch Wort vor Wort die
Nachrichten nachzuerzählen, die gestern der Staatskanzler sich
befliß, den Frauen, vier, die vor Tische auf und am Kanapee saßen, zur Unterhaltung mitzuteilen; sie stehen aber alle buchstäb-
lich, wie er sie sagte, im heutigen Beobachter. Also lies nur. Sie
schienen mir auch gestern nichts zu bedeuten (da ich sie ohnehin
schon vorher wußte), als eine große aménité des Fürsten. Der
Aufsatz über der acht Mächte Deklaration, womit heute der Beobachter anfängt, gehört nicht zu des Kanzlers Erzählungen, ist
von Gentz, und *unendlich* schwach. Die Erfindung: die Ausführung nicht minder. (De par tous les diables, möchte man anhe-
ben!) Was hat er die Mächte zu *entschuldigen*, und zu kommentie-
ren: und eine klare Sache zu erklären; und *wem* zu erklären. Oder
ist sie nicht recht klar? die ganze Maßregel ist so sehr richtig, daß
sie beinah unnötig war, und aus der Pariser Konvention schon
hervorgeht. Was befallen ihn für Zweifel? an der Sache oder am
Publikum. Es gibt der ganzen Sache, meinem Gefühle nach, ein
unsicheres Ansehen; und sollte ihr ein sicheres geben. Warum
nennen sie Napoleon *Rebell?* dies kann nur ein Untertan sein. Er
war auf Elba niemandem untertan. In solchen Proklamationen
sollte kein unrichtiges Wort stehen. Die richtigen sind *ganz* hinlänglich. Europa will Ruhe; und wird sie im Notfall mit Krieg erkaufen; voilà le fait, qui doit être fait etc. Von Paris hat unser
Golz nur allein einen Kurier mit den Nachrichten geschickt, die
nun hier umlaufen und im Beobachter stehen. Die andern haben
keine. Talleyrand mag sie nicht mitteilen, vielleicht.

Beim Kanzler speisten gestern zweiunddreißig Personen, vier
Damen mit mir. – – Der Kanzler macht auf die rein menschlichste Art die Honneurs, und so sehr wie ein *guter Mann*, daß wenigstens Gemüter wie ich, ihn lieben *müssen*; und gleich mit ihm bekannt werden. Er dauerte mich schmerzhaft unter den
Zweiunddreißig, wie der selige Onkel. Aber er steht *hoch* in Betragen und Sein, und der gebildetsten Lebensart. Ich kann mit Tauben nicht sprechen: soviel meine Unfähigkeit es zuließ, tat ich's
doch: auf die ungezwungenste Weise. Es ist ein Mitleid! Weil er

sehr Konversation liebt, und weit hinhorchte, wo Humboldt neben Varnhagen schrie und lachte. Auf der andern Seite hatte Varnhagen Stägemann, Schöler, Grolman, Bartholdy. Graf Flemming ganz unten. Kein Rang, kein Stand. Jahn, auf den ich so neugierig war, war mit krottierten Stiefeln, einer Mütze, und ohne Halstuch da, im alten Überrock. Humboldt ließ ihn sich von Varnhagen vorstellen. Radziwill, alle waren sehr gut mit ihm. Er saß ganz unten. Minister Bülow, mein andrer Nachbar, mußte mir ihn zeigen. Denk Dir, Markus! Ich sprach mit Bülow und noch einem über den Fall zwischen den Hamburgern und Berliner Kaufleuten; und war gegen den Dritten, der da meinte, es sei nicht klar, daß die Hamburger zu zahlen hätten: da der Fall ein Rechtsfall war, *konnte* ich nicht schweigen; und Bülow sagte immer: »Ich bin Ihrer Meinung.« Nicht weil es der Minister sagte, sondern weil ich *mit*sprach, erzähle ich Dir's. Bülow hat einem Hamburger Advokaten sein Gutachten abgefordert, dies sprach für meine Meinung. Bülow ist ein hübscher, guter, angenehmer, einfacher Mann: es fiel ihm aber auch nicht ein, daß er Finanzminister sei, und er sprach in einem Sinne, als: er, ich, und der Dritte, wir hätten Meinungen über eine gewisse Sache!!! Es war wohl hübsch und menschlich, ich vermißte aber eine Nuance; den Nerv, den das Amt haben *soll.* – Jahn ist auf eignen Impuls hergekommen. Er will Zulage: zwölfhundert Taler hat er jetzt. Er grüßte mich vom Konsistorialrat Nolte, der habe ihm von mir gesagt. Er hat ein Betragen und Sein von der angewöhnten Genialität, die *Hagemeister* schon vor sechzehn, achtzehn Jahren hatte; kraftgenieich; er erinnert auch an ihn, wenn man ihn sieht. Noch kenne ich ihn gar nicht: ich werde sehen. Humboldt versicherte mich, wie Don Juan, nach Tische seiner Liebe. Er liebe mich *immer:* sehen könne er mich nur nicht, weil ich immer alles täte, was er nicht leiden könnte: er will mir ein Dîné geben (Dîné! Ihr seht, ich bin tot; und *nicht* im Himmel). Das wäre was für Ernestinchen! Ich soll die Personen nennen; also als Königin. Ich sagte, er soll mich weniger lieben, und mich besuchen: dann wolle ich die Personen nennen. Ich mußte fort. So blieb's.

Der Kanzler examinierte mich sehr. Wie ein kluger Mann; der das Theater liebt. Solche Leute sehen ganz anders an: vom Sehen *lieben* sie das Theater. Nicht wahr, Hans?

Die schwarze Dame hatte in Gestalt eines Malteserkreuzes ein dunkelbraun emailliertes mit Granaten besetztes an der linken Brust, ich denke es ist ein Orden! – auch war es einer: »Wir – sie die Frauen – haben ihn errichtet zur Feier der Einnahme von Paris«; und keck tragen sie ihn an schwarzen Schleifen; er hat auch auf Blau in der Mitte eine goldbuchstabige Inschrift, aber nur ein Wort, ich las es nicht: ich wurde gestört. Kurz, die Provinz hat ihre Freuden; und ist nicht blöde, wenn sie sich einmal fühlt.

(Varnhagen liest jetzt Eure Briefe an meinem Tisch, ein *göttlich* Kind aus unserm Hause steht daran; es ist Mordlärm und Lachen bei uns!)

Daß die Bethmann sich freundschaftlich für Augusten benimmt, vergesse ich ihr zeitlebens nicht! Lebt wohl! und schreibt. Du auch, Ohme. Robert ist vogelfrei: die haben wohl Federn, aber zum Fliegen, wie die Dichter. Nicht wahr? Robert! Moritz, mein Treuer, Dich grüße ich, und Ernestine! Auguste lobt sehr bongue bongue. Ich küsse den Esel. Neues gibt es nicht. Adieu, adieu!

R.

An M. Th. Robert, in Berlin

Wien, Sonntags abend 10 Uhr, den 2. April 1815
(Schon ganz ermüdet von Warten, Besuchen, Geschrei, und Varnhagens Balgen mit meinem Kinde hier aus dem Hause. Seit 7 wenigstens will ich schon schreiben, ohne dazu kommen zu können. Graf Löwenhjelm war unter andern auch hier. Nun fängt der Brief erst *an.*) Gestern endlich erhielt ich einen Brief von Rose, vom 20. März. Einen lieben Brief: der sie mir ganz aus der Seelen Winkel hervorrief, und die ganze Sehnsucht, die man nur nach *jüngern* Geschwistern fühlt, denen man zur Hälfte Mutter war, und die man in der Jugend, also halb verloren hat, weckte! *Wo* erhielt ich diesen Brief! Nachmittags 4 Uhr, im schönsten Sonnenschein, in Schönbrunn, mitten im botanischen Garten, der *merkwürdig ist!* wo ich mit Varnh[agen] und dem Kinde grade war, und wohin uns Dore nachkam auf einem Bauerwagen – Zeiselwagen hier genannt, char-à-bancs; – diese meine Schwesterliebe,

und Sehnsucht, und Erinnrung blieb nun die Farbe meines ganzen Gemütszustands für den Nachmittag: ich dachte mir Antworten für sie aus, Pläne, Wünsche, und war wirklich über das, was mich umgab, mehr zerstreut. Sorge um sie und Wehmut über ›das Unwiederbringliche‹ strich auch durch mein Gemüt; und doch war mir nicht übel, so innerlich und stark bewegt zu sein, als ich noch etwa ein paar Stunden so zu Hause war, die Nacht über (des Schlafes unerachtet) so blieb, aber diesen Morgen einen plötzlichen Gemütswechsel erleben mußte, durch *Deinen* Brief. Deinen vom 28. März. Es tut mir unaussprechlich leid, jetzt nicht zu Hause zu sein! Und das diesmal nicht meintwegen, sondern Deintwegen. Nicht, daß ich nicht weiß, daß, indem ich Dein Schreiben lese, Du schon zwanzigmal gefaßt bist, und der Sache, und der Überraschung face machst. Aber es ist besser, seine Trabanten in solcher Zeit, wo noch neunundneunzig solche Momente kommen werden, um sich zu haben: *hundert*mal *eine* Sache wiederholen zu können, jeden Einfall mitteilen zu können, jeden dummen Plan, Hoffnung, Besorgnis, Ärger, Ein- und Ansicht: und gewiß zu wissen, die kennen mich, finden *nichts* dumm, das Kluge klug; und sagen wir auch jede Regung, jeden Einfall. Und man überlegt und lebt, und zerstreut sich wirklich besser. Ich *wußte*, man würde sich da, wo man noch hofft, sehr erschrecken; und diese Spannung, dies zu erwarten, hab ich ganz für mich ausgestanden. Aber, *in* dieser Zeit! geb ich *zweihundert* Taler Kurant weg, wenn ich Dich jetzt auf zwei Tage hier haben könnte. Erstlich, ist es der Feder nicht anzutrauen: zweitens, müßte man in Details gehen, die sie nicht leisten kann, um Belag für den Ausdruck der schärfsten Überzeugung mitzugeben: »So geht es *nicht*.« Das dissoluteste, auseinandergesprengteste, *falsch*-fleißige, und ohne Beispiel müßige Leben; wo einem jeden der Gesichtspunkt fehlt, ja, und der vergeht, den er hatte: dabei will sich keiner in der Tagesordnung seiner Vergnügungen und Liebschaften stören lassen: und Importuns, impertinente Fremdlinge, *können* sich zu Geschäften aufdringen. Jeder denkt von jeder Sache, der andere wird oder könne es ja wohl machen, und *was* auch mißlingt, schiebt es wirklich jeder auf alle, und *alle* auf jeden. Das kann nicht dauren; und wenn es nicht mehr so halten wird, wird man fragen *warum*? Ich präveniere Dich mit dem größten Bedacht, damit Dir der Schlag *nicht* wie aus den Wolken kommt; und Du auch nicht denkst, dieser oder jener, oder dies oder jenes, habe es hervorgelockt. Nein, es machen es *alle*, weil sie *nichts* machen, und die unangewandten Kräfte und *Bedürfnisse* sich auf eine Seite hinneigen werden, hingepreßt werden, wo sie das Schiff werden umschlagen machen. Kein Warnen, kein Ermahnen, kein Zuverstehengeben, hilft. Jeder sieht's *allenfalls* für den andern so an: sich mag er aber doch nicht stören, – in der dikasterischen Hoffnung, *sein* Tagesleben wird doch wenigstens so fort gehen. Um Dir nichts Ärgeres zu sagen, was noch manche bewegen mag! Ich sagte auch heute zu Varnhagen: es ist als ob jemand mit dem Körper bis an die Füße zum Fenster hinaus hinge, noch ist er *nicht* unten, ich sehe es aber, er muß stürzen, er geht nicht zurück. Er gab mir recht. Ja, jeder, der nur irgend menschlichen Kopf hat, und hier unterrichtet ist, sagt ganz dasselbe und nichts anders. Dies, lieber Ohme, muß ich Dir schreiben, weil ich *zu* geärgert bin, zu erfüllt davon! Doch aber könnt ich in einem Brief davon schweigen; wenn ich's nicht für perfide hielt, meine innerste Meinung Dir nicht mitzuteilen, die mir immer zur Kehle hinaus will: und wenn ich nicht in der Tat Dich vorbereiten wollte. Nicht allein wegen der Geschäfte, sondern bei Gott! um Dein Gemüt und Deine *Gesundheit*, die *uner*wartet zu erschüttert werden möchte! So wie ich es sage, und wie ich es mir ausdenken kann, wird es nicht kommen. Sondern, denkt man sich es heftig und plötzlich, kömmt es allmählig; denkt man es sich allmählig und geschmeidiger, kommt es unverhofft, wie der von Elba, und stört die Welt untereinander; anstatt zu kommen, wie *ich* es mir dachte, wenn die erste Störung begonnen wäre. Das Alte, alte Ruhe, und das, was man sich ausdachte, darauf nur gleich verzichtet! *Unendliche* Lügen und falsche Nachrichten wird man hören, die sich dann anders verhalten, und wieder einrichten: unendlich unerwartete Dinge werden täglich hervorbrechen. Und ich bin so perplex als irgendeiner, und suche mich auch nur mit all diesem in meiner Seele, und gewiß vergeblich! vorzubereiten! –

Übrigens sei guten Muts! Auch dies kann wunderbar und gelinde abgehen: für kluge, stille, brave Leute. Dies, und mehr Wunder noch hoffe sogar *ich*! Neues ist nicht. Ludwig XVIII. ist in Brügge. In Lille riet man ihm wegzugehen, weil man die dreifarbige Kokarde aufsteckte. Man *sagt*, der Vizekönig Eugen sei in russischen Diensten. Im Prater fuhr er heute mit Millionen Menschen und allen andern Souverains umher. Auch die sah ich nicht, weil ich zu einer frühern Stunde mit Frau von Arnstein fuhr; die sehr meiner Gesellschaft bedarf. Sie ist *mehr* als außer sich über dies Ereignis. Ganz früh war die Ephraim bei mir, mich nur zu bitten mitzufahren. Bis jetzt erhält dies meinen Mut noch, daß der Krieg *noch* nicht ist, und daß ich so *sehr* den andern nötig, und wirklich tröstlich bin. Varnhagens Gegenwart, und *immer* gleiche Ansicht des Totalzustandes unterstützt mich sehr, meine Konvaleszenz, und mein Leichtsinn, den der Frühling mir unwiderstehlich einflößt. Nämlich, ich bin noch zerstreut über das Herannahende! Und *zu* viele Menschen glauben *nicht* an Krieg: obgleich wir Preußen uns dazu tummeln, ohne abzureisen! – Übrigens beziehe ich mich auch, wie Du auf Deinen ersten, so auf meinen ersten Brief nach Napoleons Erscheinung. Ich denke *noch* so, man muß die Franzosen nicht national machen. Und bin *ganz* überzeugt, es gehen *große* Krümmungen *in* Frankreich los.

Ich bin froh, daß ich gesund bin, nämlich von diesem Übel so geschwind frei. Ich fühle noch, daß ich's hatte. Wenn einem nun *so* etwas zukommt! *Über*haupt. Wie von Glatteis ist das Leben. Glatt, kalt, unten Wasser, im Wasser Tod. –

Ist denn Louis *böse* mit mir? Dich lieber Hans grüße ich recht sehr! Ich denke an die Gesundheit, und dann ist alles ›ist mir ein Spiel, ein Scherz‹! Ich genieße den Frühling! Tue dies *ja!* dies ist gewiß Profit. Muntert einer den andern auf zu Genuß; *Genuß!* Und *anders* kommt *alles*. Du sollst sehen es geht in Frankreich los, und dann bleiben wir draußen. Treuer Moritz, *schreibe!* Ernestine, gehen Sie in die Luft, lassen Sie sich nicht toll machen!

An Varnhagen, in Berlin

Wien, Sonntag abend 11 Uhr, den 11. Juni 1815
So müde ich auch bin, so soll doch dieser Tag nicht hingehen, ohne daß ich etwas für Dich aufschreibe, herzgeliebter Freund, an den ich *soviel denke.* Eben geht Wiesel weg: der mir treu Gesellschaft leisten wollte; und mir unendlich viel vordozierte; aber al-

les sehr gut gemeint, also nahm ich's wieder sehr gut auf. Mit ihm, Dore und Katti war ich zu Wagen im Augarten, dann zu Fuß in der Brigitten-Au bis im Jägerhaus, wo wir keinen Kaffee bekamen; weil kein Schmetten da war, und so gingen wir den weiten Weg, bis hierher; weil wir auch keinen Fiaker trafen. Gott! *welch* ein Abend! Mit Mondessichel, Auroraluft, violetten Bergen, lachenden Häusern, Baumespracht; Venussternen. An Dich dacht ich: an wen *Du* denkst wußt ich. Die Kühlung grüßt ich, ihr dankt ich für Dich! Und sehnender, vernichteter ging ich einher, als ich es nur irgend vorher sah! Wie ein ausgenommenes Nest ist es mir im Herzen, und doch so fest zwischen den Rippen. Doch sei *getrost. Deine* Liebe zieht meine so aus dem Herzen Dir nach; und es ist ein *Glück, das* sollst Du fühlen, und ich fühle es auch! Teurer, geliebter, treuer Freund! Du sollst es *nicht bereuen.* Liebe nur! oder liebe nicht; ich stehe Dir immer zur Seite (das heißt, ich werde Dir in allen Fällen zur Seite stehen). – Noch fährst Du! die Nacht ist gut; sei sie Dir gnädig, mit Sicherheit; und Ruhe in der *Seele*! – Als Du weg warst, wollt ich mich sehr ängstigen: ich legte mich hin: schlief einen Augenblick ein, erwachte eifrig, und wie im Schreck: zog mich an, und da Johann immer nicht kam, wollte ich noch Einmal zu Dir, als ich aber eben fertig wurde, kam *doch* Johann. – Ich grüße Dich!!! Möge Gott Dich segnen auf Schritt und Tritt: ich weine dazu! Aber wir wollen uns nicht weich machen. Und lieber froh sein, daß wir uns haben!!! – Schlaf wohl! einzig geliebter, treuer Freund, ich sehe Dir in die Augen, bitte Gott für Dich! Adieu, adieu! für heute; habe die *beste* Nacht!

Montag, mittag halb 2

Wenn Du mich *jetzt* sehen solltest! Du schaltest mich schon, daß ich ohne Interesse lebe. Nun weiß ich *gar* nicht, was ich machen soll. Aber das wird sich geben! Du fehlst mir nur so plötzlich; und es bezog sich hier alles auf Dich. Schon gestern war Wien wie aus*gekehrt.* Ich war diesen Vormittag, nachdem ich angezogen war, der Hitze wegen in Deinem Zimmer und las. Es ist ganz aufgeräumt, das Bette gemacht. O! wie wüst! *wirklich tot* sieht so etwas aus! doch blieb ich drin, und war ruhig; und las sehr Schönes von Saint-Martin. Gott was kann der Mensch alles denken, in seinem beengten Kreise! *das* ist unendlich, die Kombinationen, die ihm da erlaubt sind; diese Enge grade der Witz, wo er als Feder, die heraus will, tätig gemacht ist. Und wie hohl und nichts in sich begreifend ist dieser Vergleich wieder: wie fällt die tote Feder als kalter unbekannter zur unverständlichen Ruhe gefallener Stahl hin! – nimmt man sie da hinaus. Was hat der Mensch für schöne reiche Einfälle, die als Wunder in seine Seele fallen, und in andern Seelen auch leben, weiter leben, und beleben. Was vermag man alles zu denken: was fällt einem alles nicht ein! Darum fürcht ich mich auch vor einem Uhrwerk, und seinem Zifferblatt.

Es wurde mir doch ein bißchen zu kühl, und da ging ich wieder vor, um zu lesen, da lief mir gleich Katti nach, mit allen ihren Mucken, Karessen, Prätensionen und Geplaudere. Sie sagte unter andern: Nun ist die Frrau *allein*!! nun kann ßie nit *spüllen*! Dann kam Dore, und rief ihr zu: der Herr ist hinten; sie möchte hinter gehen. Sie glaubte es *nicht*: und sagte auch nein: aber sie war doch ganz verwirrt von freudigem Schreck; und schrie und lief zaudrend, und sagte trotzig, und hoffend, sie wolle Johann fragen, der würde es ihr schon sagen. Ich war hinten doch ganz ruhig! Du fährst ja unter günstigen Umständen; und seit ich gehört habe, Ihr habt Kirschen, Orangen, Punsch, Wein, alles bei Euch, in dem ganzen Wagen, bin ich ganz ruhig. Auch geht eine frische kühlende Luft, und gegen die Sonne bist Du geschützt. Die Nacht war etwas dunkel. Du bist ja aber so viel schon gereist, und hast zwei Kriege überstanden, und Gefahr ist allerwärts, und allemal, also sind das nur Redensarten der Gedanken, Tätigkeiten der Liebe. Fürchte nur nicht, daß ich mein Leben mit Schreiben zubringen werde: Du wirst wohl noch oft übers Gegenteil jammern: jetzt aber kann ich's grade gut; es erlaubens die Zeit und die Nerven: und wenigstens zuerst, sollst Du noch alles wissen; Du denkst ja auch beständig an mich, weiß ich. Liebe Guste, frage doch Nettchen, ob sie nicht, Gott behüte und bewahre! die zehn Paar Schuh, die sie mir bei Schmidt bestellen sollte, hierher geschickt hat; denn ich habe nichts *erhalten*! Und erkundige Dich *ja* nach Line, und wie es ihr geht, und was sie zu verzehren hat; und schenke ihr etwas. Sie war so lange, und so jung, und so in meiner Not bei mir, daß dies ein *Glück* für sie sein soll, will Gott haben; und es muß ihr auch gut gehen, wenn es *mir* gut geht. Auf *meine* Heirat *hoffte* sie! Und sie hat doch viel mit mir ausgehalten;

sonst war ich ungestüm, und jung, und ohne die jetzige Schonung. Dies alles sage ich, weil *ich's* von der Seele los sein will: *Du* bedarfst nur *ein* Wort. – Adieu, *liebe* Guste! Du sollst mal sehen, wie schön wir uns wiedersehen! Ich sehe Dich an, als wärst Du da! Ach wie lange dauert's, eh Du diesen Brief kriegst!

Abends 11 Uhr

Nun war ich wieder mit Wiesel und Johann bei den Sattlern umher, von 6 Uhr an. – Dann *ging* ich über die Glacis mit W. nach der Bastei, wo wir uns die Leute besahen, ruhig in Mond- und Laternenschein saßen, zu Hause gingen Kaffee trinken, und als das geschehen war, und ich etwas Gutes über Burgsdorf und über das Lügen gesagt hatte, beschloß ich die séance mit einem: je ne dirai pas mieux de la soirée, und er ging. Ich sagte nämlich, man könne so viel lügen, als man wolle, nur sich selbst nichts vorlügen u. dgl. Nun *weißt* Du's!

Aus einem Tagebuch

Baden bei Wien, Sonntag, den 18. Juni 1815

Wunderschönes Wetter: nicht heiß, und nicht zu kühl, sehr erfrischend. Ich nahm um 11 Uhr mein erstes Bad: es tat mir sehr wohl; ich befand mich den ganzen Tag besser, und hustete nur äußerst wenig. Nach dem Essen und der siesta fuhren wir nach dem Schloß der Frau von B. Eine Götterfahrt! in einem weiten Tale, den Schneeberg mit seinen Brüdern immer zur Rechten, links ein weites Tal, mit entfernten Bergen, das ganze Spiel der heitern, nicht brennenden Sonne, kurz, ein so positiv schönes, wohltuendes Wetter, wie es nur vor einem Regentag ist; wir sahen die Frau von B. nicht, aber ihre Kinder im herrlichen Garten, der ringsum weit sehen kann, mit seinem guten Schatten, schönen Bäumen, vielen Rosen, Feigen, Blumen und seinem Schlosse; frei und sicher daliegt; vorher ein rechter Edelhof mit Schafen die Menge, Pächtersleuten, und Zugbrücke; zum vertraulichsten Nachbar der Schneeberg, im breiten Tal in gehöriger Entfernung: schöne Sitze, und heimatlicher Aufenthalt. Die Fahrt zurück war auch gut; Baden groß genug, mit Gebäuden, Kaffeehäusern, Fiakern u. dgl. gut versehen. Die Spaziergänger fleißig. Der Abend wie gewünscht; der Mond sah hinein, und tröstete und erhellte auch noch! Den Abend tranken wir Kaffee, und Madame de Prié war da, rechte gute Unterhaltung, wir speisten auch noch munter; und nach Tisch ging ich mit Frau von Münk im Park; solchen goldigen, Gesundheit ausströmenden Mondabend schenkt das Jahr nur selten!! Himmel, Gänge, Häuser, Laub, alles war so zufrieden, daß es wieder wohltat, und glänzende, helle Ruhe spendete; ohne Geräusch und Tageshitze. Ich regrettierte heftig die Lieben! und seufzte nach Heimat; doch genoß ich's ganz; den Augenblick, mit großem Bewußtsein. Der Himmel ließ wirklich Gesundheit herab; ich dachte nicht daran, aber heute, den Tag nachher, ist richtig der Himmel bewölkt, nämlich ganz grau. In unsern Gegenden ist das so: in Berlin auch. Ich schlief gut bis 8. Wenn mir doch alle Bäder so bekämen! Ich war lange krank.

Montag, den 19. Juni

Gebadet; nachher etwas in den Park mit Frau von Ephr[aim]. Nach Tische nach dem göttlichen, zu wenig berühmten Helenental. Durch lauter bebaute, äußerst angenehme Gartenanlagen, Landbesitzungen, Osterien, und Dorfhäuser, kein wüster Fleck bis hin: das Ganze nah gelegen, dem kleinen Bachstrom entlang, Felsen zur Linken; gegen Abend zu. Wir fuhren in zwei Wagen. Frau von Arnstein nahm einen Mann mit einem Dudelsack, der im Tale vor ihr auf dem Steinen-Steg vorschritt. Besäet waren die schönen bequemen Gänge aufwärts und im Ebenen mit artigen bunten Spaziergängern, deren Wagen an einem Einbug des Wassers und Felsens hielten. Herden gingen unter der Bücke durch den steinigen Fluß, Ziegen klimmten oben auf den Höhen, die Sonne flammte, dunkel und hell über Baumlaub, Sträuchern, Gras, Felsen, Berge. Mädchen sangen komische Lieder zu Harfen. Frau von Ephr[aim] war außer sich, mich das alles sehen zu lassen. Ich ging etwas. Wir fuhren nach Hause; gingen noch in den Park im schönen Mond. Ich erhielt einen Brief von August.

Mittwoch, den 21. Juni

Sehr schwüles Wetter. Es kam ein starkes Gewitter mit besonders heftigem Regen. Herzog Serra-Capriola von Neapel angekommen.

Er war natürlich, und unterhaltend von seiner Reise. Als die Sonne unterging, wurde es sehr windig; zur Nacht kam noch heftigerer Wind. Diesen Tag machte ich die Bemerkung: daß, wenn man jemand heftig tadelt, alle seine Fehler, und sein ganzes Unrecht eingesteht; und nach einem solchen noch so harten Geständnis sagt: ich liebe ihn doch! – so liebt man ihn wirklich: und er verdient's, weil er es zuwege bringt. Fängt man aber etwa so an: Ich bin doch F. sehr gut, oder: ich bete doch die M. an, aber *das* muß ich von ihm sagen, oder: diesen Fehler hat sie: so ist es ausgemacht, daß diese Person *nicht* zugibt, daß man sie liebt, man mag es verhehlen oder beschönigen wollen, wie man will; und man hat wieder recht, nur nicht im Ableugnen gegen sich selbst. Frau von L. wohnt sehr hübsch und doch mit einer ländlichen Aussicht: sie hat ihren alten Vater bei sich. Mama wohnte nie auf dem Lande: ich wünschte sie noch.

Sonnabend, den 24. Juni

Kaltes windiges Wetter mit Regenschauer. Gebadet, nicht besonders befunden. Von unserm Vorpostengefecht gehört. Ich faßte den Gedanken, daß wieder Krieg sein soll, nicht, war schrecklich ergriffen und verdutzt. – Wir gingen Simson sehen ins Theater. Man gab es nicht schlecht. Das Sujet drang tiefer in meine Seele, machte mich reger, als irgend etwas hier in den ganzen neun Tagen. Es war mir lieb. Baden hat von den Bädern, die ich kenne, das beste Theater: auch der Saal ist schön, das Publikum vornehm.

Sonntag, den 25. Juni

Gräßliches Wetter. Diner mit Kalenberg, Herzog Serra-Capriola und dem Spanier Labrador, den sie zu sehr fêtieren. Er ist wie viele Südländer, wenn sie etwas gescheit sind: das kennen sie nicht. Der andre ist besser und einfacher. Wir fuhren nach St. Helena in einem wahren Sturmwind, ich meinte, es würde schneen. Wir trafen ganz Wien in Helena, im Tale war es besser. Wir fuhren nach; Gräfin Dietrichstein, Frau von Mink und ich gingen in Johann von Wieselburg, eine komische Oper, Jean de Paris travestiert. Gut gegeben. Elegantes Publikum. Als wir nach Hause kamen, war die Nachricht von Blüchers und Wellingtons Schlacht da. Gottlob, daß es nicht das Gegenteil ist! Aber wie schrecklich in unwillkürlichen halb gelogenen Zuständen, die mir jede Faser erschütterten, fühlte ich den ganzen vorigen Krieg. Und vermißte dich sehr. Marquise Prié, Graf Keller, alle blieben zu Tisch. Tausend Besuche kamen und gingen, die Freude zu bringen. Was wird *sie* bringen? Ich schlief nicht; der Abend war hübsch. Ich aber nicht.

An Varnhagen, in Berlin

Baden bei Wien, den 20. Juni 1815
Morgens halb 11. Heißes Wetter.

Gestern, als wir aus dem Helenental nach Hause kamen, fand ich Deinen lieben, liebenden Brief aus Prag vom Donnerstag. Freitag bin ich hierher gezogen, Freitag warst Du in Töplitz. Du dachtest bei allem an mich. Ich gestern, in dem barocken und doch wohnigen Felstal, mit allen seinen Augenspielen, an *Dich*! O! eine solche Wohnung, wie es da ganz städtisch und bequem gibt, in Ruhe und Beschäftigung, muß eine Seligkeit sein. Doch bin ich sehr zufrieden, dies alles hier auf so eine heitere bequeme Art zu genießen. – Wir gingen gleich nach dem Ankommen in den Götterstegen umher, wo viele Leute waren, Ziegen klimmten, Hornvieh durch Steinbäche schritt, Dudelsäcke spielten, Sängerinnen zu Harfen jodelten, Griechen umherzogen; dicht am Bach, der die Berge zum Tale trennt, tranken wir in einem Wirtshause Kaffee. Ich sah nur die Gegenstände. Die Gesellschaft gut und unbefangen, und ihre ganze Prätension nur an das Tal. Die Damen außer sich, mir die Schönheiten zu zeigen! Frau von Arnstein noch tausendmal besser, als in der Stadt; auch nicht der entfernteste Gedanke von Prätension an ihre hausgenössischen Gäste, die die völligste Freiheit und nur das Gute genießen, was das bequeme Haus mit sich bringt mit seinen zahlreichen Dienern und Pferden. Sie *wollen* hier nichts, als sich und die Gäste unterhalten ohne Ängstlichkeit. Die schöne Gebirgspromenade vor der Tür, wo wir auch noch bis zum Souper – kommode gemacht – im Mond uns erfrischten. Jettchen, Mariane, Frau von Münk und ich. Frau von Ephraim tut alles Mögliche mir zu Gefallen. Jettchen, Mariane, sind eben so viele Freundinnen. Ich habe Bücher für alle; es existiert ein Papiertausch, ein Bonmotstausch; man erzählt sich die ernstern Anliegen, mit Einem Wort, das beste angenehmste Vernehmen. Arnstein selbst ist munter, artig, und sehr gut zu leben. Meine zwei Bäder – *un*schädlich sei das Rühmen!! – haben meinem Husten sehr wohlgetan. – Ja, Guste, ich habe große, viel Ursach zufrieden zu sein. Von seinem *Gemahl* solche Liebesbriefe zu bekommen, die einen so bewegen, denen man so mit der besten Sehnsucht aus ungetrübtem Herzen danken und erwidren kann, ist wohl ein Glück zum Knieen; Knieen, wie Tasso, der sie verdient, und doch nur als Gnade sich die seltene Krone aufsetzen läßt. Die Krone, die eigentlich nur erforderliche Bekleidung, nötige Bedeckung, ja eigentliche Vollendung jedes richtigen gesunden Hauptes sein müßte, sein können sollte, und nicht ist, *so* selten ist, und seltener, als die paar Königskronen! Ich nehme es ganz in mir auf; die Himmelssendung! So nahm ich auch das Unglück hin; als reines Unglück; ganz geschmeckt: nicht geheimlicht noch entstellt, oder verstellt; oder mit schiefer Heldenkraft. Ich drückt es an mein Herz, in mein Herz; und verzehrte es. *Aus* der unverständlichen Welt, hinaus sollte es: es brach an meiner Person, an meiner Brust, ich nahm es in das Blut meiner Seele auf: weg ist es von der Erde, aus der Welt; und *mußte* noch zum Guten dienen. Gott ich dank dir! für diese Erhellung, für diese Meinung, nach dem unleidlichen Schmerz, nach dem Verschmachten beim Versagen. – Ich war wieder unverhofft in dem göttlichen Helental. Veras reisen morgen nach Rom – er läßt sich Dir empfehlen –, die kamen hier Abschied nehmen, und da ward ihnen dies noch geschwind gezeigt. Ein schöneres spaziereingerichtetes Tal sah ich *nie.* Es ist göttlich, mehr als man davon sagt. Gott wie ist es schön hier, und wie denk ich an Dich und die älteste Schwägerin! Sag es ihr.

An Varnhagen, in Berlin

Vorvorgestern erhielten wir hier die Nachricht des ersten Gefech-
tes, wo *wir*, Zieten, zurückgedrängt wurden: ich bin kein Narr
mehr, und weiß was das heißt. Wie Adam vom Tod 'hörte, muß
ihm so [zu] Mute gewesen sein, als mir. Ich wußte nicht, daß es
Krieg gab, denn ich glaubte, es bliebe Friede; *noch*. Der ganze vorige Krieg stand auf den Beinen in mir auf. Kurz, ich bin gesund,
fahre aus, esse. Genug von mir Magd, *Nichts!!!* ... Vorgestern
abend erfuhren wir hier von unserm Sieg. Damit Ihr wisset, *wie*
man's hier weiß, schicke ich das Extrablatt: und so steht's *eben* in
dem gestrigen Beobachter. *Noch* rühmlicher für die Preußen in
der Wiener *Zeitung*. *Alle* hier loben uns *sehr*. Blücher selbst
schrieb gleich nach der Schlacht, es zittern ihm alle Glieder!
Freut Ihr Euch? – Bei dieser *Frage* wein ich, *Gott! dies wieder!* Und
die Erschütterung: der *Dank!* Ach wie hart waren wir dran. *Was*
gewinnen wir? Wo ist *er:* was wird er nun beginnen, wen anfallen?
Schreibe mir *jeder, der's erfahren kann*, ob Willisen lebt. Er war Ad-
jutant bei Hünerbein. – Bis hieher schrieb ich, als ich zum Bade
mußte. Nun ist alles möglich, nun kann alles kommen: hofft auf
alles: ich habe *geschwommen*. Das Bad ist nämlich ein großer Saal,
voll Wasser, wo mir das Wasser über den Kopf geht. Nach uns
hatten die Prinzessinnen von Kurland ihre Stunde, heute ließen
sie uns um unsere bitten, und es kam so, daß wir mit der Herzogin Sagan zusammen badeten. Sie freute sich sehr mich wiederzusehen – von vor achtzehn Jahren in Töplitz, oder sechszehn –,
sie schwimmt exzellent, und so redete sie mir so lange zu, bis ich
mich von ihr schwimmend herumtragen ließ; mit einer großen
Blase, die einen sehr angenehm trägt. Es ist ein großes Vergnügen. Nun wird sie immer früher kommen: und wir schwimmen.
Sie ist sehr schön, und ich amüsiere mich sehr. Auch erfährt man
alle Neuigkeiten. Sie wird uns gleich Blüchers Brief schicken. August! wenn das Gentz wüßte! Dies war seine größte terreur in
Prag. Der immer dachte, er müßte mich vor lauter Verleugnen in
die Erde stecken, vor dem Verscheiden, bloß wegen Herzogin Sagan.

Heute muß ich die Herzogin allein lassen; sie versprach mir gestern, früh zu kommen. Es würde mir großes Vergnügen machen, mit ihr zu baden, weil ich sie von Kindheit an persönlich sehr liebe; und sie mich schwimmen lehrt, welches ein göttliches Vergnügen ist. Nun kann ich die Bäder nicht ertragen: – also kann ich das Vergnügen auch nicht haben. (Aber welches *andere* hab ich!) Dies alles war Datum. Nun kommt von meinem Glück, und Vergnügen! Gestern erhielt ich Deinen ersten Brief aus Berlin. – Ich schäme mich vor Gott, August, solche Briefe zu bekommen. Es freut sich unser Herz, und unsere Seele, wenn wir erkannt, anerkannt, und geliebt werden: aber so Großes verdien ich nicht. Wenn Du mich recht lieb hast, so habe ich lange mein Teil; Du liebst was Du schätzest, Wahrheit, Natur; Unschuld im Sehen, Streben, und Meinen; und einige ursprüngliche Gaben; und meine Geschichte, denn das sind wir selbst. Aber so sehr, herzgeliebter Freund, mußt Du mich nicht beschämen! *Dich* liebe ich in dem Brief, und in dem Lob und Ruhm. Dich. Einen, der so etwas in seine Seele schließen kann, in sein Herz kann übergehen lassen, in sein Dasein aufnehmen kann. Du weißt warum, und wie ich Dich liebe, Du hast es mir selbst geschrieben: und *besser* will ich von solchen Briefen werden. Ich bin nicht von schlechtem Teige; mich bringt solch Lob zu mir selbst, führt mich zur Untersuchung, meines Wertes; und dem, was ich leisten kann, und macht mich wirklich besser, weil es mich aufmerksam, rege, und fleißig macht: allert in vormaliger Sprache. Ganz über allen Ausdruck freut es mich, daß ich Dir nach unserer Verheiratung güter sein kann, als vorher. Sonst *konnt* ich doch noch vergnügt in dem Gedanken, mit einem Plane sein, der mich von Dir entfernt gehalten hätte. Jetzt nicht mehr. Zu bestimmt war unser Zusammensein, zu gut das Leben miteinander; zu groß Dein Verlust; und also der meinige: zu allgemein und tief und lange unsere Mitteilungen; zu groß die Erlaubnis dazu, und die Sicherheit darin; und der Beschluß der Seele. Du verstehst mich. Ich bin wie verloren: ohne wahre Mitteilung; es sieht keiner die Dinge hier wie wir. Meine Weiber sind recht gut; aber bei weitem nicht bei mir. – Ich höre alle Tage Graf Keller, General*, Fürst**, und die ganze Welt sprechen. Die gehen von Punkten aus, wo ich nie hinkomme. – Ich kenne *alles* von zu Hause: und regrettiere es nicht: regrettiere nur, daß *dies* zu *Hause ist*. Ich kenne *alles* aus jenem Kreise, von dem Du mir schreibst: nur, daß sie sich so gar nichts aus mir machen, rückt sich mir immer aus den Seelenaugen. Weil sie wahrhaft von mir genährt sind, und ich es so gut, als sie, vergesse; und weil eben dann, Äußerungen, aus diesem Lande, Früchte dieses Erdreichs, wie von selbst, eine Verschwendung von Liebe voraussetzen, wie mit sich bringen; und so täusch ich mich, glücklich und belohnt, meist selbst: und wenn ich mich täusche, seh ich's ein; und da mag der Teufel nicht vergeben. So soll es sein. Was wir sind, wissen wir nicht: wie wir sind, ist uns gegeben; wären wir nicht gut, *zum* Guten, so müßten wir uns so *machen*; die Hölle ist ganz überflüssig. – Du sprichst sehr schön von Menschen, und Naturschicksal! bei mir ist kein Wort verloren. – Gehörig empört kann ich auch sein; das weißt Du: besonders wenn mir die Elendigkeit grade schadet, und eine große Rolle spielt. – Katti habe ich seit Wien nicht gesehen; das Haus ist so voll, daß ich sie nur werde kommen lassen, wenn Arnsteins wieder auf dem Garten wohnen.

Freitag, 12 Uhr Mittag

Eine Sündflut von Regen; auch heute bade ich nicht. Gestern abend von 8 bis bald 9 ging ich, als nur eine Art Pause im Wetter war, mit Frau von Ephraim, und Johann, spazieren, wo wir die Berge und weiten Aussichten in den großartigsten Himmel gehüllt sahen: Wolken waren es gar nicht mehr; es war wärmlich, und sah aus, wie ein ferner künftiger Winter, den einem der Sommer zeigt; dunkler, als es die Jahres- und Tageszeit mit sich bringt, vor lauter Wasserfülle; denn, diese war's, die gestern noch in den tausendfachgrauen Wolken die heutigen Güsse enthielt. Wir gingen auf den Bergpfaden, die wir mit Bartholdy besuchten: Du weißt, wie weit und schön man da sieht. Wie wünscht, und vermißt ich Dich. Ich denke immer, ich gebe Dir ab, was ich kann; wenn ich recht an Dich denke. Du gönnst es mir. Sobald es der Krieg erlaubt, komme ich nach Frankfurt: spioliere – Spiolieren kommt von Spekulieren und Spionieren – nur auf ein Quartier. *Miete* es aber nur nicht! verschwenderischer Liebhaber! Wenn wir doch erst eine fernere Nachricht, einen preußischen Bericht hätten, über unsern Verlust! – Ich spreche viel mit der S. nicht zu ihrem Schaden. Sie hat es gern; und *liebt* Wahrheit: ist aber auf einem Fuß mit ihr, wie ich mit schönen großen Tieren. Ich tadle sie *nicht*. Sie hat Gutes und Schönes. Adieu.

An Varnhagen, in Frankfurt a. M.

Baden bei Wien, den 2. Juli 1815

Die Sonne scheint bald, bald nicht, nach Sündfluten. Gestern abends kam ich mit Augusten und Frau von M., einem Engländer und Franzosen und anderer Gesellschaft von Rauneck, einem hohen Berge mit Ruinen, wo ein eckiger Turm steht, den ich noch obenein durch viele Treppen bestieg. Göttliches sah man oben. Ringsum ins Unabsehbare, Horizont hinter Horizont; das unglaublichste Lichterspiel, von Dunkel und Hell, auf Kornfeldern, der Schwächat, die wie ein Tier das Tal bekroch, und sich wand, auf Dörfern und Besitzungen ohne Zahl, auf dunkeln, eigensinnigen Bergen. Schafe weideten, Holz wurde gefällt in den Bergwäldern, und lag reinlich, tot und duftend da; auch einen Gewitterschlag hörten wir, aus einer zum Platzen verdrießlichen, dunkeln, sich senkenden Wolke. In manchem Talfleck im Gebirge war's *so* still, daß man nichts, und nur Vögel hörte; denn auch wir, all die Nationen, schwiegen auch. Es war ein Sonnentag nach langem Regen. Nicht feucht; junges Wetter, herrlich! Ohne Dich. Ich empfand es, dacht es immerwährend. Auch an Marwitz dacht ich: und will immer, wenn ich nur kann, *wann* ich das Freie sehe, das er so sehr liebte, so sehr verstand, seinen Namen, zum Zeichen, daß wir ihn missen, immer nicht vergessen, daß er nicht tot *sein soll*, aufschreiben (wieder ein Platzregen), wohin ich nur kann. *Ein* Moment war unbeschreiblich; als wir von unserer Ruine so ziemlich ins Tal hinabgestiegen waren, wo es nicht groß und nicht klein war, schien die Sonne nicht mehr; nur auf *einer* uns gegenüberragenden andern Ruine, die durch Optik ganz im Kreise unsers nicht beschienenen Tales eingeringt war: es war der Abend *selbst*. Unschuldig, verhältnislos, unpersönlich, ungekränkt, ohne Forderung, paradiesisch, ohne Unfall: ganz still atmete er selbst,

Glück ein, Glück aus, ohne Zukunft, er war da, befreit, in Glück. Da war's, wo wir alle ganz schwiegen. Könnt ich Silbenmaß finden, wie ich einsehe, fühle und Worte finde, so machte ich hieraus ein bleibendes Gedicht. Als sich nach Hause kam, nur in die Haustür, gab man mir Deinen Brief.

An Varnhagen, in Paris

Baden bei Wien, Mittwoch, den 19. Juli 1815
Bei schöner Hitze vor dem Bade, nach einer göttlichen Mondscheinnacht, die wir bis 12 Uhr im Park und auf dem Anfang der Berge genossen; welches mich sehr stärkte, wie besonders jetzt wieder die Nachtluft. – – Obgleich Dein Brief lange ging, und nur aus Deutschland ist, beruhigt er mich doch sehr, weil ich nun glaube, Ihr seid vorbereitet, und werdet behutsam sein; und die Dinge sich immer ändern und wenden; und besonders nicht so sind, als man zu befürchten nötig hat. *Ich denk in allem wie Du.* Und mache meine alten Fragen an uns – Alliierte. – Wie freut es meine Seele! – doch *eigentlich* (*Du* weißt es) mit Goethen gleich zu denken und zu fühlen, über unsere Geschichten und ihre Helden: nicht umsonst, denn nicht ohne Grund empfand ich Welt und Licht, die Natur – eigentliche Geschichte – wie er. Ich bin nicht vermessen; wenn ich mich auch vergleiche. So wie ich es sage, find ich es wahr; und dann kann ich's auch sagen: und so sehe ich auch die Menschen an, auf die man merkt. Ja, es geht *so* weit, daß, hätte man mir die ganze Zeit das Gegenteil von Goethe berichtet, ich wäre ebenso gewiß in meiner Seele gewesen, daß er's so nimmt, wie man es jetzt so eilig, patriotisch, kleingesehen, feig und selbstisch tadelt. Den Egmont schreibt man nicht von *ungefähr* und ändert sich *nachher*. Wie die andern, die *nichts* geschrieben haben, in ihren oft dicken Büchern: nichts was sie wirklich wären! die immer einem Zeitalter *nach*, aber nie *vor* sprechen. Geschichte *sieht* man, konstruiert sie selbst: die geistige Entwickelung der Völker ist ihre Geschichte: und die bringen Sterbliche, wie Goethe, her*vor*, indem sie sie sehen, verkündigen, prophezeien, auch rückwärts, wie Friedrich Schlegel in der guten Zeit wußte, und sie sind es, die ihr Volk umbilden. Aber aus eben diesen Ur-

sachen murrt immer das Rohe im Volke gegen ihre Moses, Sokrates, Goethen! – Wie freut es mich, daß Du auch schweigen willst, nicht mehr reden kannst! Wahrstes Zeichen der Reife. Was man alsdann Einmal sagt, wirkt und nährt; auch wie reife, süßsaftige Früchte, die zwischen Blüte und Reife auch schweigen; in Säure und Härte. – Goethe hat den Leopoldsorden bekommen. Wie freut das meine Seele! Daß Weisheit, innere große Gaben gekrönt werden, Meistergelingen der Natur; daß man Wirken in unserm Vaterlande erkennt, und nicht auf eine Tat wartet. Er dankt ihn wohl der Kaiserin; seiner Helden-Este Enkel! Heil ihnen noch *jetzt!* den geistreichen, edlen Fürsten! Sie und Goethe machen es *wahr*, was er im Tasso sagt, von der Schwelle, die ein Edler betritt! So schließt sich Gutes an Gutes, und so mag es zur höchsten Glorie in Ewigkeit gedeihen! und ein jeder Lebendige, wie jetzt Goethe, schon bei seinem Leben den Lohn *genießen!* In *solchen* Dingen möge sich Österreich und Preußen beneiden! dann strahlen sie beide hell nebeneinander. *Dann!* sind sie von *Natur* Eins. – – – Wie sollten wir auch nicht ehrlich miteinander sein! Wir *können* ja! Es ist eine Kunst. Nach unserer Definition. Gott! wie lügen die andern! – so sehr, daß sie ein Klump Lügen sind, den man mit dem Fuß auseinanderstoßen kann. (Jetzt sehe ich's wieder recht.) Aus ekelhaftem Stolz, aus stupider Dummheit: weil sie Besseres wären, wenn sie ihrem wahren Begehren lebten, dies und ihr eigentliches Vermögen gebrauchten und zeigten. Strafwürdige, gar nicht zu beachtende Kanaillen, die andre zu tadeln sich in stupider Frechheit erkühnen. Mit sündhafter, karger Sittlichkeit, auswendig gelernter, der selbst sie noch in jedem Augenblick untreu sind. Echtes Krob! Mir tut keiner nichts; glaube es *nicht*: aber sie sich, und einer dem andern; und die verfaulte fleißige *Ekellüge!* Solche zusammen, tadeln Goethe, wollen Solches *richten*. Verstehen nicht, was sein *letzter Pöbel*, nur zum Beispiel, im Egmont sagt. Lumpen; deren ›kahlen, schuldigen Scheitel‹ die Sonne, die hohe, große, in *andern* Geschäften – bescheint –! Mündlich gebe ich Dir Belege für meine Empörung; was sie alles sagen, tun, erzählen: in dem Wahn, ich soll es *bewundern*!!!

An Varnhagen, in Paris

Nein, August, welches Glück! Ich kann auch nicht zu Bette gehen, ohne es Dir zu melden: wie weinte und bangte meine Seele schon, daß Du es nicht mitgenossest. Gestern, in einem Brief, den ich dem Chevalier Capadoce-Pereira mitgab, und den Du spätestens Mittwoch erhältst, referierte ich Dir doch unsern ganzen Aufenthalt hier: heute nacht sind die Jetten weg, ich in einem angenehmen und angenehm gelegenen Quartier, in einem niedrigen Hause, meine Wohnstube nach der Allee, wo das Komödienhaus steht, mein Schlafzimmer nach einer andern Straße, das Haus hat keinen Hof. Vallentins im Schwan, grade gegen meinem Schlafzimmer über: bei ihnen aß ich, sehr gut, und bequem: schlief zu Hause, und fuhr um 5 in dem Götterort, in der Anmutsgegend, mit ihnen aus; als ich hinabkam, saß noch ein Herr im Wagen; ich glaube Weiland stellten sie ihn mir vor; ein Klavierspieler, der alles liest, weiß, gereist ist; kurz, ein gebildeter, neumodischer Mensch, der *so* viel weiß, daß es leicht an Narre grenzen kann; sehr dem Prinzen ähnlich mit den ausgestochenen Augen, dessen Namen wir nicht erfahren konnten. Ein Jude; dem man's nicht anmerkt. Er spricht sehr gut. Wir fahren zu einem herrlichen Tore hinaus, an einem herrlichen Kai am Main vorbei, an kultivierten Gärten in der wohlhabenden Gegend, durch Weingefilde, im köstlichsten *gesündesten* Wetter (wie es in *zwanzig* Jahren nicht war), nach einem Forsthause, wo man Kaffee nimmt; dort gehen wir im Walde spazieren; wir treten endlich *aus* dem Wald, sehen eine weite schöne Wiese, am Ende ein hellbeschienen Dorf. Der Herr fragt, ob wir das sehen wollen. Ich sage, die Sonne sei zu stark, lieber später; er sagt, es ist Niederrad, das Dorf, wovon Goethe so viel schreibt, wo er immer mit seinen jungen Freunden hinging. Dann wollen wir durch die Sonne, sag ich: und Schauder griesel mir über die Backen. Getrost, fröhlich, ja zerstreut im Gespräch, gehen wir hin; es hat Straßen, wie die österreichischen Dörfer; ich tadle das; wenig Menschen gehen hin und wieder: *ein* niedriger halber Wagen, mit einem Bedienten, fährt den langsamsten Schritt; ein Herr fährt vom Bock, drei Damen in Trauer sitzen drin, ich sehe in den Wagen, und sehe Goethen. Der Schreck, die Freude machen mich zum Wilden: ich schrei mit der größten Kraft und Eile: »Da *ist* Goethe!« Goethe lacht, die Damen lachen: ich aber packe die Vallentin, und wir rennen dem Wagen voraus, und kehren um, und sehen ihn noch einmal; er lächelte sehr wohlgefällig, beschaute uns sehr, und hielt sich Kräuter vor der Nase, mit denen er das Gesicht fächelte, das Lächeln und das Wohlwollende uns, aber besonders seiner Gesellschaft, die eigentlich kikerte, zu verbergen. Der Wagen hält in seiner Langsamkeit endlich ganz, der Herr vom Bock wendet sich, und sagt: Das ist der Schwan! Nämlich, *das* Wirtshaus, von welchem Goethe schreibt, dort immer eingekehrt zu sein. Also auch Goethe ging heute in seine Jugend wallfahrten, und *ich*, *Deine* Rahel, trifft ihn, macht ihm eine Art Szene; greift ein in sein Leben! *Dies* ist mir ja lieber, als alles Vorstellen, alles Kennenlernen. Als ich ihn das zweitemal sehen wollte, sah ich ihn *nicht*, ich war so rot wie Scharlach, und auch blaß, ich hatte den Mut nicht. Und als er vorbei war, am Ende der Straße durch ein Fabrikgebäude und eine Pappelallee entlang aus dem Dorfe fuhr, zitterten mir Kniee und Glieder mehr als eine halbe Stunde. Und laut, und wie rasend, dankte ich Gott in seine Abendsonne laut hinein. Auch die andern konnten ihr Glück nicht fassen! sie hätten es gar nicht gewußt; Vallentin sagte, er sei der Büste ungeheuer ähnlich; sie ist ganz beglückt. Und noch Einmal müssen wir Gott danken und hoffen: er hat sich in den *zwanzig* Jahren gar nicht verändert, *ganz* wie ich ihn sah; und *sehr* vergnügt beobachtete er uns. – Ich schrie *so sehr*, aus *Eile*, die andern sollten ihn *auch* sehen, und weil man's *gar nicht* erwarten konnte! *Ein* Wagen, und das ist er. Den Mainherrn nennen wir ihn: er ist Herr hier. Das erfand ich gleich. Gott, August! ich bin so agitiert: *wärst* Du hier! (Jetzt wein ich.) In diesem Mond, *heute*! Wer gönnt es mir wie Du? Meine lieben Augen *sahen* ihn: ich *liebe* sie! – Geheimerat Willemers Familie waren die, welche mit Goethen fuhren.

Frankfurt a. M., den 27. August 1815
Leset in Goethes Leben, erster Band, von Seite 427 bis herab Seite 437. Und wenn ihr sie ins Auge fasset, wird die goldene Weisheit euch verblenden, verstarren in Bewunderung! Er schil-

dert *ganz* die heutigen Erscheinungen in Wien, Paris und allerwärts, die *neuere* Begleitung und Folge des Kriegführens; hebt
durch den bloßen Blick, mit Worten, ein solches Stück Geschichte aus dem Zeitenflusse, daß es sich wiederholen muß, wie
vor wahren Propheten! Den Gärungsprozeß des Abgestorbenen,
welches man in guter und schlechter Meinung erhalten will, mit
der sich neu erzeugenden Mischung; wie das dumm, lächerlich
und traurig wirkt, weil, der Masse nach, zu wenig Bewußtsein, als
Sonne, es reinigt, bildet und gestaltet. Auch ich dachte dadurch,
und in welcher Zeit, in welchem Ort ich das Buch lese, viel nach.
Und sehe in allem, was Menschen wirklich mitzubereiten imstande sind, nur das Eine: daß Weniges in der Natur gelingt, und
sich nach ihrer wahren Absicht ausbildet; so auch in des Menschen Natur; *alle* sollten selbstständig und selbstdenkend, daher se-
hend und erfindend, sein, das ist ihr *natürlicher* Zustand. Aber der
ist so verweset und verwirrt, daß die, welche naturgemäß sind,
Ausnahmen machen, und Genies sein müssen, oder genannt werden, und alle andern in trübem Dasein denen alles auf eine Weile
nachmachen; immer wenn es schon unzeitig ist, also verkehrt.
Das geht auch wieder ganz deutlich aus Goethes Buch hervor;
dies nennt man *beständig fort* die alte und die neue Zeit: es wäre
immer eine neue, wenn man nicht faul, dumm, albern, dünkel-
haft-stolz übertragen wollte: denn in der ganzen Weltgeschichte
wirkten und sahen nur, die groß, die frisch wirkten und sahen,
und belebt: und die belebten.

An Varnhagen, in Paris

Frankfurt a. M., Mittwoch, den 30. August 1815
Es war den Sonntag natürlich die Rede von Goethe, und da erbot
sich dann Otterstedt wieder, *er* wolle hin, und ihn schaffen; welches ich verbat; er sollte ihn nur wissen lassen, wer es war, der
ihm in Niederrad nachschrie. Frau von Schlosser meinte, ich solle
nur grade mit Otterstedts zum Kommerzienrat – der ein preußischer ist – Willemer hinfahren, und dort die Damen besuchen!
Das fehlte mir! – Das alles mißfällt mir: Goethe muß ich anders,
natürlich, sehen: wie alles. Du weißt, im Leben hab ich noch

keine Bekanntschaft gesucht, als eine, der mehr an mir, als mir an ihr liegen mußte. Man steht sonst zu dumm da; was sollt ich Goethen sagen. Wenn er sich's erinnert, weiß er wie ich ihn liebe; oder auch nicht: denn dies grade weiß er nicht. *Povero vecchio!* rief einmal über das andere neulich, in den einfältigen Stücken, eine Italienerin neben mir aus, die nicht ein Wort deutsch verstand, und der ihr Gemahl, ein russischer General, alles ins Ohr übersetzte; povero vecchio! wie ein Wucherer ein schönes junges Mädchen *nicht* bekam, und bekommen sollte. Er sah ihr so mitleidig aus. Bedauerlich! wollte ich jetzt auf Goethe sagen: das *heißt* poveretto. Dies fehlt ihm; den Genuß schenkten ihm die Götter *nicht*; den refüsierte das Schicksal. Ich habe *Unendliches* von ihm gehabt. Er nicht mich. Und so lass' ich es denn! Getrost. Mich *dünkt* sogar, es muß Wichtiges im Leben zurückbleiben, Wichtigstes, worauf wir einen größten Wert setzen; mich dünkt es so, wenn das Leben selbst sehr wichtig, oder vielmehr wir uns so bleiben sollen. So hab ich es kennenlernen, und erlernt; dazu hab ich Kraft: im Gegenteil bin ich ganz ignorant, und verstehe es wahrlich nicht; die größten Menschen sind gewiß die, welche im Vollgelingen des Glückes ergründen, sich ausbilden, und Kräfte bekommen: solcher bin ich nicht, und solche Starke kenne ich auch nicht: auf solches warte ich nicht, aber solche möchte ich noch kennen: *sonst* ›acht ich keinen Mann mehr!‹ wie Schillers Elisabeth, ziemlich dumm und unverständlich, zu Posa sagt. Ihre Gaben, ihren Herzenskern, liebe und schätze ich noch: aber einen ganzen Menschen bewundere ich *nicht mehr*. Im Ganzen sind sie nicht besser, als ich. Marwitz war der letzte, den ich über mich stellte; mit Tränen hat er's gebüßt; und *steinern* fand mich *dieser Engel*; der aber *nicht* mehr war, als ich! – Verstehst Du mich? Nun will ich Dir aber in allen Dingen aus meinem Herzen keine Mördergrube machen, wie der selige Möllendorf zu sagen pflegte. Auch über Gegend will ich Dir wahr sprechen – (schöne Weintrauben! steckt ich sie Dir in den Mund! Ich gönne mir nichts allein, es freut mich nicht) – schon das letztemal, und auch das vorletztemal in Töplitz, fand ich, ein schönes, reizendes Tal wird mit der Zeit fade, durch seine bestimmten Gesichtspunkte, als ein Berg, oder dergleichen Hauptpunkte, wenn nicht auch eine öde, unendliche, wüste, weite, ernste Seite zum Ausweg des beschränktern Daseins dabei gelassen ist; so fand ich's in Baden, und hier. Und so ängstlich das ärmliche Sandtal bei uns durch den Gedanken wird, daß man ohne unendliches Fahren zu nichts Wohlhabendem, Freundlichen kommt, so ist doch die großartige Seite befriedigt, und *affadiert* fühlt man sich nie. Dies, was ich hier nur skizziert und schlecht ausdrücke, aber bestimmt immer gefühlt habe, hat gewiß auf uns Brandenburger und Berliner gewirkt, und längst schon behauptete ich, keine Provinz habe weniger Narren. –

Zu Schl[osser]s geh ich nicht mehr; die wissen auch, meiner großen Bescheidenheit wegen nicht, was sie mir schuldig sind: sie treffen O., der sie nie besucht hatte, und dessen Frau ihr Gesicht sie nicht kennen, zufällig bei mir: ich amalgamiere sie, wie immer: er spricht von sie besuchen; sie laden O.'s zum Diner, und nicht mich. Wie erwünscht mir das Zuhausespeisen, und das Auslassen, weißt Du, die Grobheit ist aber dieselbe. Nie auch wär ich hingegangen, hätten die Frau von Schlegel und Pilat mich nicht so sehr dazu ermuntert; und hätte ich nicht gehört, daß diese Familie Goethens Schl[osser]s sind. Da ich nun ohnehin die Reise vorhabe, so ermutigt mich das nicht, zu Frau von Jordis Schwester zu gehen, deren Haus freilich aus ganz andern Leuten bestehen mag. Ich wiederhole es; man muß nur die suchen, die einen nötig haben: und so tat ich immer. Ich *bin* nicht eine Treiberin meiner selbst, obgleich ich viel getrieben habe.

Es ist mir unmöglich, Dir jetzt anders zu schreiben, obgleich seit gestern die zärtlichsten, ergiebigsten, hingebendsten und weichsten Töne in meiner Seele für Dich geherrscht, gelebt, und auch gewirkt haben: aber diesen Morgen grade kam ich in den genannten Zustand, und jetzt hab ich sehr geweint, seit *langer* Zeit. Auch ich habe mit dem Schicksal gerechnet. Wovon ich seit Kindheit an mit hoffnungslosen Ohren hörte, eine Rheinreise, wird mir nun *so* geboten. Frankreich, welches mein Augenmerk für meinen ganzen Geist, Eitelkeit und Spannung aller Art war, hab ich schon einmal in *Verzweiflung* besucht, nach F[inckenstein]s Verrat, und von meiner dummen Familie, wegen zwanzig Louisd'or weniger oder mehr – die mir zukamen – gemartert, so, daß ich gerne, und früh wieder wegeilte; und nur meine Kräfte und mein Wesen mich Genuß finden ließen! Wien, mein Augenmerk und meine Lust, sah ich nie, solange meine muntern Freunde, die großen Sänger und Mozart und die gute Musik dort waren, und Luxus und Diplomatie, die mir damals gefielen, und als Gentz mich unaufhörlich lud. Gott behüte mich für Italien! – Ich freue mich auf gar nichts, als wie ich mich mit dem Kopf an Deine Brust lehnen werde und Dich ansehen werde, und die Reise werde überstanden haben; und vielleicht geht auch die besser als ich denke; bis Aachen gewiß! – Ich traue Deinen Berichten; das siehst Du, denn ich komme: in beiden Kriegen waren Deine Nachrichten und Ansichten immer die richtig eintreffenden. Halte Dir nur Remi zur Hand, daß ich ihn finde: ein deutscher Klumpen hilft mir dort wenig. Du siehst, ich schreibe mir das Herz leichter. Kannst Du mich auch leiden? Spare Dir nur nicht alles ab! Ich danke Dir für Deine Sorgfalt. Das meiste wird der Wagen kosten; ich kenne Faubourg St. Germain, am Ende der Erde, von allem weit. Wird man denn lange da sitzen? Und mitten im Winter reisen? In den kurzen Tagen, Schnee, Glatteis, Kälte? Alles nun wie Gott will!

Sonnabend früh, den 2. September 10 morgens

Nicht wahr, lieber August? es ist unangenehm, einen Brief so lange vor sich zu haben, ehe er abgeht. Aber ein früheres Abschikken hätte nicht viel genützt, *vielleicht* hättest Du dadurch den Brief um einen Tag früher erhalten, aber nicht so Spätgeschriebenes. Darum geb ich ihn auch morgen nicht der Mad. N. mit, die hier durchreist, und zu der ich gestern gleich ging, um zu hören, ob es ginge, mit ihr zusammen zu reisen. Sie geht aber des Nachts, läßt hier den Wagen flicken, eilt, sagt, man eile *sie*, will im *Wirts*hause einen Lohnbedienten zum Begleiten mieten; so wenig Begriff hat sie vom Reisen; also konnt ich mit der, so erbötig ich's wollte, nicht reisen. Die Ministerin Bülow kommt aber heute hier durch, und nun will ich einmal sehen, ob ich mit meinem Wagen mich bei der anschließen kann. – Als ich zur N. hineintrat, fand ich O. dort, und einen Herrn, von dem ich nicht wußte, ob ich ihn für einen Juden oder einen *** nehmen sollte. Ich blieb mit Bedacht, bis die Herrn weg wären, weil ich wissen wollte, wer der Jude war. Denn als ich O., weil der Herr *zu* impertinent war, gefragt hatte: »Wer ist der Herr?« und mir der mit viertellauter Emphase geantwortet hatte: ein sehr *vornehmer Kaufmann*, erfuhr ich doch nicht, wer es ist. Dieser Kaufmann, mit einem hübschen gelben, konvulsivischen Gesichte, war ganz wie ***s, von *allem* was vorging bis zu Nervenanfällen ennuyiert, daß es ihn nicht betraf, und nichts Höllen- oder Himmelartiges war; und so degoutiert von den Personen, und daß er sich doch mit ihnen abgeben mußte, daß er lieber so viel grob wurde, als es anging; sie so mißhandelte, daß er sich wenigstens in seinem Gewissen sagen konnte, wenn sie nur Menschenverstand hätten, müßten sie beleidigt sein; und doch solch Bedürfnis von menschlicher Mit-Mitteilung in sich, Talent zum Scherz, und Eitelkeit, – daß er das Ganze auf der Kippe von Scherz für sich und die andern hielt. Dabei ein air-marquis et peigné, wie die Geschwister nicht: denn als ich der N. sage, der Herr sieht aus wie ein ***, sagte sie: es ist ein ***. Das Ganze drehte sich um der N. ihre Reiseroute, und den zu nehmenden Bedienten, wozu jener als empfohlener Ratgeber dastand, es aber gar nicht besprechen mochte, und immer lachend oberflächlich versichernd absprach, es sei kein Bedenken, es gäbe kein Stehlen, man habe nichts Wichtiges mit sich, es sei nichts zu besorgen für einen Begleiter und von einem Begleiter: dies alles in der beleidigendsten Verachtung, und nicht enthaltenem Lachen, und höchster Langenweile. –

Auch nun möcht ich schon fort! Aber allein, mit den deutschen Domestiken, die noch weniger vom Gelde u. a. verstehen, als ich, mag ich nicht. Die mindeste Unpäßlichkeit, und es kann kein Mensch mehr sprechen. Ich werde schon kommen.

Frankfurt a. M. 1815

Mit den freien Städten wird es nun auch immer deutlicher; das Ganze ist wie eine Familie, die häuslich und glücklich lebt; das ist gut für sie, läßt aber keinen großen Verkehr, oder vielmehr keine großartigen, bezugreichen zu, noch irgendeine solche exempelgebende Anstalt, die um sich griffe, weit und allgemein wirkte. Dies kann nur ein großer Staat, bis jetzt, mit allen seinen Mißbräuchen und Häßlichkeiten. Soviel ist bei mir ausgemacht, die freien Reichsstädte dauern auch nicht mehr lange, die Fürsten mögen auch noch so human sie sich selbst wiederschenken! Sie waren, meines Bedünkens, künstliche und natürliche Inseln des Freiheits-Erdreichs, welche aus jenem wühlenden, wütenden Meere der erobernden Adelwelt empor sahen, und strebten, die aber bald mit dem ganzen Erdreich zusammengehören werden, je mehr und mehr jenes Meer versiegt, und anderm Unbekannten weichen muß, und längst, längst weicht; nur die Sonne, die Nahrung und Geist ist, steht noch oben, und behauptet den alten Gang noch.

An Varnhagen, in Paris

Frankfurt a. M., den 8. September 1815
Freitag mittag halb 3 Uhr

Dies ist den Brief wert. Nun wirst Du selbst Dich freuen, daß ich noch hier war. Guter teurer August. Goethe war diesen Morgen um ein Viertel auf 10 bei mir. Dies ist mein Adelsdiplom. Aber ich nahm mich auch so schlecht, als einer, dem sein geehrter, über alles verehrter, tapfrer, weiser König den Ritterschlag vor der ganzen Welt gibt. Ich benahm mich sehr schlecht. Ich ließ Goethe beinah nicht sprechen! O! wie weissagte meine Seele gestern, als ich Dir schrieb, ich hätte den größten Geschmack, und müßte mich immer so geschmacklos, so ungraziös betragen: immer selbst so erscheinen! Und ich kann *wieder* nicht dafür; zwanzig Umstände, Ereignisse, reichten sich die Hände, um mich dazu zu zwingen, mich durch Überwältigung hineinzustürzen. Höre nur! Als vorgestern und gestern keine Antwort von Goethe kam, beschäftigte es mich immer unter allem Leben heimlich, wie eine chronische Krankheit; (und noch einmal sei Dir diese größte Liebeserklärung getan; nur Dir zuliebe, nur Dir zu willfahren und zu folgen, mich und meine heimliche Leidenschaft aufopfernd, schrieb ich ihm) – und ich dachte, der Brief sei ihm nicht abgegeben; oder, *trotz der Unmöglichkeit!* er käme lieber einen Moment zu mir, als daß er mir auch nur eine Zeile antwortete: oder, er habe schwer einen Boten: und so dacht ich mir denn sein Kommen, oder Schicken; und dabei, daß es gewiß geschähe zur Unzeit, und wenn ich's gar nicht dächte; wie immer. *Das* aber konnte ich mir *nicht* denken: ein Viertel auf 10 ist zu arg. Ich hatte gestern ein erhitztes rotes Auge; *und* solche Beschwerden an den Augen, wie Du sie mir kennst; wozu mir denn die gestrige Komödie nicht half. Als ich den Morgen erwachte, so war das Auge nicht mehr rot, aber beide taten mir weh, als wäre Staub darin; und um nicht zu lesen, und sie zu ruhen, blieb ich im Bette – sonst steh ich jetzt ziemlich früh auf – frühstücke im Bette, nehle sehr, und stehe endlich um 9 auf. Grade im Zähneputzen, im roten Pulver, mit meinem Flanellen angetan, kommt mein Wirt, und sagt Doren, ein Herr wolle mich sprechen. Ich denke, ein Bote von Goethe. (Noch *nie* kam der Wirt, und nie in solcher Art Angst.) Ich lasse fragen, wer es ist, und schicke Dore hinunter; diese bringt mir Goethens Karte; mit dem Bescheid, er wolle ein wenig warten. Ich lasse ihn eintreten und nur *so* lange warten, als man Zeit braucht, einen Überrock überzuknöpfen; es war ein schwarzer Wattenrock; und so trete ich vor ihn. *Mich* opfernd, um ihn nicht einen Moment warten zu lassen. Dies nur blieb mir von Besinnung. Auch entschuldige ich mich nicht, sondern danke ihm! »Ich dank Ihnen!« sagte ich; und meinte, er müsse wissen wofür! daß er kam. Entschuldige mich nicht; denn ich meine, er muß wissen, daß ich *ganz* schwinde, und nur er berücksichtigt wird. Dies – leider!! – war die *erste* Bewegung meines Herzens. Nun denk ich in heftigster, ja komischer, quälender Reue *anders*! Er sagte mir, mit einer etwas sächsischen, sehr aiséen Sprache, er bedaure nicht gewußt zu haben, daß ich bei ihm war. »Wir wollten *nur* wissen, ob Sie das Paket erhalten hätten. Wir hatten es einem Wiener Kaufmann gegeben, der es mit bis nach Leipzig nahm.« Ich danke Ihrem Herrn Gemahl, sehr grüßen Sie ihn von mir; ich habe auch gleich antworten wollen, und legte es deshalb zurück, aber mit den interessantesten Sachen geht's einem am meisten so, man kommt nicht dazu. Ich danke Ihnen sehr! »O! das glaub ich wohl, es geht mir ja sogar so. Ich wollte auch nur wissen, ob es in Ihren Händen sei.« Er ließ Dich wieder grüßen, wohl dreimal, fragte, wo Du bist. Ich sagte ihm meinen Fall mit dem Nachkommen; wie der Kongreß auf mich gewirkt habe: dessen war er, *ganz weise*, und abgetan und zweihundert Jahr alt, einverstanden; und meinte auch, es sei nicht zum Nacherzählen, *weil* es keine Gestalt habe; ich sagte ihm, ich hätte erfahren, daß der Krieg umbringe, aber nicht zerstöre, und gestand *ihm* zu, daß man dies an Frankfurt sähe, dessen Umgebungen wir um die Wette lobten, und er meinte, es würde ja dort bald aus sein, und wir auch noch etwas Gutes davon erfahren. So glimpf! so hoffnungsreich auf die Natur; so gelassen, freundlich, und unsicher, so vague, und fest. Daß es *mir* eine Lust war! Er überredete mich zu Bieberich, Wiesbaden, und dieser Reise; gestand, wo er wohne, sei die bessere Seite von hier. Er lobte Heidelberg, und daß man noch sähe, daß es eine Residenz war. Und als ich von Lokal und seinem unbesiegbaren Einfluß sprach: bejahte er's; »Darin müssen wir ja einmal leben, das tut sehr viel.« Er fragte mich, wo wir immer wohnen. Im ganzen war er wie der vornehmste Fürst: aber wie ein äußerst guter Mann; voller aisance; aber Persönlichkeiten ablehnend: *auch* vornehm. Auf *Dich,* ziemlich gespitzt; und äußerst verbindlich. Er ging sehr bald. Ich konnte ihm nicht von der Pereira, nicht von der Grotthuß, von nichts sprechen! Nur ganz zu Anfang sagte ich ihm: »Ich war es, die Ihnen in Niederrad nachschrie; ich war mit Fremden dort, eben weil Sie davon gesprochen hatten; ich war zu überrascht.« Er ließ dies ganz durch. Es war mir recht. Ich fühle, daß ich mich im ganzen so betragen habe, *wie damals* in Karlsbad. Mit der hastigen Tätigkeit: lange mein schönes stilles, bescheidenes Herz nicht gezeigt. Aber wenn man Einen nur einen Moment, nach so lang*jähriger* Liebe, und Leben, und Beten, und Weben, und Beschäftigung, zu sehen bekommt, dann ist es so. Und mein Negligé, mein Gefühl von Ungrazie brachte mich ganz danieder; und sein schnelles Weggehen. Aber nun besuche ich ihn. Otterstedts wollen es so schon die ganze Zeit: ich aber wollte nicht. Im ganzen ist es rasend viel, daß er kam. Er sieht keinen Menschen. Wollte Prinzessin Solms, des Köngis Schwägerin, mit dem neuen englischen Gemahl durchaus nicht sehen. Kurz, ich fühle mich über die Maßen in meiner Erniedrigung geehrt. Nur *ich* weiß, wie elend ich war. Goethe hat mir für ewig den Ritterschlag gegeben. Beim Himmel! Er *weiß* es, der Himmel! Kein Olympier könnte *mich* mehr ehren, mir von *meiner* Ehre mehr bringen. Erst wollte ich Dir, meine Guste, die Karte schicken; aber ich traue sie keiner Post an. Nun höre *ganz,* wie lächerlich ich bin. Als er weg war, zog ich mich sehr schön an. Als wollt ich's nachholen, redressieren! – Ein *schönes* weißes Kleid mit hohem schönen Kragen: eine Spitzenhaube, einen Kantenschleier, den Moskauer Schal: schrieb Frau von B. ob sie mich sehen will, und wollte doch einem andern würdig erscheinen!!! – Sie wollte mich: und ich fand eine liebe Freundin der B. eine reizende Frau, die Dir gewiß gefallen wird, und worauf ich mich freue. – Nun will ich Dir, wie Prinz Louis mir, sagen: »Nun bin ich Ihnen unter *Brüdern* zehntausend Taler mehr wert; Goethe war bei mir!« *Liebe* Guste! Teurer; meinetwegen ist es Dir: ich weiß es! *Deinetwegen* schrieb ich; wisse es. Und nun, da er da war, kommt mir mein Billett nicht mehr so öde, so unperiodisch, so gestaltlos vor; sondern *gut*. Gestern sah ich eine hübsche Oper göttlich gesungen von Mad. Graf, geborne Böheim. Les acteurs ambulants, aus dem Italienischen. Jetzt muß ich essen und ruhen. Ich war bei Otterstedts und Herzens. Fahr um halb 6 aus. *Soll* in die Komödie, Mad. Vohs spielen sehen, die alte Weimarin. *Bin* müde; und weiß *noch* nichts Näheres über meine Reise. Heute bist Du mir *nicht* böse! Als mir die Frau von B. sagen ließ, sie erwarte mich: sagte Dore: »Nun! *heute* gelingt *alles*.« Gleich betete ich laut: Gott soll Dich kommen lassen, und Preußen beschützen. So ist der Mensch. Man liebt sein Land! Ich mußte selbst drüber weinen. Adieu! Deine stolze, beschämte, ärgerliche, treue, kluge bei der Dummheit!

R.

An Varnhagen, in Paris

Frankfurt a. M., den 11. September 1815
Montag mittag halb 1 Uhr

Gestern mittag, als ich von einem Sonnengang mit Doren zurückkam, fand ich Deinen mich überaus beglückenden Brief vom 2. September, mit den Modekupfern und Neys Verteidigung. *Liebes!* ›gelehriges Herz‹ Du verheißest mir in diesem lieben, aus Liebe gewebten Brief die Mitte Oktobers zu dem nicht zu erwartenden Glück, Dich wiederzuhaben! Wenn ich nur leben bleibe! In keiner Krankheit hab ich mich so vor dem Tode gefürchtet. Ich *soll* vergnügt sein! Einziger teurer Freund, ich bin es (ich *will* Geduld haben!), da ich Dich bald sehen soll: wir werden hier, auf der Reise, allenthalben sehr vergnügt sein; zu Hause allenthalben; und die Welt geht ihren Gang, ›wie Sonne und Mond und andre Götter‹, wir erleben das Ende nicht, drum wollen wir in der Mitte *leben*, und ihr zuschauen. Du denkst unaufhörlich an mich? fragst bei aller Gelegenheit um meine Billigung und Einsicht bei Deinem ganzen Tun und Lassen; leider wohl oft ohne sie zu bekommen, fürchtest Du, aber darum doch nicht ablassend in Deinem Eifer? Und ich – ! konnte, eh ich Dich hatte, gut, ganz gut, allein leben auf der Welt; hofft es, ersah es, prätendierte es gar nicht anders, suchte es nicht mehr, in Gelassenheit, und Vergnügtheit, wenn sie mich in *Ruhe* ließen, und ein ungraziöses Schicksal mich nicht aufzustören *beflissen* war, ›fand mein karges Futter‹ vergnügt und reisefertig ›auf jedem Hof‹. Gott weiß es, Du auch; und es ist wahr. Nur geneigt war ich nicht mehr, weil ich es nicht mehr fähig war, mein *Leben* wieder für ein Vierteljahr Zusammengehen bei irgendeinem Wesen vom Menschengeschlecht einzusetzen; die Proben meiner unbedungenen Hingebung hatte ich *mir*, also allen andern Freunden und Freundinnen, zur *Genüge* rein und völlig abgelegt; ein zum Narren haben an mir selbst aus- und aufgeführt, war bei einer unschuldigen Seele, bei einem unbefleckt, unerschüttert redlichen Herzen unmöglich; so war meine Seele und Herz. *Du* hast es erfahren, wie ich ein ernstes Herz in meines aufnehme. Mit meinem Leben erwidre ich's. Wisse, ermesse, wie ich es ansehe, daß Du mich wieder ins Leben hineingeführt hast. Ich will ja nun leben, weil Du es wünschest, weil ich mit Dir leben kann. Von Dir hab ich ja erfahren, daß auch ich geliebt und gehegt werden kann, wie ich andere hege und liebe; daß ich kein verzaubertes monstre bin: worüber ich, Du weißt es, ganz gefaßt und vergnügt war. Ich liebe Dich Deiner Liebe wegen: und nicht, *Du* glaubst es, weil ich der Gegenstand dieser schönen Herzensentwicklung bin: nein! weil sie in Dir möglich ist, weil ich dies schöne Spektakel sehe; weil ich solchen gehaltenen, erglühten Ernst nie sah, und sah ihn nie, weil er nur selten, weil er so schön ist; ein *Gelungenes*! Ein Echtes; und vom Schicksal Bejahtes mit einem Gegenstand. Ich sehe in Dir eine Unschuld, ein Gewährenlassen, ein sich entwickelndes Herzensgedeihen: so denk ich mir hätte ich meinem Herzen zusehen können, hätte man; in echter, roter durchsichtiger Glut nahm ich ohne Rückhalt, ohne Vorbedacht alles unschuldig auf; und wurde nicht Einmal natürlich begegnet. Angeschrieen, überschrieen, beseitigt, unberücksichtigt, die ganze lange Jugend durch; das andere mag ich gar nicht einmal nennen. Gott selbst hörte mich nicht. Er wollte es so: und ich *habe* mich auch schon längere Zeit unterworfen. Sei auch nachsichtig, August, wenn Du jene Frische *oft nicht* findest, die einem Glück konserviert, oder Untugend, und eitle Gedankenlosigkeit, loser Geiz, der an die wahre Herzenskammer nie anfordert. Goethe sagt so schön in seinem Leben, bei Gelegenheit der Katastrophe mit Gretchen: die Knaben- und Jünglingspflanze war ihm aus dem Herzen gebrochen, und es bedurfte längerer Zeit – so ungefähr –, eh Neues sich erzeugen konnte: dies ist der Sinn der letzten Worte, die ich nicht mehr weiß. Mir brachen Eltern, Geschwister, Freunde und Freundinnen, und elende Geliebte ganze Vegetationen hintereinander aus. Ich schwieg in meiner Jugend, in meinem Reichtum, und dachte es müßte so sein. Hielt ewig *mich* für ungraziös, und das so intim, so gewiß, daß ich's nicht einmal sagte, da doch, meiner Meinung nach, mir niemand auf solche Klage zu antworten hätte, wie auf die wegen eines Buckels, oder andrer Gebrechen. Ich bin aber *nicht* unglücklich, weder im Gefühl, noch in der Überlegung. Ein schönes Schicksal hatte ich nicht; aber gottgesegnet war ich doch; es war immer Feiertag in mir. Mit all diesem wollte ich Dir nur zu ermessen geben, wie Du mir mit Deiner Art und Liebe gegen mich erscheinen und sein mußt: und ob ich Dir erwidere, Dich erkenne! Aber auch die andern. Denn wisse! – in Details will ich mich hierüber nur mündlich vernehmen lassen, und wie das nach und nach in mir vorgeht – jetzt, da ich gar nichts mehr mit ihnen zu schaffen habe, ich nicht mehr generös zu sein brauche, nicht mehr vor Gemütsaufruhr, den der bedingte Augenblick mit seiner Not und zu nehmenden Entschlüssen erheischt, nicht überlegen kann, werden sie mir erst ganz verächtlich, zum reinen unbekannten Nichts, zum Ekelhaß aus Verwerfung, zu meiner eigenen Befremdung, die auch schon vorüber ist. Die Lebens- und Denkresultate aber klingen und schmecken bei weitem anders. Diese sind, eine fürs Mitleid doch zu kalte Betrachtung, der Menschensituation *überhaupt*. Wir sind in Verworfenheit alle; in einem solchen Zustand; und wahrlich, sich selbst opfrende Heldenarten gehören dazu, das sittliche Haupt, das *Auge* der Seele nur, aus all den Lügenbedingnissen zu *erheben*; welches so natürlich sein sollte, und ist, sobald der Fall wirklich eintritt. Man kann den schlechter Gearteten nur als einem minderen Gewürm ausweichen, und ihnen, wenn sie doch leiden, helfen; und dies geschieht auch von jedem in seinen Kreisen von Bewußtsein, bewußt und unbewußt. Es gibt ganz was anderes, was wir nicht fassen. Das weiß ich. Und nun komme! Gott führe Dich zu mir. Ich hoffe: und komme, da D. nun *so* zögert, auf diese kurze Zeit nicht. Wir sehen ein andermal Frankreich besser miteinander. – Zum Spaß, aber laß Dich davon nicht gegen ihn aufbringen, schicke ich Dir Th's Brief; diesen nichtigen, leeren, dürren, sich selbst widersprechenden Lügenbrief. Mit dem er mir diesmal gar nichts Besonderes weismachen wollte, in dem er aber sich selbst, weil er doch einmal schreibt, als Lüge in seiner verlogenen Dürre aufstellt. Und das mir: die ihnen immer aus der größten Fülle die größten Komplimente macht, die aufrichtigsten Äußerungen schickt, und *sie mir* gleichstellt. Aber nun nicht mehr: ich werde sehr selten, und sehr karg schreiben, wozu die Verschwendung von doch *nie* anerkannten Kräften? Schreib Du ihm aber manchmal, und teile diesen meinen Zorn nicht. Mit Dir gibt er sich doch noch Mühe; und ist kokett. – Neys Verteidigung ist das Schlechteste was ich kenne: ich habe sie noch nicht ausgelesen. Aber vorgestern sagte ich schon, er käme durch, weil ihn Marschälle richten. – Der Hut gefällt mir sehr, ich will ihn nachmachen lassen. Heute ist bei Otterstedt ein Tee, wo auch Schlossers sind; den Erfolg nächstens. Gestern fuhren Otterstedts und ich zu Goethe, – er hatte einen Brief vom Herzog von Weimar für ihn. Willemers waren spazieren: Goethe seit Freitag in der Stadt, von wo er erst den Dienstag zurückkommt. Otterstedt war diesen Morgen bei ihm ohne ihn zu finden; bringt ihm jetzt wieder den Brief, und will ihn zu diesem Abend bitten. Er kommt nicht. Otterstedt schickt dem Kanzler, Stein und Dir einen Bericht über Württemberg, welchen er von dem heute nacht hier durchgegangenen Grafen Waldeck erfuhr, der dort arretiert und vom Volke frei gemacht wurde. Einen Artikel wird O. dem Kanzler privatim schreiben; das ist *der*: –. –. Schicke, liebes Güstchen, Taftproben und den Preis von modischen, aber besonders fassionierten, quarrierten, die ich sehr liebe, in Blau, Grün, Violett usw. Du kaufst mir auch etwas Blumen! zuvörderst Federnelken, eine Girlande davon. Schöne Rosen. Nimm Jettchen zu Rate: und *nicht* bei den Teuersten, *sage Jettchen: die andern hätten auch schöne.* Und, entweder Du bringst mir modische Federn, oder, einen Hut mit Federn. Er muß nicht *schwer* aussehen, sage Jettchen; und hübsches Band. Ich bin recht zahm, ich werde Dir ein Maß von meiner Kopfweite beilegen. Der ist dick. Ich möchte auch ein paar Hauben. Damit aber muß sich Jettchen *sehr* in acht nehmen, denn die können gestickt und mit Spitzen *ungeheuer* teuer ausfallen, worüber ich einen *wahren Gram* hätte, und es in jedem Fall merkte. Mir ist es nur um die Façon zu tun. Es gibt auch gar artige Umschlagetücher, von Trikot oder florenem Zeug, kurz nach der Mode, viereckige laß Dir auch von Jettchen kaufen. Sie tut's. Sie wollte so immer nicht zu mir kommen, und noch weniger bleiben: sie ist mir das noch *schuldig.* Auch wegen meiner Gesinnung. Denn, beim Himmel, nur daß ich *Sie* nicht sehen soll, nenn ich Paris. Aber ein anderes Mal! ein besseres Mal. Nur um *Gottes* willen lassen Sie sich *nicht* überreden nach Deutschland zu kommen! Wenn Sie nicht *den* Mut haben, mit *mir* und Varnhagen zu wohnen, kommen Sie unter keiner Bedingung. Dieser Vorschlag ist wenigstens sechszehn Jahr in meiner Seele. Ich schwor mir, wenn ich *je* zu einer Situation komme, sie Jettchen anzubieten. Sie ist die Feinste und Zarteste, die ich kenne. Und nun steht der Vorschlag hier zu Ihren Diensten.

Schreibe mir oft, und wenig, und wie Du willst. – Ich liebe Dich unsäglich, und freue mich tot, Dich bald zu sehen.

Deine R.

An Rose, im Haag

Frankfurt a. M., den 30. Dezember 1815 1 Uhr,
Vormittag, in trübem windigen Wetter;
nach einer stürmischen Nacht,
in welcher auch Feuer in der Stadt ausgekommen war,
und wir erst um drei Uhr zu Bette gingen.

Meine geliebte Rosentochter! Teure Schwester! Nur das Unglück, nur die Bosheit darüber, daß wir getrennt leben müssen, macht es, daß ich ohnerachtet unserer Freundschaft, und unserer Liebe zueinander, Dir beinah gar nicht schreibe; langsam aber, und ohne Worte, ja ohne Zeichen beinah, wirkt das Unglück, daß wir getrennt leben, immer ununterbrochen fort. An Einem Stamm erwachsen, unter demselben Dache dieselben Dinge gesehen, erlebt, gelitten, genossen; gutgeartet wie wir sind zur Freundschaft gestimmt; verlieren Schwestern, wenn sie sich trennen, was sie auf der weiten Erde nicht wiederfinden; wenn ich auch lange mit den Brüdern liiert lebte: welches gut war; aber keine Schwester! Und wie Unendliches mag schlummern, und in meiner Seele zurückgeblieben sein in Ungeburt, was Du mir nur entlockt haben würdest, als süßes Vertrauen, als heitere Geist-Auflösung! Erst dieser Tage sagte ich zu Varnhagen: meine Schwester ist so gut wie tot für mich; außer, daß ich weiß wo ihre Seele ist! Diesen Sommer war ich fest entschlossen, Dich von hier aus zu besuchen. Es war auch dieser der erste im *Leben,* wo ich hundert Dukaten oder etwas mehr, ganz zu meinem Vergnügen ausgeben konnte, und sie *wirklich hatte.* Varnhagen war in Paris mit dem Fürsten Hardenberg, und schrieb mir einen ganzen Roman von herzbrechenden Briefen – die ich Dir zu zeigen fest hoffe – einen Tag um den andern, ich solle kommen, Zimmer, alles wäre für mich bereitet; ich war es auch oft fest entschlossen seines Jammerns wegen, fürchtete mich aber sehr, und konnte nie gute Reisegesellschaft von hier aus finden, welche nicht Tag und Nacht reisen wollte, welches ich nicht kann, und da nicht mochte. So kam der September heran; da hieß es schon, die Fürsten mit ihren Kabinetten kämen zurück; und da wartete ich wieder *nicht* angenehm von einem Tag zum andern, in der fremden ungeselligen Stadt, mit Mädchen und Bedienten allein; *bis* den 3. November; da kam endlich Varnhagen, vier Wochen dem Kanzler voraus; nun warten wir wieder hier. Diese unangenehme, alles Etablieren und Häuslichkeit störende Ungewißheit hielt mich bei den größten Gewissenschmerzen von Tag zu Tag ab, Dir zu schreiben; weil ich Dir doch auch gerne etwas Gewisses schreiben wollte. Ja, nicht einmal Raum noch Muße, des *Raumes* wegen, in der letzten Zeit hatte. Diesen Sommer mietete ich, wie ich glaubte für wenige Wochen, zwei Zimmer, wovon eins eine Kammer ist, für mich – den 19. August kam ich hier an –, und nun bewohne ich diese zusammengesperrt mit Varnhagen, Mädchen und Bedienten. *Ich!* – die ewig *gut* wohnte bei Mama; der Quartier, *Lokal*, alles ist; die ein schlechtes gradezu *tötet*: und ein Beisammensein! Siehst Du! Ich habe kein Glück! denn *seit* meiner Verheiratung wohne ich so. In Wien kam ich den 3. November mitten im Kongreß hin: aber auch um dort angestellt zu *bleiben* beim preußischen Gesandten, der nach dem, sich immer verzögernden Kongreß kommen sollte; also mieteten wir, bis der eintreffen sollte, kein anderes Quartier. Dann kam Napoleon, der Krieg ging los; Varnhagen wurde anders, nach Paris bestimmt; von dort sollte er *wieder* zum Kanzler, nach Berlin; nun, plötzlich, nach Karlsruhe; und *ich* in der *Seele* bin *noch* nicht gewiß, ob wir *da* hinkommen. Also immer sur chemin et voie; was mich der Position wegen in der Jugend entzückt hätte! – – – jetzt aber, da die Welt ein Meer, und alle Positionen schwindende, nicht erkannte Wellen sind, mir ein Greuel ist, der mir Heimat, Asyl, und Ruhe, und Muße raubt; und mich bei mehrerem Einkommen schlechter leben und mehr ausgeben läßt. Alles für die *Zukunft*, Roseken! die immer einen Schritt vorwärts geht. Aber lebte Mama nur *ein* bißchen, und sähe Rahle *verheiratet*, und vergöttert von dem Mann; der sie ohne *einen Sous* genommen hat; denn *noch* hab ich keinen Sous von meinem Vermögen zu sehen bekommen. Nicht einmal werden mir Interessen angeboten, das heißt, *geschickt*; wie sich's *gebührte*. (Wir sind aber *ganz* gut: ich und die Brüder:) aber, was ich trage, meine Fluchtreise *vor* der Hochzeit, vor Brautwerden, *alles,* hab ich von V[arnhagen]. Von dem schreibe ich nichts: den mußt Du mit mir sehen, dann wirst, dann kannst Du's glauben. Frankfurt ist näher zu Amsterdam als zu Berlin: bei Karlsruh ist ein berühmtes warmes Bad gegen Rheumatism; dorthin hat mir Markus *zugeschworen* kommt er mich diesen Sommer mit Frau und Kinder besuchen; in der göttlichsten Gegend; Du wirst doch nicht *sterben wollen*, ohne je etwas für Dich zu tun? (Karl meint das auch nicht:) ohne uns zu *sehen* – sieh wie unsere Bekannte wegsterben zu Hause! Komme also, Dein Knabe ist erwachsen, mit oder ohne ihn nach Karlsruhe! Hundert Dukaten, die ich zur holländischen Reise hingelegt hatte, will ich Dir, geliebte Schwester, auf der Stelle assignieren. Dies ist keine *Schande*! Wer sie erst bei der Hand hat, der gibt sie zu solch einer Freude. Was hat man denn sonst! Was erlebt man denn?

Ganze *Reihen* kleiner Lebenswidersprüche. Große *Kriege*, Flucht, *Krankheit*. Ist es nicht genug, daß Du in einem Dich untergrabenden Klima, von der Jugendscholle abgerissen leben mußt? – und das in einem Zustand, den Du noch Glück nennen mußt, der es *ist*! Ich empfinde das jetzt sehr hart. Ich bin, außer daß ich V[arnhagen] habe, ganz isoliert von allem, was sonst als Menschen und Dinge zu mir gehörte; und fühle es immer weg. Laß mich keine Fehlbitte tun! *Lieber* Karl! bring sie; und geht dies nicht, schicke sie! Um Gottes willen. Ich möchte gerne, daß Dich, Karl, V[arnhagen] sieht. Bist Du denn noch recht klug? d. h. immer klüger geworden? (Apropos! lies Pradt sur le congrès de Vienne.) Ist es Euch *sehr* lieb, *angenehmer* im Haag zu sein? Gesellschaftlicher? Wohnt Ihr gut? So gratuliere ich von Herzen. Ich grüße auch Louis recht sehr! er soll mitkommen; ein wenig kann er immer Bücher versäumen, und ein Stückchen Welt lernen. Den 7. November schickte mir Markus Deinen Brief, in welchem Du ihm die Stelle im Haag ankündigtest, er bekam ihn denselben Tag mit einem von mir, worin ich ihm unsere in Karlsruhe meldete. Dies freute ihn sehr. Ich dachte an Mama! wei bei jedem großen und kleinen Garten, Grasplatz oder Besitzung, daß *sie* es *nicht* hatte und so sehr liebte: und nichts hatte, und sich nichts gönnte, noch schaffte. So auch ich, mußte spät, *nach* ihrem Tod heiraten. Doch kannte sie Varnh[agen], und seine Liebe zu mir sah sie wohl: doch dachte sie es sei wie andere. – Wenn Du mir antwortest, schreibe: pour Mad. de Varnhagen, aber mache die Adresse: dem Königlich Preußischen Geschäftsträger Hrn. Baron von Otterstedt in Frankfurt am Main. Der ist hier mit einer sehr braven Frau, und vier Kindern. Er spricht mir täglich von Dir mit dem größten Enthusiasmus; und will immer Varnh[agen] erzählen wie Du bist: setzt Dich weit über mich, ohne sich's gestehen zu wollen. Und *schreit* mich aus, für seine erste, beste Freundin! Er ist *wie* er war: tätig und fleißig. Klärchen Herz aus Hamburg, wohnt jetzt hier mit ihrer Familie, Julchen und Mariane wohnen jetzt bei ihr. Eine tüchtige, wahrhafte Kreatur, noch schön, mit *sechs* schönen und auch erwachsenen Kindern: im *höchsten* Wohlstand. Die sehe ich oft, und Otterstedts, und Gräfin Pappenheim (des Staatskanzlers Tochter) mit zwei Töchtern. Sonst hier niemanden – *so* ungesellig sind die Kaufleute hier. Die Umgegend ist völlig reizend.

Ignaz Paul Vital Troxler

Weihnachtheiligabend war bei Herzens *sehr aufgebaut*; und eine Soirée, Fr. Schlegel, Humboldt der Minister, ein paar Herren, die große Familie, und wir. Morgen Sylvester sind wir wieder da; und da werde ich um 12 Uhr *Dich* hoch und *gut* – von *Gott!* – leben lassen. Da ist Dein lieber Geburtstag: und da denken wir alle an Dich. In Berlin und hier! Deinen Brief von diesem Frühling, eine Antwort auf meinen vom Hochzeitstag, hab ich fest ins Herz geschlossen! Alles alles sollst Du wissen, alles wollen wir sprechen, alles sollst Du sagen! Unterdessen schreibe mir *wie* und mit wem Du im Haag lebst, und wie Dir der übrigens hübsche Ort bekommt.

Noch eins! Mein *ganzer* Trost in meiner jetzigen Situation besteht darin, daß Varnhagen sie ebenso abscheulich findet, als ich: und auch das Zusammensein so haßt. Freiheit, Freiheit! besonders in einem geschlossenen Zustand, wie die Ehe. Ah – a! – die alte *Rahel!* Ah!

An Troxler, in Aarau

Frankfurt a. M., den 7. Januar 1816
Sonntag, den 28. November 1813 schrieb ich mir in Prag folgende Stelle auf; als etwas, was mir durch die Seele wogte, und was ich nicht vergessen wollte. Ich bin nun sehr erfreut, daß ich einen ähnlichen Gedanken in Ihrem Schreiben an mich finde: und sogar einen und denselben Ausdruck. So schrieb ich in Prag: ›So wie kein Dichter sich ausdenken kann, was besser, mannigfaltiger und sonderbarer wäre, als was sich wirklich in der Welt entwickelt und zuträgt; und nur der den besten Roman machen kann, welcher Kraft genug hat, das was geschieht zu sehen, und in seiner Seele auseinanderzuhalten; ebenso sind unsere tief-natürlichsten *Wünsche roh*; und greuelhaft entwickelte sich ihre Erfüllung für uns; nur das, was Gott wirklich zuläßt, ist in allen Beziehungen heilsam für uns, weil wir uns ihm entgegen bilden können. Mir ist dies in Prag schmerzhaft geschehen, und klargeworden. Wem dies glimpflich begegnet, der hat Glück.‹ Der Ausdruck ›rohe Wünsche‹ fiel mir sehr auf, und so etwas kann mich erstaunlich freuen; so sehr mir auch meine Ausdrücke aus dem Kopf und aus der Feder fahren, so entschieden distillieren sie sich doch durch

alles was ich lebe vorlängst in meinem Kopf zurechte; durch Gut
und Blut, und Arbeit, ununterbrochener Art; darum gehe ich
wohl verschwendrisch damit um, und achte es nicht wenn meine
Ausdrücke nicht beachtet werden, wenn aber einer davon einmal
grade so wirken will, als ich ihn gemeint hatte; d. h. alle Gründe
mit beleuchtet und bewegt, die ihn geschaffen haben, dann freut
es mich als etwas Gelungenes, dem recht geschieht, und welches
nicht umsonst da ist; dies nun ist mir in Fülle dadurch diesmal
gelungen, daß Sie sich bei demselben Gedanken desselben Ausdrucks bedienten: und daher mein freudiges Bravo, und mein
umständliches Beurkunden meines Anspruchs darauf. Sie sehen
also, wie bereit ich bin mir Gerechtigkeit widerfahren zu lassen,
wenn auch zu meiner Ehre, durch mein eigenes Lob! Aber schreiben kann ich doch nichts, lieber Dr. Troxler, was Sie zum Druck
gebrauchen könnten. Ich kann nur Briefe schreiben; und manchmal einen Aphorism; aber absolut über keinen Gegenstand, den
man mir, oder ich mir selbst vorlegen möchte. Sonst möchte ich
Ihnen, was ich nur hätte oder könnte, mit dem größten Vergnügen wie dies Schreiben hier schicken. Mehr, Lieber! kann ich
Ihnen heute, jetzt nicht schreiben, da Menschen bei uns sind, denen Varnhagen manches liest, und vorspricht, und die antworten.
Künftig mehr; und besonders über *unsern Satz*. Ich bin doch ein
Rebell! Aber auch *sehr* ergeben: nur will ich auch das schlecht zu
fühlende schlecht nennen dürfen: aber doch dulden, weil es wohl
gut sein wird. Viele Grüße an Mad. Troxler: sie soll sich erholen
in der gesunden Schweiz! Schönheit und Gesundheit pflegen. Ich
umarme sie; sie soll die Kinder von mir küssen!

Friedrike

An Ludwig Robert, in Berlin

Frankfurt a. M., den 5. Februar 1816

Schleiermacher ist meines Bedünkens seit der ›Weihnachtsfeier‹
schon *herab*gestiegen. Dieser war mir der erste Beleg, daß die
hohe, scharfe Seele, die auch still und einsam, also einfach, war,
sich von fremdem Wollen hatte berühren lassen. (Das ist das Eine
Haar, bei dem einen der Teufel, nach Lessing in Emilia Galotti,

nicht mehr losläßt.) In diesem Büchelchen wollte er etwas leisten, was nicht ursprünglich seines war; und noch dazu in einer Form, die ihm durch seine Talente nicht zu Gebote stand, und in welcher er es nur seinen Liebhabern angenehm genießbar machen wollte. Auch der Kunstform nach ist das Ding meines Bedünkens ganz mißlungen. Gewiß wurde er zuerst in Halle aus Gesellig-keitskreisen zuerst sanft berührt, angeregt, und etwas verstanden. Er hat ein feines Gemüt, von einem lichteindringenden Geiste empfindlicher gemacht; also fühlte er dies stark; doch entging ihm nicht, daß die wohltuenden Freunde ihn nur in einer ihnen gemäßen Hülle – die ihn selbst als Neues reizte, wie ihn die Ge-schicklichkeit sie zu gebrauchen unterhielt und freute – zu verste-hen vermochten, und auch nur manches von ihm. Der Süßigkeit widerstand er nicht; mit herabgestiegener Freude machte er ihnen gern dies ›Geschenk‹. Das Talent aber, in und für die gesellige Welt sich zu bewegen, mangelt ihm am meisten, und auch im Bu-che gelang's ihm nicht. Der große Beifall blieb aber nicht aus: und so vermeinte er auch für die gesellige Welt leben, wirken und dasein zu können auf unmittelbare Weise; gab sich dem edel und eitel hin, achtete Unbehagen aus dem tiefsten großen Innern her nicht. Ward von Verbindungen und deren Meinungen und Ab-sichten umschlungen; erwarb das vermeinte Talent nicht; ließ das hohe, wahre, einsam in sich, denn dies war ohne Freunde, er selbst war ihm nicht mehr der einsame Freund, verließ sich aber darauf, dies würde ihm bleiben; aber es ging ein! äußerte sich ihm selbst nicht laut und tätig genug, macht' ihn wohl noch ehren-wert, aber mochte nicht wieder als Tätigkeit zum schönsten Wir-ken, was es gekonnt hätte, erweckt werden. So war er *vor* Halle gewiß einer der ersten, reinsten Geister; *von* Halle kam er angebrochen zurück; und sank und sank bis zur Schmalzischen Schrift hinab. Von bloßem falschen Lob, und Loben, und vom Tumult, anstatt der keuschen, ehrwürdigen Seeleneinsamkeit. Ich kannt ihn wohl, lieb ihn sehr, habe ihn immer gekannt, und sin-ken sehn. Er ist aber groß! und wäre er jung und gesund genug, ich könnte ihm das alles sagen; und wäre es wahr, mit Erfolg.

Welche Wahlen für seinen Umgang traf er! Nicht, daß weit we-niger Begabte uns nicht weit mehr erregen, erfüllen, befriedigen, erquicken, gefallen, wohltun, beruhigen, unterhalten könnten!

Aber ich kenne seinen hölzernen, unergiebigen, nicht nach der Tiefe dringenden Umgang, wo es bei ihm so schön ist, und er so zu leben versteht. Er ist aber gefallen; und dies durch einen Verstandesmangel; Tieck aber sagt, man *ist* nicht dumm – wenn man nicht imbécile ist –; da wo man dumm ist, ist auch Unsittlichkeit, böser Wille; und dies glaube ich mit Tieck. Also hat er sehr gefehlt; und ist sehr gesunken; aber wer ihn kennt, liebt ihn doch; und ärgert sich doppelt. Da ich ihn lange schon so sehr angreife, und neulich noch bei Ohme so fallen ließ, muß ich ihn wieder bei Euch schützen, wie er's in meinem Herzen ist: nur wer ihn ganz kennt, darf ihn jetzt loben, und muß es auch. –

Danieder liegen die Menschen aus allen Ecken Europas; aus allen Ecken *habe* ich sie abgehört, und *höre* sie sich beklagen, sehe sie sich unbehaglich fühlen, rücken und klimmen; alle, die nur nicht ganz gemein, ganz roh, ganz plump steigen und gewinnen, ohne Zweck, aus Prahlsucht und Lüge, ganz nach außen. Meiner Natur Spinnen ist nun, das, was mich quält, bis zu seinem Ursprunge hin zu verfolgen; das heißt, bis an die Grenze seines Verständnisses. Ich verstehe nun der Welt Gewirre und ihren jetzigen Zustand so: Es fehlen zu den bedeutend vielen kleinern – Detail-Erfindungen möcht ich es nennen – Entdeckungen des Menschenwitzes, wodurch er nun seit den neuern Jahrhunderten seine Sinnorgane glücklich genug ergänzt, sich die Außenwelt dienstbarer, die ganze Erde bekannter und kleiner gemacht hat, einige große Erfindungen und Annahmen, wie sonst es einmal müssen Ehe, Menschengemeinden mit Gesetzerfindung, die Zehn Gebote u. dgl. gewesen sein. Das Alte, Einfache, damals groß Erfundene reicht durchaus nicht hin. Der Einzelne ist mächtiger in seinem Sinn und Geist, reicher vorgebildet, als das Gesamte, das ihn regieren soll, und es, ohne Respekt, Bewunderung, Meditation einzuflößen, nie kann. Hiermit meine ich bei weitem nicht die Regierenden; sondern das Regierende, welches höher, in Intelligenz, Erhabenheit und Erfindung sein muß, als die, welche regiert werden, wenn soll regiert werden können. Ich bin gewiß, wo viele Menschen als Völker zusammen waren, fanden sie sich ungefähr, aber nur sehr ungefähr, in solchem Zustande wie wir, kurz vor einer der großen Erfindungen, die man auch Offenbarungen nennt. Nichts aber, was wir aus den Büchern und Sagen kennen, kommt, dünkt mich, dem jetzigen Zustande der Erde gleich! Alte gebildete Völker hatten Säulen zu Grenzen der Welt, Höhlen zur Hölle, schöne Inseln und Berge zum Olymp; nannten andere Völker Barbaren, wollten dies, und nahmen sie zu Sklaven. Jetzt aber, wo die ganze Erde bereiset, gekannt, Kompaß, Teleskop, Druckerei, Menschenrechte, und wer weiß alles was erfunden ist, in vierzehn Tagen allenthalben gewußt ist, was allenthalben geschehen ist, und doch die Urbedürfnisse, Nahrung, Vermehrung, das höhere und höhere Wollen, fortexistieren: wie sollen die alten Sittenerfindungen noch vorhalten (nicht das Bedürfnis nach Sitte, für welches erfunden oder entdeckt werden muß)? Daran, glaube ich, krankt die jetzige Welt; so mannigfaltig ausgebildet, groß und allgemein war diese Krankheit noch in keinem uns bekannt gewordenen Zeitpunkt, obgleich sie nur nach und nach diese Ausbreitung gewinnen konnte, wozu eine ewige Anlage da war. So denk ich mir das ganze Dasein progressiv, in intensivem Anschauungsgewinn, zu dessen sensiblem Wissen nach beiden Richtungen, nach der uns lieben und nicht lieben: so steigert sich das Leben, das auf der Erde abzuleben ist, und ein anderes, das außerhalb ihres Reiches fällt. Je mehr Einsicht, je mehr Ein- und Zustimmung wird das Leben uns abgewinnen, wenn auch *noch* mehr Arbeit: jede vollbrachte gleich *unendlich* aus; jede neue steigt unendlich. Darum denk ich auch wahr und wirklich, daß das Erdenleben nicht eine steife, tote Wiederholung ist, sondern ein schreitendes Ändern und Entwickeln wie alles; für die Einsicht, und durch die Einsicht; und nenne unsere Zeit wirklich neu, und bin auf Großes, Neues gefaßt, mit Einem Wort, auf Wunder der Erfindung, der Gemütskraft, der Entdeckung, Offenbarung, Entwickelung. Mit Gefaßtsein meine ich nicht, daß ich es zu sehen erwarte; aber ich bin dessen Kommen gewiß, und alle Verwirrung ist Gärung *dazu*. ›Erfrischend‹ ist sie wahrlich nicht, die man sich mit allem Geistesnachdenken erst zu Gutem zu erklären vermag! Wir sind aber verwiesen auf der Erde; und welch *Glück* hat der, der sich's noch gut erklärt, und wohlwollend an- und hinnimmt, und es ausführt; und so ziemlich noch begünstigt ist. Es gibt ja *Martern*; wissen *wir* auch. Herz*stärkend* ist es aber, wenn man sich menschlich seine Gedanken, der ganz guten Aufnahme gewiß, mitteilt; gewiß, ehrlich recht zu bekommen, oder ehrlich bestritten zu werden. – Mir wirst Du ohne Schwur glauben, daß ich alles zu Hause kenne, als ob ich dort wäre, kenne, wie Margaretha von Parma Madrid auf ihren *Tapeten* in Brüssel vor sich sieht, in Goethens Egmont. Niederdrücken konnte mich unser Fall, unser Leid: rühren unser Erheben, durchbeben der glückliche Sieg. Gefreut aber habe ich mich nie mit jenen. Weil ich sie insgesamt kannte, und sie nicht um ein Jota verändert wußte. Mir entgingen sie, der treuen, miterzogenen Landsmännin, nie. *Andern* hielt ich sie wohl lobend *entgegen*; mir nie getrost ans Herz! Wessen Herz ist Dünkel, Lüge, Prahlerei mehr verhaßt, als meinem! Prahlerei in Gebieten, wo sie nicht hin kann! Mut, Frömmigkeit, Menschenliebe. Da schlagen sie in stattlichen Schwelgerzelten der Lüge breites Verheerungslager auf. Ekel ist es nur, was es erregt, aber wenn man davon spricht, so muß es empören. So scheinen wir mehr zornig, als wir's sind, oder zu anderer Zeit, als wir's sind; wegwenden tu ich mich meist davon, zum Untersuchen mag ich nicht einmal hinsehen, weil ich's doch schon kenne; aber dies Wegwenden, Vergessen, ist der wahre Zorn. Saint-Martin meint sogar: ›Das Böse sei in so niedrigen Sphären, daß es nicht mehr zu Gott könne und komme.‹ Dies wäre ein Zorn *Gottes*, denk ich. Nie wird man sich ganz abwenden können von den Landsleuten, den Erdnachbarn – alle Menschen, – also laß uns sprechen, klagen, schimpfen, klügeln, wenn wir es nötig haben: dies ist auch ein menschlich Tun und Fortkommen.

Verfügungen
(Vorgefunden und zuerst gelesen nach dem 7. März 1833)

Frankfurt a. M., den 23. April 1816

Ich fühlte mich in Mannheim so krank, daß ich mir gleich vornahm aufzuschreiben, wie es mit dem, was mir gehört, und worüber ich freies Walten habe, geschehen soll; sobald ich nur einen Tag es tun kann, ohne daß Du es, lieber August, siehest. Unterdes sagte ich Dore manches Kleine, und ward schon dabei sehr vergnügt; und auch körperlich frei, für den Augenblick, von einem harten Anfall. So wenig verstehe ich eigentlich, hypochondrisch zu sein.

Die Hauptsache bei meinem Tod für mich hat mir Varnhagen auf Ehre versprochen; nämlich mich ohne allen Putz in einen schlechten Sarg legen zu lassen, welcher keinen zugenagelten, noch einen nur im *mindesten schwer* zu öffnenden Deckel hat: mein Sargdeckel soll von *Glas* sein, und wären es auch, welches ich sogar will, die kleinsten grünen Glasscheiben. Der Sarg selbst wird nicht in die Erde gegraben, sondern in ein wenn auch noch so kleines Häuschen gesetzt – etwa wie ein kleines *ganz* geringes Wachthäuschen bei Bauten, oder dgl. – oder in Souterrain-Zimmer, oder sonst einen Ort etc. Mein größter, wichtigster Wunsch ist der; sollte ich nach Varnhagen sterben, so ist der von meinen Geschwistern, der dafür nicht sorgt, mein ewiger, bitterer Feind!!!

Mein Klavier bitte ich sehr, Schwester Rose zu *schicken!* – es geht zu Wasser. – Weil die mich sehr liebt, selbst spielt, und mich hunderttausendmal daran hat sitzen sehen, im väterlichen und mütterlichen Hause; in Kindertränen beim Lernen, in Mädchentränen, das Herz voller Wünsche, und vaguem wenigen Hoffen; kurz, in allen nur möglichen Abstufungen von Leid, Freude, und Stimmungen, und Gedanken. An diesem Klavier dacht ich mir beinah alles aus. Stirbt auch Rose, kann es Varnhagen zum Ansehen bekommen.

Dann besitze ich einen kleinen Ring von Smaragden und Perlen; solange mein Vater lebte, war dies das *einzige* Geschenk von meiner Mutter; als ich sechszehn Jahr alt war, sah ich ihn in einem englischen Laden in Pyrmont; ich hatte gar zu große Lust dazu, Mama kaufte ihn mir für einen halben Louisd'or. Ich nannt ihn in jüngern Jahren Wielands Pflaster, – Straßen-, oder Garten-Pflaster, wie es wohl in seinen Märchen vorkommt. Später dachte ich mir aus, ihn wegzugeben, wenn ich in unbedingtem Glück – ich hielt es auch für mich nicht unmöglich damals – mich selbst verlieren würde. Noch später hatte ich immer Verzürnungen, wenn ich ihn am Finger hatte; die Bemerkung drängte sich mir auf; ich verlor ganz den Mut, ihn zu tragen, welches ich trotz der schlechtgewordenen Hände getan haben würde; auch wollte ich's noch öfter versuchen, dacht ich, wenn mir an meiner Umgebung eben nicht alles läge; aber sie schien mir im Verlauf doch nie gering genug zu dieser Probe. August, Lieber, Du weißt von diesem Ringe! und stellte er mich nicht als Mädchen vor, und käme er nicht von Mama, so würde ich Dich nicht bitten, auch ihn Rosen zu geben: wünschest Du ihn aber besonders, so schenk ich ihn Dir doch. Mein lieber Hans, meine älteste Schwägerin, weiß auch, wie ich ihn liebte. Dann hab ich noch einen ganz kleinen Ring, von einem Rubin mit zwei kleinen Juwelchen: den gab mir mein Vater, als ich vier Jahr alt war, Markus *eben* solchen; ich erinnre mich des Akts. Markus ließ seinen vor unsern Augen in der Kinderstube, gegen dem Rathause über, fallen, und nie konnte er wieder gefunden werden. Meinen haben Johanna und Fanny als Kinder getragen, und Fritz Fromm. Den behalte Du, mein August; und Dank, Segen, Anerkennung, Liebe, und Trost ströme Dir daraus entgegen! –

Meine armseligen, aber mir lieben Bijouterieen teilt August. – *Wer mich liebt*, sorgt für Line – Line Brack aus Wusterhausen –, die hat hundert und hundert Nächte bei mir sich gequält und gewacht; und allen meinen Jugendzorn und ungewitzigtes Wesen zu ertragen gehabt! Ihre Gesundheit und Jugend an uns verloren. Papa gedient, wie ein Pudel, in harten Winternächten, unverdrossen; Mamaen; und Dir, Markus, in Krankheiten, Bäder getragen, alles. Ihre Fehler seien ihr, *wie allen, verziehen!* – August, und Markus, Ihr sorgt solange *sie* lebt für sie. – Ich werde noch weiter unten von ihr und Dore sprechen. – –

Mein Vermögen ist nie eine Fortüne, sondern kann nur eine angenehme, oder nötige Hülfe sein. Meinem Gewissen nach, bin ich es Dir, August, schuldig; Du teilst aber die Zinsen gewiß gern mit Ludwig; und er nimmt es auch *gewiß willig*. Er hat nur mäßig zu leben, kein Etablissement; Sinn für Freiheit, eine gemordete Jugend; und eine gräßliche Krankheit in meiner Gegenwart erlitten, und Geistesangst gekannt. Lebe wohl, lieber Robert. Ich denke wie Du über Leben und Tod, und wurde besser und gütiger. Genieße die Muße, und die Natur; und ruf auf mich, in schöner Gegend. Marwitz, Louis, Mama, alle sind weg!

Dir, mein August, vermag ich nichts zu sagen! Zehre an meinem Leben. Freue Dich Deines. Mache *wie* Du es kannst. Je weniger Du Dich der Betrübnis hingibst, je mehr freust Du mich! Ich danke Dir; und liebe Dich; und ehre Dich, und sehe Dich ganz ein. Lieber! Scheue *kein* neues Leben! und widme *mir* nur, was Du mir nicht nehmen kannst. Geliebter! einziger! ehrlicher Freund!

Ich nehme teil an allem. Wie sonderbar! noch hör ich den Orgel-
mann im Hof, sehe hinten das Feld, die Sonne: und diese Blätter
werden so angesehen, wie ich Mama ihre ansehe. Ich bin *ganz* ruhig; recht vergnügt. (Man störte mich oft. Senator Smidt; André,
von Tettenborns; Dore; Stamm.)

Moritz Robert, der Spaß machen soll, und sich *nicht* erschrek-
ken noch grämen, und den ich sehr liebe, und er weiß wie sehr
kenne, und wie sehr ihm gleiche, bekommt meine beiden Spiegel
mit den goldenen Rahmen: die kannst Du zusammensetzen lassen, dann ist es *ein* schöner. – –

Wenn Du mich liebst und ehrst, August, schickst Du mit
einem *guten* Billett meiner Freundin *ihre* Briefe an sie zurück; mit
freundlichen Grüßen von mir. Ich bin ihr freund; und nie böse,
wenn auch manchmal aufgebracht gewesen. Sie soll sich nicht
grämen, und denken was sie mir noch sagen möchte: ich nehme
alles Gute schon jetzt auf und an. Menschen irren und übereilen,
und verstocken sich; wir sind alle gedrängt. Ich umarme sie in
zärtlichster Freundschaft. – –

Dann hab ich noch ein Venetianer Kettchen, welches ich mir selber machen ließ. Von diesem soll man nur wissen, was es war: ein
wirkliches Zeichen der Treue: deren ich bis zum Tod fähig blieb. –

Gott segne Euch alle! Vorzüglich mit ruhigen Gedanken, und
einem großen Naturgefühl. Keinen Abschied!! Adieu, adieu! Es
bleibt alles wahr.

Rahel Antonie Friederike etc.

Die armen Verwandten bekommen Zulage von Ludwig und August. Nicht wahr?

An Varnhagen
(Versiegelt vorgefunden und erst nach dem 7. März 1833 eröffnet)

Frankfurt a. M., den 24. April 1816
Teuerster armer August! Könnt ich Dich trösten, wenn Du dies
liest! Aber ich kann es und tue es: durch *Liebe*, und Beistand, die
noch wirken werden; durch hundertfältige Gespräche, die wir hatten, über Dasein, und seine Gestalt im Leben; über das Nichts,

und Etwas. Ich war beim Aufzeichnen meines Willens, was mit meinen Besitztümern nach meinem Leben geschehen soll, sehr ruhig und ganz vergnügt. Im großen Sonnental von Frankfurt, nicht erschütterter als immer von dem Gedanken des Todes. Wohl aber weinte ich sehr, als ich von meinem alten Sofa sprach; und von meinem Perlenring. Auf dem ersten starb Papa, litt ich *unendlich*. Alle Krankheiten außer der Prager; alle Geistes-, alle Herzens-Verzweiflung; alle Perplexitäten und Angst des Lebens; den Rest von Jugendleiden, alles alles. Den Gedanken mit dem Ringe bekam ich nur, als ich schon dunkel aber gewiß wußte, mit mir würde es nichts; da erschien mir die Bedeutung, das Aussehen des Ringes meinem innren Dasein ähnlich. Unschuldig, jung, edlen Ansehens, und vornehm, und aparte, und auch wie verzaubert, ganz einsam, und in der tiefsten Tiefe wieder freudig und putzhaft-festlich, aber immer allein. Da dacht ich mir, er bleibt als Bild und Zeichen bei mir, bis es anders wird. Du weißt, wie leicht und gern ich ihn gab: nur Bitteres sollte *gar* nicht drunter sein; du Engel, mein Erdenengel, schienst es zu verstehen, und gabst ihn mir willig wieder. *Lob* ist die Geschichte dieses Ringes, kein Tadel oder Vorwurf. Überhaupt: so sehr es *möglich* war, Deiner Natur möglich, eine wie meine zu verstehen, verstandst Du sie; durch großartigstes, geistvollstes Anerkennen: mit einer Einsicht, die ich nicht *begreife*, da sie nicht aus Ähnlichkeiten der Naturen kommt. Unpersönlicher, großartiger, mit mehr Verstand ist es nicht möglich, daß ein Mensch den andern in sich aufnimmt und behandelt, als Du mich. Mehr im ganzen Herz des Wollens hat nie eine Einsicht in einem Menschen gewirkt, als Deine über mich! *Anerkannter* kann das nicht werden, als von mir; und mehr in Liebe gewandelt dies Anerkennen auch nicht werden. Diese Worte sind schwache Abrisse, und Schatten der Schatten unsers Lebens, welches wir miteinander führen, mein treuer geliebter August! – Wozu also? – und welches wir noch miteinander verleben werden!!!

Diese Zeilen schreib ich Dir eigentlich nur, um Dich fest und fest zu bestimmen, ja die Hälfte meines Vermögens zu nehmen, welche andere Hälfte ich keinem *Sterblichen* schuldig bin, als auch Dir; und nur Louis sie aus *Liebe*, und Kenntnis seiner, bei seinem Leben lasse.

Mache *gleich* ein Testament. Ein Mensch ist *immer* sterblich. Tue es mir zu Ehren *sehr* bald. *Gleich.* Lebe wohl, Geliebter! Gottes bester Segen mit Dir. Mein reinstes Gebet. Deine treue wohlwissende was Du bist

Rahel

An Astolf Grafen von Custine, in Frankfurt a. M.

Sonnabend, Baden, den 24. August 1816

Schreiben Sie mir mehr solche höchst amüsante Briefe, als der war, den ich gestern aus Stuttgart und Heidelberg von Ihnen erhielt! Ich kann und muß mich heute nur kurz fassen: Mad. Schlosser will fort, Mad. Demidoff *ist* fort, von der ich komme; diesen Brief will ich noch selbst abbringen. Hauptsächlich schreib ich Ihnen, um Ihnen zu sagen, daß Sie kein doppeltes Kuvert – Briefumschlag – zu machen nötig haben. Für solche Unbequemlichkeiten hab ich den *größten Sinn;* die können einen vom Briefschreiben abhalten. Sie aber sollen mir viel schreiben. Dreimal hab ich Ihren scherz- und ernst-reichen Brief gelesen; mit wahrem Ergötzen! Das zweitemal, weil mir das erstemal zu schwer wurde, das dritte aus Vergnügen. Ich bitte Sie, lieber Custine! schreiben Sie ein wenig deutlicher! – und Sie können keinen erkenntlichern Korrespondenten *finden,* als mich: ich goutiere jedes Wort, weiß wie es in Ihrer Seele entsteht; für wie viel Sie's *geben;* wie Sie ihm künftig, und auch gleich, widersprechen können, ohne das Gegenteil zu sagen, oder das Erstgesagte zu vernichten: ich weiß, wie Sie selbst nicht vorher wissen, was Sie sagen wollen, und dies grade hat den größten Reiz für mich. Auch ich werde Ihnen solche Briefe schreiben; wo die Seele spazierengehen soll, und nicht auf ausgefahrner staubiger Heerstraße eine zweck- und besonders absichtsvolle Reise zu betreiben hat. Auf frischen, kleinen, abstrakten Wegen wollen wir gehen, die wir selbst noch nicht kannten: und auch auf diesen noch dem Wolkenspiele folgen, den Lichtzauber genießen, und auch dem Dunkel, wenn es reizt, nachziehen! Heute aber kann ich unmöglich auch nur flüchtig der Fülle Ihres Briefes antworten! *Sehen* Sie! Nach Ihrer eigenen Beschreibung der Deutschen, warum mir mitten in Deutschland die Franzosen so reizend sein müssen? Mir, die Sie ganz in Ihrem Gemälde dieser Nation gekonterfeit haben? Ich finde mich außerordentlich getroffen! Adieu. Antwort auf alles, *künftig!* –

Wir bleiben noch ungefähr acht Tage hier, gehen einen Augenblick den Münster zu sehen nach Straßburg. Dann bekomme ich einen Brief von Ihnen und Ihrer Mutter; die bleibt wohl noch in Frankfurt. Dann gehe ich auf sehr wenige Tage nach Karlsruhe, und komme gleich nach Frankfurt. Weil ich glaube, von unserm hiesigen Aufenthalt wird doch nichts. Leben Sie wohl! ich bin in Eil. Sagen Sie Ihrer Frau Mutter alles von mir! Ich bin ihr sehr ergeben, und außerordentlich zugetan!

Rahel

An Astolf Grafen von Custine, in Fervaques

Mon-endroit, Dienstag, den 17. Dezember 1816

Gestern, lieber Astolf, in der größten Einsamkeit, morgens war Mad. Brede abgereist, es stürmte wie auf dem Meere, kein Mensch öffnete meine Tür, von jeder Seite sind zwei Zimmer bis zu meinem leer, alle sehen nur über Dächer weg; meines geht nach unserm Hof, wo ich über Seitengebäude nach einem Wald, Fasanerie genannt, sehe; aber vorher mit meinen Augen erst vor einem kleinen Nachbarsgarten vorbei muß, der bis jetzt allem frühen Schnee, dem ungebührlichsten tobendsten Sturm, und allen Sorten von wütendem Regen, Reif, und Frost widerstanden hat, und unbefangen seinen grünen Boden zeigt, in der größten Sommerordnung, in gradgezogenen Salatstreifen, oder sonstigen Küchenkräutern, die ich nicht ganz unterscheiden kann. Dieses Gärtchen, und vier bis fünf Sonnenblicke, die ich, seit ich hier bin, teils auf den Wald fallen sah, und teils auf die Türme, die ich aus meinen Vorderfenstern sehe, kann ich schwören, ist alle Sinneserfrischung, die ich hier genoß; diese Blicke knüpfen mich an mein voriges Leben, und dieses nur bringt mir noch eine *sinnliche* Ahndung von Zukunft hervor, und auch wie ein Hell- und Dunkelschein, schnell durch die Seele ziehend. Dieser Umstand erinnert mich an die Geistesaufschlüsse, die Jakob Böhme beim Anblick eines blanken zinnernen Tellers gehabt haben soll; welches mich schon vor fünf oder sechs Jahren, wo ich es zuerst hörte, nicht wunderte, weil ich von jeher Ähnliches in mir erfahren hatte. In Beziehung auf meinen Zustand, und meines Gärtchens hier, freute es mich zwiefach, in Ihrem Briefe zu lesen, daß Sie in Ihrer Normandie, in Ihrer Einsamkeit, eines ähnlichen Anblicks genießen; der Ihnen auch *Ähnliches* – wenigstens – in der Seele aufregen muß. Solches nun, und die Briefe, die ich hier erhalte, erregen mich auch hier nur allein. Und nun kein Wort mehr, von meinem Aufenthalt, von Schicksal, und all solchen Dingen! Ich habe es mir bis zur Evidenz durch mein langes Leben durch erörtert, daß es stärker ist, als wir, und alles; und unterwerfe mich nun, wenigstens stumm. So sehr lange mein Recht ihm zu beweisen, ennuyiert mich auch bei dieser hohen Person: und ich habe schon längst im Scherz gesagt, und im Ernst gemeint: »Ich stelle mich den jüngsten Tag nur um mein Unrecht zu vernehmen, zu büßen, gutzumachen; das was mir geschehen ist, ist mir zu verjährt.« Zu lange muß *nichts* dauern, was nicht schön ist; je suis trop blasée sur ce qui me déplait. Unser Schicksal ist eigentlich nichts, als unser Charakter; unser Charakter, nichts, als das Resultat in aktivem und passivem Dasein, der Summe, und Mischung all unserer Eigenschaften, und Gaben. Das sind wir – am tiefsten genommen – selbst: und was ist daran zu ändern? oder vielmehr, wir selbst können grad daran nichts ändern. Der Zeitpunkt, in den wir nun mit unserer Persönlichkeit fallen, ist wieder ein fest gegebener; eine solche Mischung – wenn Sie wollen – im Größern. Deren, und unserer Person Aufeinanderwirken nennen wir Schicksal; dem, können wir wirklich nur zusehen, und unser Agitieren, ist nur ein illusorisches. Das Gitter woran wir ewig mit dem Kopf stoßen, eben weil wir eine Aussicht hindurch haben; ein Witz der höheren Mächte, uns zur Entwickelung eines ethischen Daseins gegeben. So explizier ich mir die Sache: und verstehe leicht und willig, die Erklärungsart jedes Menschen, wenn er's nur ehrlich und gut meint; weil sie doch alle auf eins, auf Unterwerfung ins Unbegreifliche, hinauslaufen; mit dem wir uns bei der verliehenen Begriff-Fähigkeit nicht begnügen können, und ohne sie, nicht einmal etwas vom Unbegreiflichen wüßten. Sie auch, lieber Freund, schrieben mir in einer andern Tonart dasselber; muß man nicht immer nach der Tiefe hin? Aber mit ihr allein kann ich nicht leben; wäre meine Seele weniger umfangen, getragen von einem Meer, einer Atmosphäre von Ruhe und Klarheit – die ich *nicht* bin und *nicht* mache: die ich mir andernorts erworben haben mag –, so müßt ich sterben wollen für diese Tiefe; ich bin aber ins Leben gestellt mit allen meinen Sinnen, und vermag *durch sie* hindurch zu fühlen nach unendlichem Genuß der Dinge und meiner, und des Daseins, mir bekannt, und freundlich, und intim, durch sie, und diese Welt, und beider Bewegung: die mir auch eine gottgegebene bleibt, so gut als diese Zeit eine Ewigkeit, und *schon* eine Zukunft, so gut als die zukünftige Zukunft; ich lasse diese Welt nicht ohne Schmerz, und nichts in ihr. *Bin* ich zur Buße hier, so ist sie das; aber meine *Anweisung*, die Möglichkeit, auch *hier* zu *leben*, verlaß ich *nicht*. Es kann hier unendlich alles gelingen: und es gibt sehr gelungene Menschenleben, im Leben – nicht im *Lassen* des Lebens –, von denen wir nichts wissen und erfahren, oder es nicht beachten. Auch ist die bloße *Möglichkeit* ganz genug. Schön harmonische Gaben gehören dazu – *wir* wie ich uns beschrieb – gestellt in harmonische rein wiederklingende Lage. Klima, Eltern, Land, *alles* mitgerechnet. Womit hab ich mir, zum Beispiel, hier wohl das Glück verdient, von dem ich vorhin sprach, mich ohnerachtet aller Geisteszweifel und Fragen, die wir nicht befriedigen können, und ich nie mit stupider *Will*kür hemme, mich wie auf Meeren von tiefster innrer Ruhe getragen zu fühlen: als regiert ich *mit*. Ein solch Gefühl zu haben, das bracht ich *mit*; das ist alter Erwerb: und sollte man nicht hoch und reich begabt auch hierher kommen können? Solchen Unterschied denk ich mir auf keiner Stelle, des unendlichsten Geistes Schöpfung. *Allent*halben ist ein ewiges Entwicklen und Sein; Leiden, Wissen, Werden, Genießen; und Höllenpfuhle, wie Paradiese, können allenthalben und zu *allen* Zeiten entstehen. Tragen wir nicht alles in der ewigen, verliehenen *Seele*? Unendliches können wir erfahren! und kein Gehege, kein Bollwerk, kein refuge, von uns erfunden, wir halten. Sehen Sie, wenn ich anfange zu schreiben, hör ich gar nicht mehr auf; das nenne ich vom Schicksal nicht mehr sprechen. Drei Seiten!

Jedes Wort, welches ich nicht französisch schreibe, geht mir durch die Seele, weil es dann nicht an Mama gerichtet scheint: Sie übersetzen ihr aber alles! Dies mit meinen Briefen vorgenommen, ist das größte Exercice, deutschere, konfusere gibt es nicht; Bärstecher hilft! –

Adieu, lieber Graf! Nun schreibe ich ehstens Mad. Schlegel. Das Blut steigt mir so nach dem Kopf. Mir müssen Sie *Schweigen* nach entsetzlich Plaudern nicht übelnehmen! Die Fervaquer haben meine *treuste* Liebe und Freundschaft *fürs Leben!* R. Ihren Brief goutierte ich sehr! Mehr solche! Schreibt Wilhelm? Malt Mama? Ist sie *wohl?* nach Karlsbad?

An Varnhagen, in Berlin

Frankfurt a. M., Dienstag, den 4. November 1817
Bald halb 11. Noch herrscht Nebel,
gegen Mittag wird wohl die Sonne siegen;
wie all diese Tage her.
Das Wetter ist wie in Berlin.

Wenn ich Dich nur beruhigen könnte, mein geliebter Freund, über mich beruhigen! Wenigstens erhältst Du meine Briefe, die Dir nicht die mindeste Ungeduld zeigen, und es auch schon gut finden wie Du, daß Du nur in Berlin warst, und überhaupt alle Deine Ansichten gewissermaßen im voraus haben. Ich bitte Dich noch einmal hier! Dich in nichts zu übereilen; auch auf der Herreise nicht; dort, wie Du es nennst, nichts *verwundet* zurückzulassen; und – in Deine Anmahnungsschreiben nicht *zu* viel Salz zu streuen. Ich weiß, ich kann Dir das Fach der Schreibekunst in größter Sicherheit wie das des Verhandlens überlassen, aber mein zaghafter Charakter läßt doch ein Wort mit einfließen; welches Du manchmal in meiner Gegenwart ohne Schaden zu Deinem Salze wirfst. Wenn dieser Brief kommt, hat die Sache schon ganz Deine Wendung, und ich brauche mir keine Vorwürfe zu machen. – Gestern im Nachmittag früh, geliebter Freund, bekam ich Deinen Brief! Was er auch sonst enthält, wenn ich sehe, daß ich Dir liebenswürdig bin, daß Du mich so nötig hast, so fühl ich mich glücklich, und bestärke mich in dem Bestreben, immer und besser den Fund, einen solchen Freund zu besitzen, recht zu verdienen; – kurz, ich erwäge dann mein Schicksal, und mustre an mir selbst. – Über Koreff schrieb ich Dir neulich in der Eil und in den erhitzten Nerven nicht; Du glaubst nicht, wie mich das freut. *Unendlich* die Sache selbst. – Wunde Verhältnisse schmerzen mich immerweg bis sie heil sind; und er soll nicht denken, wir könnten reell ihm weh tun, schaden wollen, oder dem Besten in uns, bei ihm abtrünnig werden wollen. Alles dies ist es aber noch gar nicht allein, was mir dabei so lieb ist; sondern es freut mich ganz überaus, daß in seiner Seele so schönes, sanftes, gereinigtes Gemütswetter ist, wo schlechte Dunstwolken weichen, gar keinen Stand finden, weit abziehen müssen, und dort eine reine leichte Sphäre, für alles bessere Gedeihen ist. Dies ist *wahrhaft* weiter gekommen sein; wenn unter gewissen Menschen gar kein Entzweien haften kann, und sie nur immer bei den höchsten und geistigsten Punkten sich gewiß wiederfinden, wo alles Zufällige und *Geschehene*, was geschehen kann, zurückbleibt. – Die Stägemannschen Gedichte haben mich unendlich ergötzt: nämlich ich habe salzige häufige Tränen geweint. Göttliche Stellen, und Bilder! Aber meine Lieblingsstelle ist: Messieurs les maréchaux! Blücher se met à cheval! ›Marschälle Frankreichs insgesamt, der Blücher steigt aufs Pferd.‹ Du weißt, ich bin nicht für Hohn, und kein Franzosenfresser; aber eine glücklichere Stelle, eine einfachere, tief aus der Sache selbst geschöpfte, und darum so *schwer* zu schöpfende, kenn ich nicht. Und daß Blücher auch ein Marschall ist; und nur Einer, und sie Alle gerufen, gewarnt werden; *wunderschön*! Und der Fels, der sich wie ein Knie dem Strom entgegenstellt; und Schlesiens Schneehaupt oben, die schäumende Katzbach unten; und *unser* Gold, *Eisen*. Kurz, *solche* Tränen! ich weine *jetzt*. Grüß Stägemann.

Gestern sollte ich mit Frau de Ron die Räuber von Eßlair spielen sehen, aber in die Komödie traut ich mich noch nicht, auch ennuyierten mich die Räuber von je. Ich bin darin genaturt wie Goethe. Mit Respekt zu sagen! sans comparaison! Gräfin Golz ließ mich nach dem Theater mit dem Wagen holen, wo wir recht vergnügt waren, und Hr. von Gagern von Italien erzählte: nämlich von lauter bekannten Menschen. Vormittag war ich weit spazieren: sah was Adelheid Herz macht, sie ist noch nicht ganz besser: heute bin ich bei Frau de Ron zum Tee. Ich liebe die Frau.

Nun Augustel! kommen scharfe Kommissionen, wovon die erste, die da genannt wird, ausgeführt werden muß. Es gibt in der Flittnerschen Apotheke in der Jägerstraße ein Räucherpulver zu kauf: welches Königsräucherpulver heißt, davon wünscht Graf Golz für einen Dukaten zu haben. Dies bringst Du in einer Schachtel in Stroh im Sitzkasten mit. He? *Ja!* die Gräfin wünscht für ihr Leben! einen Sack von den kleinsten Teltower Rüben: *kannst* Du das, so verbindest Du mich: auch im Sitzkasten. Wir *sterben* vor Appetit nach Berliner Bier. Erkundige Dich, ob man Fredersdorfer schicken kann, und *wie.* Köchin Hanne besorgt dies alles. Mir bringe *eine* Bouteille Weißbier mit! Ich scherze. Wir sagen uns aber bei Golzens lauter Berliner Gerichte vor bis zur Ohnmacht für Appetit; gestern morgen frühstückten wir dort, Hirse in der Milch! Wir Frauen nämlich. Da ich Dich nun geärgert habe, will ich Dich auch amüsieren. Es amüsiert Dich doch gewiß, wenn ich Dir sage, daß ich nicht allein gestern an Tettenborn, sondern auch an die Person schrieb, die ›wir kürzlich sahen‹, und so amüsant, *so* gelungen, daß ich des besten Eindrucks gewiß bin. –

Moritzen müßte *mein* Geschrei über die Schröder entgegenstehen: dann wär's aber nicht mehr zum Lachen; Ihr hieltet den Lärm nicht aus. Ich grüße Moritz; er goutiert sie gewiß noch: der Beifall, den sie erntet, macht mich ganz üppig. – Wie freue ich mich Dich zu sehen! Ich umarme Ernestine! Nicht wahr? ›die Bürgschaft‹ (von der Schröder deklamiert). Ich freue mich, daß die Schröder gut aussieht! Tausend Grüße. Und an Dich! Adieu!

An Varnhagen, in Berlin

Frankfurt a. M., Freitag, den 14. November 1817
Nebel, der schon von der Sonne
durchdrungen wird;
kotig, nicht kaltes Wetter.

Obgleich man mir *gestern* abend sagte, der Staatskanzler reise nun selbst den 15., also morgen, so glaub ich doch nichts gewiß; weder an den zu seiner Reise bestimmten Tag, noch daß alsdann Du unfehlbar auch kommen müßtest, wenn er reiset; und schreibe noch einmal. Ich fange damit an, daß ich Deinen Brief vom 4. erst gestern erhielt!! Auch muß ich fragen, ob Du den von mir bekommen hast, wo einer für die Schröder drin lag, und ein Billett für Fanny und Hannchen, und eins für Ernestine; und ob Moritz meinen großen Brief erhalten hat, den ich ihm gleich zur Antwort schickte; und ob mir niemand antworten wollte; nicht einmal anzeigen, ob meine Briefe angekommen sind? Hätte ich mich doch getraut mir die Nacht zu verderben, und hätte Dir gleich gestern abend aus dem Herzen geantwortet, wie es von Deinem Brief bewegt war: *lieber* August! Wie arm aber ist die Welt, wie stumpf die Menschen und faul im Aufregen ihrer selbst, wenn ich so viel gelten soll? Erst neulich sagt ich im hastigen Reden zu Scholz: »Ja, ich habe viel Verstand; aber ich merke es nur an der andern große Dummheit; es däucht mir eigentlich *nicht*!« Bei dem Wort Verstand unterbrach er mich mit den Worten: *Sie* dürfen auch das nur sagen. Du aber, mein eingenommener, ehrlicher, ehrlich weil Du eingenommen sein kannst − August, glaub den andern *nicht*, wenn sie mich loben: im Augenblick müssen sie sich mich wohl gefallen lassen − Schlegel sagt, ich verstünde manches nicht: nämlich Brüderschaften, als Freimäurer, und dergleichen Getreibe, weil ich so éminemment eine Person wäre − wenn Du mich grade, und all meine Persönlichkeiten erwähnst; aber sie lieben mich *gar* nicht: ich entgehe ihnen ganz: ich bin ihnen durch Güte, und Übersicht ihrer, und nur so hinzunehmenden deutlichen Vortrag, durch Freundlichkeit und Prätensionslosigkeit zu bequem; und gar nicht *wie da!* Werden sie mich aber gewahr, so hassen sie mich ehr. Ein Wahrhaftiger, ist fast so verhaßt, als *Wahrheiten:* solange ich mit meinem Generalisieren ihnen Belege für ihre Wünsche, kleine Leidenschaften, und Geschichten gebe, ist es ihnen recht; und sie meinen, *sie* hätten die Gründe der Rechtmäßigkeit *dazu* mit den Begierden, so obenein *gefunden;* widersprechen ihnen einmal diese Gründe, so bin ich ihnen fatal, als unbequemer Rebell, der ungebeten *auch da* ist. Glaub mir; ich schmeichle mir nicht; und darum seh ich sie durch. Harscher z. B. hält jetzt Stücke auf mich. Weil ich ihm ganz als Abstraktum durch Briefstellen, und Dein Reden, Dein Bezeugnis, Dein glücklich Leben mit mir, gegenwärtig werde; und wie er mit mir lebte, war er schlaff genug, mir Begueulen vorzuziehen. Geschöpfe, die sich keine Rechenschaft über sich selbst zu geben vermögen, kein promptes Gefühl haben, hartherziger sind, als ich, die eitel sind: und aus dieser Eitelkeit nach Lob und Beifall streben und handeln, die ihnen gezollt werden. Ganz gut. Nur bleibe man dabei: und schwelge nicht an *zwei* Tafeln. Almosen kann man von meiner haben. Die Beschreibung, die ich hier von meinem Effekt mache, wiederholt sich nun mein ganzes Leben durch, durch alle Nuancen, die bei einem jeden Verhältnis zu Menschen aus diesen hervorgerufen werden, aber immer nach derselben Regel. Die Regel hier, bin ich: die sich längst einsieht, aber gar nicht ändern kann. Es mag andern auch so gehen; aber noch niemals fand ich jemand, der mich ganz übersah, ganz meine *Konstitution* und meine *Seele* verstand, jedes einzelne, die widersinnigsten Äußerungen aus dem Ganzen; sonst müßte es sich ändern, und ich würde eine andere Regel. Du nimmst mich mit Liebe auf im Ganzen, und verstehst mich, und gleich ist es anders. – Was Herr von Zerboni mit dem treffenden Wort meinen kann, das ich soll gesagt haben, und das einen ganzen Menschen unwidersprechlich bezeichnen soll, weiß ich wirklich nicht: besonders aber weil es ihm Herr von St. soll erzählt haben. Dem erinnre ich mich nicht etwas gesagt zu haben; sonst sage ich dergleichen grade sehr viel; »in dem Fach bin *ich* ein Ignorant«, und Gentz wollte *da*rüber vor achtzehn Jahren schon verzweifeln; wenn ich ihm mit Einem Wort Menschen vorhielt, die er alle Tage in den großen Häusern sah, und *nicht* kannte. –

Sei Du aber nur ganz ruhig; und boße Dich nicht! Denke auch nicht, anderswo sei's besser; *noch* ärger. Die Länder befinden sich nicht wohl, es ist ihnen übel, und sie nehmen immer noch mehr Süßigkeiten, und leben in der alten Unordnung bis das Erbrechen eintreten wird; ein gräßlicher Krampf, abscheuliche Operation: Viele werden doch der letzten Anregung dazu alle Schuld beimessen. Wie man zu einem Kranken sagt; warum dreht er sich auch um, davon kam der ganze Anfall wieder. Wenn ich die Konvulsion vermeiden kann, will ich's tun, da ich die schlechte Diät kenne. Sei geduldig, liebe Guste! Wir wollen's *zusammen* tragen. Man kriegt nichts auf dieser Welt: jeder sein Schicksal und damit gut. Frau von Wolzogen begegnete mir gestern, sie ist schon vierzehn Tage hier, sagt sie. Mein Husten ist längst besser, von

Wein?! Du Häßlicher! warum machst Du Fanny weinen? Gleich küss' ihr die Hand! Ferdinands Locke freut mich, sie macht mir eine Idee vom ganzen Jungen. Ich danke Dir für alle Deine Besorgungen und Nachrichten! –

Was ist *das*? Charlotte von England ist tot? unangenehm. Ich erschrak mich. Im Wochenbett sterben ist so häßlich. Die arme Mutter. Adieu, adieu!

Sonnabend vormittag, den 15.

Ebensolches Wetter, nur trüber. Gestern das schönere Wetter machte uns allen und mir viel Kopfweh: doch war ich den Abend noch aus, bei meinen ewigen Schlegels. Der Prinzessin Charlotte Tod erregt hier alles! Schlegel z.B. sagte mir gestern auf dem Spaziergang, wo er eigenst bei mir zurückblieb; erst, was ich sage? ich sagte nichts beinah; und dann, daß nun Hannover an England bleiben würde, welches doch *gewissermaßen* nicht gut wäre; und dann: »Immer wenn jetzt so etwas Unerwartetes geschieht, als ein Sterbefall, oder dergleichen, so bin ich ganz gespannt, dann denk ich immer, nun« – er stockte –, so müsse es losplatzen? sagte ich; *ja!* sagte er lachend, erhitzt, und occupiert. *Mein* Guter! *Du* wirst noch sehen …! *den* kenne ich nun ganz. Es war ein wahres Studieren für mich die Zeit her: wie in einer Bibliothek war ich hier eingesperrt; aber ich las. – Ich dank Dir sehr für Schleiermachers amtlichen Synodenbericht. *Schade!* daß er wie mit den verdrehten, noch nicht ganz aus ihrer Knospe gebrochenen Phrasen der Wissenschaft, und nicht mehr klarer Leichtigkeit geschrieben ist! Der Ton, die Kürze überhaupt darin, das virtuosische Auftreten, als gelehrtester Kompetent zwischen diesem nichtigen Gewebe von Streitpunkten, findet großen Anhang und Applaus in meiner Seele! *So* gelehrt, und charakter-tüchtig, müßten Regenten sich vor die Beschlüsse zu stellen wissen, die einmal das Resultat ihrer Überlegungen sind!! Wie *leicht* schließt sich die *große* Masse, die nicht Überlegenden aller Klassen, an so bestimmte Beschlüsse, Verordnungen, und Taten. Sie *wollen* gar nichts anderes, und bedürfen nichts anderes. Es frommt ihnen nichts anderes. *Du* ahndest auch noch nicht, wen ich alles der großen Masse beistelle!!! *Ein* Funken von einem Regenten, sitzt *auch* in mir: und das ist in meinem Geiste: die Überzeugung, die ich hier eben aussprach. Bravo! Schleiermacher! Wie abgemacht sprach er von den Zeremonien, ohne sie zu *nennen*! Bravo! wie klar und kurz von der Polemik der ältern Reformierten, die sich in der Behandlungsweise des Abendmahls aussprach. Wie erschöpfend für Ungelehrte; wie unwiderlegbar für Gelehrte, die auch alles Vorgefallene darüber auswendig wüßten! Edle Philosophie! Beurteilerin, Ordnerin aller menschlichen und geistigen Angelegenheiten. Ein richtiger Gedanke von Dir, richtig angewandt, ist ein Tag der Sonne für ganze Weltteile. Diesen Ausruf pressen mir die Glaubensliebhaber aus: und Novalis, der mich dagegen stärken muß: von Solger las ich philosophische Gespräche! – Schlegel lobte sie mir an. Mündlich davon. Von Frau von Woltmann, lieber August, hast Du mir nicht hart, nur in Kürze geschrieben; in meiner Jugend, als ich mehr taugte, als jetzt, konnte ich das auch; überhaupt da fertigte ich die Leute auch mündlich in Kürze ab, und war herber, das taugt ihnen besser. Jetzt müßt ich mir dies Verfahren erst anstudieren; und öfters nehm ich's mir vor. Denn wirklich die, die sich vorsetzlich verstocken, sollten *gar* nicht glimpf behandelt werden. Und Deutschland hat jetzt eine ganze Klasse solcher, wovon Schlegel die brütende Klucke war! Wir in Brandenburg, nennen die alte Henne so. Jeder, der nur einmal seine Überzeugung in sich zum Schweigen bringt: oder einmal einem andern *nur* nachspricht, und sie gar nicht zu Worte kommen läßt; ist unrein, geistlos, zu allem Schlechten fähig; denn die Möglichkeit und der Anfang ist *da*! *In* mir sind solche *von je* ewig verurteilt, Du weißt es. Zu lange aber hab ich die *eine* Seite, das Nachgeben, und die *Nachsicht* geübt: die Natur gab mir tätige Waffen: wie ein abgelebter in Zorn gebrachter Ritter, will ich sie hervorsuchen. Will, will! – – Ich mußte zu viel dumm Religiöses, Lügenhaftes, zu viel boshafte Angriffe die Zeit her hören! –

Seit Montag ist Wangenheim hier: in Mandelslohes Stelle, welcher mit einer ziemlichen Pension und einem schmeichlichen Judasbrief seinen völligen Abschied hat: er geht auf eine kleine Besitzung im Hannöverschen. Alle Minister sind empört wegen dem schnellen Wechsel, und spiegeln sich in dem Schicksal. Andre sagen, der Bund wäre das Ungnaden-Exil: W. sei man wegen der Stände hier nur los geworden. Cotta ist auch geadelt; und reist nach Sizilien. Das sieht man eben so an. Ein altrömisches Exil. Lebe wohl, lieber teurer August! Wenn ich nur morgen wie die *andern* Leute Briefe bekäme!   Deine R.   Nun geh ich zu Frau von Wolzogen.

An Friedrich Ludwig Lindner, in Straßburg

Karlsruhe, Mittwoch vormittag, den 29. April 1818
Warmes Vogelsing- und Blütenwetter.

Kennen Sie eine besondere Melancholie, ein Drängen nach vorwärts, eine Prätension, ein Erwarten, daß es angehe; grad in solchem Wetter? und ein Hineinschauen in sich selbst, und alles was einem begegnet ist, nach allem Rang und Drang – Ringen und Dringen, hieße es in der rechten, mir jetzt gar nicht rechten Sprache –, den man verbrachte, wie in einem alten kalten wüsten Gemäuer hin? Nun so ist mir; und noch tausendfältig anders. Also hätte ich Ihnen grade heute gar nicht schreiben sollen; aber Ihr Brief, der vorgestern ankam, läßt es nicht zu: auf den muß noch eine Antwort kommen, sie falle aus, wie sie kann. Wie hat er mich gefreut dieser Brief; und nicht allein, weil er an mich ist, weil er mir schmeichelt; er machte mir diesen auf mich gerichteten Genuß erst möglich, weil es ein lieber, ehrlicher, feiner Brief war. Wir werden beide, alle, zu affektieren gar nicht nötig haben. Bald werden wir uns eingesprochen haben, recht geschwind, und uns leicht über kleine Divergenzen zurechtgerückt haben; und gründlich voneinander verstehen, warum wir in manchem verschieden sein müssen. So viel nur! Ihr Brief, sein ganzer Ton, jeder Ausdruck, ruft mir ganz Ihre Physionomie vor die Augen; freudig, zutraulich, naiv, herzig, wie Sie gegen Freunde aussehen konnten. – Dann hat mich sehr gefreut, Ihre Meinung über die jetzige Politik meinen ähnlich zu finden; also darüber werden wir nur sehr wenig sprechen; oder, wenn wir bis auf des Menschen *Natur* hinkommen, sehr viel. Ihr alter Onkel gefiel mir auch! Es ist ein Glück fürs Herz einen *alten* Verwandten zu haben, den man ehren kann, lieben tut man ihn schon von selbst; das heißt, lieben möchte man ihn ohnedies schon gerne, kann es aber nur, wenn man ihn ehren muß. Wär ich reich, so führ ich nach Straßburg, und er sollte noch die Freude haben, neue Bekannte in alten Freunden von Ihnen zu finden: auf alter Leute Leben, die noch ein Herz haben, möchte ich gerne noch viele reiche Ereignisse häufen; Genuß schaffen. Ich antizipiere ihren Zustand in meiner Seele. – Es tut mir leid, daß Sie nicht früher kommen können, weil ich den 10. schon vielleicht in Heidelberg bin; aber da kommen Sie mir dann gleich nach: das erfahren Sie in meinem Hause, wo ich Ihnen ein Wort zurücklasse. Genug! Sie finden Freunde: Menschen, die nur Gutes wollen, und meinen, und unablässig weiter an sich arbeiten, ohne die geringste Pedanterie: und bleiben Sie auch nicht in Einer Stadt mit uns, so haben Sie doch den Trost, uns nah zu haben: und ich den, Sie gefunden und auch nah zu haben. Auch ich grüße Veit! Wenigstens soll er, solange *wir* leben, nicht tot sein. Er verschlechterte sich meines Wissens in Hamburg nicht: aber ich weiß, an meiner Seite hätte er sich ewig verbessert, seine bessere Seite herausgekehrt, oder vielmehr an das Bewußtsein hinangebracht; ausgearbeitet, und spielen lassen! Er war ein komplett gebildeter Mensch, weil er über seine Natur hinaus war, sah, und sie beurteilen konnte. Wir wollen uns recht über ihn aussprechen: und ihn leben lassen! und *uns* der ›lieberwärmten Stätte‹ als Lebendige *freuen*! Wir wollen die jugendliche Zeit des Vertrauens ohne Rückhalt – wie Sie sagen, in die Sie durch mein Finden versetzt sind – genießen; wissend sie besitzen! Das Schreiben hat mein Herz wieder in Tätigkeit gesetzt, und es ist mir besser: auch war eine Italienerin bei mir, der etwas Ärgerliches geschehen ist, welches sie mir, sich zum Troste, erzählte; ich ärgerte mich mit, gab der armen Fremden Rat, und zeigte ihr eine Freundin in einer Ultramontana, und ich konnte sie gestärkt entlassen. Das stärkte mich selbst wieder. Adieu Lieber! Kommen Sie bald: bleiben Sie lange mit uns. Goethe kann man immer brauchen; den Göttlichen hat man immer nötig! So will ich Ihnen dann mit seinen Worten meine Wünsche zeigen: ›Je ehr du kommst, je schöner wirst du uns willkommen sein!‹ (ich glaube: ›*bist* du uns willkommen.‹) Gott grüße und segne Goethe! Veit! Uns! und alle, die es gut meinen und wahrhaft sind. Adieu.

Ihre R.

An Friedrich Ludwig Lindner, in Straßburg

Karlsruhe, Montag, den 24. Mai 1818
Kühles, sehr helles, zugeschlossenes Nordostwind-Wetter.
Was soll ich Ihnen auf Ihre reichen vollen Briefe antworten! Ich
bin endlich zugeschlossen wie das Wetter selbst; kalt, vertrocknet,
und fühle mein eigenes Wetter. Gerne schickte ich Ihnen ein
Labsal durch diesen Brief, aber da ich gar nichts machen kann
auf dieser ganzen Welt, nur ein Quellensitzer bin, der da sitzet
und wartet ob sie rinnen; selbst nur eine Quelle bin, so quillt mir
wiederum nur der Wille dazu, und sonst nichts. Sein Sie zufrieden damit, wie ich es sein muß, d. h. still, stumm. Ich sehe ganz
Ihre Lage ein, als ob es meine wäre, ich fühle sie auf allen ihren
Punkten; und auch dies bringt mich zum Schweigen. – Die Charaktere stellen sich; wie Fichten, Eichen, Linden, Tannen aus
ihren Samen hervortreten. Nie hab ich es vermocht, wenn zwischen mir und andern eine Wahl war, diesen zu treten und mich
zu stellen; und die paarmal, die ich es wohl im Leben tat, haben
mir nur bewiesen, mich nur gelehrt, es nicht mehr zu tun: weil ich
mich noch viel unseliger dann befand. *Meine* Unzufriedenheit ist
mir noch die erträglichste, mit mir werde ich noch am stillsten
und daher am leichtesten fertig. Ich glaube es kommt auch daher,
weil man sein eigen Gesicht nicht sieht; die unmittelbare Mitteilung des Gesamtzustandes der Seele. Nicht zum Ertragen dem,
der es zu deuten versteht, zeigt es Unglücklichsein an. So wird
man denn am Ende *bankrutt*. Insolvabel, unfähig sich zu zahlen;
aber man klagt nicht gegen sich. Ich befinde mich, wir befinden
uns wieder auf diesem Punkt der Wahl; und so nötig sie ist, so
kann ich nur sagen: für *unser* Leben wäre sie nötig die Härte, aber
sie anwenden könnt ich auch nicht, wie sie Ihnen also raten? Ja,
ich behaupte, nur im Großen, im Ganzen, wo man von den Gegenständen fern ist, die sie betrifft, ist es möglich mit Härte zu
verfahren, sonst ist es dem, der ihre Wirkung kennt, zu sehen *vermag*, unmöglich sie anzuwenden. Nun wäre alles richtig, wenn
man sich mit ewiger Grazie opfren *könnte*; aber nein! man empört
sich auch manchmal; opfert, ohne daß der andere das Opfer genießt; und lebt zwischen zwei Empfindungen, von welchem Zustand Goethe mit Überrecht im Clavigo den Carlos sagen läßt,

daß es der elendeste der Welt sei!!! Fragen Sie noch, ob ich mich nun eitel applaudiere; oder ob ich meiner *entschieden* entgegengesetzte Naturen bewundere. O! wenn sie meine Herzenseinsicht hätten, und anders, immer anders handelten als ich; ich vergötterte sie. – Also ich erwarte, was die andern werden tun können. Was kann man tun? wenn man einen Kontrakt aufs Leben gemacht hat, mit einem, der nicht weiß, daß man solche Kontrakte nicht machen kann; in einer Welt, die nur das Unmögliche für heilig hält, beschützt, und die Dümmsten bestärkt. *Da!* sind wir wieder auf die paar großen Institutionen: und unsere Briefe sind doch nur Musivstücke einer selben großen Fabel: Ihrer sprach vom Geisterzwange, ich kam auf den der Neigungen, auf Ehe. Zwei kolossale Formen, von den Jahren zusammengebildet; in denen man eine große Dissonanz gefangenhalten wollte; die uns aus diesem ganzen hiesigen Leben mit sollte heraushelfen, und weit drüber hinweggeht, und die sich wahrlich nicht wird einkerkern lassen, noch uns zur Ruhe belügen helfen wird! Grüßen Sie Ihren alten armen Onkel noch aufs brüderlichste von mir! Wir armen Menschen! Gerne möchte ich ihm helfen. Das heißt, könnten sie eingeteilt werden, von seinen Schmerzen welche abnehmen. Geben Sie ihm meine Achtung, wenn er irgend noch dergleichen würdigen mag, mit ins Grab: und meinen innigen Herzensdank für sein Geschenk! – Leben Sie wohl! Auf Wiedersehen! das ist das *Beste*. Ihre R. Ich schreibe mir in lauter Klagen doch immer das Herz weicher und leichter.

Der Staël ihr Buch über die Revolution hat unendliche Schönheiten. Ihr Tod tut mir sehr weh; sie hatte ein braves Herz! Lesen Sie gleich das Buch. Es kommt a punto: und muß jetzt wirken.

Baden 1818

Unsere Unschuld besteht darin, daß wir manches noch nicht erfahren und wissen; aber darin besteht auch die Eigenheit unsres hiesigen Zustandes, daß wir vieles hier überhaupt nicht erfahren und wissen können; vielleicht ist das ganze Erdenleben nur eine Art Unschuld, auf die ein höherer Zustand mit weiterem Aufschlusse des Daseins folgt. Wenn dem so wäre, so könnte nichts tröstlicher und erheiternder sein, als dieser Unschuld mit Bewußtsein sich zu überlassen, und sie in diesem Gedanken freudig zu genießen.

An Astolf Grafen von Custine, in Fervaques

Heute sind es vier Wochen, daß ich von Baden hier zurück bin. Es war dort bis ein paar Tage vor meiner Abreise wunderschön, und in unzähligen Wetter- und Lichtabwechslungen immer von neuem unendlich reich für Sinn, und Traum, möcht ich es nennen; wir waren die ganzen letzten sechs Wochen beinah ohne alle Gesellschaft dort; nur Frau von Tettenborn lebte auf dem Schlosse; und die letzten drei Monate nur mit sehr wenig Gesellschaft; vier, vom 8. Juni an, war ich dort. Tausendfältig wünscht ich meine Freunde hin! – bald den einen, bald den andern; aber unsere Lebenstage sind uns vorgesetzt, in einer Krippe, wie wir dem Tier sein Futter reichen; die Art, das Maß, nichts hängt von uns ab: höchstens können wir das Futter unangetastet lassen; zu ändern ist sehr wenig. Und bis ein großes Ereignis kömmt, möcht ich gar nicht nach mir hinsehen! Seit ein paar Tagen hat der Gedanke des Sterbens durch einen für mich neuen Einfall etwas Unterhaltendes für mich erhalten. Es ist mir nämlich ganz klar geworden, daß wir doch plötzlich aus diesem Lebensverhältnis mit all seinen Klemmungen herauskommen und in dieser Hinsicht uns ganz nobel befinden werden. Das Klemmen, Drängen, Rukken, Zurechtschieben dauert meiner expeditiven Geistesart *zu lang*: ist eigentlich ganz unwürdig, und das eigentlich Unedle; der Quell alles Unedlen: es sei nun Tat oder Leiden. Unsere Einsicht darin müßte uns *lösen*! Verstehen Sie mich? Was soll ich Ihnen also von meinem Leben sagen? Ich sitze und warte: und wenn mir ein gutes Korn zufällt, verzehr ich es: noch gestimmt, und appetitlich genug! – und das ist, wie ich mich und mein Leben, was mir geboten wurde, kenne, sehr genug! – Lassen Sie mich also nach Ihrem fragen, von Ihrem sprechen. Sie haben Komödie gespielt. Auf dem Lande, grade im Sommer, ein großes Vergnügen: wenn die Personen nur ziemlich hübsch und angenehm sind. Spielte Ihre Mutter, Bärstecher mit? Ihre Provinz, Ihr Aufenthalt wird, muß Ihnen bekannter werden: und dies ganz allein faßt das Lieberwerden in sich. Die Stücke Leben, die wir vor uns haben, sind nichts Einfaches, ein Zusammengesetztes; gehen wir nun damit

genauer um, so finden wir Passendes und Verwerfliches, und da
bei dem vorigen Stück Leben, welches das Letzte war, mit dem
wir uns balgten, auch eine Menge Unannehmbares war, so müssen wir finden, die Stücke seien fast vom selben Wert; bis wir wieder einmal zu einem kommen, welches uns Kunst-, Natur- oder
den Genuß unseres eigenen Herzens gewährt. Dieser allein ist Leben: das andere lauter Anstalt zum Leben. Dies nun bringt mich
gleich auf Literatur, da unsere Genüsse leider fast alle in
›Schwarz auf Weiß‹ verwandelt sind! Kennen Sie: Recueil de lettres sur la peinture, la sculpture et l'architecture, écrites par les
plus grands maîtres du quinzième jusqu'au dixhuitième siècle,
traduit par L. J. Jay? Die Briefe des Michel Angelo, des Annibal
Caracci, als der Leute damaliger Zeit, versüßen mir meine jetzigen Tage. Ihre Plackereien sind in die Ferne gerückt: ihr Bestreben, ihre Tätigkeit, ihre Wünsche, ihr Herz und Geist, stehen
klarer da; für mich *ganz* besonders, die aus den Briefen der
Menschen so unendlich viel von ihnen kennt. Von solcher Briefsammlung wird mir die Historie und eine ganze Zeit klarer, als
durch berühmte Geschichtschreiber. Ich bin dem Herrn Jay sehr
verbunden: und könnte sehr lang mich auslassen, über Ge-
schichtschreibung, die ich meist schlecht finde. Haben Sie Bi-
gnons kleine Schrift gelesen, über Bayerns Prätension an Baden?
Weltbürgerliche Deutsche sind ihm sehr verbunden; rühmen ihn
weit und breit. Haben Sie Bailleul über Frau von Staëls letztes
Werk gelesen? Ich wollte, sie lebte noch, und röche Einmal *diesen*
Weihrauch. Man räumt dieser Frau viel zuviel ein, was sie nicht
hatte. Man borgt ihr einen Geist, eine Penetration, die man ohne
Gründlichkeit gar nicht haben kann: sie hat einen, der nur in Abwesenheit der Gründlichkeit so zu flimmern vermag. Es sind viel
zu wichtige Themas an diesen Geist herangeschwommen, auf der
Fahrt ihres Lebens, die er von selbst sich im großen Ozean nicht
ersehen hätte, aber nach Geistes Art sich doch aneignete zum
Verarbeiten: denn selbst Eitelkeit ist ein sehr geistiges Erzeugnis.
Es freut mich aber, daß Geistigkeit überhaupt einen so allgemeinen, großen, kompakten Respekt ausgibt (dies Jahr wird dies Feld
viel Weizen ausgeben, sagt man im Deutschen), daß selbst ent-
schiedne literarische Gegner noch *in sich selbst* so viel Umstände
gegen eine Person machen müssen, wenn sie nur Einmal auf

ihren Geist aufmerksam machen konnte. Das spricht für Frankreichs Feinheit; dem ich, wo es nur möglich ist, applaudiere, und mir *gern gestehe*, was ich selbst ihm verdanke. Sie wissen, ich liebte Mad. Staël persönlich mehr, als es die Menge tut; die, herz-dumm und urteil-faul, die ihrem Wesen widersprechendsten Dinge willig glaubte, und nacherzählte; in ihren Werken fand ich aber immer Charakter-Disparates: keine Mischung, die das Geniale herausbrächte; nicht weich beim Feuer, nicht still beim Urteil, und Denken; oft brennend, nicht warm; weit von künstlerischer spontaner Auffassung, in allem wo sie vergleicht: kurz, ein Mißverhältnis in den Gaben: und hauptsächlich, nicht das Gefühl, und das heimliche Urteil ihrer selbst: letzter Schlußstein der Künstlernatur. Da man jetzt eine Anstalt in Paris hat, alle mögliche deutsche Zeitschriften (las ich neulich im Morgenblatt): fragen Sie nach Dohms Denkwürdigkeiten; nach den guten Weibern (Erzählung in Prosa), nach den Aufgeregten (politisches Drama), in Goethes neuer Ausgabe Band XIV. Fragen Sie nach Goethes Rhein und Main; drei Hefte sind da. Suchen Sie Oelsner auf, der weiß alles, ist grundgelehrt, und Ihnen gern behülflich.

Sie führen ja etwas Abscheuliches in Ihrem letzten Brief an, lieber Astolf! ›Car malgré tout l'orgueil du raisonnement c'est toujours ce qu'on fait qui finit par régler ce qu'on pense.‹ Dies als Wahrheit aufgestellt, öffnet jeder Schandtat die Tore! Ce que nous faisons ne règle nullement ce que nous pensons; cela nous fournit seulement la matière dans laquelle nous devons travailler; c'est à nours à opter *comment* nous voulons faire, et c'est là le point moral qui nous appartient. Nur der Mensch kann wählen und richten, sagt Goethe; ›alle andern Tiere der Erde wandlen und weiden im dunklen Genuß.‹ – Si vous commencez à comprendre le positif de la vie, so bin ich außer mir vor Freude! Le positif des Lebens besteht aber darin, das abzuleben *was grad vor uns steht:* deswegen ist Positives immer da (wenn wir frei sind unsere Tätigkeit zu üben); auf unserm Landsitz, wie in Paris; in der Gesellschaft wie in der Familie; unter Menschen, wie in dem Stall; ja selbst unter Büchern und allein. Die Gegenwart fühlen, mit ihr sich abgeben können, ist das Lebenstalent; je mehr man davon in sich trägt, je positiver ist man, und je mehr Positives wird uns vorkommen. Ein lebendig ethisch guter Wille belebt uns allein die

Gegenstände zu geistigen. Das bin ich ganz gewiß. Der Geist ist wie Sonne, sie ist immer da; beleben aber kann sie nur was da ist. – Grüßen Sie Oelsner von mir; und zeigen Sie ihm, was ich Ihnen eben über Mad. de Staël sagte: er kennt mich in dergleichen. Kann ich, so schick ich Ihnen den Tauler durch Graf M. im Dezember.

An Friedrich Ludwig Lindner, in Stuttgart

Mittwoch, Karlsruhe, den 25. November 1818
Trübes, feuchtwarmes Regenwetter.

Ihr Brief, den ich gestern abend erhielt, gab mir etwas von der einzig schönen Ruhe, die Ihnen Ihr stilles Lokal einflößte, und machte mir aus großem Anteil viel Vergnügen. An mir ist kein Detail verloren; vom gröbsten Dasein an, von der allseitigsten Vereinzelung an, hab ich mich nur heraufgerankt zu den allgemeinsten Erkenntnissen. Die Art meines Geistes ist unschuldig; gradaus sind seine Strahlen, sie wissen nicht was sie beleuchten werden: und so und nicht anders muß er immer nur von neuem verfahren; eine andere Weise ist ihm gänzlich versagt. Er hat etwas Genialisches, das will ich ihm nicht abstreiten: es besteht aber nur, und in nichts anderm, als in der mir selbst, und einem jeden, unbegreiflichen Schnelligkeit, sein der Geschwindigkeit ganz widersprechendes Verfahren zu ersetzen. Von allgemeinen Begriffen auf einzelne Fälle zu operieren, ist doch die größte Geistesökonomie; ich muß erst umgekehrt, durch die kleinsten Abstraktionen mir jene Begriffe schaffen; und dann noch einmal operieren. Aber dies wie durch Feuer, und sein Licht: so schnell geht's; durch so schnelle Kombinationen, daß sie mir selbst alle wie Einfälle erscheinen. Eine Art Behelf, daher die Unfähigkeit zu lernen; nichts in mich Aufzunehmendes vermag ich bereiten zu lassen; daher erscheinen die gewöhnlichsten Dinge und Äußerungen bei mir, originell. Es ist meist Unfähigkeit, in *der* Folge aufzunehmen, und wiederzugeben, wie man es mir anbietet. In der Art hab ich mir aber beinah alle Talente auch der andern Menschen erklärt: meist ist jedes Talent nur eine Umgrenzung einiger ineinander greifenden Gaben, die grade die Nachbargaben ausschließen, oder deren Mangel voraussetzen, und von dem begründet werden; das hab ich schon oft ergrübelt. Findet sich irgend in einer Seele ein ganzes Konzert, ein vollständiger großer Kreis von Talenten, wo keins das andere durch dessen Ausschließung bedingt; und belebt ein reges, empfindliches, gesundes Herz diese Fertigkeiten; wohnt eine lebendige Überzeugung in solchem Geiste, dann ist das Genie fertig. Dann lieb ich es mit leidenschaftlicher, glücklicher Bewunderung! Wen ich als Autor so liebe, das wissen Sie. Eh ich Ihren Brief gestern erhielt, im Nachmittag, sprach ich erst von dem großen, einzigen Einfluß, den Lokale auf mich üben; das was mich umgibt, beherrscht mich meist ganz, unwiderstehlich: kein Unglück, nichts widersteht dem ganz. Kein Glück, keiner Art, wäre für mich genießbar, könnte mir den Seelenzustand ganz bereiten, dessen meine Seele bedarf, um es ruhig in sich wirken zu lassen, wenn ich in einem mir verhaßten, mir widersprechenden Lokal, in solcher Stadt, solcher Gegend bin. Kein *Mensch* ist empfindlicher für solche Dinge: hat sie zeitlebens so ausgesponnen, zur Deutlichkeit gebracht, so davon gelitten! Sie können also denken, wie erwünscht mir Ihr Brief kam; wie balsamisch er auf mich wirkte! Wie ein gourmand gerne von schönen Speisen hört; so bin ich in meiner leckeren Gierigkeit dahin gekommen, schon zufrieden zu werden, wenn nur andere recht schön wohnen: besonders wenn es nun Freunde sind; und in einer Verfassung, wo ihnen das viel sein muß; Beruhigung, Genuß; Raum zu angenehmem Fleiß! Ich kann Ihnen aber nicht aus einer Art Villa schreiben; auch nicht aus einem Sommer-Sonnen-Tal; auch nichts von Kunst, oder deren Genüssen: drum fängt mein Brief grüblend an über mich selbst; grau in grau. Doch bin ich in guter, alter, ruhiger Seelensphäre, mit junger, reger Genußfähigkeit; und zufrieden, wenn kein Unglück, keine Angst kömmt; mit Einsicht für das, was ich besitze. Hier, und da, gut berührt: und nur *durch großen Zwang* beachtend, wenn ich schlecht berührt werde. Ich kann nicht, wie Sie, sagen: ich verachte die Welt: aber ich kenne sie *ganz*; und ihre eigene Klemme; was kann ich von ihr wollen, als Frieden; auch dazu muß man ihr Gutes tun, und schmeicheln, Faire des ingrats, ist die friedlichste Beschäftigung; wenn man schon agieren muß; hin und wieder. Halten Sie das *nicht* für Prahlerei.

Mad. Lindner hat mir einen so allerliebsten Brief geschrieben, den ich durchaus goutiert habe, und der mir großes Vergnügen gemacht hat. – Es freut mich sehr, daß ihr die Bekanntschaft der Mad. Brede konveniert. Sie könnte keine bessere, ehrlichere, gütigere Frau kennenlernen. Grüßen Sie sie tausendmal! Ich liebe sie sehr! und immer. – Ich lese die Minerve, Dohms Denkwürdigkeiten, und ›Über das Verhältnis des Christentums und der christlichen Kirche zur Vernunftreligion‹ von Muth. Dies letzte gab mir Robert, der von Mannhein zur Ankunft des Kaisers Alexander hier ist. Heute abend kommt der; man verschont ihn nicht mit der Illumination. Gentz hat mich von Aachen grüßen lassen, und bestellen, er würde mich im Durchreisen hier sehen. Heute hatte ich Brief von den kleinen Tastet; sie und Frau von Lagorce sind wohl. Sie schickten mir einen Brief vom General Bachelu, einem französichen Freund, der zu Herzogin von Angoulême in Straßburg war. Hier wird sehr schön Donna Diana, aus dem Spanischen, gegeben. Wenn Opern, oder *so* schöne Stücke sind, gehe ich hinein: wenn das Wetter nur irgend zu behandlen, im schönen Spaziersort spazieren. Fürst Fürstenberg ist hier: dem ich sehr gut bin, weil er voller Leben, und Lebenslust, und Streben ist; und man ihm das alles auch ansieht. Kennen Sie der Kaiserin von Rußland Arzt, Staatsrat von Stoffregen? Der ist auch hier; ein großer Freund von Robert, und ein sehr lieber Mann. – Adieu.

Ihre R.

Karlsruhe, den 13. Mai 1819

Rottecks Ideen über Landstände. Vorerinnerung, S. 4. ›Die philosophische Theorie läßt alles *Vorhandene* auf seinem Wert oder Unwert beruhen. Dasselbe mag als *historisch Begründetes*, überhaupt, als *Gegebenes*, seines *besondern Rechtes* sich erfreuen.‹ Das Wort ›historisch‹ schlägt keinen reinen bestimmten Ton im Verständnis an, und wird daher jetzt besonders gemißbraucht. Alles Ereignete, was sich ereignete, ist nicht historisch. Was sich ereignet, dies gehört ganz gewiß mit zur allgemeinen, großen Entwickelung in der uns bekannten Natur, des Menschen Geist und der Menschen Zustand mit eingerechnet; aber historisch ist nur das, was die weisesten Leute, Beobachter, Historiker, wie auf einem Faden aufgereiht uns darzustellen für würdig fanden, weil sie es in seinen Beziehungen auf Entwickelung nötig hielten. Nötig ist auch alles, was sich nur ergeben mag, für Wesen, die das Universum in seinen Bedürfnissen und Zwecken überschauen: für Menschen aber bleibt nur wenig historisch: und alle schlechten Einrichtungen, oder gute für schlechte Dinge, und Anstalten müssen abgetragen werden, zerstört, und sind, weil sie Schlechtes befördern wollen und nicht die besseren Ansprüche im Menschen, nur simple Ergebnisse, Ereignisse; und müssen nicht *historisch Begründetes* genannt werden; damit man es auch gleich an seinem Namen erkenne, und es Verwirrten keinen Anlaß gebe, in der Verwirrung mit ehrwürdigen Worten eingeengt zu bleiben.

Berlin, den 3. November 1819

Es wird eine Zeit kommen, wo Nationalstolz* ebenso angesehen werden wird, wie Eigenliebe und andere Eitelkeit; und Krieg wie Schlägerei. Der jetzige Zustand widerspricht unserer Religion. Um diesen Widerspruch nicht einzugestehen, werden die entsetzlichen, langweiligen Lügen gesagt, gedruckt und dramatisiert.

Geschichte ist in närrischen Händen sehr schädlich, und ein Grundirrtum über sie in Umlauf; man hört überall den höchsten fast bis zu den niedrigsten Ständen empfehlen, sie möchten die Geschichte fragen und die studieren. Wer ist denn vermögend, Geschichte zu schreiben oder zu lesen? Doch nur solche, die sie als Gegenwart verstehen! Nur diese vermögen das Vergangene zu beleben, und es sich gleichsam in Gegenwärtiges zu übersetzen. Daher ist das Wort von Friedrich Schlegel: ›Der Historiker ist ein rückwärtsgekehrter Prophet‹, so sehr richtig; darum Goethe ewig und stets von neuem so groß, belebend und lebendig: alle Zeiten, Religionen, Ansichten, Extasen und Zustände begreifend und darstellend und erklärend. Diejenigen aber, welche mehr Geschichte lesen, als selbst leben, wollen nur immer eine gelesene aufführen oder aufführen lassen: daher der seichte Enthusiasmus, die leeren Projekte, und dabei das Gewaltsame; weil der große Le-

---

* Dieses ist an einem bedeutenden Orte, im großbritannischen Parlamente, schon wahr geworden. Sitzung des Unterhauses vom 23. Februar 1830.

bensgang, einem Gewächse gleich, nicht herabgehalten noch erd-
wärts gebogen werden kann, sondern nach eignem Himmelsaus-
spruch emporwächst, und aller Anstrengung, es anders zu
gebrauchen, mit größter Kraft widersteht. Römische Geschichte
aufführen wollen, mit Intermezzos aus Ludwigs des Vierzehnten
Leben, half Napoleon entthronen. Es wird gewiß bald dahin kommen, daß Schriftsteller der Geschichte, die bloß durch Geschichte
ins Leben blicken, von denen, welche die Geschichte durch das
gegenwärtige Leben auffassen und darstellen, scharf und klassen-
weise werden unterschieden sein. Dann werden die leider doch
noch zu geistreichen Faselbücher nicht gelesen werden können,
und bald nicht mehr geschrieben.

Berlin, den 5. November 1819
Bonald sagt in seinen pensées diverses: ›Les uns savent ce qu'ils
sont, les autres le sentent. Or on oublie ce qu'on sait et jamais ce
qu'on sent etc.‹ Daher die stolzesten Leute, in ihrer Gemeinheit,
in die schnellste und von ihnen äußerst verachtetste Gemeinschaft geraten, weil ihr Stolz sich auf ihnen nicht innen angehö-
rige Dinge bezieht.

Das Absolute ist das in sich Begründete, seinen eignen Daseins-
grund Verstehende.

Wenn ich in der Nähe von Fürsten wäre, und mit ihnen lebte,
würde ich für die niedrigste Schmeichlerin gehalten werden.
Weil ich jedes Menschen Persönlichkeit umgehe, und bei der
größten Meinungsunabhängigkeit, nur immer aus allgemeingel-
tenden Gründen widerspreche: ein solcher Widerspruch wird gar
nicht bemerkt, so sehr er auch wirkt; Beifall und Lob suche ich
aber so persönlich zu machen, als möglich. Dieses Verfahren, welches unbegreiflich unbemerkt bleibt, würde bei hohen Personen
sehr auffallen.

Meine besten Freunde, wenn sie dies lesen, werden mir nicht
beipflichten, und meinen, ich lobe mich ungeheuer aus Vorliebe:
ich aber bin überzeugt, daß dies Gesagte die strengste, in jedem
Tag zu erprobende Wahrheit ist; und bin gar nicht beschämt.

Julie Bondeli, in Frau von Laroche ihrem Schreibtisch, sagt bei Gelegenheit von Rousseaus Héloïse: ›J'admire combien on peut avoir de l'esprit, lorsqu'on veut seulement être méchant, combien on peut étaler de grands principes lorsqu'on ne veut pas remonter à ceux des autres, combien on peut avoir des conséquences dangereuses, lorsqu'on possède le rare talent d'extraire le venin d'un ouvrage, combien tout ouvrage de morale peut devenir venimeux, lorsqu'on change de place ce qui a été écrit dans un ordre déterminé, lorsqu'on omet les idées intermédiaires, et lorsqu'enfin on perd de vue le but, dans lequel le tout a été composé.‹ – Fichte verbittet sich auch, zu Anfang einer Schrift, solche Behandlung seiner Bücher, und solches Verfahren mit Stellen daraus. Stupidität und böser Wille verfahren beide so. Zum Glück läßt sich jedesmal ein solches Verfahren beweisen, solange das angegriffene Buch noch existiert: zum Unglück aber ist das sehr weitläufig, und geschieht selten.

Witz ist Kombinations-Trieb und Talent. Der Charakter eines jeden führt den Witz in verschiedene Kreise; so können sich auch die Gegenstände dieses Triebes, dieser Gabe, nach Altersepochen bei denselben Personen verändern: oder einer mehrere Witzarten besitzen. Fichte definiert Witz ›die Evidenz der Verkehrtheit‹; das ist eine bestimmte Sorte von Witz, meines Bedünkens.

An Gustav von Brinckmann, in Stockholm

Berlin, Dienstag, den 30. November 1819
12 Uhr, bei hellem Frostwetter.
Treuer, lieber, junger Freund! Dann sind sie echt die Freunde, wenn sie immer jung bleiben; ja jünger werden, wie Sie. Auch ich rühme mich, die Bekanntschaft des Alters auf eine andere Weise zu machen, als ich immer sah, daß sie gemacht wurde; ich habe nämlich noch dieselben Neigungen, zu und ab; wie sonst, dieselben Ansichten; dieselbe Kraft, eben die unheilbare Schwäche, Geschicklichkeiten und Ungeschicklichkeiten, dieselben Meinungen, nur für alles dies, für mich selbst, mehr Gründe und Belege

in meinem Magazin. Dieses Magazin immer ordentlicher, reicher, voller, richtiger, zusammenhängender zu machen, halte ich eigentlich für mein Lebensgeschäft: ich halte es dafür, weil ich sehe, mit Augen, und allem was ich sonst noch besitze, daß ich doch sonst nichts zuwege bringe. Ich finde mich also mit mir, wie zu vierzehn, zu sechszehn Jahren. Nur ein paar mördrische Schläge hat mir das Alter vernichtend beigebracht. Und so wird's wohl am Ende mit allen Leuten sein, die sich besinnen; und zu vierzehn, fünfzehn, zwanzig, dreißig Jahren *lebten*. Getötet ist in mir die Möglichkeit, mir zu *meinem* Glück oder Vergnügen die mindeste Mühe geben zu können. Natürlich muß ich mir doch meine Tage, so wie sie einer nach dem andern kommen, bereiten; und sie zwingen mich wie jeden, zu tun was ich *nicht* kann, und nicht *mag*! – Aber *wie* tue ich es? Mit Ingrimm, mit höchster Verachtung und Nichtachtung unseres ganzen Zustandes, mit unendlichster Zerstreuung, mit den strafbarsten, dabei von mir im tiefsten Innersten – und auch eben jetzt! applaudierten Lücken! Ich verachte, *wie noch nie jemand*, in Anstalten den Lebensfaden hinzugeuden! Ich verachte die ewigen neuen Anmutungen des Menschenschicksals. Ich verachte gänzlich, was mir von *Menschen Schlechtes* herrühren kann, bis zum nicht wissen, nicht behalten: und bringt es der *Tag* mit sich, daß ich es wissen und behalten muß, so verachte ich *wirklich mich*: und nur mein Bewußtsein über dies selbst, erhält mir meine höchstnötige innere Würde, ohne welche der Zusammenhang meiner selbst schwände. Verstehen Sie?! *Ja*! Also getötet in mir ist der Gedanke an ein *Bild* des Glücks, oder die Möglichkeit es mir verschaffen, oder suchen zu wollen – ich *lächle* ordentlich –, getötet ist in mir, daß mich ein Mensch kränken kann; – und ich verstelle mich, es ist mimisch, wenn ich mich über diese, *mich eingerechnet*, noch wundere; es ist alles richtig, was sie tun müssen, man versteht es nur nicht immer; und es betrifft so wenig, wenn es auch alles ist, – geschieht die Handlung dazu, so fährt Ein Gedanke über meine Seele (wie Wetter, und Licht, über Erde), ›Wenn *Gott* es zugibt, was will ich mit Menschen rechnen!‹, und dann werd ich *sehr* zerstreut, und andere beschäftigen mich, wie die es vorher taten. Unterscheiden tu ich sie noch kritisch genau, wie alle Gegenstände; meiner kritischen Natur gemäß. Getötet und ausgerottet ist in mir, daß irgendein Mensch mir unentbehrlich wäre, und er mich daniederrichten und unfähig machen könnte, wie sonst: so ist dann die große Totaländerung die, für *mein* Wissen, daß ich Orten weit mehr attachiert bin, als Menschen. Deutlicher! daß Lokale mich mehr auf- und daniederrichten können, als Menschen. Sind die letztern nur reinlich, keine vorpredigende Pedanten, keine Zwingherrn in meinem eigenen Zimmer; sind sie ziemlich wie man nach dem großen Kriege sie allenthalben findet, und rauben sie mir nicht den *Tag*, so bin ich zufrieden: ob ich dies oder jenes ablasse; mir gleich; da das Unbedingte aufhören mußte. So stehe ich nun, lieber Brinckmann, Ihnen und Ihren Briefen, Ihrer jugendlichen Zärtlichkeit für alles Sonstige, gegenüber, und glaubte erst, ich würde mich schämen, und ich mußte aus Erkenntlichkeit und Zerknirschung doch wenigstens Ihnen sagen, wie es mit mir ist. Aber ich schäme mich nicht. Ich finde mich immer gut, wie ich bin: und bin *dann* schon ganz zufrieden, wenn ich nach einem Nachmirselbstsehen finde, daß ich richtig sah, und mir über das Geschehene Rechenschaft geben kann. *Ich* habe nicht *versprochen*, wie ich *werden* will?! Und hätte ich's versprochen, so wäre es eine *Narrheit* gewesen; von der *ich*, jeden frei ließe. Nach diesem Bericht über mich (von dem Sie genau wissen werden, wie wahr, und wie nicht wahr er ist; ich verstelle mich nicht, aber es ist schwer, die Wahrheit zu sagen:) wird es Ihnen *nicht* auffallen, wenn ich Ihnen sage, daß Berlin, nach sechs Jahren Abwesenheit, mich nicht enchantiert (anstatt dieses Wortes hätte ich können ›bezaubert‹, oder ›entzückt‹, oder ›schmeichelt‹, oder ›wohltut‹ sagen; ich sagte aber ›enchantiert‹, altmodischer Art). Der Tod hat unter unsern Freunden, die Sie mir so emailliert in der Erinnrung wie unser ganzes Leben darstellen, gewütet, vom Krieg unterstützt: an jeder Ecke in unserm Viertel, wo sonst *Unsrige* wohnten, sitzen *Fremde*. Es sind *Grabstätten*. Die ganze Konstellation von Schönheit, Grazie, Koketterie, Neigung, Liebschaft, Witz, Eleganz, Kordialität, Drang die Ideen zu entwickeln, redlichem Ernst, unbefangenem Aufsuchen und Zusammentreffen, launigem Scherz, ist *zerstiebt*. Alle Rez-de-Chaussées sind Laden, alle Zusammenkünfte Dinés oder Assembléen, alle Diskussionen beinah – Sie sehen am Ausstreichen meine Verlegenheit um ein Wort: ich meine un rendez-vous für eine echtere künftige, und eine fade Begriffsverwirrung. Jeder ist klug; er hat sich alles dazu bei einem Anführer einer Meinung gekauft. Es sind noch unendlich viele gescheite Leute hier: und ein Rest von Geselligkeit, die in Deutschland einzig ist. Aber *Meine* sind weg! Die da sind, sind veraltet; die Kinder waren, Damen und Herren. Kurz, es ist *nicht* behaglich, nach langer Zeit zu Hause zu kommen: man *ist* dann, auch materiell, auch der Bequemlichkeit nach, nicht zu Hause. Besonders wenn man nicht weiß, wie lange man zu bleiben hat. Glauben Sie nun nur nicht, daß ich unzufrieden oder unglücklich sei! So wie ich nur gesund bin, bin ich sehr vergnügt. Munter immer: deshalb unter den Leuten gelitten. Ich bin unendlich ruhig; und zu allem Vergnügen aufgelegt. Es muß aber kommen; suchen kann ich's nicht; so wie ich nicht tanzen kann wie Vestris; es wäre schön, aber ich kann nicht. Nun will ich Ihnen aber auch durch den gestrigen und den heutigen Abend, den ich Ihnen berichten will, Geister heraufrufen. Gestern abend war zum Tee bei mir – ich wohne eine kleine Treppe hoch chambre garnie Nr. 20, Französische Straße; in einem Hause, welches Ecke mit der Friedrichsstraße macht: wenn man aus der Unzelmann Haus geht und sich rechts schwenkt, schräg herüber über den Damm: ich sehe ihr Haus aus meinen Fenstern allen – Frau von Crayen mit Fräulein Victoire; Mlle. Maas, die hier spielte und Mittwoch wegreist; der Geheimerat von Schütz, Barnime Finkensteins Mann oder vielmehr Witwer, der Schütz, der den Lacrimas, und jetzt einen Karl den Kühnen geschrieben hat, und Politisches. Ein sanfter gebildeter Mensch, Friedrich Schlegels Freund, um dessentwillen er nach Wien gehen *will*, und dort *war*. Mündlich könnt ich anders von ihm sprechen. Ferner Pitt Arnim, Achims Bruder – der Sie gesehen hat –, Varnhagen, und ich: der Abend war belebt, lachend, sehr gut; aber mir doch zu lang, ich halte nichts mehr ausgedehnt aus. Heute abend ich, bei der Hofrätin Herz – mit? Fräulein von Imhoff – der Schwester von Lesbos –, und mehrern. Sind das nicht Geister? Noch ein Wunder! Diese Generalin Helvig kenne ich noch nicht. Nämlich, vor vielen Jahren war ich einmal mit ihr und ihren beiden Schwestern bei Mad. Sanger – die ich noch sehe –, wo sie mich wollte kennenlernen; ich hatte aber damals schon den Namen Robert, und so meinte sie, ich sei's nicht; ich, die dies nicht wußte, trat nicht vor, und mußte den ganzen Abend *nur*! mit Heinrich Kleist und Adam Müller sprechen; weil Achim Arnim und Clemens Brentano in schwarzen Teekleidern und Bestrumpfung aus Respekt vor der interessanten vornehmen Dame rempart spielten, und niemand in der Hitze heranließen. Kleist, mit straßenbeschädigten Stiefeln, und ich, lachten heimlich in einem Winkel und amüsierten uns mit uns selbst. Ich erfuhr erst nachher die bévue, und die verfehlte Bekanntschaft: Frau von Helvig konnte es gar nicht vergessen mit den Namen! Sie wußte nur von hoch-, ich aber von falschgeboren. Nun soll heute die Einrenkung als Frau von Varnhagen geschehen: *ich* erbot mich zu der Operation. Weil ich Mad. de Ron, eine sehr liebe Frau, ihre Schwester, kenne: aus Heidelberg, Baden, Frankfurt. Gehalten, edel, gut, stark und sanft. Reinlich und ordentlich bis zum Bewundern! – Sind das nicht Geister? – Grad diesen Morgen war Mad. Liman bei mir; ich bestellte ihr Ihren Gruß: sie hat Gewissensbisse, Ihnen nicht geantwortet zu haben. Ich konnte bis jetzt auch nicht dazu kommen: aber Ihr gestriger, wiederholter Schmeichelbrief gab mir *solchen* Biß, daß ich gleich zu Varnhagen sagte, morgen vormittag wird kein Mensch angenommen, und Brinckmann geschrieben! Wissen Sie? daß Sie mir mit Ihren Briefen die Liebe dieses Mannes immer ganz aufregen? Mit erregter Farbe, gerührt in den Augen, küßt er mich ganz lange stumm, wenn er Ihren Brief noch in der Hand hat. *Der* ist zur Freundschaft *geboren, wie Sie*! Der Mensch brauchte einen Gefährten, um sich das Paradies zu bestätigen; dies Bedürfnis haben wir für die uns bestimmten Güter geerbt; es verdoppelt sich, was andere mit uns sehen, und unsere Liebe auch. Das ist der beste Gruß, den ich Ihnen von Varnhagen sagen kann! So kleide ich den Auftrag, Sie zu grüßen, ein! Sie könnten hierher kommen, meint er; Sie sollten! Oder im Sommer nach dem südlichen Deutschland kommen? Sie sollen mein Bild *haben*. Aber im Ernst! Geben Sie mir ein rendez-vous! Kaufen Sie eine Million weniger Bücher, so haben Sie Geld dazu. Erlaubnis gibt Ihnen Ihr König. Sagen Sie, Sie wollen mich sehen. Sie wissen doch, daß Frau von Humboldt hier ist? Vor ein paar Tagen war ich bei ihr: noch sah ich sie wenig, da sie und ich den Husten hatten; ihn sah ich noch gar nicht. Apropos! Unter andern sind manche von unsern Freunden Staatsminister geworden, vergaß ich Ihnen zu sagen: und das ist auch eine Art von Tod. Frau von Humboldt wohnt Behren- und Charlottenstraßen-Ecke, wo Prinz Louis wohnte: Hofrätin Herz am Gendarmenmarkt, Ecke Charlotten- und Französische Straße. Iffland und die Baranius wohnten mal da. Gestern war *die* bei mir; noch schön. Alle Klassen sehen mich und rauben mir die Zeit. Soeben hat Varnhagen Archibald Keyserling gesehen, der reist durch, und wird mich besuchen. Nun wünsche ich mir, ich hätte Ihnen gedankt durch diesen Brief für die Lebensbeschreibung, die Sie mir vorigen März schickten. Ein Meisterstück von Mühe und Kunst: nur Sie dessen fähig! Aber um die Namen der Freunde hätte ich gebeten! Leben Sie wohl, treuer, teurer Freund, und sein Sie meiner gewiß! Schade! daß man sich jetzt über nichts, beinah nicht über Bücher schreiben kann. Was sagen Sie zu den Noten, zu den Briefen im Constitutionnel, zu dem alten Voß, zu Perthes? Lesen Sie das alles? Adieu!

Ihre R.

Schreiben Sie mir durch Mendelssohn; ich bezahle, ist der Brief dick. Die *Frau*, die Sie mir im März beschrieben, die Deutsch lernte hinter Ihrem Rücken, ist Minerva selbst. – Ich goß auf sechs Zeilen das Tintfaß anstatt Sand. Varnhagen flickte mir den Bogen. Noch ein Zug in das Bild meines Alters. Ich werde leichtsinnig mit den Jahren. Adieu! Adieu!

An Oelsner, in Paris

Berlin, den 20. Mai 1820

Von hier aus sehe ich die Welt. Der Ort in seinem geistigen und andern Zustande bedingt mir die Welt. Also bin ich ganz eitel, sie doch so anzusehen, wie Sie: es läßt sich meines Bedünkens nichts mehr über sie sagen, als was Sie schon im Herbste schrieben: ›Beide Partien – aus zweien besteht sie einmal – sagen nicht, was sie eigentlich wollen.‹ Sie nannten auch dabei, *was* sie wollen; ich setze hinzu: und sie betrügen sich nicht mehr einer den andern: und diesen Punkt Zeit halte ich für eine Reife, die uns jeden Augenblick eine unbekannte Frucht aus der Schalendecke kann hervorbrechen lassen, welche die eine Hälfte der Leute als süß, die andere wird als bitter verzehren müssen. Es muß eine neue Erfindung gemacht werden! Die alten sind verbraucht. Priester, Regierungen, waren sonst ihrer Zeit vor; brachten Gesetze von Bergen, aus Wolken, von nicht bekannten Ländern; diese Gesetze sind durchdemonstriert; jeder Mietwohner des Erdenrundes weiß ihren Grund, oder wenigstens, er ist ihm zu Ohren gekommen: nun will keiner sie mehr als einseitiges Gebot halten, sondern sie machen helfen: und eine gesetzliche Weise in diesen Zustand zu bringen, wird allein noch gar nicht helfen. – Es ist noch Phantasie im Menschen übrig für idealische Zustände, und die will Stoff, Nahrung. Alle gemeinscheinende Ansprüche gründen sich darauf; weil sie auch von denen, die sie machen, nicht verstanden werden; und diese sich in Mittel und Stoff vergreifen. Darum denk ich mir einen Gesetzgeber, einen Regenten jetzt als einen solchen, der eine hohe, allgemeingültige Ansicht des Lebens zu erfinden wüßte. Etwa ein neues religiöses Element, welches die Sittlichkeit schärfer zu verstehen gäbe, allen gebotenen Handlungen eine andere Richtung, einen neuen Ehrgeiz. – Aber *aller* Menschen Geist, der Zufall, die Zeit, Gott wird so etwas schicken, das bin ich gewiß. Alles andere – wird schon etwas clabaudage; und ging sie nicht an Leib und Leben, so bekümmerte man sich nicht mehr drum, und sie ennuyierte weniger. Eines wundert mich aber immer ganz von neuem: wieso grade die faiseurs in der Welt, das Ganze so wenig aus dem Ganzen ansehen. Bringt das die Verlegenheit des Handelns mit sich? – Von mir weiß ich Ihnen nichts zu sagen. – Berlin kennen Sie: es steht nicht still: es läuft aber immer in derselben Richtung.

An Auguste Brede, in Stuttgart

Berlin, den 20. Juni 1820
Kaltes, ungesundes Wetter, wie überall
nach den Zeitungen.

Sehen Sie Mad. Huber, die das Morgenblatt herausgibt? Sahen Sie bei ihr eine Frau von Pobeheim, eine Freundin von mir aus Berlin, auf die ich unendlich halte? Sehen Sie Lindner? Sagen Sie ihm, erst jetzt hätte ich mit unendlichem Vergnügen seine Antwort auf A. W. Schlegels Attacke in der Allgemeinen Zeitung gelesen. Der Zorn stieg mir bis an den Hals über A. W. S[chlegel]s Benehmen, daß er die – sonst von mir so geschätzten – französischen Phrasen bis in sein innerstes Blut dringen, und sie im Deutschen bis zur Niedrigkeit werden ließ, und die Staël ›Beschützerin‹ nennt! Ein *Freund* ist er ihr: ist *sie* reich, und teilte mit ihm, so ist das, weil er es nicht *mehr* als sie war und nicht mit ihr teilen konnte. *Ge*schützt muß *er* sie auf Reisen und im Leben haben: genutzt hat er ihr mit seiner Nationalität hunderttausendmal mehr, als sie ihm: ihre ist unser altes Eigentum, von *unserer* Literatur hätte sie nie ohne diesen Freund faseln können! Es mußte ihm endlich, und dieser Staël-Anbetung so aufgetrumpft werden. Ich danke Lindner innigst dafür; auch geschickt machte er's. Mir war das Balsam. Ich kann ordentlich literarisch *leiden*. Es gilt in *allen Fächern*, Handlungs- und Gedankenkreisen, um dieselbe Sittlichkeit. Wahrheit oder nicht Wahrheit; *die* lieben, ist sittlich sein; sie zu finden wissen, Verstand haben, der Vernunft folgen! Und *niemals* darin ermüden: ist der höchste Bund.

An Karoline Gräfin von Schlabrendorf, in Dresden

Berlin, Sonnabend, den 22. Juli 1820

Teure Gräfin! Sichere Freundin. Die Lebenswellen schleichen, laufen, stürmen, wallen vorüber, und sitzen die Freunde nicht in einem und demselben Schiffe, nicht an demselben Ufer, so bleibt es vergeblich, jene füreinander auffangen zu wollen; erhascht sind sie tot, einzeln, ohne Strom, ohne Bedeutung, Leben oder Beziehung. Darum ist Trennung so hart: weil für die am meisten *Gewitzigten* dann auch, wie für andere, die Mitteilung starrt: nur *dieser* große Gewinn bleibt ihnen, daß der Lebensstrom in einem jeden von ihnen dieselben Tiefen *durcharbeitet* hat, wenn sie sich wiedersehen; und noch einen Vorteil müssen wir uns nicht entschlüpfen lassen! Diesen nämlich, wenn uns ein wirklich geistiger Fund entgegenschwimmt, daß wir ihn nicht in Stummheit für uns allein fischen, sondern unvergessen und gleich ihn den Geistesverwandten zuschiffen. In dieser ununterbrochenen Gesinnung schicke ich Ihnen, geehrte Freundin, beikommendes Büchlein: Angelus-

Silesius. Ein Schatz von Gedanken, Kleinode erhabenen Stolzes, der mich, bis zum Lächeln erfreut; gedachte, und daher einzig wahre Demut; einzig wahre Religion, da es *Fragen* an Gott sind; getrostes Verzweifeln; Unschuld in höchster Kraft bewahrt! Dies alles in bereiter, gebildeter, glücklicher Sprache, die ihr Bestes und alles dem Gedanken verdankt, und nicht wie ein Kleid des Gedankens, sondern wie dessen lebendige aus ihm erwachsene Behautung lebt. Kurz, das Gegenteil der Zeitavortons; in Religiosität, Denkên, Gesinnung, und Ausdruck von allem diesen! Darum, teure Gräfin, schicke ich es Ihnen! Mir stärken diese Sprüche den ganzen Geist und Kopf, wie Bergmorgenluft die zu wenig beachtete Natur des Körpers. Möge es Sie ebenso erfreuen, und Sie mich es wissen lassen! Ich dachte diesen Sommer gewiß nach dem Rhein zurückzugehen. Mein *Bestes*, meine *Vernunft*, muß einwilligen, hier zu bleiben. ›Nur Geister können gezwungen werden‹, sagt Novalis. Machen Sie von diesen wenigen Worten Ihr Fazit! *Fast* fürcht ich mich, noch etwas Höheres zu werden im Verlauf der Zeiten. Welcher Zwang mag da erst eintreten! Doch bin ich seit heute getroster: weil ich ein paar Zimmer im Georgeschen Garten, der an der Spree liegt, als Absteigequartier habe. Und Luft, Grünes, Wasser, Leben – welches auf dem Schiffbauerdamm ist – mich gleich heilend berührt, und mir *wirklich* so nötig als Atemluft ist.

Januar 1821

Man wundert sich so sehr, und beweist so stark, daß dem Adel die alten Vorzüge und Ehrerbietung nicht mehr wollen gestattet werden. Warum bemerkt niemand, daß es den Gelehrten (les doctes), den Doktoren ebenso geht? Sonst war ein solcher ein vornehmer, verehrter Herr; ihm schrieb man Gelehrsamkeit wie Tausendkünste zu: man war überzeugt, es sei ein anderer Mann, als die, welche den Ehrentitel nicht erhalten hatten, und es war eine Beglaubigung. Jetzt ist es zu bekannt, daß eine Menge Leute gelehrter sind, als viele Doktoren. Die Welt schreitet wirklich fort, und der Punkt, worin dies Fortschreiten besteht, ist auch gleich das Zeichen davon. Kenntnisse, Vermögen aller Art, Bildung, wird, ist allgemein. Breitet sich aus: sagt man so oft, ohne an den buchstäblichen Sinn dieses Ausdrucks zu denken: der Ertrag der Völker breitet sich über die Erde. Das ist der Zeit Körper, möchte ich sagen; anstatt des schon mißlichen Wortes Zeitgeist. Die Folgerungen mag man nun ferner machen. Es glauben ja viele und ich auch, die Geister machen sich Körper. Die Zeit ist ein Geist, und schafft sich ihren Körper.

An Oelsner, in Paris

Berlin, den 9. März 1821

Ich weiß, es gibt keinen Trost, keinen in Worte zu fassenden. Lear sagt zu einem, der ihm Unglück klagt: ›O! du würdest alles vergessen, wenn du meines hörtest!‹ Dies ist wenigstens der Sinn seiner Schmerzensworte. So ging es mir mit Ihnen! Wie Schatten, ohne Farbe noch feste Gestalt, entschwand mir das eben kürzlich Erlebte. Und hier war eben eine Freundin und Nachbarin an einem unendlichen Leiden von Krankheit gestorben; und noch nicht begraben. Meiner ältesten Freundin einziger Sohn und Hoffnung, ein junger Architekt, der mit General Menu reiste, in Alexandrien gestorben, und die Nachricht eben *frisch* angekommen. – Alles schwand mir gegen Ihre Schilderung, armer Freund! Wie haben Sie unvermutet die tüchtige, edle, tätig-gesunde Freundin mitgeschildert! Die liebe, treue, kluge, starke Mutter! Ich sehe sie, obgleich ich sie nie sah; und weine mit Ihnen. Da ist nichts zu sagen; als Gott anzusehen, ob er uns nichts sagen wird. Der spricht aber nur ein- für allemal, wenn er uns ins Leben ruft. Und richtig zitieren Sie den, der da sagt: il y a des moments, où l'on ne peut rien faire que de vivre. Leben; ist die große Uressenz, der tiefe Urstoff, woraus alles entquillt, mit und ohne unser Zutun. Solchen Gemütern, wie Sie eins sind, kann man am wenigsten arbeiten helfen, weil sie alle Arbeit selbst übernehmen: denen mag ich nur zeigen, daß ich ihnen nachfühlte, und nachdenken konnte; das ist ihr einziger Trost, weil dieser Trost eine Art Umgang ist. Am erschütterndsten, lieber Freund, in Ihrem Schreiben war mir das, daß Sie für alle übrigen Lebensverhältnisse so klar blieben, so voller Haltung und erforderliche Tätigkeit. Diese Stärke und Macht über sich selbst ist mir der sicherste Bürge über durchgefühltes Leid, ich kenne schon die, die sich nicht fassen können: die können sich bloß nicht fassen; und auch nicht allen Schmerz und Verlust in allen seinen Beziehungen.

Mittwoch, den 14. November 1821

Handlen ist an und für sich sittlich: da hebt es an. Man kann gar nicht unsittlich handlen. Im Zustand der größten Leidenschaftlichkeit schieben wir uns Rechtsmotive unter – alles andre ist Leiden. – Bei Handlen ist, *im* Handlen, Wählen, Richten, Wollen. Wollen ist geistiges Handlen. Klar sein, oder es nicht sein, ist ein Zustand, ist die unverstandene Welt. Wir verstehen nichts, auch gar nichts, als unsern Willen. Wir wollen es gut machen; richtig; konsequent; uns selbst verständlich. Boshafte Gemüter, wie es denn wirklich welche gibt, sind unklar; in einem unrichtigen Zustand; durch die Saiten auf ihrem Herzen; die natürliche Bewegung desselben haben sie schwer; es bewegt sich schwerer; eine stärkere erst macht sie ihr Leben fühlen: sie müssen auf andere agieren wie wir, und müssen sehen, daß sie Bewegung hervorbringen; das zeigt ihnen der andern Ärger, Scham, Zorn leichter; dann glauben die Boshaften, sie haben etwas bewirkt: wie sie anderes Zusammenhängenderes, Sanftes bewirken konnten, ist ihnen nicht klar, und nicht leicht; und ihrem schwerbesaiteten Herzen nicht leicht vernehmlich: so sagt es ihnen wieder nichts. Aber jede Bosheit, jeder Boshafte, kann klargemacht werden: ist die Bosheit erhellt, dargetan, daß sie eine Schiefheit ist, einen Mangel zum Grunde hat, so wählt kein Mensch – heißt kein vernunftbegabtes Wesen, kein sich fortentwickelndes Vernunftprinzip – sie aus ganz unzubegründender Liebhaberei. Und Fichte beweist es; und mir ist es lange bewiesen, man kann jedes verständige Geschöpf zur Verständigkeit zwingen. Größtes Konzert! Zwang, zum Recht des Rechthabens!

An Oelsner, in Paris

Berlin, den 30. November 1821
Schlagsregen; schwimmende Straßen,
grauer, agitierter Himmel.

Ich ärger als alles dies! mir zittern die Beine; erfuhr ich, im Auf-
undabgehen; womit ich mich von Nervenreiz, und glühendem
Gesicht, in meiner Schwäche erholen wollte! C'est fini! Ich will
kein Leser sein, ich will auch ein Schreiber werden. In diesem
Zeitpunkt geht's nicht anders! Ich soll *alles* lesen: die andern wollen *alle* schreiben. Ich erliege. Hab ich nicht soeben mit dem besten Vorsatz, Ihnen ein paar Worte zu schreiben, ein ellenlanges,
weitläufiges, unnützes, schöngeschriebenes Memoire lesen müssen, auf hohen langen Bogen; Manuskript! – langt mir nicht eben
Varnhagen – mit dem Ermahnen Ihnen zu schreiben, mit der
Frage ob es fertig ist –, wieder ein geschriebnes Gedicht: ›Klagelied der Mutter Gottes‹, von Friedrich Schlegel, sechsunddreißig
Seiten lang! Alles soll man lesen: alles *Einer*! Ich bin der nicht:
will, kann es nicht mehr sein. *Ihre* Briefe mag ich lesen! Ihnen für
den letzten zu danken, Ihnen zu applaudieren, darum wollte ich
Ihnen schreiben. Respektiert ich Goethen doch nicht zu sehr: so
könnt ich ihm diesen Brief schicken: wie würd es ihn freuen, und
erheitern, die Gewißheit, solche Leser zu haben. Begehen Sie ja
den Irrtum nicht, und glauben, weil Goethe gelobt wird, bin ich
nur zufrieden: ich würde nie diesen Meister vergöttern können,
hätte ich kein unschuldig Herz, kein immer neues Urteil bereit;
und *auch* als Geschenk der Natur erhalten. Was Sie wider sein
Buch sagen, gefällt mir ebenso, als was Sie dafür sagen. So munter (alerte, mein ich) aufgefaßt, angeschaut, mit so großem Vorrat
kombiniert; und so hell überdacht dazugelegt; so glücklich, natürlich, und kunstgeübt, und kunstvoll, und nur wie im Fluge, sich
darüber auszudrücken: kann nur Ihnen, dem im Lesen – bester
Art – und Leben ganz durcharbeiteten, und gereiften, gallisch-
deutschen *Menschen* möglich sein. Ich goutiere solch reifes, ironi-
sches, lächelnd-traurig-ruhiges Wesen, als hätte ich es selbst in
meiner *Gewalt*: denn besitzen tue ich wahrlich davon. Kurz, Ihr
Brief – wie viele Ihrer Briefe – gefiel mir unendlich: und Sie lassen sich mein Applaudissement gefallen; weil es meine Italiener-

Natur mit sich bringt: wie ich zu dieser neben dem großen Kurfürsten komme, frag ich die ganze. (Wissen Sie nicht mehr, welche? die ganze Natur.) Gerne schrieb ich Ihnen Schönes, Pikantes, Geistvolles von hier: ich weiß aber nichts von hier: ich sehe *hier* nichts: ich bleibe auf meiner Domaine; einem breiten Kanapé. Es geht schwach vor sich hin, was man erfahren darf: vom andern weiß natürlich die Polizei, ich *gar* nichts. Vom Theater, von meinen Lektüren, meinen Bekannten, müßt ich erst etwas spinnen; aber es ist nichts zurechtgelegt. Vielleicht wenn Sie uns wieder einmal so einen schönen Brief schicken! Haben Sie angenehme Bekannte? Wen haben Sie bei Ihrem Kindchen: auch so etwas will ich wissen. Künftigen Sommer können Sie mich mit ihm im südlichen Deutschland besuchen. Adieu bis dahin!

Ihre Fr. V.

An Oelsner, in Paris

> *Berlin, Donnerstag abend 10 Uhr,*
> *den 27. Dezember 1821*
> *Es ist hier noch immer Tauwetter,*
> *ohne gefroren zu haben;*
> *einmal den 8. dieses fiel Schnee,*
> *der nicht liegenblieb; alle Mittag gibt*
> *sich die Sonne Mühe; die Sterne des*
> *Abends; man sieht sie. »Italien!« schreien*
> *die Leute: sie meinen das Wetter.*

Sie haben mir gesagt, wie Sie meine Wetternotizen finden: ich will Ihnen sagen, warum ich sie mache. Grad aus dem entgegengesetzten Grund, aus welchem die Chemiker es tun, von denen Sie mir sprechen. Diese wollen die Methode mit daraus bilden, nach der sie zu verfahren gedenken: ich aber will, daß es mir helfe meine unmethodische Verfahrungsart zu entschuldigen. Das Wetter hilft die ganze Situation des Tages machen, ja sie besteht zum Teil daraus; und hat nun mein Leser die Physionomie – ich bilde mir ein, es physionomisch zu schildern – des Wetter in sich aufgenommen, so faßt er die ganze Unregelmäßigkeit meiner Reden leichter, und sie erscheint ihm wenigstens mit etwas im Zusammenhang. Ich schreibe nicht ganz ohne Wahl, in der Art wie ich es tue. Ich will nämlich, ein Brief soll ein Portrait von dem Augenblick sein, in welchem er geschrieben ist; und getroffen soll es hauptsächlich sein, so hoch auch Kunstanforderungen an ideelle Veredlung lauten mögen: von denen man allerdings wissen soll, aber nach denen sich zu gebärden affektiert, und leer ausfällt. Glücklich die schönen Gebilde eines lächelnden Naturmoments, die aller Menschenerfindung weit entrückt der kunstreichsten zum Vorbilde dienen können! Aber ersieht man sich nicht als ein solches, so ziehe ich es vor, *Einer* zu sein, als Keiner. Es gibt methodische, gemessene Geister, denen es an Fülle nicht gebricht, die sich *auch* nur gehen zu lassen brauchen, und sich doch nur immer im schönsten Maße zeigen. Das sind die beglückten Gebilde; die haben keine Laune, kein Wetter! oder vielmehr: ihre Launen sind eine Musik der schönsten Stimmung; und ihr Wetter ist Sonne, die durch die reinste, mildeste Luft scheint. Sie sollen sehen; das plätschernde Kind – Sie verglichen mich mit einem solchen – an den Wogen der Zeit, hascht mit Bedacht, in diesen Wogen, und unterscheidet seinen Fund selbst. Da es der Arbeit – der mit Plan und Zweck – unfähig ist, so wäre das Arbeiten vergeblich: ja, das Kind bemerkt sogar, daß dieser Strom den Fleißigsten und Geschicktesten mit forthelfen muß, oder sie hemmt. Denn was gehörte nicht zu diesem Strom, selbst die Philosophieen über ihn, die ihn erklären sollen! – Herr von Brinckmann behauptete immer, Liebe mit einem Adjektiv sei schon nichts wert. Das möchte ich hier von der Weisheit sagen! Der *Schul*weisheit begibt sich das Kind; die kann nur Weltweisheit lehren; ob es Weisheit an sich gibt, fragt es.

Daß Ihr Knabe Boten spielen will, gefällt mir ungemein! Da macht er Ihnen ja die halbe Erziehung selbst; es ist durchaus für Kinder nichts Bessers als *Geschäfte*: sie wollen sie auch durchaus. Mit lauter Aufträgen kann man sie zu großen Leuten machen: dies beschäftigt sie, stärkt sie in allen Teilen ihres Wesens: und lehrt sie am besten kennen, was sie zu lernen haben: und sehen sie das ein, so tun sie's auch willig: willig heißt frei, und tätig. Für Sie weiß ich keinen bessern Rat, als geben Sie sich zum Sommer Rendezvous mit mir: bringen Sie Ihren Knaben mit. Für heute nichts mehr. Künftig von der Stadt und Leuten.

Ihre F. V.

Zu einem ausgeschnittenen Bildchen

In milder Nacht, bei hellem Mond, und sanfter Sterne Licht, in Blumenmitten, die freier atmen, und zueinander flüstern, was sie bei Tag verschweigen, oder was verhört nur werden mußte; wenn noch verspätet Schmetterlinge jagen, die Schnecke ihren Weg verfolgt; still eine Biene einholt, was sie tags im Kelche lassen mußte; der Schlaf die Welt gefangenhält, und befreit: Weste nur leise sich, und schmeichelnd, zu den Ästen wagen, Vögelchen nicht zu wecken; Gräser und Halme Abendtau auf ihren Häuptern wiegen; das ganze Tal ein Fest der Sehnsucht und der Ruh; ein Tag für Elfen und für ihre Spiele: – fehlt nichts, als eines lieben Mädchens Gegenwart, ihr Aug und ihre Brust, dies Fest zu überschauen und zu empfinden! Und was dem schönen Kinde nun noch mangelt, wird sie in Liedeston uns nun berichten.

Dezember 1821

Den 23. Januar 1822

Man beachtet immer noch nicht genug, wie viel die Neigungen der Menschen untereinander in den größten und geheimsten Welthändeln bewirken, stören und erzeugen; noch weniger aber beachtet man, wie Liebesverhältnisse durch Ehrgeiz, Staatsverhältnis, Stellung der Gesellschaft überhaupt, modifiziert, sogar öfters nur allein begründet werden.

Zu stolz auf unsre Gemütsstimmungen, halten wir jede davon sich unmittelbar auf das Beste in uns beziehend; auch denken wir, die Welt und ihren Verkehr willentlich zu regieren; und sie regiert uns alle: und die, welche am meisten von ihr verstehen, am gewissesten. Ungeschickte, Blinde, die nur zwei Augen haben, und nicht besäet damit sind, gehen ihren Weg seitwärts ab; und glauben, sie sind im Strom, weil sie ihn nie erkannten, und nicht wissen, wo er ist. Ungeheuer Fromme müssen wohl kein Bild der Welt gebrauchen; oder eins haben, welches ich nicht kenne; sie sehen grad nach oben, wo ich nichts als Sterne sehe, wenn's hell ist. Wissenschaftliche Menschen bearbeiten Einen Geistesstrahl; hingeführt bis zur allgemeinen Sonne des Wissens. Die, welche Natur, Leben, Welt, den Geist mit Gewalt verstehen wollen, und darin gar nicht nachgeben und sich ergeben, oder Einem Gegenstande der Natur oder Welt nur leben wollen, sind die Tollen. – Ja, die ihrer Überzeugung, und wäre es auch der edelsten, trotz des Stromes leben wollen, sind schon von den andern für toll gehalten: J. J. Rousseau. Nicht umsonst ist es so schwer, die Natur des Menschengeistes, sein notgezwungenes Wollen, unsere leibliche und seelische Persönlichkeit, ihre Stellung zur ganzen Natur und zu der Menschenwelt, zu unterscheiden, und darin wieder der andern Persönlichkeit in beiden Weisen und massenweise zu erkennen; davon affiziert, und nicht verwirrt, sondern ergeben zu werden, und tätig zu bleiben; dies Vermögen ist nicht umsonst, sehe ich ein, so unendlich selten: ja, gar nicht einmal verstanden, wo es sich findet; und obgleich alle Menschen *wenigstens* sich *diese* Klarheit *geben* könnten, so scheint es als sollte sie, gleich einem Edelstein der Natur, ihnen schwer werden, und selten sein: da sie uns ja noch so viele Gaben vorenthalten kann, die durch kein ethisches Bemühen erreicht werden können; und herrliche Geschenke bleiben.

Zum Unterscheiden kann sich jedes vernunftbegabte Geschöpf selbst erziehen: Eingebungen, schnelle Kombinationen, Witz usw. sind Gaben: wenigstens erinnern wir uns des Prozesses, der Bemühung, der Tätigkeit dazu nicht; und genießen sie rein; wie Erbeutetes, in dessen Besitz der Krieg auch am Ende vergessen wird.

Berlin, den 29. Januar 1822

Ich habe jetzt Wilhelm Meisters Lehrjahre wieder gelesen. Wie ist es möglich, einen zweiten Don Quixote zu fassen, zu erfinden und darzustellen! Küßt euch, Cervantes und Goethe! Beide sahen mit ihren reinen Augen: verteidigten das Menschengeschlecht; sahen den Ritter durch, durch seine Torheiten und Irrsale, konnten ihrer Augen edlen Blick bis in seine tiefste Seele tauchen, und dort seine eigentliche Gestalt sehen. Wie jenem Don Quixote geht es Meistern; einen Narren nennen ihn die Leute ›ohne Tadel‹, einen Herumtreiber, der sich mit nichts Wirklichem beschäftigt, der sich mit Bettlervolk abgibt, nichts zuwege bringt; nicht einmal weiß, was er denken soll; der für einen Helden in einem

Rahel im Alter von 51 Jahren

Roman nicht einmal gut genug ist; von welcher Sorte man schon tausendmal bessere, bei den Fieldings aller Länder, gehabt hat, die doch noch ein Resultat geben! Während unser Weiser die edelste, reinste, ehrlichste Seele in ununterbrochenem Bemühen und Kampfe geschildert hat mit der Welt, wie sie leibt und lebt; ohne je einen Moment in ihre unreine Verwirrung zu geraten; immer im Bemühen, sich zu tadeln und zu bessern; immer in der Unschuld, die andern besser zu sehen, als sie sind, und meist sie sich vorzuziehen; immer aufgelegt zu lernen und nachzugeben, außer dem evident Unedlen: rührenderes, verehrungswürdigeres Benehmen, vortrefflichere Gesinnung, kann man nicht erfinden; und je mehr man ihn sich deutlich macht, je mehr ehrt und liebt man ihn, und Goethen. Don Quixote mußte mit ebensolcher Seele *eine* − also eine einseitige − Eigenschaft, die des Ritters, wählen, und mußte sie in Ausübung bringen wollen. Meister mußte den ganzen Menschen ausbilden wollen; und mir ist's, als ob Goethe dem Cervantes nur die Feder abgenommen hätte, weil die Menschen sich in der Zeit folgen. Was die beiden Meister sonst noch in den Werken gelehrt und gezeigt haben, ist ihre Zeit: und das so rein und wahr, daß sich die künftigen gleich daran anschließen, für den Geschichtsblick, für wahre Augen überhaupt.

Freitag, den 8. Februar 1822

Das Herz ist ganz im Dunklen, ganz allein, möchte man sagen, und weiß ganz allein alles besser. Nur wenn man *da*hin sieht, findet man Erkenntnis; weil die verwirrenden Lichter der ganzen Welt nicht hingelangen; und es wie ein Maß einer andern Welt in uns lebt; als ein Ja, oder Nein: sonst nichts.

Vernunft weiß nur, daß sie Vernunft ist, wenn sie bis zum Herzenswunsch, zum letzten Wollen hinführen kann: und so ist Zusammenhang da für ein Meer von Dasein, vor und hinter uns; und nicht kommt es auf unser schwankendes, unglückseliges Schiff an, in welches wir gebannt sind, welches uns vor den guten und schlechten Ufern vorbeiführt, über welches wir keine Leitung üben. So sind auch die Ufer nur alles für die, die das Element nicht kennen und sehen, welches sie führt: nur die Orte, wo sie vorbeigeführt werden. Für die Besten ist das Element nur Trost und Leitung, in der harten, schmeichelnden, unbesiegten Fahrt. Die sich umbringen, stürzen sich in das Element. Dies enthält aber für uns keine Bilder: und bildergierig, bilderschaffend, nachbildend, sind wir gemacht. Alles ist Zwang; Zwang zur höchsten Freiheit und Zusammenstimmung.

An Ludwig Robert, in Karlsruhe

Sonnabend, den 9. Februar 1822
Vormittag 12 Uhr. Duschig, nach dem göttlichsten
Frühling, den ich genoß.

Heute nur ein Wort! und das ist: ›Nun hab ich mein Sach nicht mehr auf nichts gestellt‹ (Lies das neueste Heft Kunst und Altertum: ›Geneigte Teilnahme an den Wanderjahren.‹) Ich habe Friedrichs des Zweiten schwarzen Adlerorden: er bedeckt mein belohntes Herz. Er ist gemacht: aus allen Tränen, die ich weinte und verschluckte, aus allem was ich litt; liebte; lebte; genoß im Bösen und Guten. Mein Leben ist an seine Adresse gelangt. Daß *dieser* Mann *erlebe* von seinen Zeitgenossen, daß er vergöttert, anerkannt, studiert, begriffen, mit dem einsichtigsten Herzen geliebt würde, war der Gipfel all meiner Erdenwünsche und Kommission! Dieser vollständigste *Mensch*; dieser Repräsentant, der alle andern in sich trägt; und so mächtig ist, sie uns zu zeigen. Dieser Priester, dieser wahrhafte Gesandte! dieser sagt nun befriedigt selbst, er sei verstanden; *das heißt:* geliebt; geliebt mit einer Liebe, die Er nur erschaffen konnte. *Dies* hab ich ihm verschafft. Ich Ball in den Händen der Vorsehung – Mad. Guion *will* das sein –, und auf dies Glück, *als* Ball, bin ich stolz; nämlich freudig: und das freut den lieben Gott. Und der Triumph geht von Berlin aus: und das freut mich noch besonders, weil Er von Berlin häßlich berührt wurde, weil ich ewig Friedrich dem Zweiten dankbar bleibe; und weil es die beste deutsche Stadt ist. (So wird sie auch mit Recht am besten gehaßt.) Also wir drei, Du, Rike und ich, umarmen uns hier. Im Brief. Und Du bist so gut, und schickst mir mit der fahrenden Post den Brief, den ich Dir über den jungen Staël schrieb.

Varnhagen, grüßt. Wie überrascht ich ihn mit dem Heft. Adieu.

Sonnabend, den 16. März 1822

Eifersucht ist Beschämung; darum ist es eine einsame Leidenschaft – wie Sie sagen; – Beschämung, die Rechnung ohne den Wirt gemacht zu haben; das fühlt jeder. *Unsre* Wünsche, *unsre* Neigung brachten wir in Anschlag, nicht die des andern. Uns lieben wir, den andern wünschen wir; darum fühlen wir uns allein. Dies ist sie rein, die Eifersucht. Nun kann noch Neid, und hundertfältige Lebens- und Geselligkeits-Elemente sich hineinschleichen und -mischen; bei jedem Fall anders. Aber der unselige Mann fühlt sie wie das unselige Weib: nämlich, den eigentlichen Inbegriff davon; der Edelste fühlt diese Scham am heftigsten, aber er allein nur vermag sie in sich auszumerzen, wenn er sich seinen Irrtum ganz eingesteht. Sollten hier Männer und Weiber verschieden sein können? Verschiedene Denkfähigkeiten, Kräfte, Herzen, Schmerzen haben?

Freitag abend, den 5. April 1822

Ich glaube, es gibt nur sehr wenig Menschen, die, wenn sie empfinden, die große und elegante Welt nur für das anzusehen wissen, was sie ist. Gewöhnlich streiten sie sich dieselbe ab, daß sie nur irgend etwas sei oder schaffe; sind aber sehr von ihrer mindesten Gunst affiziert, und glauben von ihr zu empfangen, was sie nie leistet und gibt; erkennen und würdigen die Leute darin durchaus nicht; und lassen sich, wenn nicht jedesmal komplett, doch jedesmal von neuem, durch deren Aussprüche leiten und regieren, erschrecken, ängstigen, bestimmen, wider ihres Herzens Überzeugung. Unter all meinen Bekannten war nur Prinz Louis Ferdinand, und L. R., welche die große Welt geliebt hatten, und wirklich von ihr unabhängig waren, denen sie nicht mehr schmeichelte, sondern sie ennuyierte. – Louis Ferdinand, weil er sie als ein Erster darin kannte: L. R., weil er klar wußte, was sie einem ihrer Letzten bietet.

Gründonnerstag 1822

Es ist ein Glück, daß die rechtschaffensten Leute oft im Umgang unausstehlich sind; sonst müßte man sich die größten Vorwürfe machen, minder bewährte Menschen so sehr liebenswürdig zu finden.

Eigentum? eigentümlich? Unser Eigentum ist nur das, was uns keiner nachmachen kann. Dazu gehört noch unser Sein.

Alles andere Wissen, außer das, was in unserm innersten Wesen konstruiert ist, sind Materialien. Alle Wissenschaften ebenso: sie sind ja nur eine zusammengefaßte Lehre, noch unbezogener Wissensfähigkeiten im Menschen.

Es ist ausgemacht, daß wenn wir keine Anlage – oder wie man's nennen will – von Sittlichkeit in uns hätten, wir mit der größten Anstrengung von Nachdenken nie auf ihre Anforderungen gefallen wären. Könnte ein persönliches Wesen je darauf kommen, daß es seine Persönlichkeit aufgeben, und die eines andern höher stellen sollte, als seine eigene? Mich dünkt sogar, es ist schon eine hohe Stufe der Entwickelung, Person und persönlich zu sein. Nun kommt mir vor, wir können in einem andern Zustand von Dasein noch eine schwerere Aufgabe in uns fühlen, die wir uns jetzt auch nicht vorzustellen vermögen. Und nur, daß wir dergleichen zu erraten vermögen, ist ein Schimmer vom Absoluten, allgemeinen, sich selbst begründenden Dasein; wovon die Stufen sich verlieren müssen für *einen* Geist; einen absoluten, der alles zugleich erschaut.

Montag, den 5. November 1822

Franzosen, Engländer, sonst die Spanier und Italiener – und natürlich auch die alten Nationen – haben Nationalmeinungen, solche Gefühle, Ehre, Ehrgeiz, und Strebungen, die sich auf teils bleibende, teils eine große Zeit lang sich wiederholende gesellige Zustände beziehen; ihre Kunst, ihre Künstler und Dichter müssen sich auch darauf beziehen, wenn sie verstanden werden wollen, wie sie auch selbst darin befangen sind. Wir Deutschen klagen schon lange, und immer öfter darüber, daß unter uns die Dichter nicht auf Autorität verehrt werden. Diesen Übelstand können wir aber ertragen, wenn wir betrachten wollen, was wir eigentlich sind. Ein Volk nicht zu einer Nation abgeformt und geschliffen: der Menschheit, und also allen Nationen noch nahe; unser Dichter sieht sich in der ganzen menschlichen Welt nach Zuständen um; erhöht sie, denkt sie sich wie sie sein könnten, müßten, nicht nur wie sie sind, und sein können in einem engen vorgefundenen Zustand, den er noch ändern will, gemein mit allen Gesetzgebern, und Erfindern; je größer solches Menschen Geist, je erhabener seine Seele, je belebter sein Herz, je reichhaltiger, vielfältiger, muß er wählen und darstellen, und Zustände kombinieren, und in dem Alten Neues sehen und zeigen: aber desto weniger auch wird er begriffen, oder desto häufiger ihm nicht gefolgt werden können, er unverstanden bleiben; und also oft nicht anerkannt werden, und von Dreisteren, die sich vieles angelernt haben, ohne das zu ahnden, was nicht angelernt werden kann, getadelt; grad'zu. Dies ist eben der Zustand, in dem sich unser Publikum mit seinen Autoren befindet. Bei weitem vorzuziehen einer nur in einer Zeit, und auch da nur von den Verständnisreichen, wahr gewesenen, jetzt zu einem Patentbeifall gewordenen, unverdauten Anerkennung; die eine gänzlich äußere wird; aber auch Ansehen, Einkünfte und Orden gibt: bei uns ist alles dies im Werden und Wachsen; ganz lebendig mit allem andern Aufstreben und Gedeihen; in einer Art von Kriegszustand untereinander, der dem Selbst- und Doppelgespräch des Gewissens zu vergleichen ist; welches uns reinigt, fördert, immer beruhigen will, und eigentlich allein nur belebt. Welchem einzelnen Menschen wäre es wohl erlaubt, sich solche Komplimente zu schneiden, wie es jede Nation gegen sich selbst gelassen und blind ausführen darf; und wovon wir unfassionierten Deutschen bis vor einiger Zeit frei waren. Wir können ja eine ganz andere Nation werden; wenn wir nur wahr bleiben; und das Gute nehmen, wo es nur zu finden sein mag; andre nicht mit Nationalhaß verunglimpfen, und uns nicht aus Nationalliebe verhätscheln. –

Wir hatten noch keinen Nationalkönig, dem wir Siege zuschoben, die seine Diener erfochten; mit dem wir galant waren, und dann mit ihm und allen lebenden Sünden in Reue verfielen, dessen Verschwendung wir wie uns von Gott verliehene Gaben anstaunten, zu erhaschen suchten, und raubten, wie es kam; dessen Pedanterei und Hoffährtigkeit und Selbstverehrung uns nach langem Bürgerkrieg zu erretten schien; dem wir alle Künste seines Jahrhunderts zuschrieben, weil er ins Schauspiel ging, und sich seine Vergötterung gefallen ließ, der auf den Thron kam, als eine Menge regierender Vasallen gebändigt, und ihr Land seinem Reiche einverleibt war, der, weil er nie allein sein konnte, und alles gesprächsweise abmachte, die Nationalgeselligkeit auf den höchsten Punkt trieb, wohin der Letzte im Volk mit hinangezogen, und geschickt dazu ward; einen Mann, bei dessen Regierung die Welt gleichsam nach Luft schnappte, weil die kultivierten Greuel bis auf den äußersten Gipfel gekommen waren; aber doch noch oft von neuem wüteten; der sie ganz gottselig selbst befahl: und sie von Geistlichen und weltlichen Gelehrten sanktionieren, und rein waschen ließ. Wir brauchten auch keinen Helden, der sein eigen Land besiegen mußte, die Heinrich der Vierte: wir haben eine ganz andere Geschichte; und streben doch nach den Fehlern, die jene Geschichte der Nation aufprägen muß: könnten wir ihre Tugenden ohne ihr Unglück uns eigen machen! – Montag, den 5. November 1822, nachdem Mad. Boucher gesagt hatte, Goethens Tasso »c'est un hypochondre!«

November 1822

Es kommt mir sehr gelegen, an Rossinis tanti palpiti und Karl Maria Webers Jungfernkranz eine alte Behauptung bewähren zu können; daß nämlich nicht alle Melodieen, die vom Volke leicht aufgefaßt und gesungen werden, dadurch allein sehr schön erklärt werden können. Es gibt Melodieen mit einem bequemen Rhythmus, die zu keiner besondern, und zu keiner höheren, ja nicht einmal zu einer betrachtenden Stimmung auffordern, wobei man im Hause, im Quickmarschtritt umhergehen, Türen schließen, spinnen, Tabak rauchen, nähen, seinen Gang machen kann; zu denen gehört offenbar die des Jungfernkranzes; wenn man sich, ohne den Text zu beachten, Rechenschaft von ihr gibt, so ist sie eine vergnügliche Melodie, durch einen kleinen Trotz erhöht: solche werden dann aus imitativer Schwäche allgemein gesungen; eine Art musikalischer Strafe für höhere Musiker, wie auch jeder, welcher ein solches Lied, fast unwillkürlich, singen muß, an sich selbst erfahren kann. Ganz anderer Art ist gleich das tanti palpiti. Es unterbricht schon jedes häusliche Geschäft; es ist eine Empfindung, die in Betrachtung ausartet, die ihre Pausen macht, sich in sich selbst variieren will, und sich gezwungen wiederholt, von stärkerem Schmerz unterbrochen, als sie sich zugestehen will, in offenbare Musik ausartend, die immer allgemeiner in ihren Beziehungen wird. Ein solches Lied wird in Deutschland nicht so leicht allgemein werden, wo das Volk Jungfernkränze haben will, und die Gebildetern tiefe Rechenexempel für den Geist verlangen, dem das Ohr erst nachzukommen lernen muß – von denen, die sich nur wollen imponieren lassen, gar nicht zu reden! –, während der Italiener z. B. schon lange die schönen Gondolierlieder hat, die Stimmung fordern und hervorbringen, und zu Lande und zu Wasser vom ganzen Volke gesungen werden.

November 1822

Man mag das Wort Vaterland noch so oft, in die Gewehre der Blätter, Zeitungen, Rezensionen und Bücher geladen, abschießen: kein Land wird dadurch eine National-Musik oder Malerei erhalten: noch irgendeine der Künste! Kunst erfordert das gesündeste, vollständigste Naturgefühl, ungeschwächte Sinne; einen unschuldigen, von Einflüsterungen der höheren Verbildung noch ungeschwächten Sinn; ein reges, bewegliches Gemüt: sie ist ein Behelf der höchsten Bedürfnisse des Menschen; sie ist eigentlich – im allgemeinsten gesehen – die Gabe, ich möchte sagen die Kunst, die Natur und all unsre Zustände unserm innersten Bedürfnis am angemessensten sehen zu lassen, und in Ermanglung, in der wir leben, darzustellen, wie wir Menschen sie eigentlich alle wünschen müssen, vermöge unserer Beschaffenheit; wenn uns nicht Not und Bedürfnis verkehrt haben. Nur die gesamten Bemühungen der ganzen Erde in dieser Rücksicht, und seit allen Zeiten, können die Resultate dieser Aufgabe liefern, sie aber wohl nicht ganz lösen.

National werden alle Kunsterzeugnisse der verschiedenen Völker sein müssen: von ihrem Aufenthalt und Zustand wie von einem Element bedingt, in welchem sie sich befinden. Dies aber eben kann nicht vorgeschrieben werden, nicht erbeten, nicht durch Beweise hervorgerufen werden. Uferleute werden mit Schifferliedern anfangen, wo sie ihre kleinen oder großen Mühen und Freuden ausdrücken, die Elemente beschreiben und ihre Wirkungen werden angeben wollen; wo sie sich die Orte ihrer Sehnsucht, von denen sie sich entfernen, und zu denen sie hinwollen, vorstellen und malen werden; und so progressiv nach Umständen alle menschlichen Lagen und Vorstellungen da anknüpfen können.

Sie auch ein Jagdvolk, ein Hirtenvolk, ein kriegerisches, ein landbauendes, ein Gebirgsvolk: jedes aus seinem Zustand heraus; und ebenso mit allen Künsten. Werden die Verhältnisse komplizierter, gegen andere Völker zu, und nach innen, so wird Stolz, Eitelkeit, Mut, Konventionelles, sich hinzumischen, zu dem, was sie ausdrücken wollen. Religion und ihren Gottesdienst müssen wir auch dahin zählen, weil auch sie unter allen Völkern nicht ohne Zusatz bleibt.

Wenn man also Nationalkünste verlangt, so können sie nur in Nationalzuständen ihre Quelle finden; und weil nicht jede Kunst bei jeder Nation diese Nahrung findet, so hat von jeher eine von der andern geborgt, und sie haben sich einander nachgeahmt. Es kann mit als eine kriegfolgende Neuerungslust angesehen werden, wenn possierlich und gewalttätig von einer Nation gefordert wird, was eine andere nur ihrem Zustande angemessen längst geliefert hat. La chasse de Henri IV, von Schweden etwa, auf einen ihrer Monarchen angebracht und modifiziert; große Heiligenbilder in Mecklenburg, die nur unter Päpsten entstehen konnten; ebenso mit Gebäuden: jetzt in Hamburg, was einst Venedig hervorbringen konnte; Schweizer Gebirgslieder in Holland. Wenn man auch antwortete: Das wird nicht verlangt; jedes Volk soll nur seine Zustände sublimieren; das wollen wir! Dies möchte ich auch; aber alle Zustände lassen sich nicht künstlerisch sublimieren: es gibt auch Völker, die in Zuständen leben, die nur einer rechtlichen, sittlichen Verbesserung fähig sind; auch sprungweise zuviel von der Gesamtbildung der Erde bekommen haben, und die Periode ihrer Kunst – die ich jedem Volke von der Natur zugestehe – überschritten haben. Wie ich denn glaube, daß sie überhaupt für jetzt überschritten ist. Die Untersuchung, welche diese Behauptung voraussetzt, kann jeder einzelne in seinem eignen Leben anstellen: ob spätere Verhältnisse, kombinierteres Wissen, später sich entwickelnde Interessen, ausgedehnteres Ordnunghalten, in all diesen Dingen tieferes, vielfältigeres Studieren, der Kampf mit der Welt in reifern Jahren, eine traurigere und auch höhere Klarheit, ihn nicht von Kunsterzeugnissen und Kunstvorsätzen abhalten!

Die Welt bewegt sich aber immer; erzeugt immer neue Menschen und frische Verhältnisse; nichts ursprünglich Menschliches wird vertilgt werden; so wenig wir Wild des Waldes werden, oder als ein Mann in Amt zur Welt kommen wird; und so braucht uns weder um unsre Liebe zur Kunst oder deren Werke bange zu sein. Getrieben nur können sie nicht werden: nicht einmal vom besten Willen; von Eitelkeit und Liebhaberei an Nationalität gar nicht. Freien Lauf lasse man ihnen; gute Zustände aller Art bereite man; und das ein jeder auf seiner Stelle; das ist das herrlichste Beförderungsmittel; und die Wahrheitsliebe pflege man zehnfach doppelt bedacht in sich! Alle Werke der Kunst zeigen sich gleich als Karikatur ohne sie. Das zeugt, wenn es noch nötig wäre, von ihrem hohen Ursprung, und ihrer hohen herrlichen Verwandtschaft: und so wären wir wieder zu dem Anfang, wo wir sie als höchstes Bedürfnis des Menschen ansahen, als das Bild, welches wir von unserm hiesigen Leben uns vorhalten; zum Ersatz, zur Lust, zur Erhebung.

An Varnhagen, in Hamburg

Dienstag vormittag, den 15. Juli 1823, halb 11
Regnerisches, graues, schwüles, dunstiges Wetter.
Ich schreibe auf dem Bogen, den Du gefaltet hast, und mit Deiner Feder und Deinem Tintfaß in der Mittelstube. Teurer lieber Freund! Es ist gut, sich einmal zu trennen. Da erfährt man, wie lieb man hat: und wer man *ist*. Alle Deine Gedanken, Deine Sensationen, Dein Sitzen, Deinen Schlaf, das Wetter, alles rechnete ich nach! Es ist besser kein Sonnenschein. Hast Du wohl etwas geschlafen? den gestrigen Abend genoß ich *mit* Dir. Wie Du es wolltest fuhr ich aus. Nach Schöneberg, bis übers Dorf weg: ich wollte wahre Reisechaussée riechen: und dann umgekehrt. Göttlich grün, vielfach in Baum und Feld. Wunder-Prachthimmel von Bizarrerie, Lichter- und Wolkenwirtschaft; – jetzt regnet es *Platz*! – das hattest Du auch! – Nun mach ich Rechnungen, und dann lese ich: esse nur Suppe und Huhn. Habe recht viel Vergnügen! regrettiere mich in dem schlechten Gesundheitsmoment nicht zu sehr, und genieße Baum und Strauch und Luft äußerst, dann ist's für mich *mit*. Gestern hatten wir ja *einen* Sonnenuntergang, und auch dieselben Gedanken.

Ich habe ihn! Deinen Brief. Armer lieber August! alle Pulse schlugen Dir! Hättest Du nur ganz wenig und nicht so schön geschrieben, Dich ein *wenig* in der Stube nach dem Garten niedergelegt. Genieße, was vor Dir ist; Düfte, Kinder, Laub, Blumen, Anblick des Wohlstands, alles, jedes: ich genieße es *gewiß* mit. Teuerster lieber Freund! Dein Gärtchen freut mich. Es beruhigt Seele und Sinne. Ich gratuliere Deiner Schwester dazu. Täglich muß ich mehr einsehen, daß ich auf eine gute Weise wohl nicht hätte reisen können. In meiner Lebensgeschichte soll Wetter und meine Gesundheit vorkommen. – Gestern morgen machte ich Geschäftchen, Rechnungen, Billettchen, und fuhr dann mit den andern nach Königs Palais. Das gefiel mir unendlich in seinem Bau; auch ist's, erfuhr ich des Abends, vom *alten* Schinkel, – von Schlüter nämlich: *das* war noch ein Schinkel! So müssen *Menschen* wohnen. ›Menschen‹ kann man mit zehn Linien unterstreichen, und auf jede schreiben, worin es besteht, ein Mensch zu sein. Hensels Bild hat unendlich gewonnen; mehr, als ich je glauben könnte; es war heilsam, daß man ihm das viele Blaue tadelte, er hat das Gelb eines Abendhimmels ganz am letzten Rande in dem Himmel seines Bildes angebracht, welches das Ganze rettet; hält, und sichtbar macht und den Köpfen, Haaren, und der Oberstirn unberechenbar guttat. Die Dimension der Figuren bleibt die unglücklichste; und sieht kleinlicher aus, als wären sie kleiner. Angezogen sind sie vortrefflich: sogar die Fußbekleidung witzigst erfunden. Schuhe ohne Strümpfe; vortrefflich! – aus Bescheidenheit war ich die Rampe nicht hinaufgefahren – reine Dummheit; Du kennst meine Königs-Ehrfurcht – das Palais war warm, und kalter Wind beim Einsteigen. Ich Schal über den Kopf, Wattenrock. – Ich schrieb nach drittehalb Jahren Frau von Reden nach Rom einen sechsseitigen Brief, wie diese. Doch war er kurz, und *gar nicht* ausführlich. Er geriet mir trotz einiger Irritation gut; besonders das Datum; und die Beschreibung mehr als Kritik des Schleiermacherschen Buchs, welches ich doch sende. Morgen um 4 reist Hensel. Der Brief und das Buch ist an die ganze Familie. – Mad. K. hatte mich zu einer Lektüre einladen lassen, und ihre Nichte wollte mich abholen; ich mußte es aber abschlagen. Nicht nur weil ich unwohl war, sondern weil mich Mad. K. noch nicht besucht hat; nicht geschrieben hat, und der junge auteur nicht selbst gekommen war. Haben einen *Leute* — Freunde sind Gleichgesinnte — wohlfeil, so denken sie auch gewiß, man ist nichts wert; und dies mit Mühe und Komplaisance zu erkaufen, wäre zu unkundig. Eine Sévigné, eine du Deffend, eine Staël, muß man kajolieren; auch wenn sie nichts geschrieben hat. Non seulement ma tête, mais mon caractère aussi est une puissance; je ne m'ennuie pas moi — facilement —, ce sont d'ordinaire les autres qui m'ennuient. — Das Gärtchen und die Kinder Deiner Schwester, das wär was für mich! Gott segne ihr den Frieden, die Ruhe, die Muße! Dir die Reise! und mir die Krisis! — Du fühlst wie Flügel meine Liebe, meine Wünsche! Kannst Dich drin einwickeln! Deine alte R. Nun lege ich mich hin und lese Lascases. Adieu, lieber alter August. — Übereil Dich nur aus Liebe nicht mit Kommen; und laß Dich von meiner nicht verführen; ich geniere mich ordentlich in Ausdrücken darum; denn eben wollt ich schreiben: wie werd ich Dich empfangen, da Deine liebe Boten mir schon so lieb sind! Deine Beschreibung Hamburgs leuchtet mir ein. Ich freue mich, daß Du lebendig Neues in Dir aufzunehmen hast. Heinen viele schöne Grüße. Ernst hat der nötig, aber keinen Mund ihn zu verschlucken.

An M. Th. Robert

Den 19. Dezember 1823

Am liebsten läse ich mit dem Verfasser — wie bei jedem Buche — die bewußten Briefe. Weil kleine Einwürfe oft ein großer Damm sind; und, hat man die nicht gemacht, der Strom des Autors hinführt wo er eben will. Selbst aber vom Strom richtig nach des Verfassers Schlußmeinung geführt, muß ich über die Gegenstände, die er erörtert, das sehen, vorfinden, und wieder denken, welches mir einer abnötigen würde, wenn er auch, und auch mit Gründen, das Gegenteil behauptet hätte. Das nämlich die zu machenden Einrichtungen eines Staatswirtschafters tiefer zu suchen sind, als in seinen ökonomischen Zuständen: zu welcher Tiefe der Verfasser der Briefe auch richtig gelangt. Er spricht von der Perfektibilität des menschlichen Geistes; und von der seines Wohllebens;

welches sich alle Wirtschafter und Regierer müssen gefallen lassen, wenn sie nicht einsichtig genug sind, von Hause aus grad danach zu handeln. Man ist nicht fromm, wenn man diese Perfektibilität nicht einsieht; und weiß nicht, was fromm ist, wenn man diese Einsicht nicht für Frommheit hält.

Der Grund aller Wirtschaft ist: bedürfen, und haben. Geld: ein Zeichen des Besitzes, den wir nicht unmittelbar verzehren müssen. Haben wir nun zu viel Geld, so ist das nur scheinbar, und augenblicklich; da kein Land alles hat, was es verbraucht, und es sich also für Geld solches kann kommen lassen. Hat es zu viel Produkte, so kann es sie verführen; wollen sie die andern nicht, sie nicht produzieren, oder verderben lassen. Immer aber werden sich diese ökonomischen Klemmungen bis zur fremden Grenze des Landes und zu des Nachbarlandes Einrichtungen und Zuständen hinführen lassen. Es wird ein ewiges Lavieren bleiben, und nichts Bestimmtes im Wirtschaften festgesetzt werden können. Will man aber etwas fest bestimmen, so wird man zu Fichtes verschrienem ›geschlossenen Handelsstaat‹ anlangen. Da solcher Staat nun meines Bedünkens nur der Erdball ist; und dieser nur, weil keine Schiffe und keine Straße zu andern Erdbällen führen; so wird man nur nach den Bewegungen und Maßregeln der andern Staaten wirtschaften können, ohne nach den festzusetzenden Grundsätzen handeln zu können. Diese Grundsätze aber, die auf Beschaffenheiten beruhen, wie der Briefsteller bemerkt, werden sich trotz alles nicht gründlichen Verfahrens Platz machen: und Friede wird, und muß eines ihrer Ergebnisse sein, wie Vervollkommnung des Lebens, und größere Klarheit der Sittlichkeit. Hierin bin ich ganz eins mit dem Briefsteller.

Montag, den 19. Januar 1824

Durch Rousseaus Emile erfährt man, wie eine ganze Welt dazu eingerichtet sein müßte, um ein Kind zu einem – in allem Sinn – gesunden Menschen zu erziehn; wie weit wir aber von dieser Bedingung sind, und also nur sehr stückweise und wenig in Erziehung auszurichten vermögen.

Fichte zeigt uns in seinem geschlossenen Handelsstaat, ebenso, durch eine nicht zu erfüllende Bedingung, was für einen Staat zu tun wäre, könnte man alle andere mit einrichten oder abschließen. Großer Beweis von Konsequenz in den beiden Büchern! sie sind beide bis zu dem erst zu beseitigenden Punkt gekommen. Und es wird geirrt, wenn man den Autoren nicht dankt, und sie durch die Darlegung des Unmöglichen, das sie klargemacht haben, zu widerlegen meint.

Berlin, den 7. Februar 1824

Ich habe mich heut recht geschämt, als ich es mit einem Male einsah, daß die meisten Menschen, wie ›all die andern Tiere der Erde, wandeln und weiden im dunklen Genuß‹. Ohne einen Gedanken an höhere Möglichkeit; ohne Ehrfurcht vor Erschaffenem, und ohne wahre Ergebung in Unverständliches, wahrhaft Unendliches. Ohne Herz für Geschöpfe; ohne Freud und Leid eigentlich; weder verabscheuend, noch entzückt. Wahrhaft nur den Schritt vor sich wandelnd, und weidegierig, und weideberuhigt; und beglückt, je nachdem Küchenweide und Zimmerweide. Dürftig, ostentativ; kalt, kalt! dünkelvoll. Zum Totschämen, wenn man sich ein wenig besser finden muß.

Wenn wir nur wissen, wie eingeschränkt wir auf der Erde sind! *Dessen müssen wir uns in allen Stücken immer wieder erinnern.*

Ein Stein kann eine Geschichte haben, aber nur eine Kreatur mit Bewußtsein ein Schicksal. Die meisten Menschen haben nur eine Geschichte.

Was uns geschieht, im Gegensatz betrachtet von dem, was wir tun können, ist wieder nur geistige Tätigkeit; und den Teil, den wir als nicht unserer Tat anheimfallend in unserm Erlebten ansehen, nennen wir Schicksal. In einem höhern Sinn müssen wir uns dem ganz entziehen können. Für die Betrachtung ist es beinah schon so. Und da tritt wieder Goethens: ›Ist es nicht sonderbar, daß uns nicht allein das Unmögliche, sondern auch so manches Mögliche versagt ist!‹ ein. Dieser Knoten bedingt all unser Leben: folglich, das beliebige Bild davon, den Roman. Wollen wir diesen Knoten auflösen, so wird ein Leitfaden zum göttlichen Willen; wir leben nicht weiter, und beugen uns im Herzen. Dies sind Gebete; diese sind aber nur Aufflüge – élans –, die Erde grünt, wir stehen darauf, die Sonne scheint: wir haben sie und nichts gemacht: und sie genießen und betrachten ist ein anderes Beten. Alles ist recht, wenn man nur ehrlich ist; und sich Verwirrung abwehrt. Diese Stelle aus Jean Pauls Titan hat mich sehr betroffen: ›Solche Unähnlichkeiten‹ − er hatte sie benannt, sie waren tiefer als groß − ›schlagen unter gebildeten Menschen nie zu offenen Fehden aus: aber sie legen heimlich dem inneren Menschen ein Waffenstück nach dem andern an, bis er hartgepanzert dasteht und losschlägt.‹ Daß er hartgepanzert mit einem Male dasteht, traf mich so sehr. Mild, und gepanzert, fand ich mich seit ganz kurzem. Einsehend, warum man nicht soviel fordern muß; und sehr geneigt zu leisten, was nur gebraucht werden kann: das andere aber nicht. Wenn ich milde sage, so meine ich das wie von einem Wetter; mir wird dabei gut zumute: ich stimme mich nicht milde gegen Menschen; ich finde bloß gutes Wetter in mir: zur Erquickung und endlichem Ausruhen. Heilsame Gedanken bereiten ein solches Gemütswetter, sie kommen wie belebende Lüfte aus unbekannten Welten; und finden bearbeiteten Boden. Ich sehe grade jetzt meine ganzen Lebensschicksale als eine Bereitung zu andern an; und zur Ruhe. Wenn auch nur zur Ausruhe. Je mehr ich sage, je mehr sehe ich ein, daß ich das nicht sage, was ich eigentlich mitteilen möchte. Vielleicht ein andermal! In zwei Worten.

Es ist mir ganz unbegreiflich, wie Novalis über Wilhelm Meister spricht. Hingegen erklärt mir dies mein ganzes Mißfallen an seinem Ofterdingen. ›Die Musen im Meister werden‹, nach Novalis, ›zu Komödiantinnen gemacht‹; − ›Es läßt sich fragen, wer am meisten verliert, ob der Adel, daß er zur Poesie gerechnet, oder die Poesie, daß sie vom Adel repräsentiert wird‹; − ›Wilhelm Meister ist eigentlich ein Candide, gegen die Poesie gerichtet; das Buch ist undichterisch in einem hohen Grade, was den Geist betrifft, so poetisch auch die Darstellung ist.‹ Es entschlüpft ihm, unter dem Guß von Reden, zu sagen: ›Die Ökonomie ist merkwürdig, wodurch es mit prosaischem wohlfeilen Stoff einen poetischen Effekt erreicht.‹

Im Ofterdingen und ähnlichen Unternehmungen herrscht das Bemühen zu zeigen, was Poesie ist: und daher werden diese Anfertigungen grade höchst unpoetisch. Poesie ist in der Natur: das will sagen: da, wo unser Geist ein Freies, Bedeutungsvolles wahrzunehmen vermag; also auch in der Natur der Begebenheiten und den Vorfällen des menschlichen Lebens, und folglich in der Schilderung derselben. Diese täglich zu schauenden Weltereignisse, in einem beliebigen Raum, wie in Email, zwar klein und fein gemalt, doch faßlichst, farbeglänzend, deutlichst und klar dargestellt, in Weitblick erfaßt, aus langer, vielfältiger Beurteilung ergriffen und erwählt, aus den tiefsten Betrachtungen hervorgegangen, und mit ihnen geschmückt, obgleich nur damit bekleidet, in gebildetster, noch lange nachzuahmender – denn noch lange wird die Nachahmung neu bleiben – Sprache vorgetragen: das ist ganz gewiß Dichterwerk und Poesie; und mit dieser Skizze von Erörterung ist es hier schon unwiderleglich, daß Wilhelm Meister etwas anderes ist, als wofür der größte Geist, Novalis, ihn hält.

Er, Novalis, konnte das gesellige Leben seiner Zeit nicht erfassen; und mochte es nicht, hauptsächlich. Ihre Denkmassen, ihre Wissenschaft, ihr Naturzeitpunkt, ihre Historie, wie sie zu den andern stimmt und zu stellen ist, alles dies war ihm mehr als klar: er bewegte dies alles, und mehr, und seinen und aller Zeiten Geister, möchte man fast sagen, nach Willkür beflügelt, als Hellseher; ehrlich und in Unschuld. Aber sein Geist war zu mächtig: er zu sehr in seiner Jugend, und von diesem Geiste getrieben und bewegt, um den geselligen Zustand anders als sehr en gros zu erwägen: da schien er ihm freilich klein, oder vielmehr, erschien er ihm kleinlich bis zum Ekel, zum Wegwerfen: und das wollt er denn auch tun, in der poetischen Arbeit wenigstens; und dies tat er im Ofterdingen: war aber doch vom Unternehmen selbst bezwungen, und wählte, mußte eine andere, vergangene Zeit wählen, die er sich nach Willkür hochstellen zu können glaubte. Aber diese Zeit war in dem Falle, in der unsre ist: mit unendlichem Unedlen, anscheinend Unwesentlichem, zersetzt; das konnte er großherrisch, edel, jung, kühn, übersehn; als den Vorwurf eines Dichters aber, und wenn er selbst dichten wollte, es sich nur zum Schaden anders zurechtstellen. Er wollte überhaupt nicht allein dichten, sondern neue Gegenstände für die Poesie erfinden, aus großem Geist!

Gar zu oft zeigen uns edle, hochfahrende dichterische Gemüter den Prozeß ihres ganzen Kopfs und Gemüts, wie sie zum Dichten kommen, anstatt der Gegenstände, die sie darzustellen meinten. Daß auch so etwas Novalis begegnen konnte, bleibt mir unbegreiflich: so sehr stell ich ihn hoch, sehe ich ihn hoch in allen

Stücken. Eins nur tröstet mich dabei, daß sein Urteil über Meister und seine Ausführung des Ofterdingen ganz aus Einem Stück sind: nämlich aus eben und demselben Irrtum. Das Wort steht hier! von meinem verehrten, unsäglich geliebten Hardenberg. Schade, daß er so viele darin noch verführen wird!

Donnerstag abend, den 11. März 1824
Lange hatte ich das auf dem Herzen.

Um Novalis Aphorismen zu verstehen, muß man außerordentlich viel Einfälle gehabt haben: und sie sehr gehandhabt haben. Sonst ist's nicht möglich. Ich mag aber jetzt lesen, was ich will; es mag mir noch soviel einfallen, wenn es mir einleuchtend ist und gefällt, so kommt es mir vor, als würden nur ein paar Wahrheiten dargetan, und immer dasselbe gesagt: das tritt besonders bei dem Vielfältigen und Geistreichen von Novalis ein. Variationen auf nur wenig Eingesehenes, und auch gezwungen Vorausgesetztes. Durchaus Anweisung auf anderes, Unbekanntes, und doch – durch und mit großem Witz – hier in Armut Erkanntes; wie geringstes Almosen auf höchsten Reichtum kann schließen lassen. Novalis sagt: ›Wir sind auf ein unbekanntes Kapital angewiesen.‹ Ich spreche von einem Defizit, welches wir hier finden. Alle Geister haben nur Ein Thema bekommen. Fichte, Goethe, Rousseau, Saint-Martin, Jean Paul, alle, alle, die etwas Gutes sagen, sagen dasselbe: lauter Variationen auf das einfache, im höchsten Witz ersonnene Thema. Ich fühle mich und uns arm, wenn mir dies deutlich wird: es ist wie ein Spiel, von Karten, oder Schach: wenig feste Bedingungen, und die größten, unendlichsten Kombinationen. Nur wenn wir uns irren: das heißt, eine gemachte oder uns von der Natur vorgelegte Kombination für etwas Absolutes, Unveränderliches halten, und uns darüber zufriedengeben, es nämlich lieben, dann fühlen wir uns reich; das ist nichts, als uns in einen Zustand finden und setzen, in dem wir hier nicht bleiben können: ein simulacre von Liebwertheit vor uns zu haben meinen. Liebe, Zufriedenheit, Approbation, Wohlgefallen, Zustimmung, muß frei aus uns ausstrahlen können, nicht gebrochen von Widerspruch; diese Liebe in uns ist ein Besitz, den wir gar nicht kennen, und eine Fertigkeit, die wir nicht, wie die des verständigen

Geistes, erst hier machen: sie ist gemacht, und auch die Vollstän-
digkeit ihres Beziehungsgegenstandes haben wir verloren. Diese
müßte können ergründet werden, die Liebe in uns; was sie eigentlich sucht. Verstand in allen Ableitungen *sucht* auch nur Liebens-
wertes, Vernunft-, Ordnung-, Zusammenhang-Gemäßes; kurz,
Gegenstände der Liebe. Also lauter Anstalt, Hinhalten. Noch hat
unsre Philosophie nicht in diesen Körper hinein operiert. Darum
wird auch jede von der neusten hart angegriffen. Was der Geist
vermag, und nicht vermag, kann sie zeigen: vom andern wissen
wir nichts, und kennen doch seine Existenz; heißt, sein Wirken.
So angesehn, ist Liebe der Inbegriff von allem; aber nicht das
bißchen auf Nebenmenschen aus Barmherzigkeit angewandte:
sondern jene vielstimmigste Zustimmung, von der wir ein be-
wußtvoller, gefühlvoller Ton sind; der sich selbst nicht kennt.

Sonnabend, den 13. März 1824

Donnerstag, den 27. Januar 1825
Wahres Unglück ist nicht das, welches einem Menschen als Un-
glücksfall überkommen muß, und welchem wir als solche stets
ausgesetzt sind. Unglück ist das Unangenehme, in allen Lebens-
momenten Drückende und Hemmende, welches notwendig aus
einer gegebenen Lage sich entwicklen muß: aus Geburtsstellung,
aus der Charaktermitgift – Konstellation unsrer Eigenschaften in
jedem Sinn –, Körperschönheit und Gesundheit; oder deren
Mangel usw. Dagegen kann der Mensch nicht selbst an; sondern
ein Höherer; wir können nur diese Fälle erkennen lernen, als
Fakta, die uns als diesen besondren Menschen begegnen müssen:
und uns darein ergeben, als in ein Unvermeidliches, und ein doch
Trost enthaltendes, als eben so notwendig auf Neues, Hohes und
Unbekanntes sich Beziehendes und darauf Begründetes. Und weil
wir die Gründe zu diesen Fakta nicht kennen können, so muß da
dann immer das Gemüt eintreten; heißt: sich aus Bedürfnis –
welches eigentlich wir selbst sind – einen Grund, eine Vorausset-
zung in einem andern Gebiete *schaffen* – fast erschaffen, – und
das mit Recht. Wo wir herstammen, und wo wir hinströmen, das
sind so gut Glieder von uns, als die, welche wir im zeitigen Gebrauch haben. ›Wer nicht verzweifeln kann, der muß nicht leben!‹
sagt auch der Mann, der – und auch aus diesem Gesichtspunkt

mein ich – am vielfachsten, was uns Menschen betrifft, gehandhabt, erwogen, und ergründet hat, mit Herzens- und Geisteskräften, und der ein gesundes Menschenkind geblieben ist, wie er anfing, mit allen derben natürlichen Ansprüchen. Goethe sagt's.

An Ludwig Robert, in Karlsruhe

Mittwoch, den 5. Oktober 1825

Lieb Röberchen! Hothos Ramiro kommt mir, wie ich Dir schon einmal schrieb, darum talentvoll vor, weil er, auf dem schlechtgewählten breitgetretenen Wege, doch immer, in Sprache, Gedanken und Wendung der Ansicht so aufduckt, daß er immer noch wieder unterhaltend und neu in dem argen Genre wird; und dazu, glaube ich, gehört Talent. Dagegen gefällt mir ›Dichterleben‹ von Tieck, in dem Almanach Urania, gar nicht (und par hasard nannte ich sie hier nebeneinander – weil es mit dieser Novelle gerade die umgekehrte Bewandtnis hat. Nichts von Religion, nichts von Jetztleben: also die Wahl höchst vorteilhaft; und gemacht, höchst schlecht). Wie kann ein so alter Kritiker und Würdiger so leichthin arbeiten? In solchem Grade, daß ich *das* auf der ersten Seite merke. Der unschuldig sein sollende Page spricht in ungeschickt gewählten Ausdrücken des Dichters, riecht Genies wie Fauqués Pferde Heiden, in dem Zauberring. Der Wirt nennt den armen – hier armen – Shakespeare eine *stille Seele*?! (›Liebe Seele.‹) Dirnen betragen sich polizeiwidrig, was die am ersten vermeiden, und dadurch denkt er sie zu charakterisieren. Wie würde man ohne ihren Namen, den er ewig wiederholen läßt, ahnden, daß das Stück unter Königin Elisabeth spielt, denn bis auf Burgsdorfs Zeiten herab haben die Dichter wohl nie so gesprochen als hier. Auch nicht *ein* Zug ist so, daß er Shakespearen angehören müßte; nur die, welche Tieck gut kennen, erkennen sein Bemühen, ihn schildern zu wollen. Vorzüglich Eine Art schwebt mir vor, wie ich mir Shakespeare oft denken mußte, und müßte. Er müßte ihn in kurzen sehr lebhaften Hin- und Herreden schildern, und die andern müßten wider Shakespeares Willen sich so stellen, daß er endlich aus purer Lust und Richtigkeit sie zum Narren haben müßte. Hast Du das nicht oft bei geistreichen, und geistvollen, gütigen, aber alles sehenden Menschen bemerkt? und dergleichen hätte er anbringen müssen. Ein tiefes, endlich hervorbrechendes Gefühl und Einsicht für Recht, bei *einem Vorfall*, wo andere lange matt schwatzten, und Hergebrachtes verteidigen wollten; wo es aus alter Sitte unsittlich herging! He? Muß man sich einen Geschichtsbetrachter wie Shakespeare nicht in seiner Jugend unter Bekannten so denken? Die Milde, die Ruhe, das Offne, und gewiß das Bescheidne, das von Unschuld kommt, hätte er ihm lassen, und ihn ausdrücken lassen sollen. So ist die Novelle bis jetzt noch nichts; aber es sind so vortreffliche Stellen darin, besonders gegen das Ende, daß sie ganz von selbst rednerisch werden, was sonst bei mir ein schlechtes Lob ist, da ich keine Dialektik ohne Inhalt zugebe; weil jene keinen schaffen kann; was gewöhnlich angenommen wird, wogegen ich ein gewaffneter Feind bin! Die Dichter sprechen das, was ich meine: wenn auch unzeitig, so ist es doch an sich tief und vortrefflich. Das Ganze ist Tiecks alte Krankhaftigkeit; daß er die Welt nicht frisch in sich aufnehmen kann, und da er nun darstellen will, nur grübelt, wie Dichter und Literatoren sie wohl gesehen haben; daher auch sein Ganz-sich-verlieren in Shakespeare; und grübelt er weiter – daß ihm so leicht das Wirkliche auch zu einer Vorstellung wird, die er überspringen könnte, und so sich alsbald unter Gespenstern findet; die aber auch nicht die Gespenster-Realität haben, weil auch deren Dasein nur von ihm abhängt. Mir ist er deutlich. – Börne ist mir auch, im besten Sinne, kein ›Hoffmann‹; sondern einer unserer vornehmsten Geister, weil er eine unserer vornehmsten Seelen ist, und daher sein schöner Geist frei.

An Leopold Ranke, in Berlin

Dienstag, den 15. August 1826

Sie haben mir ein großes Vergnügen verschafft. Dies möge Ihnen der beste Dank sein, den ich Ihnen geben kann. Welch schönes Gedicht! Es bewegt sich aber auch schon in einem Gedichte, und kann nur Stoff ergreifen aus Dichtung überhaupt. Ist verliebte Liebe nicht schon ein Gedicht und nur darum ewig wiederholt,

Leopold von Ranke

weil wir ohne Dichtung nicht leben können, mit dem Leben nicht auskämen? So sind mir auch die vielen Blumen und Edelsteine nicht zuwider, die schon in der hiesigen Natur wie aus einer andern Welt niedergelegt sind, und das richtigste Spielwerk – dies Wort im *buchstäblichsten* und edelsten Sinn –. für uns sind und bleiben: Werkeltagsnaturen geht der Sinn dafür ab: ja, er ist das Maß, wonach sie auf- und abwärts geschätzt werden können. Mich entzücken, und beschäftigen sie ewig. Dieses indische Gedicht hat im genauesten Sinn einen Gedanken in mir erweckt, über dem nur noch ein Schlummer waltete; es ist einer über Geschichte – und was wäre nicht Geschichte am Ende, – ich denke nämlich, es gibt zwei Arten Nationen, vornehme und andere. Vornehm sind alle die, deren Entwickelung auf einem Wahn beruht; einem mythologischen, religiösen, selbsterfundenen, dichterischen. Seien auch solche Nationen in noch so befestigten Kasten abgeteilt; die letzte, niedrigste, schaut doch durch alle über ihr hindurch nach der höchsten, und partizipiert davon in ihrem Unglück, in der niedrigsten geboren zu sein. Das Leben solcher Nation bezieht sich nicht mehr auf die Notdurft, deren vernünftiges Produkt Nützlichkeit ist; und auf Vernünftigkeit, die uns ergeben macht, die Schranken anzuerkennen. Ist es nicht besser, in Spiel und Wahn hier zu leben, da wir keins und keinen zu erfinden vermögen, der ganz vernunftlos wäre, und so der Vernunft näherzukommen; als in lauter Nutzen und Zweck uns zu bergen, und dadurch zum Wahn und Spiel zu *gelangen*? *Das* darf man natürlich keinem Narren weismachen: aber die Nationen sehe ich so an: die nie als solche über sich klar wissen, und sich ihren Platz anweisen können. Welch herrlich Spiel in dem Gedicht! unter Blumen, Steinen, Liebe, Sternen. Was wollen wir denn am Ende? Erleuchtung: weil wir nicht erleuchtet *sind*; und Fragen zu tun haben: ist nicht der Zustand, wo sie beantwortet sind, der schönste? und wo wir spielten und schafften: und, in Ermangelung dessen, solchen voraussetzen, ist dichten.

Sehen Sie, so schrieb' ich, wenn ich mich gehen ließe: darum schreibe ich *nicht*. Ich denke ganz umgekehrt von allen Leuten: und alle Tage umgekehrter. Aber so selten Sie mir ein solches Gedicht mitteilen können, so oft darf ich Ihnen auch so schreiben, und meine innersten Gedanken zeigen.

Sie sollen nächstens indische Bilder sehen; ganze Gestalt, aber nur wie dieser Bogen groß; die werden Ihnen dies Gedicht völlig ergänzen: ich verstand es besser daher. Frau von Helvig ihr Vater hat sie aus Indien mitgebracht. Adieu. Sie kommen bald, *baldigst.*

V[arnhagen] will das Gedicht nun auch erst lesen; ich gedachte es Ihnen jetzt mitzuschicken.

Ich hätte noch lauter Erläuterungen für meine Meinung, aus des Besten, Goethens Gedichte geben können. In seinem erhabensten, Iphigenia, mußte er in die Fabel gehen: sein nationalstes, Hermann und Dorothea, können nur edle biedre Gesinnungen sein; und nur, als Schmuck, der *drauf* sitzt: schöne Naturbilder; und die sind? Blumen, Pflanzen, Liebe, Witterung. Und so könnte ich alle unsre Dichtungen durchgehn. Erzeigen Sie mir die Ehre, mit mir zu streiten.

1826

Ich sag es ja schon längst, daß mich bei weitem die meisten Geschichtschreiber rein ennuyieren; zu lesen sind fast nur kurze, echte Chroniken, und schwatzhafte Memoiren. Solcher Mann in seinem Bücherzimmer hat sich nur mit dem bekannt gemacht, was diese enthalten: und was enthält denn am Ende ein Buch für den, der den Hergang des Geschehenen sich nur zusammenliest, und nicht sieht und hört, und das Drängen im Gedränge fühlen und sich abwehren mußte! Im Leben kommt wohl das vor, es ist wahr, was in den guten Büchern der Geschichte steht; aber in den besten Büchern steht nicht alles, was im Leben sich ereignen muß. Und gleich fehlt auch ein Mann, sobald er nur deswegen handelt, um in den Geschichtsbüchern vorzukommen; und so ist auch das herrlichste Geschichtsbuch komplett leer für den, der sich nicht in der Welt selbst ersehn hat, was darin aufgezeichnet worden, und besprochen ist. Die Wahrheit dieser Behauptung wird ein jeder an sich selbst erprobt haben, der ein solches Buch zweimal liest; in der Jugend, und dann in vorgeschrittenen Jahren. Auch ist als Tatsache nachzuweisen, daß alle wahrhaft große, weiterlebende, auf die Nachwelt gekommene Historiker und Dichter mitwirkende Männer im Staate, und im Leben mit andern vielverflochtene Menschen waren. Bloße Bücherleute werden immer nur wieder zum Büchermachen gebraucht werden können; und am Ende ist ihr bestes Glück, einmal die Nahrung lebendiger, lebenverbreitender Menschen zu werden. *Ich glaube nicht*, daß einer das Dasein der Griechen, Römer, Indier, der Menschen des alten Testaments, versteht – kennt er auch die Zahl der Kapitel, Namen, Jahreszahlen, geographische Lage, Psalmen, Lieder und Sprüche ohne zu stocken auswendig –, wenn er sich nicht ihr Leben aus unserm übersetzt; und jene Schätze ganz in dem Schatz und Reichtum des unsern gefunden hat, zu finden weiß; wie er fremde Sprachen auch nur durch seine jetzige lernt. Sprache und Leben ist nur Entwickelung der Mitgift; die alle Erdenkinder bis jetzt gleich zuerteilt bekommen. Wir können nicht Fragen genug an uns selbst stellen; das Beantwortete immer wieder von neuem erwägen! Nur so schwinden alle vorgefaßten Meinungen, die sich polypartig immer wieder von neuem ansetzen; unverarbeitete Denkmaterie, unorganisiert wie die andere, aus Fleisch und Blut; wildes Organisieren, dem entgegengearbeitet sein muß. Nur gedruckte Geschichte studieren, ist ein solches wildes Gewächs!

Sprüche

1.

Du sollst nicht rechten und richten;
Du wirst es doch nicht schlichten.

2.

Die Welt ist reizend, viel zu lieben drin.
Sich damit begnügen, ihr innerster Sinn.

3.

Mit Liebe willst du die Welt umfassen?
Du kannst es nicht; sie will sich gar nicht lieben
lassen.

4.

Mögst du dies nie verstehn!
Dir heil'ger Jugend Irren nie vergehn!

5.

Vergeblich ist der Wunsch, der Segen!
Lebst du, mußt du durch alle Welten dich bewegen.

6.

Von hohem fremden Geist sind wir bewegt.
Und unser ganzes Dasein so erregt.

7.

Wir können uns nicht selber fassen:
Ergeben müssen wir uns gehen lassen.

8.

Wenn auch das Ganze wir nicht verstehn;
Desto mehr wollen wir auf nächste Schritte sehn.

1827

An Varnhagen, in München

Berlin, den 14. September 1827

Von da zu Frau von Kalb; den geistvollsten Abend voller Heiter-
keit und Vorhersagen; nämlich: elle répétait mot pour mot ce que
j'allais dire; ich konnte nicht aufkommen, und brauchte es auch
nicht: über Frau von Humboldt hat sie mit einer Milde, Nachlässigkeit und Schärfe gesprochen, wie ein seliger Geist etc. etc. Dich
läßt sie nachdrücklich grüßen: sie würde Dir immer ›güter‹, läßt
sie Dir sagen. Natürlich hatten wir vorher von Dir gesprochen;
und ich ihr von Baader und mehr dgl. gelesen was ihr frommte.
Mit der Neunuhr-Trommel ging ich nach Hause – das Gas
brannte schlecht – kaufte mir zwei Mandelherze und ein Stück
Baumkuchen bei Conradi für *vier Silbergroschen*! – Kuchen muß
man in Hungersnot essen, – und fand Deinen teuren lieben
Brief, den, wo Du Macbeth gesehen hattest. – – Ich denke mir
Dich nun in Augsburg mit Schlegels. Eile nur nicht, Herzens-
freund, und gehe um Gottes willen zu Goethen. Es freut ihn, *Du*
überläufst ihn ja nicht. Grüße den Gott. Er *wird* mir zum Gott, so
wie einer ihn nicht verstehen kann oder will (das fließt mir zusam-

329

men), *nicht* aus Widerspruch. Irrig nennt man dies Widerspruchs-
geist. Mein Himmel! den hat man ja gar nicht; geprügelt muß ja
ein jeder nur dazu werden! Aber wenn sie mir ihn bezweiflen,
streitig machen wollen, einen andern Dichter vorziehn wollen;
dann muß ich das *hochstehende Bild!* herabnehmen, antasten, hie
und da mit meinem Geist, meinem Verständnis, dann wird mir
das im einzelnen, wozu ich das ganze Leben brauchte, zu schwer;
dann sehe ich, daß er ein *Gott* ist: von Gaben, Größe, Beherr-
schung, Harmonie, Fülle, Weisheit, und *ewigem Wachstum.* Du
siehst, daß das noch das Ende meines letzten Gesprächs bei Bartholdys ist, wo *er* die Shakespeareschen Frauen höher als die Goe-
theschen stellen wollte. Er sprach übrigens wie von einem *Einzigen*
von ihm. Aber weil sie sein Menschliches, Menschlich*stes*, dies
sein Größtes nicht fassen; machen sie lieber ein monstre der Vor-
trefflichkeit aus ihm: und er hat grad die wahre *Menschen*größe.
Grad *das* Zeichen für mich, daß Goethe so groß als *irgend*ein alter
Dichter, aber der neue, moderne *par excellence* ist. Verstehst Du?
Die alten hatten das Weib: die Mutter, die Tochter, die Schwester. Wir haben diese Urgestalten *im Lichte* der Frauen (Frauen-
licht; sollte es eigentlich heißen): *wir haben Frauen;* und die hat
Goethe beim Schopf gehalten, und ihnen tief durch die Augen
ins Herz geschaut, jedes kleinste Winkelchen im ›Labyrinth der
Brust‹. Erkundige Dich doch, ob Gans wirklich dort war, als der
König von Bayern eintrat. Tausend Segen auf Dich! Ich küsse
Dich. Morgen mehr.

Mittwoch, den 26. September 1827
Alle Menschen waren dereinst Ein Mensch. Die ärgste Folge des
begangenen Irrtums ist, dies vergessen zu haben; und glauben zu
müssen, wir leiden ungerecht willkürlich. Den tiefern Ursprung
aber, den der Möglichkeit des Irrens, müssen wir einer höheren
Einsicht anheimstellen. – – Mittwoch, den 26. September 1827.
Längst schon erdacht.

Alle begabten Geister und denkende Menschen haben von je an
nur immer dasselbe ausdrücken können, so verschiedener Bilder
sie sich bedient; von so verschiedener Weise sie die Welt, oder
was sich in ihr bewegen kann, durch Einfälle dazustellen ver-

mochten; und solange nicht anders organisierte Geister erscheinen, wird das so bleiben müssen. Ein System erfinden, kann doch nun nichts anders heißen, als die Fähigkeiten des menschlichen Geistes selbst ergründen, benennen, klassifizieren, und ihm die Ordnungen anweisen, nach denen er handeln muß, und worunter auch alle Einfälle (oder Eingebungen), die er haben kann, zu stellen sind. Dies tut Fichte. Wie der Mensch aber sich das vorstellen mag, worin er gar keine Tätigkeit ausüben kann, nämlich das Vorgefundene; seine Fähigkeiten, die Natur, sein unwillkürliches Handeln: gehört nicht mehr zu *seiner* Philosophie und Tätigkeit, zu dem, was sein Kopf sich zu seinem eigenen Genügen auseinandersetzen, zum Verstehn darlegen kann. Das sind lauter parties de plaisir im höhern Sinn: generöse Voraussetzungen; Dichtungen. Alles im höchsten Sinn: wie denn in dem überhaupt nur gelebt sein soll. – Donnerstag, den 27. September 1827. Bei Franz von Baaders religiöser Philosophie.

An Leopold Ranke, in Venedig

Berlin, den 7. November 1828

Guten Morgen, in Italien! In Venedig ist es in den Zimmern unleidlich kalt, weiß ich von einer Freundin; wegen Ofen- und Kaminlosigkeit. Hier, jetzt, Sonnabend, Dreiviertel auf 12, haben wir, nach unleidlichem Nordost-Wind, Schnee, Trübe, Glätte. Mich zerwühlt dies, wie schlappe Gewitterhitze; unser täglich Sommer- und Winterbrot. Nichts war gut als Muskau. De plain pied aus einer Glastüre in *für mich* gebraute Luft: erquickende: liebe Freunde, keine gêne; meine Kind Elischen mit mir: viel Fahren: genug allein: hinlänglich Zerstreuung. Viel fürs Aug; und, da das Ganze von Fleiß und Gedanken herrührt, Nahrung für die. Also Erholung, von der mein Körper, den ich dort erst wieder als solchen kennenlernte, noch lebt. – Ich freue mich, daß Sie so vergnügt sind: genießen Sie ja die Luftsorten recht! Ich weiß nichts Besseres. Lernen Sie recht schön Italienisch sprechen! Daß Sie Menschen und Dinge gehörig sehn, das weiß ich. Ich konnte bei all meinem Geiz Ihnen doch vom Minister von Reden keine dünneren Briefe schaffen: ich sagte es, und schrieb's den andern Tag:

vergeblich. Schleiermacher war schon gewitzigter, also auch weich-öhriger. Nicht wahr, ich bin expeditiv? Ritsch ratsch; in zwei Tagen hatte ich meine Briefe: eine Migräne dazwischen von einem in Rosenöl getränkten Brief von Frau von Zielinski; die mir definitiv abschreiben mußte. Ein Fest war es für mich, sie wie in Abrahams Schoß Einmal ohne Wirtshaus, Lärm, Kosten, mit Bequemlichkeit bei mir *ruhen* zu lassen. Alles stand drei Wochen eingerichtet: heute wird es demoliert. Ich habe die reiche Gabe vom Himmel zur Mitgift: daß ich Menschen durchschaue; und da liebe ich vor vielen, auch viele. Die Z. hat an mir ihren Mann ge-funden. Ein versatiler, vegetation- und kombinationsreicher Kopf. Wahrhaft in Selbstuntersuchung; noch zu viel Meinung von andern. Sie ist besser und eben so gut: das müßte sie wissen; und in sich Gleichstellen, würde sie mit eins fester, und fest stehn. Sie ist eine intellektuelle Büßerin; ganz ohne Sünden: d. h. *nur* mit unser aller. – Bettine verführt mich, so wie ich sie sehe: ich sehe sie jetzt nicht. – Viel Glück! und meinen besten Se-gen!

An die Fürstin von Pückler-Muskau

Berlin, den 6. Dezember 1828

Wie recht haben Ihro Durchlaucht, den Zufall ›den Gebieter menschlicher Schicksale‹ zu nennen! Wenn wir nämlich das um uns bewegte All so nennen, auf dessen Strom wir getrieben, von dessen Wellen wir verschlungen, und gereckt, die nur durch sel-tene, große Geschicklichkeit, oder einen solchen Charakter, durchschifft, und bezwungen werden. Mich bezwingen sie ganz. Jeden Tag mehr: meine Einsicht steigt; mein Charakter sinkt: die Kräfte, die Detail-Mut beleben, aus denen er besteht. Und so ist es möglich geworden, so viele Tage Ihren mich überraschenden, lieben, geehrten, mich beschämenden Brief nicht zu beantworten. *Ich* hätte *Ihnen* schon längst schreiben sollen, verehrte Frau Für-stin! wenn Recht vor Unrecht ginge: das heißt, wenn wir unserm Innern folgten, anstatt auf jenem Meere uns treiben zu lassen. Ich mag Ihnen nicht Welle vor Welle nennen; es waren auch nicht immer sonnenbeschienene reizende, die mich aus meinem Meere führten! Meine drei Domestiken waren einer nach dem andern krank; fast zugleich; Gäste, und Fremde häuften sich zu der Zeit: mein Kind, Elischen, hatte den Keichhusten, und war öfters in Pension bei mir. Musiken – obligées – bei mir; drei Stück, wo Fürst Radziwill Dilettantinnen hören mochte, und auch sie mit Kompositionen und Gesang belohnen wollte. Zwei neue Stücke von meinem Bruder Ludwig, der viel darauf gibt, wenn sie mir gefallen, oder nicht: viele Damen, die scheel von mir denken, weil ich sie nicht mit Besuchen abwarten kann, andere, denen ich das doch leistete. Und *ich* – totkrank an Nerven; an du rhumatisme délayé sur les nerfs. Ein *leidender* Barometer! Sonnabend eine Migräne, nach der ich bis heute nicht schreiben konnte. Dies die nur zu *nennenden* Hindernisse! Mit diesen allen *hinter* mir, wage ich um Vergebung zu bitten! Aber auch zugleich darum, daß mir Ihro Durchlaucht nun nicht – aus dem bescheidenen Gemüte, wie ich es gesehen habe – sagen: ich soll künftig nicht schreiben, mich nicht genieren. Ich bitte im Gegenteil, schreiben zu dürfen: auch einmal zur Unzeit; wenn ich etwas für Sie weiß, was ich gelesen, gesehn, gedacht habe; und dieser Bitte schließt sich die an, daß Sie mir das grobe Papier, worauf ich zu schreiben gezwungen bin, einer Nervenverstimmung wegen zu Gnaden halten mögen; die kein feineres mir erlaubt.

Gewiß kann ein solches Zusammentreffen, wie dies in Muskau diesen Sommer; ein solcher Blick in solches Gemüt, wie Sie mich eines erschauen ließen, nicht ohne fruchtreiche Folgen bleiben, und hätten Sie mich nie, mit keinem Worte beehrt. Aber Ihro Durchlaucht haben recht; solch schöner Fund muß auch willentlich zum Fortleben unterhalten werden; und infolge dieses belebenden Willens erlauben Sie mir auch wohl, hier meinen wohlgefühlten Dank für Ihre wohltätige Aufnahme in Muskau keck auszusprechen. Nicht ein Wort, nicht ein Blick, keine Nuance ist zerstäubt davon; alle liegen, als Samen in meinem Herzen aufgefangen! Das sag ich in höchster Wahrheit, also mit etwas Dreistigkeit. Sie haben Ihr schönes edles Vertrauen einem Virtuosen in Herz- und Menschenerkenntnis geschenkt: und das fühlten Sie auch gewiß; darum waren nur feine unmerkliche Äußerungen nötig; ohne welche das namhafte Vertrauen, des edlen Freundes Briefe zu lesen, wohl nicht hätte erfolgen können. Hier möchte ich ausrufe: Genießen Sie Ihr eignes Herz! Das einzige wahre Geschenk des Himmels; und auch das einzige, was wir eigentlich hier finden können; zu suchen haben: denn wahrlich, auch gesucht muß dies werden. Aller Weltbeifall ist eitel; wenn er auch manchmal nötig sein kann. Nehmen Sie meinen Glückwunsch gnädig auf! und verzeihen Sie mir meinen Mutzuspruch!

Varnhagen legt sich Ihro Durchlaucht zu Füßen, und fragt ergebenst an, ob Sie die folgenden Teile der Contemporaine befehlen? und schickt vorläufig die Mémoires des duc de Rovigo. Ich werde mich eilen, Fürsten und Völker von Südeuropa im sechszehnten und siebzehnten Jahrhundert von Ranke auszulesen – wunderschön – um es Ihnen zu schicken. V[arnhagen] ist Ihr größter Verehrer, liebe Frau Fürstin; er wird so frei sein Ihnen zu schreiben, und ihm kann es besser gelingen, Ihnen zu sagen, welche Freunde Sie an uns haben, und wie die von Ihnen denken. Er hat einen himmlischen Brief vom Fürsten Pückler aus Dublin.

Seit acht Tagen haben wir das Glück, die Fürstin Carolath hier zu besitzen; nach Umständen wohl, sehr ruhig, und beruhigt; von allen Freunden erwünscht, geliebt, geehrt; und durchaus nach meinem besten Wunsch. Nur die edle Mutter fehlt: wir hofften alle, Sie gewiß hier zu sehn: ich hatte so ein bequemes Quartier ermittelt: *gleichererde*. Alles, alles! Dürfen wir nicht mehr hoffen? Gestern sprach ich Frau von Hünerbein auf einer großen Musikfête bei Mad. Beer, wo die Frau Fürstin und die halbe Welt war; aber auch die konnte mir keinen erwünschten Bescheid geben. Lassen Sie mich ihr einen solchen bringen!

Fast möchte ich mich sehr dieses langen Schreibens wegen entschuldigen. Aber ich konnte nicht finden, was darin wegzulassen sei.

An Gentz, in Wien

Montag, den 22. Dezember 1828. Abends 7 Uhr
Seit zu langer Zeit, Sonne auf unserer Erde: seit der, und noch länger her, bin ich zum ersten Male nicht erdrückt, und fähig eine Feder kritzen zu lassen. Auch war gestern der kürzeste Tag; und dann geht Leben und Jahr aufwärts; – bis man in die Todesgrube fällt. – Und zum seltensten Fall gehörig, ich allein: d. h. si-

cher, es eine Stunde zu *bleiben*: Varnh[agen] ist in einer literarischen Gesellschaft. (Dies alles ist noch als Datum dieses Briefes: aber fürchten Sie nichts; ich weiß noch nicht einmal, ob ich ihn abschicke.)

Als Varnhagen diesen Mittag nach Hause kommt, reicht er mir einen Brief mit den Worten: von Gentz! Still nehm ich ihn, und lese; er *will* etwas; dacht ich gleich: es kommt etwas nach; dacht ich noch, als ich schon in der Mitte war. Nichts! dacht ich; als der Brief sich seinem Ende nahte. Aber was dachte ich bei seinem wirklichen Ende, als Sie die ›Frau Gemahlin‹ grüßten; und hinzufügen: sie werde Sie, ohnerachtet Sie sich mit ihr nicht mehr in Briefen verständigen – so war ja wohl das Wort – können, nicht aufgegeben haben. Ich verstummte tief in mich hinein. Mein ganzes inneres Leben wehte, wie mit abertausend großen Flügeln, grau an mir vorüber: alles was ich je gedacht haben mochte: jedes Resultat, was ich gefunden, flog namenlos an mir vorbei. Alles wollte ich antworten; nichts kann ich antworten. Der ganze Triumphbrief, an dem ich gewiß teilnehme, den Sie Varnh[agen] geschrieben, ist mir zu nichts geworden: ich sehe nur mich. Und habe, wie bei jedem schlagenden événement, gelernt. In mir, heißt das: eine neue Möglichkeit entdeckt. Ich wundre mich nämlich, daß noch irgendein Mensch – außer mich zu *stören*, durch Ennui, Ärger, Ungeduld, in die er mich versetzen kann – noch auf mich im Bösen wirken kann. Menschen können mir gefallen, als Eindruck im Ganzen; durch einzelne Eigenschaften und Züge; ich kann sie bemitleiden, sie können mich empören. Aber mein Herz in grader Beziehung nicht mehr unglücklich machen; noch es für mich beschäftigen. Liebt mich: liebt mich nicht. Findet das, weswegen ich mich lieben könnte; oder findet es nicht. So auch standen Sie mir. Sie hatten mir ja selbst geschrieben, was ich heute in Varnhagens Brief las. Woher frappierte es mich so? frage ich. Sie frage ich nicht: mich frage ich. Weil ich in meiner tiefsten Seele dachte: er hat dich doch verstanden; wenn er nur je deinen Brief noch Einmal liest; er muß jeden einzelnen Ausruf, jeden Satz, jeden Ausdruck verstehn; und so ihren Zusammenhang, ihren Sinn, ihre Melodie, die sie im Ganzen bilden, verstehn, empfinden. Verstand doch *ich Ihren* Aufkündigungsbrief; der sich auf Nichtverstehn berief. Weiß ich doch; Sie wollen, Sie verlangen, auf die höchsten Fragen, die der Menschengeist anstellen kann, welche die bedrückte Seele machen muß, eine blanke bare Antwort; stempelbedrückt, gültig, und deutlich in jedem Reich: und wollen nichts annehmen, was diese blanke bare Auszahlung nicht ist; weil Sie Gold, Edelstein, Schein, Licht, Schimmer, Glanz, und alles was sie nicht ist, in reichster, längst verworfener Fülle selbst haben. Und *ich*, wiederhole nochmals; *hier* beim großen Defizit, in welchem wir uns finden, und haben: Unsre *Existenz* ist noch keine absolute; aber der Schimmer, das Flimmerchen, das wir davon haben, daß wir *sind*, ist mir *Bürge* für undenkbar Hohes, Großes. Wie meine Frage, Bürge für Antwort; wie meine Qual, Bürge für die Existenz der Wonne. Und sind Menschen bis zu allen Fragen, bis zu *diesen* Antworten gekommen: so sind sie Freunde in der Not. Not gebe ich Ihnen zu: vielleicht müssen *Sie meiner* Ansicht noch welche *zu* geben: und ich bin trauriger, als Ihr Dichter. Ernster. Pauvre humanité! ist das Beste, was Madame de Staël sagte. Ich liebe die Kreaturen: d. h. die leidenfähigen Wesen. Das wünsche ich Ihnen auch. Ich habe auch in meinem *letzten Brief nicht geprahlt*; und nicht anderes, als hier, gesagt; gesagt, daß ich in der Seele eine Art von physischem Wohlgefühl hätte; und zu schwach bin, mir immer die schrecklichen Möglichkeiten zu denken. Ich schwimme auf weich- und hartem Element des Tages; das Gefühl des Daseins trägt mich meist: und linde, wie ein andrer, wie jeder andre! Gern sähe ich sie. Aber auch das ist ein Bild, welches hinter mir im Tageslicht meiner Jugend steht. Nach hinten erreicht man nichts. Selten sieht man sich nur um; und es gehört Fähigkeit dazu, es zu können, die einem vergeht. Eins weiß ich: vorwärts brauche ich die Augen nicht aufzuschlagen: es begegnet mir kein Zweiter; und flöge ich als Hebe durch die Welt. Sie tragen eine in sich: die keine Maske des Alters verstecken kann: die ungetrübte blumenreine Wahrhaftigkeit; die ewig Naivetät gebiert; zum Lächeln, und zum Lieben. So auch ist eigentlich Ihr letzter Brief an mich; so sehe ich ihn eigentlich, so sieht ihn mein Geisteslicht, wenn der Dunst fällt, wonach das Herz immer schmachtet. Sie würden erstaunen, wenn Sie zwei Tage mit mir lebten: bloß, wie weit, und reif ich in allen Kleinigkeiten bin; und sich sehr behaglich fühlen. Wenn es nicht ganz töricht wäre, schriebe ich Ihnen schon jetzt, was ich den Sommer zu tun gedenke. Sie reisen aber keinen Schritt meintwegen. – Sein Sie gesund! Das ist das Nötigste hier. Ich fühle es; weil ich es selten bin. Wetter, Nerven. Das Instrument litt zuviel. Heute geht's mir wieder menschlich. Ihr Brief an Varnh[agen] war ein schöner élan. Dessen freute ich mich für Sie mit. Also Sie speisen noch manchmal bei Frau von Eskeles? und der arme Adam Müller wohnt da, *drei* Treppen hoch! nach dem Götterquartier in Leipzig. Könnten Sie ihn wohl grüßen? Ich will ihm schon längst schreiben; und werde es auch tun. Friedrich Schlegel gefällt der Gesellschaft in Dresden; erzählten mir Gesandtschaftsdamen hier, die die lebendigsten Verbindungen dort haben; erst wollten ihn les dames bégueules, noch wegen Lucinde strafend, meiden; aber – ja ja, ja ja! sie sind beehrt! Er soll besonders vortrefflich sprechen; finden alle Salonisten. Adieu, adieu!

Friedrike Varnhagen

An Varnhagen, in Kassel

> *Sonntag 11 Uhr, den 1. Februar 1829*
> *Dicker Schnee, Nordwind. Hast Du ihn rechts,*
> *fast im Rücken.*

Gestern abend um 8 mit den beiden Kindern auf'm Sofa, kam Dein lieber unerwarteter Brief. Wie ein Frühlingsregen mit großen Tropfen erweichte und beruhigte und erquickte er mich. Nun bin ich über Dich ganz ruhig; ja vergnügt. Höre von mir. Die vorige Nacht war nicht so schön, doch mit zweistündigem Schlaf als mehrmalige Unterbrechung. – Nachmittag legte ich mich dann in meinem Zimmer ein wenig, und entschlief einen Moment. Dann kam Bettine: ich nahm sie gerne an; und hatte recht. Liebender, vernünftiger habe ich sie nie gesehen. Aufwartend, leise, voller Einsicht. Jeden Augenblick wollte sie gehen: ich wollte nicht. Sie freute sich z. B. so innig, natürlich, Deiner ehrenvollen Sendung; und fügte hinzu: es freut mich nur, daß man mal wieder sieht, daß sie an einen vernünftigen Menschen denken; u. dgl. Nach drei Viertelstunden kamen die Kinder. Da war sie erst göttlich. Sie hielt mich wahrhaft für eine Glückliche, und verehrte mich ordentlich, daß *dies* mein Glück war; betrug sich wie eine mythologische Bonne mit ihnen. Kurz, wir waren *darin ganz eins.* So müssen *Menschen* sein: so ist Freundschaft; Menschenliebe; Einsicht; geöffneter Sinn. Sie sagte auch sehr schöne Dinge: besonders aber einverstanden über Kinderbehandlung. Unser Kind war mux-still: aber biblisch-raphaelisch schön: und Frau von Arnim rief es immer aus; *Du* warst nicht da, es ging alles still zu, die fremde Dame; ihre verstimmte Nervchen! Karpfen hatte sie eben gegessen, welches ich auch an ihren Händchen *roch*! – bin ich nur erst wieder auf! – Endlich aber kam die Zinnschachtel; woraus sie Frau von Arnim alles wies, und die *im Ernst* wie ein Kind, die Sachen komplett ergötzlich fand, und wie ein anderes Kind ernst mitspielte; ich gab ihnen Schwarzbeeren-Kompotte mit warmem Wasser und viel Zucker, anstatt Kaffee. Als *ich* aber nach 7 Tee trank, wollte sie Kaffee: mitnichten, und leicht ausgeredet. Mit dem letzten Tagesschimmer ging Frau von Arnim, es war nicht so früh. Sie ging *nur*, weil sie keinen Bedienten hatte. Mir ließ man die Kinder bis gegen halb 9. Ich habe sie hin und her fahren lassen. Ich machte ihnen Torte aus Apfel, Mandelherz und Zucker: als noch drei Löffel voll in der Tasse lagen, sagte sie: was soll ich daran essen! Es wurde erzählt. Gelegen, gewälzt, gefragt: nach Dir, nach Kassel usw. Mit einem Male kommt Dein Brief: Ich denke es ist ein anderer. Das Glück! Nun Schreibzeug. Sie schrieb Dein ganzes Kuvert voll, siegelte es ein, schrieb eine Adresse *neben* Deiner an mich. Und doch stand in dem großen Brief nichts, als Du sollst kommen. Der Engelskerl. *Eine* Geschichte amüsierte sie sehr; wo ein Hund den Namen Mensch bekam, weil er so klug und gut war, dem Herrn, einem Bauer, die Leiter an den Baum zu schleppen, die sein unvorsichtiges Töchterchen umgeworfen, und diese nun acht Tage Hund heißen mußte. Mit tausend Grüßen, Versprechungen, Händeküssen gingen die Lumperles. Ich war schon sehr leidend: dann kam Ludwig. – Freitag morgen schickte Willisen. Es wäre schlecht von mir krank zu sein, ich soll befehlen, wann er kommen soll, oder war er *irgend* sonst tun soll, da Du nun weg bist. Er schickt täglich. Alle Leute, alle Damen, schreiben, alle, alle, bieten alles an, Dienste, Gesellschaft, Hülfe. Bettine hat mir heute ein Rebhuhn geschickt. Ludwig kann mir gar nicht zu erzählen aufhören, welchen Anteil Bartholdy an Deiner Reise nimmt. ›Das wäre ein Freund!‹ wenn

Louis *spricht*! und von selbst! – Pflege Dich, dann pflegst Du mich. Ich tue beim Himmel auch alles Deinetwegen. Ich muß und werde mich *sehr* schonen, und die Harmonie wird sich wieder herstellen. Ich fühle es schon. Gott segne Dein redliches Unternehmen! Ist es nicht komisch, daß ich in ganz Kassel keinen Menschen persönlich, als den Kurfürsten kenne? – Ach ja! auch Gräfin Hessenstein.

An Varnhagen, in Bonn

Sonnabend, den 7. März 1829. 11 Uhr morgens
Duschiges Wetter: alles grau; Wind zu hören.
Auch der März wird nichts. Aber in Finnland
und Italien ist auch so.

Deine Briefe aus Bonn erquicken mich; da Du es darin zu sein scheinst – eine Phrase, die Dir nicht aus der Feder gefahren wäre: erquicken, und erquickt, unter Einer Kappe: siehst Du, ich lerne was; ›*haben* mich erquickt‹, hätte ich setzen sollen. Habe Vergnügen, freue Dich, lebe: Sonnenschein komme Dir zu und frisches Leben! Dann habe ich Vergnügen; und wir werden das alles zusammen haben! Ich habe Mittwoch Paganini gehört. Lies womöglich, was *gestern* in der Spenerschen Zeitung darüber steht. Ich kann gar nicht erraten von wem: und das ist ein *Trost*. In nichts könnte ich dieser Beurteilung widersprechen: manches noch hinzufügen; alles anders ausdrücken (ich werde es auch aufsetzen). Ein Wesentliches hat der Verfasser, wie auch alle Beurteiler, nicht bemerkt, und ein sehr auffallendes, befremdendes! Paganini spielt durchaus auf einer einzigen Saite besser, als auf allen. Richtiger, sicherer, reiner, heimatlicher, kühner: und daher mit der meisten Laune, mit dem dramatischesten Ausdruck. Seine Geschichte mag sein, welche sie wolle, so ist *mir* gewiß: er befand sich längere Zeit nur im Besitz einer einsaitigen Geige. Er spielt auf diesem Instrument eigentlich *nicht* Geige. Er hat nicht Rodes, nicht Durands, nicht Haakes, nicht Gionorvichs Ton, noch Töne. Aber er *spricht*, gradezu; er wimmert; er ahmt Meereswetter nach; Nachtstille; Vögel, die vom Himmel kommen, nicht die zum Himmel fliegen; kurz, Poesie. Er spielt die Preghiera aus Moses von Rossini; alle Stimmen, wie sie nach und nach einfallen, und dann zusammen. In Himmelssphären. Und *ich* schwöre Dir! daß ich gezwungen war, immer des Harfenspielers Lied: ›Wer nie sein Brot‹ dabei zu wiederholen, zu schaudern, zu weinen. Es war es *ganz.* Und nun genug. Das Parterre im Saal war *nicht* geneigt zu applaudieren. Aber *mußte.* Ich habe *die,* die ich, als er empfangen wurde, vor mir zischen sah und hörte, in Applaus ausbrechen sehn: der Hof, alles hieb in die Hände, der * in ›les autres aussi‹, wie l'avare von Molière. – Er liefert *jedem* Bewunderung: und sollte es auch nur Verwunderung sein. Er sieht alt aus, betrübt, verhungert, und lustig. Eine Mischung vom seligen B., Oken und Wiesel, und meinem Leinewandsjuden, dem alten Mann; das *Ganze* neigt mehr zu dem letzten. Dieners wie aus der Urwelt: alles lachte; er auch. Pantomime dabei; im ganzen bescheiden. –

Wie schön beschreibst Du die Herren Gelehrten und alles aus Bonn! Wenn Hr. von Schlegel denkt, daß er mir nicht zu antworten nötig hat, irrt er: ich nehme dergleichen übel, und nehme meine Rache. Exempel R. –

Das arme liebe Kind! Gestern, als sie kam, sagte Dore, Du seist da: hat sie sich ordentlich erschrocken. Ich leide den häßlichen Spaß nicht mehr. Adieu, mein lieber einziger Freund! Weißt Du, ich komme mir ordentlich wichtig vor, seit Du mich so lobst, so missest, mich Deinem Glück so nötig preisest. Ich will auch recht artig sein; und immer besser werden. Gestern morgen war erst Heine, dann Gans bei mir. Ersterer, wie er war. G[ans] komplett liebenswürdig. Bloß um mich Lügen zu strafen: *nun* wird er *wieder* unleidlich sein. Er grüßt schönstens.

An Astolf Grafen von Custine, in Paris

Berlin, den 30. Oktober 1829. Freitag abend 8 Uhr
Diesen Morgen, mein bester Freund, hab ich Ihren Brief erhalten: ich hatte viel zu tun; Kinder, Ankäufe, Gesellschaftspflichten, Rechnungen durchzusehen; Besuche zu machen; alles das gestickt auf einem Grunde von sehr schlechter Gesundheit; einer *so* kleinen, daß eine der Sachen, die ich nannte, und denen ich erliege, mich auf mehrere Tage so sehr schwächt, (und deshalb

grade geschieht es:) daß ich sie alle zugleich abmache, an Einem Tage, so sehr schieb ich sie auf. Wohlan denn! und nun hab ich Ihnen in diesem Augenblick eine genaue Liste gemacht von allem, was mir in Aloys aufgefallen ist, und ich mit einem Nagelstrich angemerkt habe. Welche Schwierigkeit für una povretta wie ich, einen solchen Strich bei Licht zu suchen, zu sehen; die Seite und Zeile jedesmal davon zu bemerken, und da ist nun das Vollbrachte. Ich sage Ihnen das alles, weil ich mir selbst sage, daß nichts auf der Welt – außer ein Unglück etwa – mir diese Kraft geben könnte, als ein Brief von Astolf. Und dies wieder sag ich Ihnen, weil Sie mich gefragt haben: ob unser Wiedersehen auch Epoche in meinem Leben gemacht hat? *So sehr*: daß ich, meinerseits, Ihnen diese Frage gar nicht gemacht haben würde: weil ich die Antwort, die ich Ihnen aus Grund meines Herzens gebe, nicht erwartet hätte; und Ihre Frage, diese schöne Frage, vollendet nur das Glück dieses Wiedersehens. Glück macht gewiß Epoche; man findet es nicht; und es sucht uns so selten! Alle Wunder sind *noch da*; die der Bibel, und die der Mythologie. Das Glück kommt noch unter Menschen- oder Engelgestalt vom Himmel; und so ist es mir zu Frankfurt erschienen, in einem prosaischen Wirtshause; im Weidenbusch. In höheren Stimmungen erleben wir heute, wie den ersten Tag der Schöpfung, noch immer Wunder. O! was hätte ich Ihnen zu erzählen; wären wir länger zusammen. Sie sprechen mir von einem in Berlin zuzubringenden Winter. Guter Gott! wenn das doch geschehen könnte vor dem, wo Ihr Haus frei sein wird! Drei Jahre warten, ist zu lange: das geht nicht: ich habe warten gelernt, auf alles was ich nötig habe, bis in eine andere Welt hinein: aber ich bin zu alt für drei Jahre warten, hier unten. Wenn Sie es doch abkürzen könnten durch einen Winter zu Berlin! Nicht daß ich wünschte grade hier Sie zu sehen; (in dieser *merkwürdigen* Stadt *Deutschlands*; ich bin hier in einer Art falschen Stellung, und je mehr ich mit einem Freunde zu leben wünschte, desto weniger möchte ich es hier an meiner Seite. Ich bin hier geboren, ich habe Freunde, eine abstrakte Konfideration usw. usw. aber nicht das, was ich grade bedarf, und was ich nur Ihnen benennen könnte; weil Sie es alsbald wissen würden, ohne daß ich ein Wort sagte!) aber auch in Berlin würde ich Sie äußerst gern sehen, nachdem ich Ihnen gesagt hätte, was mir hier *für mich* mißfällt: und ich lebe viel zu Hause; und *viel* allein: *im Grunde*, soviel ich will. Aber in Baden, da möcht ich Sie gerne sehen, vor den drei Jahren! Sorgen Sie wenigstens, daß ich immer weiß, wo Sie sind. Zwingen Sie sich, mir es zu schreiben. Sie sind mein einziger Freund: von allen, die ich lieben könnte: der einzige, der mich wiederliebt: der mich erkennt; und der weiß, wer vor ihm steht. *Die Apostaten!* machen mich nicht mehr unglücklich; – ›on ne peut pas parvenir à me rendre malheureux?‹ ich umarme Sie aufs neue! – aber ein Wunder kann mich noch das Glück empfinden lassen. Wissen Sie was unter uns beiden so schön ist? daß wir gar kein Verhältnis zueinander haben: keine Forderung einer an den andern; daß ich alt bin; und Sie jung; Sie doch ein Mann; und ich eine Frau; Sie ein Franzose; ich eine Deutsche. Unsre Trennung, *in Einer Art* – die gewesene – alles ist gut. Alles ein Bürge, daß wir es selbst sind, die sich einander konvenieren: nicht unser Alter, unser Geschlecht, unser Land. – Ich hatte viel hin und her gedacht, für Ihr Buch einen Übersetzer zu schaffen; und Varnhagen auch; als er vorgestern im Meßkatalog es als übersetzt angekündigt findet: er läßt Sie verbindlichst grüßen; und wird in einem Journal von La Motte-Fouqué, welches wöchentlich erscheint, eine angemessene Anzeige von diesem Buche machen. Ich werden Ihnen *morgen* hier sagen, wie ich es selbst fand. Heute muß ich ruhen, ich bin zu erhitzt; mein *Übel*. Varnh[agen] und ich haben Fouqén auch von uns etwas gegeben. Ich Aphorismen, Resultate à la Chamfort: aber ich dachte an ihn nicht. Ich werde Ihnen dieses Heft durch Gelegenheit schicken; vielleicht *vor* Ihrer Reise. Adieu! bis morgen! Apropos! ich bin entzückt von den ›Orientales‹ von Victor Hugo; ich kenne nur das von diesem Autor. Ich fall in Ohnmacht, wenn Sie ihn nicht lieben.

Sonnabend, den 31. Oktober. Mittags
Nun von Ihrem Buche! Es ist voll von dem, was ich am meisten an einem Werke schätze; voller Innerlichkeit; voll von innen Erschautem; von Gedanken und ungemeinen Empfindungen, und Anschauungswesen: und die alle, diese Zustände sind äußerst geschickt dargestellt. – Talent, und große Kunst! – und dadurch zu einem nach des Autors Willen wirkenden Ganzen gemacht; welchem ein großer Reiz durch originale, selbsterfundene Sprache,

im anscheinend größten Gehenlassen, verliehen ist; wie auch öfters durch feinste Beobachtung der Welt; und ich möchte sagen, durch deren Ertappen auf der Tat. Er ist auf der Tat ertappt, dieser Regent, so mächtig und so klein! Welche Personen grade gemeint sind, muß uns Ausländern wohl verborgen bleiben; aber, daß es Portraits sind, kann keinem mittelmäßig Gescheiten entgehn; und, wie alle vortrefflich gemachten, nicht nur einen einzelnen darstellend, sondern *mit* ihm auch das Allgemeine seiner Klasse bezeichnend: denn in welchem einzelnen müßte ein Kunstblick die nicht finden; und ein Griff der Kunst die nicht fassen? Mad. de M. ist vortrefflich; man sieht sie: ich kenne sie: den jungen Mann, kenne ich wirklich. Der Mann, der Graf; sie *leben*. Und somit haben wir einen bedeutenden Roman − unser *Leben* recht gesehn, ist immer der beste, und gewiß reichste − fast versteckt unter neuem, leichten, angenehmen Vortrag.

Und dennoch wünsche ich zu diesem Roman noch etwas hinzu: nämlich bewegteren, reicheren Welthintergrund. Der junge Mann selbst kann wohl geschildert werden, durch Charakteranlagen, und Familienleben, in dem er sich einmal befindet, als von der Welt getrennt, und zurückgehalten; er ist ein Produkt seines Autors: der Autor selbst aber, kann ihr nicht ausweichen; und muß in einem Roman sie immer als große, größte Bedingung − derjenigen, die er schildert − groß und voller Bewegung darlegen; als den Stoff, und Raum, in welchem seine Gebilde nun einmal zu leben haben: und nur um so hervortretender, pikanter werden seine Bilder, wenn etwa Ein Wesen geschildert ist, oder mehrere, die von dieser Welt keine Notiz nehmen können, oder noch nicht genug genommen haben. Die Exempel dieses großen nötigen Verfahrens findet man auch jedesmal bei den Großen. Bei Shakespeare, Cervantes, Goethe; bei Molière, La Fontaine − lachen Sie nicht! − ihre Staffage ist immer die ganze Welt: freilich nur in gezählten und zählbaren Künstlerzügen hervorgerufen. Ich will also *mehr* Darstellung, woraus wir den wissentlichen, geselligen, politischen Zustand ersehn, worin unsre Personen zu leben haben. Und hiemit habe ich auch meine ganze Kritik erschöpft. Und erwarte die Ihre, *hierüber*.

Mir ist während dem Schreiben klargeworden, daß ein Aufenthalt in Berlin Ihnen von unendlichem Nutzen werden könnte:

eine reiche doch neue Literatur auf die leichteste gesellige Weise mitgeteilt – und versteht sich auch ein neues Leben – grad in meinem Hause. Ganz in ihrer Mitte steht Varnh[agen] durch sein Leben und Wirken: alles kommt ihm davon zu: er gibt mir mehr Bücher und Hefte in die Hände, als der Fleißigste nur verbrauchen kann: erfahren schon Einmal tue ich von allem; und ewige Diskussionen, und Untersuchungen, veranlasse ich schon selbst. Ein einziges Haus darin: Sie wären mitten in Deutschland; sauf le pédantisme, que je tue à trente lieues à la ronde; durch bloßes Existieren, solcher Feind, solcher Giftbaum bin ich für ihn. Lesen Sie wo möglich – in Paris hat man alles – des Königs von Bayern Gedichte. Mir gefallen sie, daß sei Ihnen genug: ich, die gegen *alle* Gedichte das größte Vorurteil hat, mit welchem ich sie auch zur Hand nahm. Schöne Gesinnung; gutes Naturgefühl; keine Affektation; keine neuere Nachahmung von Gefühl, Kunst, Religion. Sehr gut! Und der König – der Vielvermögende – obenein! –

Alles was Sie von Paris schreiben, haben wir bewundert; so wahr ist's. Tausend schönste Sachen an Hrn. Bärstecher und an Sie, den ich im Grund Ihrer Seele sehe, wie man in einen kleinen Bach sieht; und so lieb ich Sie denn. Schreiben Sie mir schnell!

Fr. Varnhagen

Meine Nerven erlauben kein feineres Papier. Pardon.

Bei dem Vorfall in Wilhelm Meister, wo Lothario die Pächterstochter wiedersieht, und der Stelle, wo es heißt: ›Ich gab dem ehemals geliebten Geschöpfe die Hand, und sagte zu ihr: Ich habe eine rechte Freude, Sie wieder zu sehen. – Sie sind sehr gut, mir das zu sagen, versetzte sie: aber auch ich kann Ihnen versichern, daß ich mir gewünscht, Sie nur noch Einmal im Leben wiederzusehen: ich habe es in Augenblicken gewünscht, die ich für meine letzten hielt.‹ Welch ein Vorfall, wenn unsre ganze erste Natur zerrissen wird: und mit einer zweiten fortgelebt wird! Die wenigen Worte dieser Pächterstochter enthalten Rousseaus ganzen Brief, den St. Preux nach Julies Tod erhält.

Freitag, den 13. November 1829

Wenn wir irgendein Ding benennen, so bezeichnen wir mit seinem Namen irgendeine oder mehrere Eigenschaften desselben, oder wohl gar keine davon: wir besinnen uns aber vermittelst des kategorischen Gedächtnisses des ganzen Dinges durch seinen Namen. Was heißt aber hier: des ganzen Dinges? Auch nur: das Bild einiger Eigenschaften dieses Dinges. Wir haben keine Sprache, die das wirkliche Wesen eines Dinges besagen könnte: und wenn wir uns bedenken, so haben wir selbst keine Vorstellung von irgendeiner Zentraleigenschaft: ja, wir müssen Zentral*eigenschaft* sagen, um ein Annäherndes eines Absoluten, Eigenschaft *gebenden* zu denken. Und deshalb wird soviel um den Begriff Leben herum gesprochen, weil er der einzige ist, in dem wir uns als uns selbst fühlen, aber in Tätigkeit zersplittert, und in Zeitaugenblicken begriffen. Zersplittert sind wir: in einer Arbeit begriffen: in eine Arbeit, in eine Zersplitterung gegangen – aus dem *Paradies;* zum Verständnis; – in eine Arbeit vertieft, in einen Teil unseres Vermögens: wie hier, wenn wir uns in *einer* Wissenschaft augenblicklich verlieren. Dessen bin ich gewiß: bis Zauberschlag – des Denkens, zum Beispiel – uns nicht rettet, hilft nichts als Ergebung, – oder Spiel, im *weitesten* Sinne dieses Wortes, – die Gewißheit aber, daß wir nur mit einem *Teil* des Verständnisses hier hausen, die habe ich: und dies ist Trost und Religion. Umsonst sind wir auch so nicht abgegangen, so zersplittert. Es ist schlimm: aber hat gewiß einen *guten* Grund; wie all unsre Torheiten noch immer. – Dieser Gedanke war vorgestern nacht der Anfang meiner vielen mir wie zuströmenden; erleuchteten, hätte ich sie ihrer Hellheit und Umrisse wegen nennen können, – inmitten welcher mich ein Krampf und eine Unfähigkeit überfiel.

Freitag abend halb 8 Uhr, den 14. Dezember 1829

An Heinrich Heine, in Hamburg

Dienstag, den 21. September 1830
5 Uhr Nachmittag. Sonnentag, nach einer kleinen
Ausfahrt, einem kleinen Diner, einem kleinen
Nachmittagsschlaf.

Vielleicht zerstreut es Sie, in dem jetzigen Leben, und bringt Sie
zu sehr hohen allgemeinen Betrachtungen, indem es Ihnen die
Befriedigung unseres kleinen Herzens, als das Wichtigste zeigt,
wenn ich Ihnen sage, klage, erzähle, daß ich ein zerschlagenes
Herz im Busen habe, weil ich heute meine Kinder den Eltern wieder abgeben mußte. Rein abgeben, als wenn es ihre wären; und *ich*
liebe sie. Ich lebte endlich acht Wochen, von morgens 7 bis 9 –
und auch des Nachts mit zwei-, drei-, viermal nach ihnen sehen –
abends, mit, für, und nur durch sie. Ich machte ihnen *Fleisch*
durch Pflege; und ließ ihre Seelen wachsen; ihren Geist sich he-
ben und regen: Den *ganzen* Tag hatten die drei, wovon Sie meine
Älteste, Elise, gewiß kennen, Prätensionen an mich; den halben
war ich mit ihnen in Wald, und Feld, und Gärten. Nun ist's aus.
Alles aus; und ich in Eifersucht allein; daß andre *haben*, was ich
besitzen sollte; – und daß kein Despot, keine Armee, kein Gericht existiert, welches *mir* dies Gut zuspräche: und der liebe Gott
wohl weiß was mir gebührt; und ich leide. Sehr gut. Und ich soll
wieder elend warten, bis ich denken muß: er hatte recht; sonst wär
es ärger gekommen. *Es hilft mir nichts*, aus der Zeit der verliebten
Liebe zu sein; *ich leide doch*. Und Sie mit; denn ich mag nicht – *so
sehr kann* ich nicht – schweigen; und Ihnen will, ich grade heute
schreiben. Auch scheint es mir verstockt, ein Verrat und freund-
los Benehmen, einen schweren, schwarzen Klumpen Leid im Herzen zu tragen, es in Schmerzen überschwemmt zu fühlen, und
dies – *schriftlich* – zu verheimlichen, ganz zu übergehn; und vom
Tag, oder anderm Ernst und Scherz zu sprechen. Wissen Sie, daß
ich einen *Tod*schreck von den Schneidergesellen – wegen falscher
Berichte eines erschrockenen Domestiken, der während des Tu-
mults, wie Roller vom Galgen, zu mir stürzte, um mir die Stadt
als saccagiert vorzu*stottern* – hatte, einen Tag, wo ich wegen Ner-
venaffekt und Rheuma ein Schwefelbad mit all den Übeln in dem
Körper hatte; und nur aus ungefähr nicht davon tot blieb; *gleich*

Heinrich Heine

nachher bekam ich den Brief, der mir die Ankunft, durch die ich
die Kinder wieder missen sollte, zum surlendemain ankündigte! –
gemelkt fühlt ich mein Herz. Unfähig meinen Körper. Seitdem
hab ich gelacht, geredet, gedacht, die Honneurs der Tage gemacht, wie immer. Und bin durch nichts in meinen Ansichten
und Meinungen gestört. Hepp ist mir so wenig unvermutet, als
alle andre Unducht. Kein großer Trumeau, kein ›Jungfernkranz‹,
kein Elephant über Theaterbrücken; keine Wohltätigkeitsliste,
kein Vivat, keine Herablassung; keine gemischte Gesellschaft,
kein neues Gesangbuch, kein bürgerlicher Stern, nichts, nichts
konnte mich je beschwichtigen. Die Packenmaterie muß raus;
Schminke hilft nichts; und wäre sie mit Hausanstreichpinseln
aufgeklext! Nur Despoten können uns helfen; die Einsicht haben:
oder – so gesagt, so geschehn! – Unversehens hab ich Sie hier ge-
grüßt, mit allem was ich jetzt, über jetzt zu sagen weiß. *Sie* werden
dies herrlich, elegisch, phantastisch, einschneidend, äußerst
scherzhaft, immer gesangvoll, anreizend, oft hinreißend sagen;
nächstens sagen. Aber der Text aus meinem alten beleidigten
Herzen wird doch dabei der Ihrige bleiben müssen. Und auch
hier wiederhole ich: Gott weiß das alles; sieht was uns fehlt; und
schickt gewiß den trefflichen Despoten mit Bedacht aus weisem
Grunde nicht. Dieser Grund ist Geschichte; und das mindeste
bißchen Einsicht davon schon genug zu Geschichtserzählung.
Unsre Krankengeschichte ist allein unsre Geschichte. Alle haben
wir mit gefressen, und das muß wieder heraus. Kommen Sie bald;
schreiben Sie noch früher! Ich leide schrecklich an Ungewasche-
nem, was jetzt auch sonst Gescheitere und Gewaschnere hervor-
lassen. Wie wenig wird echt gesehn und gedacht. Adieu. Gesundheit und heitre Tage.

An Gentz, in Wien

Sonntag morgen 8 Uhr, den 3. Oktober 1830
Das schönste Sonn- und Mondwetter.

Der Himmel *hat* Sie gesegnet, sah ich völlig ein, als Fluten von Segen aus meinem Herzen für Sie strömten, nachdem ich Ihren paradiesischen Brief eben gelesen noch in Händen hielt. Ich fühle eine ewige Fortdauer, köstlicher *reiner Freund,* in dieser Übereinstimmung: die ist tiefer gegründet, bezieht sich auf Höheres, Unerschütterlicheres, als auf diesen Weltwirrwarr – im höheren Sinne dieses Wort! – keine unserer Strebungen sind hier rein; das heißt, können unmittelbar sein; als die freie, von uns selbst nicht zu bändigende Liebe, zu Gegenständen, die sie ins Leben zu reizen vermögen. Dieses Leben des Herzens ist allein wahr, reell. Das wußt ich, als ich ein Kind war, ein wirkliches Kind dem Alter nach: und, Triumph! ich weiß es noch. Höchster Triumph! – Triumph ist nicht Sieg; Triumph ist Glück – mein bester Freund *weiß* das nun auch; bestätigt's sich und mir, durch glückliches Erleben.

Gutbestellte Herzen können immer verliebt sein, wollen es immer sein. Nur richtige Gegenstände dazu finden sie selten: *da*her das Liebesunglück all. Auch ist das Herz aus einem andern Dasein, und für ein anderes: und schafft sich auch in seinem Dunkel immer ein anderes; wie ursprünglich ein *jeder* Mensch ein komplettes Original sein könnte, und, unverdorben, dies auch in Gestalt und Wesen zu zeigen vermöchte; und also gediehen, ein vollkommener Gegenstand der individuellsten Liebe zu sein fähig wäre. Aber alles ist unter dicker Rinde der höchsten Verwirrung, in einem *Aufruhr* von Gemengsel und Verfehlung: sonst müßten alle Menschen lieben können, *nur* lieben wollen; und auch in unserm Alter lieben. Glück auf, köstlicher Freund! und auch dazu dieser Zuruf; weil dieser *Lebens*zustand Ihre Tage erfüllt; erhellt; reich macht, ihnen Bedeutung, Grund gibt; alle Augenblicke darin Beziehung und Zweck erhalten: nicht allein also, des kostbaren Urgrunds dieses Zustandes wegen; der das reinste höchste Geschenk des Himmels ist; ja, ein Stück von ihm selbst, auf der Irr- und Probebahn mitgegangen. –

Und welch ein Glück haben Sie mir *noch* verkündet! Wie fehlte mir dieses Glück. – Sie sagen mir: Sie haben *nun* meinen letzten Brief verstanden, der die Antwort auf die großen Urfragen enthielt; der eigentlich aussprach, daß wir nur so viel Gottheit erkennen könnten, als uns im *Busen mit*gegeben ist; daß unsre Vernunft, oder vielmehr der Durst danach, der einzige Bürge für Urvernunft überhaupt sei. Das, geliebter Freund, wollten Sie mir zur Zeit etwas verübeln: und jetzt getraue ich mir Ihnen zu sagen, daß kein System der Philosophen – ich kenne sie – kein Urpunkt einer Religion zu einem andern Ergebnis hingelangen kann. Philosophie kann nur den Zustand und die Fähigkeit unsres Geistes klar darlegen (und, wie Goethe sagt: ›den düstern Wegen unseres Geistes nachspüren‹, dies ist wenigstens der Sinn seiner Worte –): die Religion sich nur am Ende dieser Untersuchung einfinden, und mit – aus uns selbst geschöpftem – Vertrauen gnädigst, gütigst, und durch inneres Gefühl zuversichtlich, weiter verweisen; sauf neuer Offenbarungen, die ich nicht hier den alten entgegensetze, sondern – *wünsche*. Tief abgeschnitten hielt mich Ihre letzte Antwort an Varnhagen auf diesen meinen hier erwähnten Brief: *was* konnte ich sagen, weiter sagen, wenn Sie diese Worte, tief aus Herz und Geist geschöpft, nicht verstanden! Gelöst ist die Welt, die da zwischen uns lag; und auch von *der* Seite sind Sie mir gewonnen: wie nichts je mich von Ihnen trennen kann, und konnte; fehlten *Sie* auch (fehlen heißt hier nicht, einen Fehler begehen, sondern nicht da sein); *ich* übersah uns; und wußte, daß in jeder Zukunft Sie zu mir mußten.

Welche Ehre, daß Sie in dem Zustand, in dem vornehmen, besten, mir schreiben mußten! Keine Zweite existiert, ich weiß es selbst; und leugne es Würdigen nicht. Aber woher das? Jeder könnte so sein; einzig sein. Wenn er den Mut, den Sinn hätte, ›original‹, er selbst zu sein: wenn ihm an fremder Zustimmung nicht mehr läge, als an seiner: wenn er sein *tiefstes* Wollen abfrüge. Wie einem aber dieser Mut, dieser Sinn abgehen kann, ist mir eigentlich durchaus unverständlich: gestehe ich's nur! Menschen, denen diese bedeutend fehlen, sind mir eigentlich vortreffliche Marionetten; zur Verwunderung aus Fleisch und Blut. – Nochmal Glück auf, zu unserer Frische! Unsre Jugend war kein Blendwerk. *Wir* lieferten ihr Grüne und Leben: sie bestand nicht nur aus Unkunde, und ungekränkter Haut; sondern aus Fülle, Tiefe, Leben, und Keimdrang; zum ewigen Weiterleben sind wir aufgelegt; vermögen zu lieben; und begründeter nur wird unsre *alte* Freundschaft, die nicht altern kann. Einen Tempel möchte ich in ewiggrünem Hain stiften, um für Ihre erneute Gesundheit zu danken; ja, mit Ruhe und Ungestörtheit (Grundlage aller Pflege) kann man sie wieder erlangen; sogar die verlorne.

Auch ich habe noch ein Liebeherz. Ich liebe mit neuer, niegekannter Zärtlichkeit einen reinen Tautropfen des Himmels, ein sechsjähriges Nichten-Kind. Aber auch in dieser Liebe erfahre ich Störung, Kontradiktion. Und muß meinen Gegenstand oft leiden sehen!! Das Mädchen *gehört* mir nicht. – Aber das Kind gehört, höheren Ortes her, mir. Mein Blut, meine Nerven: meine Schnelligkeit: herzweich, und herzstark. Vernunftkind nenne ich es; fromme Tochter. Aber sie ist hübsch, graziös: reizend, leichtsinnig: und ganz anders, als ich. Vor Gott und Menschen angenehm. Sechs Jahre segne und pfleg ich sie mit *allen* meinen Kräften. Ich denke in meiner tiefen Überzeugung und Religion: daß das Kind und ich immer wieder zusammenkommen werden. Wie Schönes wußte ich Ihnen gestern darüber zu sagen; aber leider hatte ich keine Feder in der Hand.

Nur *so*viel in diesem Brief. Den Ihrigen erhielt ich gestern abend. Von Heine, von allem andern künftig. Sie sollten nur geschwind Antwort haben. Wie ganz kindisch lieblich Ihre Furcht, Ihre Zweifel! Von mir könnte ich Ihnen nur mündlich Rechenschaft geben: wie ich *bin*, hab ich Ihnen gesagt: wie es mir geht, könnte ich nur erzählen. Wissen Sie soviel: noch find ich *mich* immer wieder; und bin ich nur einigermaßen ungestört, find ich auch einen stillen See in der Seele: Natur, Luft und Wetter fühl ich wie zu fünfzehn Jahren; und Menschenseelen auch; wenn ich sie finde. – Ich eile, daß Sie diesen Brief erhalten, und umarme Sie aufs zärtlichste! Welche große schöne Ursach muß der Himmel haben, uns getrennt zu halten! Ich *beuge* mich. Nochmals Dank, daß Sie *mir* schrieben! Ewigen Dank, wie ewige Liebe.

Fr. V.

An Gentz, in Wien

Nun werd ich Ihnen ein dummes − hier nur dummklingendes
Anerbieten machen. Mit dem ersten Kurier erhalten Sie zwei gedruckte Hefte von mir; worin alle die Aphorismen von mir sind;
genannt: aus Denkblättern einer Berlinerin. Auf diesen Blättern
steht nicht, bei weitem nicht das meiste, von dem, was ich litt und
dachte: aus vielen meiner Lebensjahre genommen: für mich de-
stillierte Essenzen meist aus Lebensschmerzen. Interessant auch
für einen, der mich nicht kennt; wenn es nur ein mit einem höhern Verständnis Begabter ist. Die erste Frage aber von Ihnen
muß die sein: wieso ist das gedruckt? die zweite diese: wieso
hier? Nach einer schweren, und gefährlichen, langen, *leidenvollen*
Krankheit im Frühling 29, an der ich noch konvaleszent lag, kam
F[ouqué] desoliert zu Varnh[agen], er möchte ihm *irgend* etwas zu
seinem Journal geben; V[arnhagen] hatte nichts: und fragte mich,
ob er *das* geben dürfe. Mir war es − wie noch − *ganz* gleich:
ja, war die Antwort. Varnh[agen] hat eine Unzahl Sprüche,
Axiome, Stellen aus meinen Briefen all, die er habhaft werden
kann und konnte, aus meinen Denkbüchern, fein abgeschrie-
ben, und verabreichte F[ouqué] *diese*. Sie können sie nicht
ohne Interesse lesen; es geht mir selbst so. Jetzt haben Sie Zeit;
(wie komisch, bezöge man das Wort auf die politische Zeit)
ja Lücken; füllen Sie ein paar damit aus. Es sind innre Bilder
von mir: zusammen, *ein* Bild. Und ohne alle Affektation: aus
tiefem Herzensleben, aus stillem Denken geschöpft: und gewiß
anregend.

Als ein unerwartetes, nie erhofftes Benefiz erschien mir Ihre
Erwähnung Heines. Ich denke grade wie Sie über alle Punkte, deren Sie erwähnen; finde aber viele vortrefflich; und ihm noch obenein eine große Gabe des Stils; mit Bedacht sage ich Gabe. Eine
von dieser Art hatte Friedrich Schlegel (ohne seine Kunst und
Gedanken); ich nannte das immer: ein Sieb im Ohr haben, welches
nichts Schlechtes durchläßt. Außer diesem hat Heine noch viele
Gaben. Auch Varnhagen will, ich soll Ihnen von ihm sagen, er
fände seine Verse nicht schlecht, mit noch etwas, was mir jetzt

nicht klar ist. V[arnhagen] wird's Ihnen wohl selbst in bessern Zeiten schreiben. – Heine wurde uns vor mehreren Jahren zugeführt, wie so viele, und immer zu viele; da er fein und absonderlich ist, verstand ich ihn oft, und er mich, wo ihn andre nicht vernahmen, das gewann ihn mir; und er nahm mich als Patronin. Ich lobte ihn wie alle, gern; und ließ ihm nichts durch, sah ich's vor dem Druck: doch das geschah kaum; und ich tadelte dann scharf. Mit einem Male bekam ich sein fertiges, eingebundenes Buch von Hamburg, wo er war, die Zueignung an mich drin. Der Schlag war geschehn: und nur darin konnte ich mich fassen, daß ich schon damals wußte, daß alles Geistige vergeht (nicht so ein zerschlagenes Bein); und sogar bald von Neuem der Art verschlungen wird, ja, das meiste fast unbeachtet bleibt; tun konnte ich nach vollbrachtem Attentat nichts, als ihm schreiben: nun sähe ich es völlig ein, weshalb man bei Fürstinnen erst die Erlaubnis erbittet, ihnen ein Buch zueignen zu dürfen etc. Wir blieben uns aber hold nach wie vor: und Sie haben mir jetzt durch ihn ein großes Kompliment gemacht. Mir gefällt von ihm besonders das eine Seebild, wo er in den Wolken die alten Götter zu sehen glaubt; wunderschön. Leben Sie wohl! so gut Sie jetzt können. – *Nun* glaub ich unveränderlich, da ich *noch* so jung bin!

F. V.

An Gentz, in Wien

Dienstag 10 Uhr morgens, den 26. Oktober 1830
Feiner Regen in dunstigem Wetter.

Gestern vormittag, Sie Glücklicher, erhielt ich Ihren großen Brief aus Preßburg, – mir aber keineswegs groß genug. Schnell las ich ihn; weil ich seine Einlage gern auf der Stelle abgeschickt hätte; behielt aber doch noch so viel Besinnung, meinen Brief erst zu endigen, da er doch Bedingungen hätte enthalten können, unter welchen ich ihn nur abzugeben gehabt hätte. Ich zog mich fertig an; und ging selbst; – und ich ging gestern triumphierend seit einigen Jahren wieder zum fünftenmal in der Stadt zu Fuß. – Ich ließ sie auf einen Augenblick zu mir herunterbitten; – sie war nicht da –, ich ließ sie das Nötige wissen. – Da ich sie nun nicht gesehn habe, so will ich von Kleinigkeiten sprechen, das heißt, von andrem.

Auch ich, teurer Schmeichelfähiger! habe Ihre Diktums nicht vergessen, und wiederhole sie wohl täglich – O! welch amüsanten Busen führ ich in mir. Das Lebenstheater darin wird immer reicher; nichts vergeht, weil es lange her ist! – Mein Schreiben gliche öfters frischen aromatischen Erdbeeren, an denen aber noch Sand und Wurzlen hingen: sagten Sie einmal; dem bin ich eingeständig. Und nichtsdestoweniger halte ich mich für einen der ersten Kritiker Deutschlands. – Schauen *Sie* doch *auch* in meinen tiefsten Busen; ich scheue mich nicht, die Eitelkeit zu zeigen, die ich hege; höchstens ist sie ein Irrtum; und dem kann widersprochen werden. – Eins muß ich doch noch von meiner Art zu schreiben aussprechen: über das allermeiste, was darin endlich ausgebildet sein sollte, kann ich – aus innren, und *viel* äußren Gründen – nicht Herr werden; über eines aber, was man gewiß auch dazurechnet, mag ich nicht Herr werden. Nämlich, ich mag nie eine Rede schreiben, sondern will Gespräche schreiben, wie sie lebendig im Menschen vorgehn, und erst durch Willen, und Kunst – wenn Sie wollen – wie ein Herbarium, nach einer immer toten Ordnung hingelegt werden. Aber auch meine Gespräche sind nicht ohne Kunst; d.h. ohne Beurteilung meiner selbst, ohne Anordnung. Ist ein Schreiben, es sei Buch, Memoire, oder Brief eines andern nur vollständig gehaltene Rede, so hat es für mich immer einen Beischmack von Mißfallen. *Die* Ausnahmen, wo es Rede sein soll, gestatte ich, wie ein anderer.

Das ›Sieb im Ohr‹ lasse ich mir durch den edlen Ausdruck ›klassischen Stil‹ noch nicht nehmen. Solche Naturgaben existierten vor dem klassischen Stil. (Ich sehe eben, Sie sagten: klassisches *Ohr*.) Ich glaube *noch*, das, was ich Sieb nenne, ist nur die Bedingung zum klassischen Ohr. Übrigens muß ich mich verständigen – wie die größten Philosophen über die Bedeutung ihrer Ausdrücke –. Unter Stil verstehe ich niemals den Inhalt, sondern nur die minder oder mehr gebildete, geschickte, angenehme Weise, wie der zutage gefördert wird. Schon nicht den Plan, oder die Klarheit des zu Sagenden. *Da*her lobte ich das fein, und schnell urteilende Ohr von Friedrich Schlegel und Heine. Odiöse, schlechte, falsche, grobe Dinge sagen sie beide. Teilen *Sie* gütigst diese Epithetons unter ihnen gebührend aus! Schön und gut schreiben, ist ganz etwas anders. Das hängt vom Inhalt; vom Bewiesenen oder Ausgesprochenen ab. Von der Seele; was sie will, und hat; vom Geist, und Verstand; was der findet, und jener kann. Vom Urteil, und seiner *Macht*, dies alles zu einem Ganzen zu machen. Das ist Ihr Schreiben; welches ich *wohl* kenne; und *oft* nenne. Gentz, sagte ich vor langer Zeit, und wiederhole es genug, bedarf keines Bildes – welches wir alle – Jean Paul, und ich an der Spitze – aus Mangel an Sprache gebrauchen; er arbeitet mit klarstem Verstand – Einsicht in seinen Vorwurf – mit größter *Sprachmacht*: denn, der Stoff, in dem er schreibt, ist nur Grammatik, und Wörterbuch. *Nun* verdammen Sie mich; aber belehrend; und *ich* danke passionnément. Adieu! Jetzt fahr ich aus. Es war später als 10, jetzt ist es 12.

An Ludwig Robert, in Baden

> *Königs-Geburtstag, 10 morgens 1831*
> *Eben Sonne durch Wolken und Rest von Dunst.*
> *nach unendlichem Regen; von 7 bis wieder7;*
> *als sollte er das Pflaster aufreißen.*

Und dieser ist die letzte Veranlassung, daß ich *heute* schreibe. Nämlich; es kommt gewiß dies Jahr Wasser von den Bergen, und dies früh: mietet also ja hoch. Daß man *die* Angst nicht noch hat. Ihr habet in Fulda, oder wo Ihr auch seid, gewiß denselben Regen, jetzt ist in unserm Weltteil allenthalben dasselbe Wetter. Was sagst Du zu dem Auflauf in Königsberg? Wie ich vor acht Tagen sagte: sie lesen's in der Zeitung und machen's nach. Mir abgestritten. Richtig geschehen. Lies die Staats- und Spenersche von gestern datiert. Kein Spaß! das geht nur weiter, wie Hepp, Hepp. Aber unsre Verbrecher sind es wirklich, und verdienen zur Besinnung bringende körperliche Strafe. Denn, ich behaupte in unserm *Lande* ist kein einziger *so* zurück, daß er glaubt, man wolle ihn von einer Behörde aus vergiften, oder dgl. Also ist es Lug, Bosheit, Ausgelassenheit: und das nach diesen Warnungen, und gütigen Anstalten, bei Gefahr solcher Not! –

Lasse Dich nur nie wieder mit einem hiesigen Theaterdirektor ein. Dieser Abschied beim Komödien-Chef sei der letzte, dann wird er mich *ewig* freuen. Ich werde versuchen, wegen meinem *König*, heute das Schwere zu vollbringen! ins Gendarmenmarkt-Theater zu gehen. Die Schwüle ist zum Ersticken. –

Die Stadt, la ville et la cour, ou plutôt la cour et (donc) la ville, ist in Bewegung über – – – Das ist das Schlimmste nicht: aber die Gräser, die Wasserpflanzen, alles schreit mit, und nach. *Täglich* wächst der alte Unfug in *solchem Maße*, daß ich mich *doch noch* wundern muß!!!! Und alles gelangt an *meine* Ohren. Alle spreche *ich*: alle reden zu mir. *Alle Klassen!* Wenn ich sterben muß, denke: sie hat alles gewußt: weil sie alles kannte; nie etwas war, nichts beabsichtigte, und alles durch Nachdenken siebte, und in Zusammenhang brachte; sie verstand Fichte; liebte Grünes, Kinder; verstand Künste, der Menschen Behelf. Wollte Gott helfen in seinen *Kreaturen*. Immerdar; ununterbrochen; und dankte ihm für diese ihre Beschaffenheit. ›Das war dem alten Drachen seine gute Seite.‹

An Gentz, in Wien

Mittwoch, den 23. November 1831
Dunstiges, trübes, feuchtes, nebliges Novemberwetter:
hinter welchem, wirklich wie hinter einem weiten
Schleier, die Sonne kiekelt.

Und so ist es mit allen uns bewußten Dingen: das Schöne will hervor, das Gute, das Reine, das Freie, Glück *(unverletztes)*, Heiligkeit! Alles ist gestört: Chaos lebt noch. So sehe ich endlich im Alter unsern Zustand, in intellektueller, naturhistorischer, ethischer, politischer Hinsicht an. Das Wort steht da: Alter. Aber *nicht* unglücklicher bin ich, als in der Jugend. Keinen heftigeren Herzenszustand gibt es in dieser Welt, als den, glücklich sein zu wollen; dies zu erhoffen; noch zu glauben, daß solche Zustände für irgend jemand existieren: der ganz feinsinnig, tief, und *blühend* intelligent ist, und ein starkes, und zartes Herz hat; – *dar*unter verstehe ich das ganze Faser- und Nervensystem, mit allen seinen Dependenzen: findet kein Ganzes in irgendeiner Kombination von Umständen, zu Einem Zustand gestaltet, der seinen *gerechten* Forderungen allen genügte: und nicht sogar, quälte; oder auch nur: *mir* war dies nicht beschieden: (wie denn *jeder* Mensch, der nur Besinnung hat, ein ganz einziges Schicksal hat: ein Moment des Ganzen ist – Gottes, wenn Sie wollen –, der nur Einmal existieren *kann*). Einsamer ist man nicht, als ich nun in allen Stükken. Ich *sehe* noch hie und da Menschen; lese, höre. Aber lebe ohne Pairs. Und denke an Vergangenes wie ein Verstorbener. Aber wenn ich mich bedenke, war es zu sechszehn, zwanzig, dreißig, vierzig Jahren nicht anders mit mir: auch wußte ich es in der Tiefe immer: nur überschrieen meine neuen Wahrnehmungen, Empfindungen, den Himmel, Natur und Welt belagernde Forderungen an all diese, die in der Tiefe immer zu findende Evidenz: und, Stück vor Stück mußte mir das Ganze genommen werden, ehe ich den Mut, die Kraft, die Möglichkeit faßte, daß ich *nichts* haben sollte. Nur mich selbst. Auch darauf bin ich nicht stolz: wie weiß ich, daß schon Krankheit uns uns selbst entreißt, zerstört! Es gibt nur Einen großen Lehnherrn: und wir alle Kreaturen sind Vasallen. Nur durch Miteinsicht erahnden wir Freiheit, – von *der* denke ich anders, als die Kämpfenden, als je ein Publizist. –

Unser innerstes Wesen ist sogar gezwungen: unser Wunsch nach einem heiligen, freien, unverletzten Zustand. *Müssen* wir das nicht wünschen? Sind wir dieser Wunsch nicht selbst? Adieu! à demain! un mal d'yeux qu'il faut ménager, me fait quitter la plume. Bon jour! –

Heute ist Freitag; und noch trübes Nebelwetter. Ich will fortzufahren suchen. Nun denn; ich bin verarmt; und vermisse den Reichtum nicht, wie ich wohl in meiner reicheren Zeit, und in damaligem Mangelgefühl hätte denken können. Auch an mein Alter würde ich nicht erinnert werden, wäre ich nicht leidend; auch das wäre ich erträglich, wäre ich geschont worden. Enfin es ist so geworden wie es ist. Ich habe alle meine Empfänglichkeit noch – für Gut- und Schlechtes, und freute mich auf Fannys und Theresens Kommen, wie zu sechszehn Jahren; nur verdoppelt, vielfach verdoppelt, und aus allen Sphären her begründet, und bestätigt, hat sich mein Haß und meine Liebe. – Aber faux-frais zu Vergnügen und Glück kann ich nun durchaus nicht mehr machen;

überhaupt keine frais; da ich Glück und Vergnügen *missen* kann, so müssen die beiden mir die Kur machen, wenn sie etwas mit mir zu tun haben wollen – es sei unter *welcher* Menschenmaske es wolle – Sie wollen aber nicht: und ich bin einsam!!! Aber nicht aus diesem Grund allein: in der höchsten aktiven, und passiven Aktivität konnte mir das geschehn: meine Einsicht, meine Gedanken sind zu abwärts: und in den größten Details noch mehr. Wie drücke ich das nur Ihnen verständlich aus! Sie haben mich jung gekannt, und kennen meine Ignoranz: aber ich weiß alles: durch Selbsttätigkeit. Mit den größten Schriftstellern finde ich mich überein. Komme zu ihnen auf ihren hohen Sternen; aber auf meinem Weg: oder, durch *Einen* glücklichen Aufschwung. Und so ist es noch *wie* in der Kindheit: in der *schlechtesten* Komödie, in der *geringsten* Gesellschaft, oder bei solchen Behauptungen, wird mir die höchste Tragödie, das höchste Beisammensein mit all seinen Bedingungen klar; Polemik bis an ihren Ziel- und Zweckpunkt. Und das in einer Tätigkeit, in einer Schnelligkeit, die mir noch nie vorkam. Dabei den *kühnsten* Denkmut, und jedes Resultat davon willig – wenn auch verzweifelt – angenommen. Nun denken Sie sich eine solche unter Leuten. Unter reinen *Menschen* müßte ich wenigstens sein. Nur ein *Punkt* Mensch im Menschen, und ich hebe uns wie mit dem berühmten Hebel nach *allen Welten*. Sprechen müßte ich Sie können: und in zwei Worten kennten Sie auch meine politisch-gesellige Lage. Ich rücke und rühre an *nichts* mehr: seit vielen Jahren; und ab fällt, was nicht hält: wie Blätter von einem gegendbeherrschenden *Baum*; den ich immer, im Reisen, einen *Fürsten* nenne; oft mit Familie, Volk; oft allein. Der große Todesgedanke – das viele Sterben aller Bekannten, das man im Alter erlebt – ist das ganze vollständige Gegengewicht dieser Phantasmagorie, dieser gezwungenen Anleihe von Illusion. Dieser, der Tod, ist Eins mit dem Leben; wir werden's in diesem nicht los. Dieses Rätsel, diese Aufgabe des Denkens und des künftigen Seins, löscht mir alle Vorfallenheiten des Lebens, außer Blindheit, Kerker, Martern, überhaupt Schmerzen, ganz aus. Ich verachte nicht das Leben; das Gefühl von Dasein, die Denk-, die Fühlfähigkeit, das große, heilige, amüsante Rätsel: diese Zerstückelung ist zu kolossal, zu augenscheinlich: auch für solche Augen, mit denen wir hier hausen und unsern Verkehr treiben. Ich habe

Momente von wahrem Erschauen, wo mir blitzlang alles klar ist; wo ich weiß, was das ist, heilig. Eins ist gewiß, und das kann man hier mit den Jahren schon ergründen und finden. Es steigert sich das Schlechte und Gute: und da das Schlechte doch nur eine Negation ist: so tritt es zurück: und selbst *wählen* würden wir so die Steigerung. Ganz gut kann nichts werden: warum – da es eigentlich keine Zeit gibt – wäre es nicht *jetzt* schon *ganz* gut? – Das alles humainement vu. Wir können ja ein neues Begreifungsvermögen bekommen, oder werden! – Schon längst bin ich so durchdrungen, so übersättigt von Geduld und Abscheu: daß ich abends dem Himmel danke für *das*, was ich *nicht* weiß: und *so* mich auf die einzig mögliche Weise der Unschuld freue. (All sich hierauf Beziehendes habe ich längst aufgeschrieben.) So steht's mit mir: *so* hatte ich die Influenza, wie nur fünf in Berlin; *acht* Wochen schwach und elend davon: dann die Cholera-*Furcht!!!* Die Sperre, die Diät: dann ein Augenübel bei *all* meinen andern. Und doch nicht unglücklicher als sonst. Mein Augenübel ist nervös, und leidet wohl Lesen, aber nicht Schreiben. Deshalb aber schwieg ich *nicht*. Sondern weil Sie nie *antworten*, wenn Sie auch Einmal so gnädig sind zu schreiben. Ich bedarf Antwort. Aber ›Ich mache mir wohl noch was aus Ihnen!‹ Liebe ist Überzeugung, *wie* Abscheu: unvertilgbar. Aber was tut's! Ich kann Sie ja lieben; ohne daß *Sie* danach Nachfrage tun: noch ich selbst in mir. Was *Menschen* lernen können, habe ich gelernt: und Großes durch Sie. Ich habe auch Sie missen gelernt: seit Prag. Getrennt sind wir ohnehin. Kindisch habe ich mich vorvorgestern mit Fanny gefreut; und mit dem Schwan. Armer Freund. Armer Glücklicher; dem noch *solch* Glück entzogen werden kann. Sehn Sie, daß Wunder möglich sind; noch in diesem Erdengefängnis. – Und was kann *noch kommen*. Waren Sie je in der Jugend so beglückt: so *glücklich* in der Seele?

An Rose, im Haag

Berlin, Freitag, den 16. August 1832

Endlich, meine gute Schwester, kann ich Dir schreiben. Der Tod, der mich schon käute – nach langem minder offenbarem und sichtbarem Kranksein für andre – hat mich wieder weggespien – *schrecklichst!* – und beim Erwachen ist Robert weg. –

Keine Worte sollen gebraucht werden: jeder mit seinen Gedanken kämpfen, und sich mit denen und durch sie versöhnen. Ich habe ein großes Stück Leben, und von dem jüngern dadurch verloren. Viel dachte ich, viel lebte ich mit ihm in der Welt: hin ist es; mit keinem kann ich *dies* sprechen, behandlen. Und ein Gegenstand meiner innigsten zärtlichsten Liebe ist mir entschwunden! nicht mehr weiß ich, wie es ihm geht. Kurz, es ist der Tod, den wir nicht verstehn, nächst dem Leben. Wenn es Dir nur nicht schadet! Wenn Du Dich nur nicht vor der Cholera fürchtest! Ich hatte ein hartes Jahr davon: nicht grad aus Furcht: aber aus Besorgnis – der Anstalten, des Pöbels – und des Lufteinflusses. Laß uns leben bleiben: wir wollen suchen uns zu sehn; unsre Liebe zu pflegen; so lange wir noch oben sind; *auf* der Erde. Vier ganze Wochen verschwieg man mir den Verlust. Ich bin besser in der Seele, als man, und ich denken sollte. Ich dachte *meinen* Tod nahe; und habe alles dies schon so lange bedacht: heißt vergeblich! Ich halte mich am Wunder der Existenz überhaupt: ist das möglich, wird das Unbegreifliche noch begriffen werden. Man muß besser werden, gut sein, das ist die Aufgabe.

Du wohnst spazierartig, *das* ist mein Trost: hast die reizende Tochter vor Augen; und liebst Dein Land: Gott lasse Dir das mit *unerschütterlicher* Gesundheit für Dich und alle Deinen! Gott wird *mich* schon weiter schieben. Ich bin in der tiefen Seele auch zufrieden. Robert fehlt. Ich fahre alle Tage aus; auch schön und viel; lieber säße ich spazieren; schätze aber unendlich, was ich dennoch habe. Ich sehe die Kinder wenig. Aus *schlechten* Gründen; niemand pflegt sie besser, als ich. – Auch ein Tod für mich; man muß jeden hinnehmen. Jede Treulosigkeit der Freunde. Dies aber kann ich schon seit Anno 13. Da hauchte ich in Prag den letzten Schmerz über solches aus. *Zwei*mal kann *mir* nicht dieselbe Lehre gegeben werden; wenn ich sie Einmal faßte. Unsre hiesige

360

Familie ist, dem Himmel sehr Dank, wohl. Varnhagen grüßt Euch alle herzlich! hat durch mich und Robert sehr gelitten; und muß arbeiten; sonst schrieb' er auch: seine Stimmung *dazu* ist ganz hin. Ich bin elastischer. Grüße herzlich Karl, Louis und seine Frau. Und ihre Mutter. Gott segne Euch mit Vergnügen und Gesundheit.

Deine treue Rahel

Dore vous salue.

Ende Februars 1833

Wilhelm Meisters Wanderjahre. Zweites Buch. Neuntes Kapitel, gegen das Ende hin. Es ist nicht ›der Geist des Widerspruchs‹ – den ich absolut angesehen nie erkenne, außer als Tollheit –, ›der sich hier regt‹. Daß aber Wilhelm hier mit *halber* Überzeugung hörte, das ist richtig. Oft doziert man uns etwas vor, was so zusammengebaut ist, daß eben in diesem unorganischen Zusammenfügen das mit eingehämmert und eingekittet ist, was unsern ganzen Widerspruch lebendig begründet: wir können es aber aus dem festgefügten, auch wohl wohlgefügten Gebäude nicht gleich hervorkriegen, besonders nicht, ohne dies ganz umzureißen: und da bleibt uns denn sogar eine Art von Schmerz übrig, ein Lebendiges ganz mit uns *Lebendes*, zu uns Gehöriges, als Totes, Getötetes, ohne baldige Rettung mit eingekittet zu finden, und sehr ungern lassen wir es da ersticken: aber nicht aus Widerspruch sind wir unwillig, sondern bloß, den nicht auch als ein System hervortreten lassen zu können; je mehr Leben aber einer Überzeugung inwohnt, je tiefere und reichere Beziehungen sie hat, je mehr sie all unsern Anlagen zusagt und entspricht, je schwerer ist das grad als eine Maschine zusammenzufassen und so darzustellen: jedes System aber will zur Maschine werden: nur Ein groß und lebendig Organisiertes gibt es: die erschaffene, sich noch erschaffende Welt.

Anhang

Nachwort

Folgen wir einem Vorschlag Walter Benjamins, dann sehen wir in Briefen ›pragmatisch-historische Zeugnisse‹, die sich vom konkreten Subjekt – Verfasser wie Adressat – losgelöst haben. Diese Betrachtungs- und Wertungsweise erhellt, welche Bedeutung ihnen bei der Erschließung des sozio-kulturellen Hintergrundes vergangener Epochen zukommen kann. Zeugnisse, und wir sollten nicht nur Briefe, sondern Lebenszeugnisse mannigfaltiger Art dazuzählen, gehören zur Geschichte des Fortlebens eines Menschen. An ihnen läßt sich ablesen, wie dieses Fortleben pulsiert und Kommunikation bedingt, wie in der individuellen Geschichte Bewegung und Stagnation, Fortschritt und Rückfall, Aufbau und Niedergang gesellschaftlicher Ordnungen als zeitgeschichtliche Ereignisse transparent werden. Diese Zeugnisse, so resümierte Benjamin, wie man sie hintereinander in den kürzesten Abständen liest, verändern sich objektiv, aus ihrem eigenen Leben. Sie leben in einem anderen Rhythmus als zur Zeit, da die Empfänger lebten, und auch sonst verändern sie sich. Rahels Briefe, von denen hier eine Auswahl vorgelegt wird, sind berühmt und haben durch die Zeiten mancher Kritik standgehalten. Doch der Reiz, den sie für ihre Empfänger besaßen, dürfte für den heutigen Leser ein anderer sein. Anderthalb Jahrhunderte liegen zwischen diesen Briefen und uns, höchst wechselvolle Zeitläufe, aber sind ihre heutigen Leser deshalb ›Auf der Suche nach der verlorenen Zeit‹? Die Hoffnungen und Träume von der Schönheit, Menschenwürde und kulturellen Größe der Goethezeit, die Rahel als ihre gesellschaftliche Wirklichkeit beständig reflektierte, ergreifen uns heute auf eine andere Weise, sie werden als erworbener Reichtum unseres geistigen Besitzes in der Gegenwart bedeutsam. Wir begreifen sie aus den Erfahrungen unseres Jahrhunderts, das sich bereits gegen sein Ende neigt und noch immer unsägliche Gefahren bereithält, die dem Frieden und dem Glück aller Menschen im Wege stehen. Was Rahel zu überwinden trachtete, und mit ihr manche andere Frau aus ihrem Umkreis, deren Briefe davon übervoll sind, Caroline Schelling, Dorothea Schlegel, Karoline von Humboldt, Susette Gontard, Karoline von Günderode oder Bettina von Arnim, Generationen nach ihr haben es dennoch durchleiden müssen – den Krieg, das Chaos, die Barbarei. Ähnlich jedoch wie die spätere Tagebuchaufzeichnung ihres Mannes Karl August Varnhagen von Ense, daß Revolutionen nur die Schritte der Weltgeschichte seien und erst die letzte zum Ziele führen werde, klingt eine Stelle aus dem Brief an den Bruder Ludwig Robert vom 5. Februar 1816, die über mancherlei religiöse Ressentiments hinaus eine letztlich materialistische, lebendig-praktische Neigung und Welterfahrung erkennen läßt. ›... ein schreitendes Ändern und Entwickeln wie alles‹ ist ihr dieses Erdenleben, ihre Zeit nennt sie neu, ist auf Großes, Neues gefaßt, ›auf Wunder der Erfindung, der Gemütskraft, der Entdeckung, Offenbarung, Entwickelung.‹ Und darin sehen auch wir Heutigen noch immer das menschliche Tun und Fortkommen.

Rahel Levin, die Tochter eines jüdischen Berliner Kaufmanns, die sich nach ihrem Übertritt zum Christentum Antonie Friederike nannte, 1814 heiratete sie Karl August Varnhagen von Ense, war, wie Theodor Mundt 1835 schrieb, ›das alles am feinsten durchfühlende Nervensystem ihrer Zeit‹, der deutschen Kunstperiode zwischen den französischen Revolutionen von 1789 und 1830. Sie war unter den Freunden ihrer Gesprächsgabe und ihrer Briefe wegen eine Berühmtheit. Ihre persönliche Faszination und ihr geselligkeitsbildendes Talent sind von ihren Zeitgenossen, darunter die Brüder Humboldt und Heine, der ihr 1826 als ›der geistreichsten Frau des Universums‹ huldigte, immer wieder mit Achtung, Bewunderung und Zuneigung erwähnt oder erinnert worden. Sie war als Briefschreiberin eine der wenigen großen Schriftstellerinnen, ihre eigentliche schöpferische Originalität entfaltet sich in der Fülle ihrer Korrespondenz. Keine andere, weder Liselotte von der Pfalz noch Bettina von Arnim, weder Frau Rath Goethe noch Caroline Schlegel, hat mit gleicher Vielseitigkeit und Ursprünglichkeit, mit solcher Intensität des Herzens, verbunden mit höchster Geistesfreiheit sich schreibend, und als Schreibende immer redend, mitgeteilt. Als Jüdin, als unglücklich Liebende, gequält von Krankheiten und Kränkungen war Rahel doch zugleich immerfort freundschaftlich tätig, hilfreich ratend und leitend und dabei stets auf eines bedacht, auf ›Redlichkeit des Denkens und Seins in allen Augenblicken‹. Sie war eine Selbstdenkerin in dem Sinne, in dem Lessing die Vernunft zur Autorität erhoben hatte: sie ›weiß alles durch Selbsttätigkeit‹. Der Assimilationsprozeß jüdischer Bürger im nach-friderizianischen Preußen als eine spezifische Geschichts- und Gegenwartsbewältigung und die Kollision dieser Emanzipationsbemühungen mit den antijüdischen und damit im weitesten Sinne antiaufklärerischen Vorurteilen eines großen Teils der Zeitgenossen einerseits und die Einflüsse romantisch-idealistischen Philosophierens, vor allem der Solipsismus der Fichteschen ›Wissenschaftslehre‹ andererseits waren für Rahel jedoch auch auslösende Momente für ihre weitgehend subjektive Anwendung dieses von Lessing gewonnenen Ideologie- und Geschichtsbewußtseins.

Die Beziehungen Rahels zu Lessing waren vornehmlich durch ihre jüdische Herkunft motiviert, zu der sie trotz Taufe und bürgerlicher Anpassung nie aufhörte sich zu bekennen. Lessings Anteil an der Erziehung seiner Zeitgenossen und der Nachgeborenen zum kritischen Denken und zum publizistischen Mut hatte es ihr angetan. Noch 1830 schrieb sie an Friedrich von Gentz, den Vertrauten aus frühen Berliner Tagen, als die Jünglinge, die einige Jahre später die klangvollsten Namen in der politischen, literarischen und künstlerischen Sphäre Preußens trugen, sie im elterlichen Hause in der Jägerstraße besuchten und ihre ›Dachstubenweisheiten‹ zu hören bekamen, sie halte sich für einen der ersten Kritiker Deutschlands! Das Denken und Selbstdenken, das jeder allein und von sich aus leisten könne, bestimmte sie wie Lessing zur vornehmsten Fähigkeit des Menschen. ›Auf das *Selbstdenken* kommt *alles* an‹, meinte Rahel einmal im Gespräch zu Karl Gustav von Brinckmann, um gleich hinzuzufügen, worauf die Aufklärer schwerlich gekommen wären: ›… auf die Gegenstände desselben oft sehr wenig; wie selbst auf die *Geliebte* oft weniger als auf das Lieben.‹ Das Lessingsche ›Selbstdenken‹ interpretierte

Rahel so, daß es von den Gegenständen und ihrer Realität befreie, einen Raum des nur Denkbaren schaffe und eine Welt, die ohne Wissen und ohne Erfahrung jedem Vernünftigen zugänglich sei. Eine so von innen nach außen projizierte Wirklichkeit, eine Wirklichkeit von Gefühlen, Wünschen, Assoziationen letztlich, durch eine objektive Außenwelt kaum mehr irritierbar, ist – in der Tendenz – gebildete Ignoranz. Individuelle Befreiung von den Vorurteilen der Vergangenheit, der Konvention, des anachronistisch gewordenen Kodex einer in ihrer Herrschaft abzulösenden Ideologie und gesellschaftlichen Praxis kraft vernünftigen ›Selbstdenkens‹ muß auf eine Welt, eine Gesellschaft, einen lebendigen Organismus stoßen. Sonst schlägt es in sich selbst zurück und findet an der eigenen Seele seinen einzigen Gegenstand und wird zur Reflexion. Sonst erzwingt es einen Schein unbegrenzter Macht, indem es sich von der Welt und von der Gesellschaft isoliert, an ihnen sich desinteressiert zeigt, sich schützend vor den einzigen Gegenstand stellt, der ihm ›interessant‹ erscheint: das eigene Innere. Dieser Gefahr ist Rahel wiederholt ausgesetzt und hin und wieder unterlegen gewesen, wenn sie über ihre unmittelbaren Erfahrungsbereiche hinaus ein philosophischer Kopf sein wollte.

Rahel rezipierte, popularisierte und inspirierte die hervorragendsten Geister ihrer Zeit. Fichte, Rousseau und vor allem und immer wieder Goethe sind die Quellen ihrer Bildung gewesen. ›Goethe und das Leben ist mir noch immer eins; ich arbeite mich in beide hinein‹, schrieb sie emphatisch und expressiv am 15. November 1798 an David Veit. Im merkwürdigen Gegensatz dazu steht eine frühere briefliche Äußerung, die Rahel im März 1795 Veit gegenüber machte. ›Aus Facta *mach ich mir gar nichts*‹, schrieb sie und zeichnete diesen Brief ›Confessions de J. J. Rahel‹, ›denn sie seien entweder wahr oder nicht, so kann man sie ableugnen; hab ich also was getan, so tat ichs, weil ichs wollte; und wills mir einer übel nehmen ... oder mich belügen, so bleibt mir wieder nichts als ‚Nein‘ und ich sags auch.‹ Das hatte häufig zur Folge, daß sie das, was sie für sich als Ergebnis einer persönlichen Erfahrung, eines Erlebnisses, einer Begegnung, eines künstlerischen Genusses auf einem Blatt festhielt, mit wenigen Ausnahmen nie den Vorgängen in der Wirklichkeit entsprach. Ihre Begeisterung für Goethe beispielsweise entsprang nicht reifer literarisch-ästhetischer Urteilskraft. Als sie den ›Tasso‹ für sein charakteristischstes Werk erklärte, stand sie damit in Berlin völlig allein da. Sie gehörte nicht zu jenen Goetheverehrern, die durch den Gegenstand ihrer Verehrung selbst äußeren Glanz zu erlangen hofften, aber das zeichnet sie wiederum aus. Obwohl ihr ganzes subjektives und inspiratives ›Goethisieren‹ seit den ausgehenden neunziger Jahren ein Charakteristikum ihres Denkens, Redens und Briefeschreibens war, sah Rahel im Laufe ihres Lebens Goethe nur siebenmal, und zu vertraulicheren geistigen Kontakten ist es auch während dieser Begegnungen nicht gekommen. Und doch gilt sie noch immer landläufig als eine Vorläuferin und Initiatorin des sogenannten ›Goethekultes‹. Ihre tatsächliche Wirkung blieb jedoch vorerst auf ihren engeren Freundeskreis beschränkt. In der Öffentlichkeit trat sie nicht auf, und mancher subjektive Tenor ihrer Weltbetrachtung als Selbstbetrachtung unterlag kaum einer öffentlichen Kritik. Die wurde erst nach ihrem Tode laut, als ihr Mann eine Auswahl der Briefe und Tagebuchblätter, das ›Buch des Andenkens für ihre Freunde‹, herausgab. Es wurden nicht nur deren Stimmen laut, sondern auch die der Feinde, die jedoch häufig meinten, gegen den politisch mißliebigen Herausgeber zu Felde ziehen zu müssen. Varnhagen nämlich machte aus seiner progressiven Gesinnung als Demokrat in den Revolutionstagen und danach keinen Hehl und zog manches hämische Urteil auf sich. Was fälschlich als ›Goethekult‹ mit Rahels Person zusammen genannt wurde, dürfte eher der ihrerseits bewußte und geplante Einsatz eines ganz und gar anerkannten Mediums gewesen sein, der Versuch, einen Fixpunkt zu finden, autorisiert und autoritär genug, die eigene Selbstbespiegelung, die allzuoft ein verunsichertes Bild zeigte, schmerzlos zu korrigieren. Die Symbiose von aufklärerischer Vernunft und einer ans Indiskrete reichenden romantischen Euphorie erscheint heute oft wie ´der ins Psychische und Intellektuelle transportierte Ausdruck ihrer ambivalenten weltanschaulich-sozialen Situation.

Rahel lebte im Bewußtsein zweier Existenzebenen, der wirklichen und der geistigen, zwischen welchen beiden sich zuletzt nichts eindeutig zuordnen ließ. Ihre Aufzeichnung ›Es ist alles wie es ist, das heißt ‚anders‘‹, ist ein Ausdruck der frühromantischen Philosophie, über die sie im wesentlichen nicht hinausgelangte. Die Wirklichkeit und Fülle eines mit zunehmendem Maße ›politischer‹ werdenden äußeren Lebens fehlte ihren eigenen Äußerungen, die nur das Bewußtsein davon ausdrückten. Gewiß, die Briefe an die Geschwister sind Beispiele für ihre liebevolle Sorge um deren alltägliches Wohl, in den Berichten aus Prag während der napoleonischen Kriegswirren erwähnt sie ihre existentielle Verunsicherung und ihr beständiges gesundheitliches Mißbefinden erst, nachdem sie ihre karitativen Bemühungen um die verwundeten, des Trostes und der Ermunterung bedürftigen preußischen Soldaten als Herzensangelegenheit und patriotische Pflicht eingehend geschildert hat. Und auch die Briefe der um vierzehn Jahre älteren Frau, die sie ab 1808 an Varnhagen, ihren späteren Mann, schrieb, offenbaren ein Feingefühl und ein pädagogisches Geschick, in denen sich ein sehr praktisches Kontaktvermögen ausdrückt. Es ist noch heute faszinierend zu lesen, wie Rahel sich des unfertigen, halbgebildeten und von persönlichen Krisen bedrängten Varnhagen annahm. Ihre Briefe an ihn sind über lange Zeit hinweg eine Art sanften psychoanalytischen Zwanges, zu einem praktisch-tüchtigen Selbstbewußtsein zu finden. Mit großer Sicherheit des Gefühls und einer sich immer mehr ausprägenden Fähigkeit, in das Innere der Menschen schauen zu können, mit denen sie es zu tun haben wollte, durchleuchtete Rahel die ›romantischen‹ Unausgeglichenheiten seiner Natur und führte ihn behutsam in seine Grenzen. Ihr Brief an ihn vom 7. Dezember 1808 ist dafür ein beredtes Beispiel. Sie bestärkte ihn, der sie um ein Urteil über seine Gedichte gebeten hatte, ›Welt, Publikum, Papier‹ zu behandeln, ohne zum blassen Nachahmer großer Vorbilder – Goethe, Shakespeare und Cervantes, die Götter dieser Poetengeneration – zu werden, denn ›schwache Nachahmer vergessen aber sich; und wollen eine Welt ohne sich darstellen. Solche giebt es nicht! Jeder sieht mit seinen Augen, lebt mit seinen Sinnen eine Physiognomie hinein. Ich weiß, hiervon bist Du durchdrungen.‹ Hier haben wir die ganze Rahel; ihr Selbstempfinden, ihr für ihre sittliche Existenz notwendiger origineller Individualismus ist das Wesentliche, die ›sichtbare Geistigkeit‹, wie Varnhagen kurz nach ihrem Tode 1833 an Perthes nach Hamburg schrieb. Die Unbedingtheit, die Rigorosität, das Sich-Aussprechen bis zur Enthüllung – alles wird ihr zum ›frikassierten

Ersatz‹, wenn es an gesellschaftlicher Öffentlichkeit mangelt (so an Karoline von Woltmann am 29. November 1814 aus Wien) – führten dann auch dazu, daß ihre von Varnhagen postum herausgegebenen Briefe und Aufzeichnungen erst einmal nur von ihrem Freundeskreis mit der gebührenden Achtung und Toleranz gelesen wurden. Das Verständnis für ihre Existenzproblematik und ihre unbedingte Forderung nach Anerkennung eigener Ebenbürtigkeit gegenüber ihren Mitmenschen, ein sozial, religiös und durch die Spezifik ihrer jüdischen Herkunft motivierter Assimilationsanspruch, setzte die tiefere Kenntnis ihrer Biographie und Denkweise voraus. (Diese außerordentlich diffizile Situation der gebildeten Juden und ihres Anspruchs auf die Integration in die bürgerlich gehobene Gesellschaft im Bewußtsein des Schwankens ›zwischen Paria und Parvenue‹ hat die Rahel-Biographin Hannah Arendt exemplarisch dargestellt.) Der unvorbelastete Leser, und das war der gebildete Duchschnittsleser nach 1833/34, sofern er überhaupt mit dieser Edition in Berührung kam, begegnete ihren Worten mit der biedermeierlichen Innigkeit, die er deren Inhalt für angemessen hielt. Am ehesten dürfte wohl Wilhelm von Humboldts knapper Nekrolog das Urteil der Freunde auf einen Nenner bringen. In einem Brief an Charlotte Diede vom 3. Dezember 1834 lesen wir: ›Sie war durchaus nicht, was man eine gelehrte Frau nennt, obgleich sie recht viel wußte. Sie verdankte ihre geistige Ausbildung ganz sich selbst. Man kann nicht einmal sagen, daß der Umgang mit geistvollen Männern irgend wesentlich dazu beitrug … Sie empfand und nahm auch die Erscheinungen des Lebens immer in ihrer vollen Wahrheit auf. Überhaupt war Wahrheit ein ausgezeichneter Zug in ihrem intellektuellen und sittlichen Wesen.‹

Mit dem Namen Rahels wird zumeist auch ihr Berliner Salon genannt. Wo immer von der Romantik oder dem Jungen Deutschland die Rede ist, die Salons gerade im preußischen Berlin gelten als die Zentren liberaler, fortschrittlicher Gesinnung. Von hier aus trugen die Vertreter der jungen Generation ihre programmatischen Anschauungen von Poesie, Staat und Gesellschaft unter ein Publikum, das mehr und mehr an dem allgemeinen modernen Säkularisierungsprozeß Anteil nahm. Nun gab es Rahels eigentlichen Salon erst nach 1819. Sie war mit ihrem Mann vom badischen Hofe in Karlsruhe nach Berlin zurückgekehrt. Der preußische Legationsrat Varnhagen von Ense war auf Grund seiner von den Vollstreckern der berüchtigten Karlsbader Beschlüsse geahndeten liberalen Gesinnung aus dem Amte entfernt worden. Er lebte fortan in der preußischen Hauptstadt in unabhängiger Position, ein Publizist, ein Historiograph und Chronist ersten Ranges, ein vermittelnder und kritisch-fördernder Kontaktmann der geistigen Elite der ersten Hälfte des 19. Jahrhunderts. Er und seine Frau pflegten einen ausgedehnten und intensiven Umgang mit den freisinnigen Männern aus Diplomaten- und Regierungskreisen, mit der politisch-literarischen Jugend Deutschlands, und wurden mit der Zeit eine Instanz, die an den Höfen Berlins und Wiens bei den Vertretern der Restaurationspolitik der Heiligen Allianz höchstes Mißtrauen erregte. Im Februar 1832 schrieb Varnhagen an Heine nach Paris, daß seine tägliche Lektüre der dort erscheinenden Zeitung ›Le Globe‹ ihn über die neue und zukunftsträchtige Soziallehre des utopischen Sozialisten Claude-Henri de Saint-Simon und seiner Schüler aufkläre, und Rahel erlebte kurz vor ihrem Tode diese sie begeisternde Erfahrung, die Bestätigung ihres ›alten Themas‹, daß die Erde verschönert und die Freiheit zu jeder menschlichen Entwicklung erlangt werden müsse. Für sie war der Saint-Simonismus ›das neue, großerfundene Instrument, welches die große, alte Wunde, die Geschichte der Menschen auf der Erde endlich berührt.‹ Es ist ihr letzter Irrtum gewesen, den sie mit manchen ihrer Freunde geteilt hat. Ihre Sehnsucht nach einer neuen gerechten und sozialen Ordnung der Gesellschaft konnte nicht durch einen utopischen Sozialismus erfüllt werden. Der entscheidende Schritt zum wissenschaftlichen Sozialismus wurde erst anderthalb Jahrzehnte nach ihrem Tode getan und ist auf das politische Denken ihres Mannes nicht ohne Einfluß geblieben. Aber allein ihr lebenslang gehegter Traum macht sie, wenn man eines ihrer Bilder in einem Brief an Varnhagen auf sie selbst bezieht, zur Rahel unter den Menschen.

Über Rahels Salon in der Französischen Straße, später im Hause Mauerstraße 36, über sie und ihre illustren Gäste gibt es eine Fülle zeitgenössischer Berichte. Bettina von Arnim und Heinrich Heine besuchten ihre Abendgesellschaften, Fürst Pückler-Muskau, Hegel, der später bedeutende preußische Historiker Leopold von Ranke und der Rechtsgelehrte Eduard Gans. Fremde Durchreisende, Freunde aus der Ferne mit berühmten oder unbekannten Namen, alle kehrten ein. ›Meine Müdigkeit verflog, oder machte vielmehr einer Art von Trunkenheit Platz‹, so schildert Grillparzer seinen Eindruck, als ihn Varnhagen im Sommer 1827 mit in sein Haus nimmt. ›Sie sprach und sprach bis gegen Mitternacht, und ich weiß nicht mehr: haben sie mich fortgetrieben oder ging ich von selbst fort. Ich habe nie in meinem Leben interessanter und besser reden gehört.‹ Diese Eigenschaft muß sehr früh schon den Reiz ihrer Persönlichkeit ausgemacht haben. Ihr Freundeskreis, den sie um die Jahrhundertwende als junges Mädchen in ihrer ›Dachstube‹ im väterlichen Haus empfing, bestand aus einer sehr gemischten Gesellschaft: Studenten, junge Militärs, Aristokraten und Diplomaten, Schriftsteller und Gelehrte, Schauspieler und Jüdinnen. Friedrich von Gentz, später die graue Eminenz in Metternichs Wiener Kabinett, und die Brüder Humboldt, von denen der gelehrte und weltgereiste Alexander ihrem Manne Varnhagen bis zu dessen Tode freundschaftlich verbunden blieb, gehörten zu diesem Kreis. Prinz Louis Ferdinand von Preußen – ›Sechs Fuß hoch aufgeschossen, Ein Kriegsgott anzuschaun, Der Liebling der Genossen, Der Abgott schöner Fraun …‹ (So Fontane!) – traf hier seine Geliebte Pauline Wiesel. Die Töchter Moses Mendelssohns, der angehende junge Arzt David Veit und die Schauspielerin Friederike Unzelmann kehrten hier ein, später Clemens Brentano und seine Schwester Bettina, Kleist empfand sich als einen Freund des Hauses, wie der ›märkische Don Quijote‹ Friedrich de la Motte Fouqué und seine ebenfalls schriftstellernde Frau Karoline. Mit manchen von ihnen war Rahel ihr Leben lang herzlich und innig befreundet und unterhielt einen lebhaften Briefwechsel. Wenn man noch Schleiermachers, Jean Pauls und Adam Müllers Beziehungen und die der Brüder Tieck zu Rahels Kreis dazuzählt, wenn man Rahel im Umgang mit dem schwedischen Legationssekretär Karl Gustav von Brinckmann, dem preußischen Kammerreferendar Wilhelm von Burgsdorff und dem Bruder der langjährigen Freundin Ludwig Tiecks, dem märkischen Junker Karl von Finckenstein sieht, dann wird deutlich, wie sehr gerade diese Gesellschaft, diese spezifische Form der Salongeselligkeit eine Frucht des Zeit- und Lebensgefühls war, wie es sich wohl nur in den Jahren nach der Französischen Revolution und unter der Regierung Friedrich Wilhelms II. herausbilden konnte. Die Genügsamkeit und herbe Zucht seines Vorgängers, des großen Königs, hatte einer Leichtlebigkeit und musenfreundlichen Geselligkeit Platz gemacht, die vom Hofe aus ins Land ausstrahlte und über die noch 1841 der greise Bildhauer Gottfried Schadow ein erbittertes moralisches Verdikt verhängte. Nicht zu vergessen ist aber, daß die ernsthafteren Geister, das Licht der Aufklärung und die Glut der Romantik miteinander verbindend, allen restaurativen und reaktionären Bestrebungen entgegenstehend, die schönen Künste, den geselligen Umgang und den freundschaftlichen Austausch zu pflegen begannen, so daß der Name Berlins einen neuen, reizvollen Klang bekam. Ein anonymer zeitgenössischer Beobachter charakterisierte dieses Publikum zwar als ein von vornherein exklusives ästhetisches, aus den Elementen der höheren bürgerlichen Intelligenz und aus den zahlreichen Adligen zusammengesetzt, aber er hob auch hervor, daß sie gerade nach dieser Seite hin ihrer standesgemäßen Ausschließlichkeit entsagt hatten. Diese Verschmelzung oder doch Annäherung zwischen der bürgerlichen und adligen ästhetischen Bildung wurde hauptsächlich als ein Werk der Klassiker, vornehmlich aber Goethes, empfunden. Auf die kürzeste Formel gebracht, nannte Friedrich Schlegel in einem berühmten Athenaeum-Fragment die Französische Revolution, Fichtes Wissenschaftslehre und Goethes Roman ›Wilhelm Meisters Lehrjahre‹ die größten Tendenzen des Zeitalters.

Rahel, die hingebungsvolle Jüngerin Goethes, die vom Patriotismus der ›Reden an die deutsche Nation‹ entflammte Schülerin Fichtes, hat ihr Leben lang auf die Kraft der Reflexion gebaut und die Selbsttätigkeit des Geistes gegen jedes berechnende und dumpfe Vorurteil behauptet. Wir wissen es zuerst und unbeirrt durch die Urteile der Nachwelt von der energischen Unbedingtheit ihrer besonderen Art des Schreibens. Sie hat einmal von sich gesagt, sie lasse das Leben auf sich regnen, und hat damit trefflich auf die Spontaneität und Beweglichkeit ihrer Mitteilungsgabe hingewiesen, auf die überschießende Erfindungskraft ihres Wahrnehmungsgeistes. Ihre Briefe sind ja keine kunstvollen Gebilde, wie sie etwa im ausgehenden 18. Jahrhundert geschrieben worden waren, alles Stilisierte und Virtuose fehlt. Sie sind zuallererst einzigartige Gespräche und Selbstgespräche, ›wie sie lebendig im Menschen vorgehn‹, so in einem Brief an Gentz vom 26. Oktober 1830. Ihre schrankenlose Offenbarung des eigenen Innern ist keine gefühllose Zergliederung, kein Forschen und Graben, kein Exzeß und keine Indiskretion. Ihre Briefe zeugen von einer rührenden Sensibilität und erstaunlichen sprachlichen Ausdruckskraft, es sind Frauenbriefe, Zeugnisse einer Epoche, in der ein romantisches Lebensgefühl sich an den harten Ansprüchen der Realität wundstieß. In einem Brief an Astolphe de Custine vom 24. August 1816 heißt es denn auch, sie schreibe Briefe und es verlange sie nach eben solchen, ›wo die Seele spazieren gehen soll, und nicht auf ausgefahrner staubiger Heerstraße eine zweck- und besonders absichtsvolle Reise zu betreiben hat. Auf frischen, kleinen, abstrakten Wegen wollen wir gehen, die wir selbst noch nicht kannten: und auch auf diesen noch dem Wolkenspiele folgen, den Lichtzauber genießen, und auch dem Dunkel, wenn es reizt, nachziehen!‹ –

Rahel starb am 7. März 1833. Sie wurde auf dem Dreifaltigkeitskirchhof vor dem Halleschen Tor in einem Gewölbe beigesetzt. Noch im selben Jahr gab Varnhagen als Privatdruck ›Ein Buch des Andenkens für ihre Freunde‹ heraus, eine Sammlung von Briefen und Aufzeichnungen Rahels. Ursprünglich nicht für die Öffentlichkeit gedacht, von den Intentionen des Herausgebers her in gewissem Sinne ein esoterisches Erzeugnis, wurde dieses Buch ein großer Erfolg. Chamisso bezeichnete es als eine ›außerordentliche Sensation‹, man habe sich darum gerissen, und der Fürst Pückler-Muskau schrieb an Varnhagen, er habe das Buch verschlungen und werde es künftig als Katechismus gebrauchen. Diese Edition Varnhagens und mehr noch die erweiterte Neuauflage in drei Bänden, die ein Jahr später erschien, war also ein beträchtlicher Erfolg und fand einen weitaus größeren Leserkreis, als die von Varnhagen ursprünglich beschenkten Freunde ausmachten. Auf diese gewaltige Wirkung hatte der Herausgeber insgeheim gebaut, denn es ging ihm nicht so sehr um eine Nachlaßpublikation schlechthin. In einer Aufzeichnung von Anfang

Februar 1835, dem später von seiner Nichte Ludmilla Assing herausgegebenen Briefwechsel zwischen ihm und Rahel vorangestellt, bekannte Varnhagen seine utopische Hoffnung auf eine politisch und sozial veränderte Welt. Seine von ihm publizierten Rahel-Texte verbreiteten die in ihnen allenthalben enthaltene Kritik an den Konventionen des täglichen Lebens und fanden darin eine große Schar von Gesinnungsgenossen, so daß er einmal mehr in den Verruf liberalen Fortschrittglaubens geriet und selbst Metternich sich darin bestätigt sah, diesem Ideologen Varnhagen, einem ›der schlauesten und findigsten Revolutionäre‹, als der er ihm schon 1819 galt, nicht trauen zu dürfen.

Für die Kenntnis der Rahelschen Briefe und Tagebuchaufzeichnungen sind diese beiden Varnhagenschen Editionen von folgenreicher Bedeutung gewesen. Wie eingangs mit Bezug auf Benjamin hervorgehoben, tragen diese Zeugnisse zur historischen Kenntnis eines Menschen bei, und diese Leistung hängt ab von der Art und Weise ihrer Überlieferung. Fast alle späteren Rahel-Ausgaben gingen, unbekümmert um die Fortschritte der Editionstechnik, auf das ›Buch des Andenkens‹ zurück. Nicht so sehr der Text sollte tradiert werden, mehr aber die aufs Ideologische, auf das zeitgenössisch Kritische zielende Intention des Herausgebers. Den Wortlaut Rahels vollständig und textgetreu nach den handschriftlichen Originalen wiederzugeben, ist bis auf wenige Ausnahmen (etwa der Textanhang in Hannah Arendts Biographie) versäumt worden. Korrekturen werden in absehbarer Zeit noch immer nicht möglich sein; zwar sind Teile des im Zweiten Weltkrieg verschollenen Varnhagen-Nachlasses wiedergefunden worden, jedoch kaum zugänglich. Dieser Umstand muß erwähnt werden, weil die frühen Editionen deutliche Spuren der Herausgeberhand tragen. Varnhagen hatte im Vorwort zur zweiten Ausgabe des ›Buches des Andenkens‹ darauf hingewiesen, daß er das Material an manchen Stellen berichtigt und ergänzt habe, daß es Auslassungen und Lücken gäbe, aber nicht aus Gründen kleinlicher Scheu oder eitler Absicht. Die Vermutung liegt also nahe, daß ein prinzipieller Gestaltungswille vorgelegen hat. Varnhagens Retuschen, geboten durch mancherlei Rücksichten, die er nehmen mußte, fallen, aufs Ganze gesehen, nicht so sehr ins Gewicht, wie manche seiner Kritiker glauben machen wollen. Es ist grundsätzlich sein Verdienst, was wir über die Rahel wissen. Seine Ausgaben der Briefe und Tagebuchaufzeichnungen sind eine literarische Quelle, die auch dem heutigen Leser Anregungen bietet, wie seinerzeit dem Rahelschen Freundeskreis. Die Beibehaltung der sprachlichen und stilistischen Eigentümlichkeiten, der veranschaulichenden Denkart machen diese Editionen ebenso zum Dokument, wie die in ihnen überlieferte historische Individualität Rahels einerseits und die ›Rahel-Ideologie‹ ihres Mannes Varnhagen andererseits. Rahel in ihrem gesellschaftlichen Umfeld zu zeigen, etwa in ihren Korrespondenzen mit Gentz und Oelsner, oder mit Brinckmann und Custine, oder mit Pückler-Muskau und Heine – das hieß, ihrer Erscheinung eine zeitgenössische politische Aktualität beizumessen, deren historische Wirkung bis in unsere Tage reicht.

Dieter Bähtz

Zu dieser Ausgabe

Unsere Ausgabe will einen Beitrag zur Hebung des großen Briefschatzes der klassisch-romantischen Epoche leisten. Dabei soll die Bedeutung der Rahelschen Epistolographie deutlich werden. Sowohl ein zeitlich gegebener Anlaß – der einhundertfünfzigste Todestag Rahels im Jahre 1983 – als auch die Intentionen ihres ersten Herausgebers Varnhagen von Ense, auf die im Nachwort hingewiesen wurde, haben Verlag und Herausgeber dazu bewogen, die Briefe und Tagebuchaufzeichnungen ›Rahel. Ein Buch des Andenkens für ihre Freunde‹ dem vorliegenden Text zugrunde zu legen. Varnhagen hatte sie aus dem Nachlaß seiner Frau in drei Bänden 1834 in Berlin bei Duncker und Humblot veröffentlicht. Wie dort sind auch in dieser Auswahl aus dem ›Buch des Andenkens‹ die Briefe und Aufzeichnungen chronologisch geordnet, und nicht nach konzentrischen Kreisen, deren Mitte jeweils Rahel bildet. Dieses editorische Verfahren liegt der außerordentlich verdienstvollen vierbändigen Rahel-Ausgabe zugrunde, die Friedhelm Kemp 1966 bis 1968 und in zweiter Auflage 1979 im Kösel-Verlag München herausgegeben hat.

Es gibt eine Reihe älterer Rahel-Ausgaben, von denen hier zwei erwähnt werden sollen, da ihre Herausgeber teilweise die Texte nach den Handschriften gestalten konnten: Rahel Varnhagen. Ein Frauenleben in Briefen. Ausgewählt und mit einer Einleitung versehen von Augusta Weldler-Steinberg. Potsdam 1925. – Rahel und Alexander von der Marwitz in ihren Briefen. Nach den Originalen herausgegeben von Heinrich Meisner. Gotha–Stuttgart 1925.

Zu Leben und Werk Rahels sind vor allem heranzuziehen Hannah Arendt. Rahel Varnhagen. Lebensgeschichte einer deutschen Jüdin aus der Romantik. Mit einer Auswahl von Rahel-

Briefen. München 1959. – Herbert Scurla. Begegnungen mit Rahel. Der Salon der Rahel Levin. Berlin 1962.

Orthographie und Interpunktion wurden weitestgehend stehengelassen, da sie neben sprachlichen und stilistischen Eigentümlichkeiten den individuellen Reiz der Rahelschen Texte ausmachen. Druckfehler wurden stillschweigend berichtigt. Die einzelnen Texte wurden jeweils in ihrem vollen Umfang nach dem ›Buch des Andenkens‹ (1834) ausgewählt.

Anmerkungen

8 *Crime:* Verbrechen.

11 *Par parenthèse:* beiläufig, nebenbei gesagt.
abominabel: abscheulich.
d'un aimable: liebenswürdig.

12 *Stieglitz,* Johann Israel (1767–1840): ein Studienfreund David Veits und Wilhelm von Humboldts in Göttingen, später Arzt in Hannover.

13 *pli:* Falte.
parole d'honneur d'une femme véridique: Ehrenwort einer wahrhaften Frau.

14 *Kotterie:* verächtlich für Kaste, Klüngel, Sippschaft.
Maintien: aufrechte Körperhaltung.

15 *die berühmte Schillersche Rezension:* ›Über Matthissons Gedichte‹ in der ›Allgemeinen Literatur-Zeitung‹ 1794, Nr. 2987. Friedrich von Matthissons (1761–1831) Gedichte waren 1786 in Mannheim erschienen, Schillers ästhetisches Denken über das Naive und die Natur wurde durch sie stimuliert.

18 *en effigie:* im Bilde.
Die Rezension über den Gartenkalender: Schillers Rezension des bei Cotta in Tübingen erschienenen ›Taschenkalenders auf das Jahr 1795 für Natur- und Gartenfreunde‹ brachte die ›Allgemeine Literatur-Zeitung‹ am 11. Oktober 1794.
eine [Rezension] über Woldemar: Friedrich Heinrich Jacobis (1743 bis 1819) zweiter Roman ›Woldemar‹ erschien in letzter Fassung anonym 1794 in Königsberg. Er wurde von Wilhelm von Humboldt in der ›Allgemeinen Literatur-Zeitung‹ besprochen.
partage: Erbteil, Anteil, das jemandem Zufallende.

21 *sans façon:* ohne Umstände.

23 *unsren Friedrich:* Friedrich II., König von Preußen.

défaite: Niederlage, auch Vorwand.

24 *confidence:* vertrauliche Mitteilung.

25 *ich habe auch den ersten Teil gelesen:* Moritz August von Thümmels (1738–1817) ›Reise in die mittäglichen Provinzen von Frankreich‹ erschien in mehreren Teilen seit 1791.

›es ist des An- und Ausziehens nicht wert …‹: Goethe, Egmont, Briefszene im zweiten Aufzug. ›Wenn uns der Morgen nicht zu neuen Freuden weckt, am Abend uns keine Lust zu hoffen übrig bleibt, ist's wohl des An- und Ausziehens wert?‹

26 *von Beaumarchais' Narren:* Anspielung auf Pierre Augustin Beaumarchais' (1732–1799) Komödien ›Der Barbier von Sevilla‹ (1775) und ›Die Hochzeit des Figaro‹ (1785).

28 *Je suis tout aussi malade …:* Ich bin genauso krank, genauso dumm, genauso verl(iebt) – ich kann dieses Wort nicht schreiben – beurteilen Sie danach, wie sehr ich in Anspruch genommen bin – wenn Sie Ihren Spott zurückhalten … Einfluß, Macht, Gewalt … Dummheit.

Votre amie la plus bête: Ihre allerdümmste Freundin.

29 *Meister, die Horen, und die Messe:* Die ersten Teile von Goethes Roman ›Wilhelm Meisters Lehrjahre‹ erschienen 1795. – Seit Januar 1795 erschien Schillers Zeitschrift ›Die Horen‹, für die er auch Goethe als Mitarbeiter gewonnen hatte. – Die Leipziger Frühjahrsmesse 1795.

gène: lästiger Zwang, Behinderung.

30 *›Der Erde näher …‹:* Anspielung auf Egmonts Kerkermonolog im fünften Aufzug: ›Und frisch hinaus, da … wo wir, dem erdgebornen Riesen gleich, von der Berührung unsrer Mutter kräftiger uns in die Höhe reißen‹.

32 *Fichtes Buch:* Johann Gottlieb Fichtes (1762–1814) ›Grundlagen der gesamten Wissenschaftslehre‹ von 1794.

erste Epistel: Goethes ›Erste Epistel‹ war im ersten Stück des ersten Jahrgangs der ›Horen‹ abgedruckt worden.

die Ankündigung: von Schiller, ebd.

34 *alterierten:* veränderten, unruhigen.

Die Verse an den alten Mann: Gemeint sind poetische Versuche Veits.

par hazard (par hasard): zufällig, vielleicht.

34 *vierten Hore:* Vgl. Anm. zu S. 29

die Unterhaltungen: Goethes ›Unterhaltungen deutscher Ausgewanderter‹ erschienen zuerst in Schillers Zeitschrift ›Die Horen‹ 1795.

Advokatengeschichte: Gemeint ist die ›Geschichte vom Prokurator‹ aus den ›Unterhaltungen‹.

dekontenanciert: aus der Fassung gebracht.

Meister: Vgl. Anm. zu S. 29

35 *die wilde Handlung mit dem Dolche:* Aureliens Dolch in ›Wilhelm Meisters Lehrjahre‹ 4. Buch, 16. Kapitel.

So sicher fahr ich Jason ...: wie die Zauberin Medea ihren Geliebten Jason auf dem Drachengespann.

›Sehe jeder ...‹: Schlußverse in Goethes Gedicht ›Beherzigung‹.

Es sagt's ja die Prinzessin im Tasso auch: Anspielung auf die Worte der Prinzessin in Goethes Schauspiel ›Torquato Tasso‹ (1790): ›Willst du genau erfahren, was sich ziemt; / frage nur bei edlen Frauen an.‹ (II,1).

36 *so ein Buch:* Gemeint ist wahrscheinlich Johann Gottlieb Schummels (1748–1813) anonym 1794 erschienenes Buch ›Die Revolution in Scheppenstedt‹, ein satirisch-aufklärerischer Roman gegen Bildungsphilistertum und Fortschrittsfeindlichkeit.

Das Gedicht von Goethe: die Distichen ›An die Knappschaft der Friedrichsgrube bei Tarnowitz‹. Goethe besuchte Tarnowitz mit dem Herzog Karl August während der preußischen Manöver in Schlesien im September 1790.

38 *effarouchieren:* erschrecken, kopfscheu werden.

40 *drei Friedrichs von Siegfried:* gewiß eine Anspielung auf den Titel eines gängigen zeitgenössischen Trivialromans.

Rotüriere: gemeines Bürgerweib.

41 *schrecklich! mit den Saiten umgegangen:* Im Sommer 1798 hatte sich das Verlöbnis Rahels mit Karl Friedrich Alexander Graf von Finckenstein (1772–1811) gelöst; selbstquälerische Szenen und Korrespondenzen hatten das Verhältnis belastet.

›Er komme ...‹: in Anlehnung an die Szene Marinelli – Orsina in Lessings Trauerspiel ›Emilia Galotti‹ (1772); IV, 6.

42 *meine Freundin in Prag:* Rahel spielt hier auf die nicht stan-
desgemäße Verbindung zwischen der Gräfin Pachta und
dem Hofmeister und späteren Professor Joseph Georg Mei-
nert (1775–1844) an, die 1797 zustande gekommen war.
Über ihre leidenschaftliche Zuneigung schrieb die Pachta an
Rahel am 3. Mai 1798.

›*Nur die Galeerensklaven* ...‹: Worte Tassos in Goethes ›Torquato Tasso‹ (V,5).

Vivent!: Sie mögen leben!

43 *austérité:* Kasteiung, Strenge, Schmucklosigkeit.

satisfaisiere: ihm Genüge tue, ihn zufriedenstelle.

à discrétion: nach Belieben.

cavalièrement: ungezwungen, anmaßend, rücksichtslos.

rabattieren: Rabatt gewähren, hier in dem Sinne, daß die Bedeutung, zu Brinckmanns Korrespondenzpartnern zu gehören, gering ist, da er als Vielschreiber galt.

44 *distingiere:* unterscheide, hebe heraus.

langueur: Überdruß.

tâche: Aufgabe.

45 *sécurité:* Sicherheit.

au fond de l'Allemagne ...: im tiefsten Deutschland ... die
Erde hatte unter meinen Füßen nachgegeben ... über die
Leidenschaften ... Mit fünfundzwanzig Jahren scheint die
Erde unter unsern Füßen nachzugeben.

47 *appuyiere:* betone es mit solchem Nachdruck.

pour étaler: um es auszubreiten.

›*Frech wohl bin ich geworden* ...‹: Goethes ›Venezianische Epi-
gramme‹ Nr. 74 (1790).

selon moi: meiner Überzeugung nach.

Je suis rassie: Ich bin beruhigt.

52 *Mais je n'ai plus ni caractère ni volonté!* ...: Aber ich habe weder Charakter noch Willenskraft mehr! Sinnlos, schwach
und verächtlich, erwarte ich nichts von Ihnen, und ohne Ziel
wie ohne Hoffnung überlasse ich mich wider Willen dem un-
widerstehlichen Charme, den ich in Ihrer Liebe finde.

Embarras: Hindernis, Verwirrung, Verlegenheit.

53 *Ich habe etwas Schreckliches erlebt:* Anspielung Rahels auf ihren
endgültigen Bruch mit Finckenstein. Vgl. Anm. zu S. 41.

54 *ce que les …:* und was die Franzosen gleichgültig nennen.

55 *Rose:* Rose Robert.

56 *den großen Philosoph und Dichter:* Gemeint ist wahrscheinlich Rahels Bruder Ludwig Robert.

polisson: Schlingel, Gassenjunge, Possenreißer.

57 *et son épouse:* Gattin, Ehefrau.

60 *Feu:* ehemaliger Diener in Rahels Elternhaus.

Fink: Karl von Finckenstein. Vgl. Anm. zu S. 41 und S. 53.

61 *mit der Gräfin:* Rahel war im Juli 1800 in Begleitung der Gräfin Karoline von Schlabrendorff (1761–1833) nach Paris gereist, wo sie bis Mai 1801 blieb, um dann über Amsterdam, wo sie ihre Schwester Rose besuchte, nach Berlin zurückzureisen.

62 *Citoyenne:* Bürgerin, Anrede während der Französischen Revolution.

façon de parler: Redensart.

fatiguiert: ermattet, ermüdet.

comment trouvez-vous cela?: Wie finden Sie das?

hélas: ach!, leider!

Fatiguen mit der Gräfin: Mühen, Strapazen. Vgl. Anm. zu S. 61

63 *Armide:* 1777 entstandene Oper von Christoph Willibald Gluck (1714–1787).

Merope: 1743 entstandenes Drama von Voltaire (1694–1778).

eh bien! le même empressement: dennoch dieselbe Dienstbeflissenheit.

contenance: Haltung.

65 *mein Galeerensklave:* Anspielung auf die Worte Tassos in Goethes ›Torquato Tasso‹ (V,5): ›Nur die Galeerensklaven kennen sich, / Die eng an eine Bank geschmiedet keuchen.‹

66 *Ich bin verwundet …:* Vgl. Anm. zu S. 41 und S. 53.

›*Er komme …‹:* Vgl. Anm. zu S. 41.

67 *meinen Freund:* Karl von Finckenstein.

68 *quinzaine:* (richtiger) quinze jours, vierzehn Tage.

69 *Christel:* Christiane Dorothea Eigensatz, eine junge Schauspielerin, die im Hause Levin verkehrte. Eine Freundin von Friedrich Gentz.

de but en blanc: ganz unvermittelt.

Purim: das jüdische Losfest, mit einem Festmahl begangen zur Erinnerung an die Errettung des jüdischen Volkes (vgl. Das Buch Esther 9,17 ff.)

Point du tout: keineswegs.

anniversaire: Jahrestag.

»God save ...«: parodistische Abwandlung der englischen Königshymne – ›Gott erhalte groß Georg, die Schwester‹.

magnanimer: großmütiger.

70 *Soirée:* Abendgesellschaft, Rahels regelmäßige Salonabende in ihrer ›Dachstube‹ in der Jägerstraße.

71 *turpitude:* Schmach, schmählicher Zustand.

›*Wie sonderbar ...‹:* Ausspruch Aureliens in Goethes Roman ›Wilhelm Meisters Lehrjahre‹ (IV,20). Rahel hat ihn oft zitiert und noch 1832 gilt er Varnhagen von Ense als Interpretament Rahels in seiner Rezension ›Im Sinne der Wanderer‹.

72 *Mein Dichter!:* Goethe.

73 ›*Diese Lücke ...‹:* Anspielung auf Goethes Briefroman ›Die Leiden des jungen Werthers‹ (1774): ›Ach diese Lücke! diese entsetzliche Lücke, die ich hier in meinem Busen fühle!‹ (II, Am 19. Oktober).

74 *des unzufassenden Verlustes:* die Erkenntnis von der Endlichkeit des Lebens, mit zunehmendem Alter von Rahel häufig als ›das große Defizit‹ bezeichnet.

inadvertance: Unaufmerksamkeit, Versehen.

75 *imbécile:* Schwachkopf, Einfältiger.

Frau von F.: Rebekka Friedländer.

76 *Ennui:* Langeweile.

77 *Le cœur foulé:* das Herz zertreten; etwa in dem Sinne: das Herz tut weh!

inkommodiert: belästigt.

Krob: Gesindel.

›*Que je sache ...‹:* Ich wüßte gern, liebe Kleine, ob Sie den Abend zu Hause verbringen. Es kommt mir vor, als wäre es zehn Jahre her, seit wir uns zuletzt gesehen; dann wieder denke ich, es war gestern und wünschte, es wäre heute.

78 *zu Fichte:* Rahel hörte Fichtes Vorlesungen, später vor allem die ›Reden an die deutsche Nation‹ (gehalten im Winter 1807/08).

›sich die Knoten …‹: Anspielung auf den Kerkermonolog in Goethes ›Egmont‹: ›Süßer Schlaf! … Du lösest die Knoten der strengen Gedanken.‹ (IV, Gefängnis).

79 *Macbeths Hexen:* Bei ›Donner und Blitz und Regenschauer‹ treffen sich die drei Hexen in William Shakespeares ›Macbeth‹ (I,1 und 3).

80 *odiöser:* gehässiger, unausstehlicher, widerwärtiger.

›*Dahin! dahin!*‹: Mignons Lied in Goethes Roman ›Wilhelm Meisters Lehrjahre‹ (III,1).

simulacre: Götzen- oder Trugbild, Scheinhandlung.

81 *sagt Lear:* Nicht Lear, sondern der Narr sagt zu Lear: ›Ich bitt' dich Gevatter, sage mir, ist ein Wahnwitziger ein Edelmann oder ein Bürgersmann?‹ William Shakespeare, König Lear (III,6).

›*Der laute Schrei des Schmerzes*‹: Anspielung auf Tassos ›Und wenn der Mensch in seiner Qual verstummt, / Gab mir ein Gott, zu sagen, wie ich leide.‹ Goethe, Torquato Tasso (V,5).

84 *einem mächtigen Dichter:* Goethe in seinem Roman ›Wilhelm Meisters Lehrjahre‹ (1796).

85 *exquis:* ausgesucht, auserlesen.

Effronterie: Frechheit, Unverschämtheit.

87 ›*Ist es edler …*‹: Anspielung auf Hamlets Monolog ›Sein oder Nichtsein – das ist hier die Frage: / Ob's edler im Gemüt, die Pfeil' und Schleudern / Des wütenden Geschicks erdulden, oder / Sich waffnend gegen eine See von Plagen / Durch Widerstand sie enden …‹. William Shakespeare, Hamlet (III,1).

cachot: finsteres Gefängnis, strenger Arrest.

88 *Clabaudagen:* Gekläffe, Gekeife (von clabaud: Jagdhund, Kläffer).

90 *à généraliser:* verallgemeinert.

91 *Mein Ausziehen:* Rahel hatte sich mit ihrer Mutter überworfen und zog aus der Wohnung in der Jägerstraße aus in die Charlottenstraße. Varnhagen ging zum Studium nach Tübingen.

92 *meinen Ring:* der in Rahels ›Verfügung‹ vom 23. April 1816 (in unserer Ausgabe S. 262) erwähnte Smaragden- und Perlenring, ein Geschenk ihrer Mutter.

élan: Drang, Regung, Aufschwung.

Allheilende Kraft ...: Anspielung auf die Verse in Goethes Gedicht ›Adler und Taube‹: ›Allgegenwärtiger Balsam / Allheilender Natur.‹

94 *Sie Taubensträßler:* Anspielung auf Gentz' Wohnung in der Taubenstraße in Berlin, einer Parallelstraße zur Jägerstraße.

Tournüre: Wendung, hier im Sinne einer vorübergehenden Stimmung.

Pauline: Pauline Wiesel (1779–1848) war im Sommer 1808 mit ihrer Tochter von Berlin aus in die Schweiz gezogen.

ein Freund: Karl August Varnhagen, den Rahel im Frühjahr kennengelernt hatte.

95 *eine Societät Krob:* eine liederliche Gesellschaft. Vgl. Anm. zu S. 77.

97 *ein Höke:* ältere Form von Höker (Kleinhändler, Krämer, einer, der seine Waren auf dem Rücken huckt, schleppt).

99 *éclat:* Aufsehen.

102 *Louis' Geliebte:* Henriette Fromm, die morganatische Gattin des 1806 bei Saalfeld gefallenen Prinzen Louis Ferdinand.

Ein Lothario: In ihrem Briefe an eine Gräfin*** vom 11. Oktober 1808 (in unserer Ausgabe S. 98ff.) macht sich Rahel zur Anwältin eines betrogenen Mädchens. Lothario ist eine Gestalt aus Goethes Roman ›Wilhelm Meisters Lehrjahre‹; Jarno, in dem gleichen Roman, erbietet sich, die von Lothario verlassene Lydie zu heiraten (VIII,7).

Banquos Geschlechte: Anspielung auf die Geisterszene in William Shakespeares ›Macbeth‹ (IV,1). Unter den von den Hexen beschworenen Geistern tritt auch der von Macbeth ermordete Banquo auf.

103 *Schanzlöper:* langer Reiserock oder Regenmantel mit breitem Überfallkragen.

die Szenen: William Shakespeare, Othello (I,3); die Achill-Szene ist nicht nachweisbar, möglicherweise ist Pierre Corneilles ›La mort d'Achille‹ (1673) gemeint.

104 *goutiere:* kosten, schmecken, genießen.

»Quelle profonde connaissance ...«: Welche tiefe Erkenntnis des menschlichen Herzens!

»Il était au parterre ... le serait jamais!«: Er saß im Parterre, um Tartuffe zu sehen; und er war davon so entzückt, daß er

dauernd sagte: oh! oh! wie ist das schön, göttlich, bezaubernd! Zuletzt Empfindungsworte; jemand, der vor ihm saß, sagte schließlich zu ihm: Monsieur, Sie vergessen, daß Sie sich an einem öffentlichen Ort befinden und nicht allein sind! Wie, schrie Piron, Gefühlloser! Haben Sie denn überhaupt kein Herz? Wissen Sie nicht, daß, wenn dieses Stück nicht geschrieben worden wäre, es niemals geschrieben würde!

107 *Camera obscura:* ›dunkle Kammer‹, Lochkamera, deren Optik genaue Abbilder erzeugt.

108 *den Sigurd:* Gemeint ist Friedrich de la Motte Fouqués 1808 erschienenes Heldenspiel ›Sigurd, der Schlangentöter‹, der erste Teil der Trilogie ›Der Held des Nordens‹.

110 *Ardinghello:* Wilhelm Heinses (1747–1803) Roman ›Ardinghello und die glückseeligen Inseln‹ erschien 1787, in zweiter verbesserter Auflage 1794.

Schlegels Gemäldebeschreibung: Friedrich Schlegels christlich-religiös betonte und sich polemisch gegen die klassizistische Kunstauffassung Goethes richtende Aufsätze über die Malerei in seiner Zeitschrift ›Europa‹ (1803–1805).

Areopag: Hügel in Athen, auf dem im Altertum der Rat des Adels tagte; höchster Gerichtshof.

Forster in seinen Ansichten: Georg Forsters (1754–1794) ›Ansichten vom Niederrhein‹, sein wohl berühmtestes Buch, waren 1791 erschienen. Die Reise nach Brabant, Flandern, Holland, England und Frankreich fand 1790 in Gesellschaft des jungen Alexander von Humboldt, der in Rahels Salon verkehrte, statt.

Apoll von Belvedere: Plastik des Leochares (4. Jh. v. u. Z.) im Vatikan, deren Dresdener Kopie Rahel kannte. Bekannt waren ihr auch Johann Joachim Winckelmanns (1717–1768) feinsinnige Erklärungen alter Kunstwerke, zu denen die ›Beschreibung des Torso im Belvedere‹ (1762) gehört.

111 *›O wie sonderbar …‹:* Vgl. Anm. zu S. 71.

die andere: Im Gespräch mit Wilhelm sagt Werner: ›Es haben die Großen dieser Welt sich der Erde bemächtigt … Der kleinste Raum unsers Weltteils ist schon in Besitz genommen …‹ Goethe, Wilhelm Meisters Lehrjahre (I,10).

112 *was Goethes Carlos dem Clavigo sagt:* Anspielung auf Carlos'
Worte: ›Es ist nichts erbärmlicher in der Welt als ein unent-
schlossener Mensch, der zwischen zweien Empfindungen
schwebt, gern beide vereinigen möchte und nicht begreift,
daß nichts sie vereinigen kann als eben der Zweifel, die Unruhe, die ihn peinigen.‹ Goethe, Clavigo (IV, Clavigos Wohnung).

113 *die arme alte Frau:* Rahels Mutter.

114 *chezelle:* Wohnung, Zuhause.

115 *agrément:* Annehmlichkeit, Vergnügen.

116 *mit Lapinschen Anekdoten:* französisch-umgangssprachlich bedeutet Lapin Kerl, also hier im Sinne von ›Männer‹-Anek-
doten.

117 *maréchaussée:* Marschallsgericht, auch Polizeiwache zu
Pferde, Gendarmerie.

119 *relâche:* Erholung, Rast.

120 *weil wir uns getrennt haben:* Am 13. Juni reisten Varnhagen
und Alexander von der Marwitz über Schlesien in das öster-
reichische Hauptquartier. Varnhagen wurde als Fähnrich im
Infanterie-Regiment Vogelsang dem Obersten Wilhelm Graf
zu Bentheim unterstellt. Am 5. Juli wurde er in der Schlacht
bei Wagram gegen die Franzosen verwundet und kam ins
Spital nach Zistersdorf bei Wien.

120 *Lâche:* locker, schlaff, kraftlos.

Sein Bruder: Eberhard von der Marwitz, als österreichischer
Leutnant im Mai 1809 bei Aspern schwer verwundet. Er
starb am 9. Oktober 1809 in Nikolsburg in Mähren.

Hypochondrie: Ängstlichkeit.

122 *stagnant:* beharrlich, unveränderlich.

123 *Ihr Kind:* Fouqués Tochter Marie.

Hanne: die älteste Tochter von Rahels Bruder Markus.

124 *Jean Paul Richters Rezensionen:* Jean Paul hatte Fouqués ›All-
win‹ (1808), das Heldenspiel ›Sigurd der Schlangentöter‹
(1808) und die Heldenspieltrilogie ›Der Held des Nordens‹
(1810) besprochen.

Sigurd: Fouqués 1808 erschienenes Heldenspiel ›Sigurd der
Schlangentöter‹, das Rahel überaus lobte in ihrem Brief vom
14. Mai 1809.

Prosodie: Lehre von der Behandlung der Sprache im Vers, vieldeutiger Begriff der Metrik.

125 *Ressort:* hier im Sinne von Trieb- oder Springfeder.

127 *ein Verhältnis:* mit Karl August Varnhagen seit dem Frühjahr 1808.

Numancia: Drama von Miguel de Cervantes (1547–1616), das Fouqué übersetzt hatte.

Goethens Roman: ›Die Wahlverwandtschaften‹ (1809).

130 *der Guten:* Wahrscheinlich ist Rebekka Friedländer (nach dem Übertritt zum Christentum nannte sie sich Regina Frohberg) gemeint. Rahel war mit ihr befreundet (siehe Verzeichnis der Briefempfänger).

131 *der englische Dichter:* William Shakespeare; das Zitat ist nicht nachweisbar.

Revers: Kehrseite.

132 *›verstehe aber …‹:* Anspielung auf die Worte des Prinzen in Goethes ›Torquato Tasso‹ (I,1): ›Ich freue mich, wenn kluge Männer sprechen, / Daß ich verstehen kann, wie sie es meinen.‹

Von der Dachstube: Vgl. Anm. zu S. 91.

133 *›Die Menschen …‹:* in Goethes Roman ›Die Leiden des jungen Werthers‹ (1774).

134 *regrets:* Leid, Bedauern, Reue.

deployieren: entfalten, ausbreiten, ausspannen.

137 *Lassen Sie Ihrem Körper …:* Rahels Genesungswünsche für den erkrankten Marwitz.

avortiert: verkümmert, mißglückt.

138 *›die Berührung des Gemeinen …‹:* Anspielung auf Hamlets Monolog in Shakespeares ›Hamlet‹ (I,4).

139 *wie Hamlet seiner Mutter rät:* in Shakespeares ›Hamlet‹ (III,4).

employierte: gebrauchte, beschäftigte.

140 *Staatssekretär der Elisabeth:* in Schillers Trauerspiel ›Maria Stuart‹ (IV,11).

142 *So sank Louis:* Prinz Louis Ferdinand von Preußen fiel am 10. Oktober 1806 bei Saalfeld gegen eine französische Übermacht.

Paulinens letzten Brief: Pauline Wiesel, seit dem Frühjahr 1804 die Geliebte Prinz Louis Ferdinands von Preußen.

Nach dessen Tod verließ sie Berlin. Mit den Varnhagens befreundet.

144 *Herzens-morgue:* Die Morgue war das Leichenschauhaus an der Seine in Paris. Dort wurden die Ertrunkenen ausgestellt und identifiziert.

145 *›Wäre nur das Mögliche möglich‹:* Anspielung auf einen von Rahel oft zitierten Ausspruch Aureliens in Goethes Roman ›Wilhelm Meisters Lehrjahre‹. Vgl. Anm. zu S. 71.

Talbotschen Laune: in Schillers romantischer Tragödie ›Die Jungfrau von Orleans‹ (III,6. Sterbeszene des englischen Feldherrn Talbot).

Effort: Anstrengung.

146 *über Adel und des Bruders Geschichte:* Alexanders Bruder Friedrich Ludwig August von der Marwitz (1777–1837) war der Führer des märkischen Adels aus konservativ-ständischer Gesinnung, ein Gegner Hardenbergs und der preußischen Reformer.

unerwartete Gefälligkeit: Im Juni 1811 gehörten die Varnhagens zum näheren Kreis um Beethoven in Teplitz.

148 *Undine:* Fouqués Erzählung war 1811 im Frühlingsheft der Zeitschrift ›Die Jahreszeiten. Eine Vierteljahrsschrift für romantische Dichtungen‹ erschienen.

Todesbund: Der Roman ›Der Todesbund‹ von Fouqué erschien 1811 anonym.

Geschichte eines jungen Wahnsinnigen: Fouqués Novelle ›Ixion‹.

150 *Kontestation:* Auseinandersetzung.

152 *Kleists Tod:* Heinrich von Kleist hatte sich am 21. November 1811 gemeinsam mit Henriette Vogel am Wannsee bei Potsdam erschossen.

153 *imbécile:* Schwachkopf, Einfältiger.

deteriorieren: verschlechtern, beschädigen.

eine Frau: Henriette Vogel.

Goethens Brief: Varnhagen hatte die Goethe betreffenden Stellen aus seinen und Rahels Briefen zusammengestellt und an Goethe geschickt mit der Bitte, sie veröffentlichen zu dürfen. Goethe antwortete am 10. Dezember 1811 wohlwollend, charakterisierte treffend die Verfasser und stellte die Drucklegung in Aussicht. 1812 erschien in Cottas ›Morgenblatt für

gebildete Stände‹ diese Korrespondenz unter dem Titel
›Über Goethe. Bruchstücke aus Briefen.‹

154 *Adoration:* Anbetung.

Monbijou: Schloß und Park Monbijou in Berlin, erbaut von
Eosander und Unger.

sein Leben: Für 1812 war angekündigt ›Aus meinem Leben.
Dichtung und Wahrheit‹, Goethes Autobiographie.

Die Propyläen: Goethes Kunstzeitschrift (1798–1800).

Plöter: wahrscheinlich von ›Krethi und Plethi‹; König Da-
vids Leibwache bestand aus fremden Söldnern, Kretern und
Philistern (2. Samuel 8,18). Später als geflügeltes Wort für
›gemischte Gesellschaft‹.

155 *Brentanos Brief:* Rahel und Brentano kannten sich seit 1809,
sie vermittelte auch die Bekanntschaft zwischen ihm und
Varnhagen 1811 in Teplitz. Ein heftiges Zerwürfnis zwischen
beiden, Varnhagen ohrfeigte Brentano und konfiszierte dessen Trauerspiel ›Aloys und Imelde‹, konnte erst 1814 durch
Rahels Vermittlung geschlichtet werden. Anfang Januar
1812 hatte Brentano an Rahel geschrieben.

156 *sein Stück:* Anfang 1812 begann Brentano mit der Arbeit an
dem Schauspiel ›Die Gründung Prags‹, dem er den Libussa-
Stoff zugrunde legte.

plaisant: drollig, kurzweilig, lächerlich.

157 *Streit:* Vgl. Anm. zu S. 155.

weisen gütigen Brief: Vgl. Anm. zu S. 153.

Konfident: Vertrauter, Busenfreund.

Volumes: Bände (im Sinne von sehr viel).

158 *beauté:* Schönheit.

160 *événement:* Ereignis.

161 *Dein Brief an Goethe:* Vgl. Anm. zu S. 153. Varnhagen hatte
am 3. Februar 1812 wiederum an Goethe geschrieben und
diesem eine begeisterte Schilderung von Rahels Persönlichkeit gegeben.

›Allgegenwärt'ger Balsam ...‹: Vgl. Anm. zu S. 92.

162 *Chauffeurs:* Heizer, Fahrer; hier der Name einer Räuber-
bande, die 1797 einige mittelfranzösische Departements ver-
unsicherte.

Septembriseurs: Bezeichnung für diejenigen, die unter der Justizministerschaft Dantons (1759–1794) vom 2. bis 6. September 1792 die vornehmlich royalistischen und klerikalen Gefangenen niedermetzelten.

163 *Vilains:* Bauern, Lehensleute.

ein altes Buch: wahrscheinlich Moses Mendelssohns Schrift ›An die Freunde Lessings‹ (1786), die als Replik auf Friedrich Heinrich Jacobis (1743–1819) Lessing-Invektiven entstanden war.

die Schrift eines englischen Juden: Mendelssohns Übersetzung von Manasse Ben Israels (1604–1657) ›Conciliador‹. Die politische Tätigkeit zeichnete den Autor als Vorkämpfer für die Rechte der Juden aus.

165 *Rebenstein:* Sänger in Berlin.

Disgust: Ekel; umgangssprachl.: widerwärtiger Mensch.

167 *›Von den Gemütsbewegungen‹ … ›vom Geiste‹:* Beide Traktate stehen in der ›Ethik‹ (1677) des jüdischen Philosophen Benedikt Baruch Spinoza (1632–1677).

Das schönste Gebet: Goethes ›Faust I‹, die Szene in Marthens Garten, Verse 3442 ff.

168 *pour me plaire:* um mir zu gefallen.

employé: Angestellter.

169 *›Des Lebens Baum …‹:* Anspielung auf Mephistos Worte in der Schülerszene in Goethes ›Faust I‹, Verse 2038 ff.

eine Ode: Friedrich Müller (1749–1825), genannt Maler Müller, ist als Sturm- und Drang-Dichter durch seine Idyllen und ›Faust‹-Fragmente bekannt.

Kaprifolium: Geißblatt.

171 *de plain pied:* mit Leichtigkeit, leichten Fußes.

174 *Triumph der Empfindsamkeit:* Goethes parodistische Verspottung des Gefühlskultes war als Stück für das Weimarer Liebhabertheater entstanden und 1787 erschienen.

175 *Novalis sagt:* Im ›Allgemeinen Brouillon‹ (1798–1799) findet man den Satz ›Die Liebe ist der Endzweck der Weltgeschichte – das Unum des Universums.‹ In diesem Sinne zitiert Rahel frei, ähnliche Gedanken bestimmen auch die Fragmente und Studien (1799–1800).

Thekla: Prinzessin von Friedland, Wallensteins Tochter in Schillers ›Die Piccolomini‹ und ›Wallensteins Tod‹ (1799).

Gurli: Gestalt aus August von Kotzebues (1761–1819) Schauspiel ›Die Indianer in England‹ (1790).

178 *sans phrase:* ohne Phrase, Redensart.

179 *die ersten Schritte:* Mitte März war Varnhagen in Hamburg als Sekretär in den Stab des russischen Obersten Friedrich Freiherr von Tettenborn (1778–1845) eingetreten. Unter ihm nahm er an den Kriegszügen gegen Napoleon teil.

Wittgensteins Proklamationen und Aufrufe: Ludwig Adolf Fürst von Sayn-Wittgenstein (1769–1843) kämpfte als russischer General gegen Napoleon. Er befreite im Januar 1813 Königsberg, am 10. März 1813 Berlin von den Franzosen.

Bouché: Berliner Restaurant.

180 *dem Obristen:* Tettenborn. Vgl. Anm. zu S. 179.

181 *rustre:* flegelhaft.

183 *Der Deutsche Beobachter:* Zeitung, in der auch Varnhagen über Tettenborns hamburgische Kriegszüge berichtete.

186 *›Ich bin entzückt‹:* Tasso in Goethes ›Torquato Tasso‹ (I,4): ›Abwesend schein ich nur, ich bin entzückt!‹

189 *sous la dictée:* nach Diktat.

Chevere-Frau: Rahel war im Mai 1813 von Berlin nach Prag geflohen. Dort wohnte sie bei der Schauspielerin Auguste Brede. Nach der Schlacht bei Kulm am 30. August nahm sie sich der Versprengten und Verwundeten an.

191 *Rodomont:* nach einer Figur in Ariosts (1474–1533) ›Rasendem Roland‹ ein Großsprecher und Prahler.

193 *Acceß:* französisch: accès, hier Fieberanfall, Anwandlung.

194 *Tilsit:* Anspielung auf den für Preußen schmachvollen Frieden von Tilsit vom 9. Juli 1807, der für Preußen umfangreiche Gebietsverluste und eine Verfestigung der Kontinentalsperre brachte.

195 *geschichtliche Schriften:* Varnhagens ›Geschichte der hamburgischen Begebenheiten während des Frühjahrs 1813.‹ Vgl. Anm. zu S. 179.

196 *engourdiert:* erstarren gemacht, hier im Sinne von ermüdet, gelangweilt.

›Aussicht der Gegenwart‹: Der Aufsatz Varnhagens erschien in der von ihm mitherausgegebenen ›Zeitung aus dem Feldlager‹ (Nr. 8 vom 16. Oktober 1813). Vgl. Anm. zu S. 179.

Danzig: Im November 1813 wurde die Stadt nach längerer Belagerung durch russische Truppen von den Franzosen befreit, die sich hier auf dem Rückzug aus Rußland verschanzt hatten.

197 *equipiere:* ausstatte, rüste aus.

198 *de but en blanc:* ganz unvermittelt.

199 *Evénements:* Ereignisse, Begebenheiten.

Kulmer Schlacht: Am 30. August 1813 siegten die Preußen über die Franzosen unter General Vandamme.

Wirtin: Vgl. Anm. zu S. 189.

200 *crescendo, und -dissime:* wachsend, lauter werdend. Im Sinne von immer unerträglicher werdend.

201 *Schlacht in Frankreich:* General Blüchers Sieg über Napoleon am 1. Februar 1814 bei La Rothière.

sein eines Auge: Johann Gottlieb Fichte war am 29. Januar 1814 in Berlin gestorben. Mit dem ›anderen‹ meint Rahel Goethe.

203 *Kourbatüre:* Steifheit, Zerschlagenheit der Glieder.

Soulagement: Erleichterung, Unterstützung.

206 *Die Geschichte …:* Diderots (1713–1784) Roman ›Jacques, der Fatalist, und sein Herr‹ erschien 1778/80. Schiller brachte 1785 in der ›Rheinischen Thalia‹ unter dem Titel ›Merkwürdiges Beispiel einer weiblichen Rache‹ die Episode der Madame de la Pommeraye heraus.

207 *›daß jeder Fluß … O wie sonderbar …‹:* Vgl. Anm. zu S. 71.

208 *Marwitzens Tod:* Alexander von der Marwitz war am 11. Februar 1814 in der Schlacht bei Montmirail gefallen.

209 *radotiert:* schwatzt, faselt.

210 *Sotte!:* Dummkopf, Närrin.

inquiétude: Unruhe, Besorgnis.

211 *les fleurs s'en moquent:* die Blumen spotten darüber.

213 *à tantôt!:* bis gleich!

214 *fatiguiert:* ermüdet.

versatiler: beweglicher, gewandter.

215 *über Napoleon:* Er hatte seinen Verbannungsort, die Insel Elba, verlassen und war am 1. März 1815 in Cannes an der französischen Südküste gelandet.

216 *vous ne savez donc rien!:* Sie wissen auch gar nichts!

Proklamation: Am 12. März 1815 wurde auf dem Wiener Kongreß die Ächtung Napoleons und aller zu ihm übergelaufenen Truppen beschlossen. Urheber der Proklamation waren Talleyrand und Gentz.

Kombustibles: Brennbares, Zündstoff.

217 *habitués:* vertraute Freunde.

218 *aménité:* Liebenswürdigkeit, Leutseligkeit.

De par tous les diables: In drei Teufels Namen.

voilà le fait ...: So sieht es aus, was geschehen soll.

219 *Dîné:* Abendessen.

220 *bongue bongue:* Bonbons.

char-à-bancs: Fremdenwagen, später für ein Gefährt gebräuchlich, mit dem Rundfahrten mit erläuternden Begleitern durchgeführt wurden.

221 *Importuns:* Störenfriede.

präveniere: warne.

222 *wie der von Elba:* Vgl. Anm. zu S. 215.

224 *Schmetten:* wienerischer Ausdruck für Milchrahm.

224 *Schönes von Saint-Martin:* Rahel kannte die Schriften des französischen Theosophen und Jakob Böhme-Übersetzers Louis-Claude Marquis de Saint-Martin (1743–1803) sehr gut. Varnhagen gab aus ihrem Nachlaß eine Auswahl des ›Cherubinischen Wandersmanns‹ von Angelus Silesius (vgl. Anm. zu S. 296) und Schriften Saint-Martins heraus, beide mit Anmerkungen Rahels.

225 *Mucken, Karessen, Prätensionen:* Launen, Schmeicheleien, Ansprüche.

226 *séance:* Sitzung.

je ne dirai ...: Ich sage nichts mehr an diesem Abend.

228 *Vorpostengefecht:* Ein preußisches Heer unter Blücher und ein englisch-deutsches Heer unter Wellington wurden in Belgien zusammengezogen. Nach einigen vorbereitenden Schlachten kam es dann am 18. Juni 1815 bei Belle-Alliance (Waterloo) zum gemeinsamen Sieg und zur entscheidenden Niederlage Napoleons.

Simson: Gestalt aus dem alttestamentalichen Buch der Richter. Häufig verwendeter Stoff in Literatur, Musik und bildender Kunst. Welches Stück Rahel meint, ist nicht auszumachen, möglicherweise das häufiger gespielte Simson-Stück (1703) von Christian Weise.

fêtieren: feiern.

Jean de Paris: Oper von François-Adrien Boieldieu (1775–1834), 1812 entstanden.

travestiert: ins Lächerliche gezogen.

231 *von unserm Sieg:* Vgl. Anm. zu S. 228.

terreur: Schrecken.

235 *mit Goethen gleich zu denken:* Varnhagen hatte in einem Brief aus Frankfurt am Main vom 8. Juli 1815 über Gespräche berichtet, in denen auch Goethes Meinung über Napoleon – eine ›merkwürdige Naturerscheinung‹ – erörtert worden war.

prophezeien, auch rückwärts: Anspielung auf Friedrich Schlegels 80. Athenäum-Fragment (1798), der Historiker sei ein ›rückwärts gekehrter Prophet.‹

236 *Kaiserin:* Maria Ludovica von Österreich (1787–1816), Gemahlin Franz I., aus dem Hause Modena-Este.

von der Schwelle: Anspielung auf Tassos ›Die Stätte, die ein guter Mensch betrat, / Ist eingeweiht‹ (I,1) aus Goethes ›Torquato Tasso‹.

237 *das Dorf, wovon Goethe so viel schreibt:* Niederrad bei Frankfurt am Main. Vgl. ›Aus meinem Leben. Dichtung und Wahrheit‹ (I,5).

238 *in Goethes Leben:* Goethes Autobiographie ›Aus meinem Leben. Dichtung und Wahrheit‹ erschien seit 1811. Varnhagen hatte die nacheinander erscheinenden Teile rezensiert.

240 *povero vecchio!:* Armer Alter!

Schillers Elisabeth: genau ›Ich schätze keinen Mann mehr‹. (Don Carlos, IV,21).

241 *affadiert:* matt, lustlos gestimmt.

nach F[inckenstein]s Verrat: Vgl. Anm. zu S. 41.

243 *air-marquis et peigné:* ein Luftikus und Struwwelpeter.

245 *der Kongreß:* der Wiener Kongreß der europäischen Großmächte; Varnhagen hatte den preußischen Staatskanzler von Hardenberg 1814/15 in diplomatischer Mission dahin begleitet.

246 *aisance:* Ungezwungenheit.

redressieren: wieder zurechtrücken.

247 *Les acteurs ambulants:* richtig ›Les comédiens ambulants‹, Die fahrenden Komödianten. Musikalischer Zweiakter von François Devienne (1759–1803).

Neys Verteidigung: Michel Ney (1769–1815), Herzog von Elchingen, Fürst von der Moskwa, französischer Marschall unter Napoleon; diente 1814 unter den Bourbonen; lief zu Napoleon über nach dessen Rückkehr von Elba. Nach Napoleons endgültiger Niederlage bei Waterloo wurde Ney am 7. Dezember 1815 standrechtlich erschossen.

248 *prätendierte:* beanspruchte, forderte.

249 *Gretchen:* Goethes Jugendliebe in Frankfurt am Main. Vgl. ›Dichtung und Wahrheit‹. V.

253 *sur chemin et voie:* immer unterwegs.

meine Fluchtreise: im Mai 1813 von Berlin nach Prag. Vgl. Anm. zu S. 189.

assignieren: überweisen.

254 *Pradt sur le congrès de Vienne:* Dominique Dufour de Pradts (1759–1837) ›Der Wiener Kongreß‹ erschien deutsch 1816 in Leipzig in zwei Bänden. Anfänglich ein glühender Anhänger Napoleons, ging de Pradts 1814 zu den Bourbonen über.

257 *›Weihnachtsfeier‹:* Friedrich Daniel Ernst Schleiermachers (1768–1834) Gespräch mit diesem Titel war 1806 erschienen.

nach Lessing: Anspielung auf die Worte des Pirro: ›Laß dich den Teufel bei einem Haar fassen, und du bist sein auf ewig!‹ in Lessings Trauerspiel ›Emilia Galotti‹ (II,3).

258 *zur Schmalzischen Schrift:* Theodor Anton Heinrich Schmalz (1760–1831), konservativer Staatsrechtler, Professor und Rektor an der Berliner Universität, hatte 1815 in einer Flugschrift ›Berichtigung einer Stelle in der Venturinischen Chronik für das Jahr 1808‹ im Sinne der Demagogenverfolgung oppositionelle Regungen und Gesinnungen denunziert. Schleiermacher wandte sich öffentlich gegen Schmalz.

259 *imbécile: schwachsinnig.*

261 *in Goethens Egmont:* Anspielung auf Margaretha von Parmas Worte: ›O mir ist's, als wenn ich den König und sein Conseil auf dieser Tapete gewirkt sähe.‹ (Egmont, III).

Saint-Martin meint: Vgl. Anm. zu S. 224.

263 *Bijouterieen:* Juwelen, Schmuck.

264 *meiner Freundin:* die Briefe Pauline Wiesels. Auch nach Paulinens Fortgang aus Berlin 1808 begegneten sich beide wiederholt, und ihre Korrespondenz ist Ausdruck gegenseitig
tiefen Verständnisses.

267 *Mon-endroit:* Meine Stelle, mein Ort.

268 *Evidenz:* Augenscheinlichkeit.

je suis trop blasée ...: Ich bin zu blasiert über das, was mir
mißfällt.

269 *refuge:* Zuflucht.

271 *Die Stägemannschen Gedichte:* Friedrich August von Stägemann (1763–1840), mit Varnhagen befreundet. Dieser hatte
die ›Kriegsgesänge aus den Jahren 1806 bis 1814‹ in einer
Rezension als patriotische Gedichte gerühmt.

die Räuber von Eßlair: Ferdinand Eßlair (1772–1840), bedeutender österreichischer Schauspieler. Eine seiner Glanzrollen
war der Karl Moor in Schillers ›Räubern‹.

ennuyierten: langweilten.

sans comparaison!: ohne Vergleichung.

272 ›*die Bürgschaft*‹: bekannte Ballade Schillers (1789).

273 *Freimäurer:* bürgerlich kosmopolitisch orientierte, auf Gedanken der Aufklärung aufbauende Männer-Geheimbünde
mit politischen und philanthropischen Zielsetzungen.

éminemment: höchst, im höchsten Maße.

275 *Schleiermachers ... Synodenbericht:* Gemeint ist wahrscheinlich
Schleiermachers Kirchenverfassungsentwurf, entstanden im
Zuge des Aufrufs Friedrich Wilhelms III. zur Union zwi-
schen Lutheranern und Reformierten und deren Synode am
Reformationstag 1817.

276 *Solger:* Karl Wilhelm Ferdinand Solgers (1780–1819) ›Philosophische Gespräche‹ waren 1817 in Berlin erschienen.

278 *Ultramontana:* strenge Katholikin.

279 *Insolvabel:* zahlungsunfähig.

im Clavigo: Vgl. Anm. zu S. 112.

280 *Der Staël ihr Buch:* Das dreibändige Werk ›Considérations
sur les principaux événements de la Révolution française‹
(Betrachtungen über die wesentlichen Begebenheiten der
Französischen Revolution) der berühmten französischen

Schriftstellerin Germaine de Staël-Holstein (1766–1817) war 1818 in der Übersetzung August Wilhelm Schlegels erschienen.

a punto: rechtzeitig.

282 *Recueil de lettres …:* Sammlung von Briefen über die Malerei, die Bildhauerei und Architektur, geschrieben von den größten Meistern des 15. bis 18. Jahrhunderts, übersetzt von L. J. Jay.

Penetration: geistige Durchdringung, Verstandesschärfe.

283 ›*Car malgré tout …‹:* Denn allem Hochmut der schließenden Vernunft zum Trotz richtet sich unser Denken am Ende immer nach unseren Handlungen … Unser Denken richtet sich keineswegs nach unseren Handlungen; diese liefern uns nur den Stoff, den wir bearbeiten sollen; an uns ist es, zu entscheiden, *wie* wir handeln wollen, und dies ist der moralische Punkt, der uns angehört.

sagt Goethe: Anspielung auf den Vers ›Nur allein der Mensch / Vermag das Unmögliche: / Er unterscheidet, / Wählet und richtet …‹ aus ›Das Göttliche‹ (1783).

›*alle andern Tiere …‹:* Anspielung auf die Verse ›Alle die andern / Armen Geschlechter / Der kinderreichen, / Lebendigen Erde / Wandeln und weiden / In dunklem Genuß / Und trüben Schmerzen / Des augenblicklichen, / Beschränkten Lebens, / Gebeugt vom Joche / Der Notdurft.‹ Aus Goethes Hymnus ›Meine Göttin‹ (1780).

Si vous commencez …: Wenn Sie anfangen, das Positive des Lebens zu begreifen.

284 *den Tauler:* die Schriften des Johannes Tauler (um 1300–1361), eines Mystikers und einflußreichen Volkspredigers in Straßburg.

285 *Faire des ingrats:* das Undankbare, Unangenehme tun.

286 *Rottecks Ideen:* Karl Wenzeslaus von Rotteck (1775–1840), Historiker, Vernunftrechtler und Staatswissenschaftler, gehörte als liberaler badischer Politiker zu den Wortführern der Opposition in der Ersten Kammer. Er wurde seines Professorenamtes enthoben.

287 *das Wort von Friedrich Schlegel:* Vgl. Anm. zu S. 235.

288 *pensées diverses:* die ›Verschiedenen Gedanken‹ des konserva-

tiven französischen Staatsmannes und Publizisten Louis Gabriel Ambroise Vicomte de Bonald (1753–1840).

›Les uns savent …‹: Die einen wissen, was sie sind, die anderen fühlen es. Folglich vergißt man, was man weiß und niemals, was man fühlt usw.

289 *in … ihrem Schreibtisch:* Sophie von La Roches (1731–1807) von Richardson und Rousseau beeinflußter ›empfindsamer‹ Roman ›Mein Schreibtisch‹ war 1799 erschienen.

Rousseaus Héloïse: Jean-Jacques Rousseaus (1712–1778) berühmter Briefroman ›Julie oder Die neue Héloïse‹ (1761).

›J'admire combien …‹: ›Ich bewundere, in welchem Maße man Geist haben kann, wenn man nur boshaft sein will, in welchem Maße man große Prinzipien entfalten kann, wenn man nicht auf die der anderen zurückgreifen will, in welchem Maße man gefährliches folgerichtiges Denken zeigen kann, wenn man das seltene Talent besitzt, die Bosheit aus einem Werk zu ziehen, in welchem Maße jedes Moralwerk bösartig werden kann, wenn man den Platz dessen, was in einer bestimmten Reihenfolge geschrieben worden ist, vertauscht, wenn man die Zwischengedanken wegläßt, und wenn man schließlich das Ziel, für das das Ganze verfaßt worden ist, aus dem Auge verliert.‹

291 *un rendez-vous:* ein Treffpunkt.

292 *nach langer Zeit zu Hause:* Im Oktober 1819 kehren die Varnhagens nach Berlin zurück. Varnhagen, seit Juli 1816 preußischer Geschäftsträger am Badischen Hofe zu Karlsruhe, war auf Grund seines liberalen politischen Engagements abberufen worden (Vgl. Verz. der Briefempfänger). Sie wohnten zuerst in der Französischen, dann in der Mauerstraße, wo Rahel ihren ›Salon‹ unterhielt.

chambre garnie: möblierte Wohnung.

der Schütz: Wilhelm von Schütz (1776–1847) war mit Barnime von Finckenstein, einer Schwester von Rahels erstem Verlobten, verheiratet gewesen. Von ihm stammen die Schauspiele ›Lacrimas‹ (1803) und ›Karl der Kühne‹ (1821).

der Schwester von Lesbos: Amalie von Imhoffs (1776–1831) Dichtung ›Die Schwestern von Lesbos‹ war zuerst in Schillers ›Musenalmanach auf das Jahr 1800‹ erschienen.

293 *rempart:* Wall, Bollwerk; im Sinne von sich verschanzen, niemanden an sich heranlassen.

bévue: Versehen, Mißverständnis.

295 *clabaudage:* Gekläff, Geschwätz, Geplapper.

faiseurs: die Macher, Handelnden.

296 *beikommendes Büchlein:* Varnhagen hatte eine Auswahl aus dem ›Cherubinischen Wandersmann‹ des Angelus Silesius (eigentlich Johannes Scheffler, 1624–1677) herausgegeben (1820). Diese Auswahl erschien später vermehrt um Rahels Anstreichungen und Bemerkungen nebst Zitaten aus den Schriften Saint-Martins. Vgl. Anm. zu S. 224.

298 *Lear sagt:* wahrscheinlich eine Anspielung auf Lears Worte ›Willst du mein Los beweinen, nimm meine Augen!‹ (IV,6).

300 *il y a des moments …:* es gibt Momente, wo man nichts machen kann, als zu leben.

300 *C'est fini!:* Es ist aus, vorbei!

ein geschriebnes Gedicht: Friedrich Schlegels ›Klagelied der Mutter Gottes‹ erschien als Einleitung zu dem Gedicht von Anton Passy ›Des Jünglings Glaube, Hoffnung und Liebe‹ in Wien 1821.

307 *›Geneigte Teilnahme …‹:* Goethes Roman ›Wilhelm Meisters Wanderjahre oder Die Entsagenden‹ war im Frühjahr 1821 in erster Fassung erschienen. Varnhagen und sein Freundeskreis besprachen in Gubitz' Berliner Zeitschrift ›Der Gesellschafter oder Blätter für Geist und Herz‹ den Roman und verwiesen neben einer ästhetischen Diskussion auch auf dessen sozialkritischen Gehalt. Goethe antwortete mit einem Dankeswort, zuerst in Cottas ›Morgenblatt‹, dann 1822 in seiner Zeitschrift ›Über Kunst und Altertum‹ abgedruckt.

schwarzen Adlerorden: höchster preußischer Orden, gestiftet 1701 von König Friedrich I.

c'est un hypochondre!: das ist ein Schwermütiger, ein ›eingebildeter Kranker!‹

Rossini tanti palpiti: Gemeint ist die Arie ›Di tanti palpiti‹ aus Gioacchino Rossinis (1792–1868) Oper ›Tancredi‹ (1813).

Webers Jungfernkranz: Chorlied der Mädchen aus Carl Maria von Webers (1786–1826) Oper ›Der Freischütz‹ (1821):

›Wir winden dir den Jungfernkranz ...‹.

315 *Königs Palais:* das ehemalige Berliner Stadtschloß, seit 1697 von Andreas Schlüter (1664–1714) im Barockstil erbaut.

Hensels Bild: Wilhelm Hensel (1794–1861), Maler, später königlicher Hofmaler in Berlin.

316 *Komplaisance:* Gefälligkeit.

kajolieren: schmeicheln.

Non seulement ma tête ...: Nicht allein mein Verstand, sondern auch mein Charakter ist eine Macht; ich langweile mich nicht – natürlich, es sind gewöhnlich andere, die mich ermüden.

317 ›*geschlossenen Handelsstaat*‹: Johann Gottlieb Fichtes (1762–1814) Ausführungen seiner allgemeinen Staatslehre erschienen unter diesem Titel 1800.

Rousseaus Emile: Jean-Jacques Rousseaus Roman ›Emile ou de l'education‹ (Emile oder Über die Erziehung) war 1762 erschienen.

318 ›*Ist es nicht sonderbar ...*‹: Vgl. Anm. zu S. 71.

élans: Begeisterung, Aufschwünge.

319 *Titan:* Der neben Goethes ›Wilhelm Meisters Lehrjahre‹ bedeutendste Erziehungsroman Jean Paul Friedrich Richters (1763–1825) erschien 1800 bis 1803. Rahel gehörte zu den verständnisvollen Anhängern des Dichters.

Novalis über Wilhelm Meister: Novalis, der frühromantische Dichter Friedrich von Hardenberg (1772–1801), hat sich häufig in seinem fragmentarischen und theoretischen Werk über Goethes Roman geäußert. Rahel zitiert hier aus den ›Fragmenten und Studien 1799–1800‹ die unter dem 11. Februar 1800 vermerkte Nr. 135 ›Gegen ‚Wilhelm Meisters Lehrjahre'‹.

Ofterdingen: Novalis' in der Auseinandersetzung mit Goethes ›Wilhelm Meisters Lehrjahre‹ entstandener frühromantischer Künstlerroman ›Heinrich von Ofterdingen‹ erschien ein Jahr nach seinem Tode, 1802.

321 *simulacre:* Trugbild.

323 *Hothos Ramiro:* Heinrich Gustav Hotho (1802–1873), Kunstschriftsteller, später Professor in Berlin, stand als Hegelschüler Varnhagen und dem Kreis um die ›Jahrbücher für

wissenschaftliche Kritik‹ nahe. Sein ›Don Ramiro‹ erschien 1825.

›*Dichterleben‹:* Johann Ludwig Tiecks (1773–1853) Erzählung erschien 1824 in der literarischen Zeitschrift ›Urania‹ bei Brockhaus in Leipzig.

par hasard: zufällig.

Zauberring: Friedrich de la Motte Fouqués Ritterroman ›Der Zauberring‹ erschien 1813.

329 *elle répétait mot …:* Sie wiederholte Wort für Wort, was ich sagen wollte.

330 ›*Labyrinth der Brust‹:* Anspielung auf die letzten Verse in Goethes Gedicht ›An den Mond‹ (1789).

331 *parties de plaisir:* vergnügliche Stellen.

Muskau: Schloß Muskau/Oberlausitz, benachbart dem Schlosse Branitz, den Wohnsitzen von Hermann Fürst von Pückler-Muskau (1785–1871) und seiner Frau, einer Tochter des Staatskanzlers von Hardenberg. Beide gehörten zu den Korrespondenzpartnern und Freunden der Varnhagens, diese waren des öfteren zu Gast in Muskau (Vgl. Verz. der Briefempfänger).

De plain pied: mit Leichtigkeit.

gêne: Zwang, Verlegenheit.

333 *obligées:* unerläßlich.

du rhumatisme …: allgemeines Nervenrheuma.

334 *Contemporaine:* Zeitgenosse, wahrscheinlich Titel eines französischen Journals.

Mémoires des duc de Rovigo: Anne Jean Marie René Savary, Herzog von Rovigo (1774–1833), französischer General unter Napoleon I. Seine Memoiren, ein wichtiger Beitrag zur Zeitgeschichte, erschienen 1828 in Paris.

335 *événement:* Ereignis, Begebenheit.

336 *Pauvre humanité:* Arme Menschheit!

Hebe: antike Göttin der Jugend.

337 *les dames bégueules:* die stammelnden, stotternden Damen.

wegen Lucinde: Roman von Friedrich Schlegel (1772–1829), fragmentarisch 1799 erschienen und wegen seiner ›Frivolität‹ von den meisten Zeitgenossen geschmäht. Der romantischen Preisung der Ehe als einer Glücksgemeinschaft wurde zuerst

Friedrich Daniel Ernst Schleiermacher in seinen ›Vertrauten Briefen über Lucinde‹ (1800) gerecht.

339 *Paganini:* Nicolo Paganini (1782–1840), berühmter Violinvirtuose. Die erwähnte Rezension des Paganini-Konzerts findet sich in der Berliner Spener'schen Zeitung vom 6. März 1829.

nicht Rodes…: Rahel zählt hier namhafte Geigenvirtuosen ihrer Zeit auf, die sie gehört hatte.

Preghiera: das Gebet der Anaide im 4. Akt der Oper ›Mosè in Egitto‹ (Moses in Ägypten, 1818) von Gioacchino Rossini.

340 *›Wer nie sein Brot‹:* Lied des alten Harfenspielers in Goethes Roman ›Wilhelm Meisters Lehrjahre‹ (II,13).

les autres aussi: die anderen auch.

l'avare: ›Der Geizige‹, Komödie von Jean-Baptiste Molière (1622–1673), 1668 uraufgeführt.

341 *Aloys:* autobiographische Novelle von Astolphe Graf von Custine (1790–1857), die 1829 erschienen war.

una povretta: eine Arme.

Konfideration: Ansehen, Achtung, Wertschätzung.

342 *›on ne peut pas …‹:* ›es gelingt niemandem mehr, mich unglücklich zu machen‹.

Ich Aphorismen: Gemeint ist wahrscheinlich ›Aus Denkblättern einer Berlinerin‹ in de la Motte Fouqués ›Berlinischen Blättern für deutsche Frauen‹, 3./4. Heft 1828. Spätere Veröffentlichungen daselbst sind nicht nachweisbar.

›Orientales‹: ›Die Orientalen‹, Gedichte voller romantischer Griechenbegeisterung von Victor Hugo (1802–1885), erschienen 1829.

344 *sauf le pédantisme …:* mit Ausnahme des Pedantismus, dem ich auf dreißig Meilen in der Runde den Garaus mache.

des Königs von Bayern Gedichte: Die Gedichte Ludwigs I. Karl August, König von Bayern, erschienen in vier Bänden ab 1829 in München.

Vorfall in Wilhelm Meister: die Begegnung Lotharios mit der Pächterstochter, seiner früheren Geliebten, in Goethes Roman ›Wilhelm Meisters Lehrjahre‹ (VII,7).

Rousseaus ganzen Brief: Vgl. Anm. zu S. 289.

346 *wie Roller vom Galgen:* Anspielung auf Friedrich Schillers Schauspiel ›Die Räuber‹ (II,3).

saccagiert: geplündert.

348 *zum surlendemain:* für den übernächsten Tag.

Hepp: der antisemitische Spottruf ›Hepp! hepp!‹, der den Juden nachgerufen wurde.

Unducht: grobe Ungehörigkeit.

Packenmaterie: umschreibender Ausdruck für das Judentum.

352 *zwei gedruckte Hefte:* Vgl. Anm. zu S. 342.

Erwähnung Heines: Am 22. September 1830 hatte Friedrich Gentz aus Wien an Rahel seine Leseeindrücke von Heines ›Reisebildern‹ und dem ›Buch der Lieder‹ mitgeteilt.

353 *die Zueignung an mich:* Der Zyklus ›Die Heimkehr‹ im ersten Band der ›Reisebilder‹ (1826) von Heinrich Heine war ›der Frau Geh. Legationsräthin Friederike Varnhagen v. Ense‹ gewidmet.

das eine Seebild: Heines Gedicht ›Die Götter Griechenlands‹ in dem zweiten Zyklus der Abteilung ›Die Nordsee‹.

354 *Odiöse:* abscheuliche.

355 *passionnément:* leidenschaftlich.

Königs-Geburtstag: Der 3. August war der Geburtstag des preußischen Königs Friedrich Wilhelm III. (1770–1840).

356 *la ville et la cour ...:* die Stadt und der Hof, oder vielmehr der Hof und folglich die Stadt.

357 *Adieu! à demain ...:* Leben Sie wohl! auf morgen! ein Augenübel, das ich schonen muß, zwingt mich, die Feder hinzulegen. Guten Tag!

Enfin: endlich, schließlich.

faux-frais: unvorhergesehene Ausgaben.

359 *humainement vu:* menschlich gesehen.

360 *ist Robert weg:* Der Bruder Ludwig Robert war am 5. Juli 1832 in Baden-Baden gestorben.

361 *Dore vous salue:* Dore läßt euch grüßen.

Verzeichnis der Briefempfänger

Boye, Wilhelmine Baronin von, geb. Bernhard, mit einem schwedischen Major in Stralsund, später mit einem Grafen Sparre verheiratet. Mit Rahel seit Anfang der neunziger Jahre befreundet. Schwester von Philippine Cohen, in deren Hause Rahels späterer Mann Varnhagen 1803/04 eine Erzieherstelle innehatte. Freundin Jean Pauls, Fichtes und Friedrich Schlegels. 53, 66.

Brede, Auguste Henriette, geb. Eulner (1786–1859), Schauspielerin in Stettin, Leipzig, Dresden und Prag, später Hofschauspielerin in Stuttgart und Wien. Als Rahel im Mai 1813 vor den Kriegswirren aus Berlin nach Prag floh, nahm die Brede die Kranke in ihrem Hause auf und pflegte sie. Von da an datiert eine vertrauliche Freundschaft. Engere Beziehungen unterhielt sie zu dem Major Karl von Nostiz, dem ehemaligen Adjutanten des Prinzen Louis Ferdinand von Preußen, der in den neunziger Jahren in ihrem Salon in der Jägerstraße verkehrte. 295.

Brinckmann, Karl Gustav von (1764–1847), schwedischer Legationssekretär und Diplomat in Berlin, Paris und London. Er hatte in Niesky und Barby eine herrnhutische Erziehung genossen, war mit Schleiermacher befreundet, verkehrte mit Gentz und Wilhelm von Humboldt. Er besaß vielfältige literarische Interessen und galt unter seinen Zeitgenossen als außerordentlicher Briefschreiber.
In einem Brief, den Brinckmann 1834 nach Rahels Tod an Varnhagen von Ense schrieb, charakterisiert er subjektiv tief-empfunden die geistige Welt Rahels und ihrer beider Freundschaft und Zuneigung. ›Vielleicht gehörte aber auch eine solche *Allseitigkeit* des Geistes dazu, wie die ihrige, um auch aus noch so gemischten

Gesellschaftsverbindungen nicht bloß Vergnügen, sondern Nutzen zu schöpfen. So reich ihre Menschenkenntnis war, so bewunderungswürdig gewandt und leicht abgewogen war ihre *Behandlung* der verschiedensten, sich einander oft völlig widersprechenden Charaktere ... In meiner Seele las sie, wie in einem offenen Buche *mit breiten Rändern,* wo sie überall etwas hinzuschrieb und verbesserte; und wo irgend die Handschrift meines unruhigen Geistes mir selbst unleserlich schien, entzifferte *sie* solche oft schneller und fertiger als ich selbst.‹ (Varnhagen von Ense, Vermischte Schriften Bd. 3, S. 234 ff. Leipzig 1876). 9, 13, 28, 43, 289.

Custine, Astolphe Marquis de (1790–1857), französischer Schriftsteller, Enkel des Generals der französischen Revolutionsarmeen Adam-Philippe Graf de Custine (1740–1793), der nach dem Fall der Mainzer Republik unter den Jakobinern guillotiniert wurde. Er bereiste zwischen 1811 und 1822 England, Schottland, die Schweiz, Deutschland, später auch Spanien und Rußland. Seine Reisewerke, vor allem ›La Russie‹ (1843) wurden viel gelesen. Rahel und Varnhagen lernten ihn 1814 in Wien kennen, zu einer näheren Bekanntschaft, zu freundschaftlichem Umgang und Korrespondieren kam es seit der Begegnung in Frankfurt am Main 1815, wo Custine auch Goethe kennenlernte. Nach Rahels Tod erschien 1837 in Paris ein Aufsatz von ihm, ›Madame de Varnhagen‹, der in Varnhagens vermischte Schriften aufgenommen wurde. Eine die wechselvollen Zeitläufe um die Jahrhundertwende einbeziehende Biographie und analytisch genaue Charakteristik Custines bietet eine Briefausgabe, die 1870 in Brüssel erschien, Vorarbeiten sind in den ›Denkwürdigkeiten des eignen Lebens‹ von Varnhagen von Ense enthalten. Von besonderem Interesse in den Briefen Rahels und Custines ist ihre unterschiedliche Beurteilung Goethes. 266, 267, 281, 340.

Fouqué, Friedrich Baron de la Motte (1777–1843), Dichter der Romantik, idealisierte die christlich-feudalen Tendenzen des Mittelalters, ein Ritter und Geister wiederbelebender ›märkischer Don Quijote‹ (Günter de Bruyn). Er nahm von 1813 bis 1815 an den antinapoleonischen Befreiungskriegen teil und lebte danach zumeist auf dem Familiengut seiner Frau in Nennhausen bei Rathenow. Seine seit 1801 erscheinenden Ritterromane, Heldenspiele und romantischen Novellen galten großenteils schon dem zeitgenössischen Lesepublikum als antiquiert, berühmt wurde seine Erzählung ›Undine‹ (1811), auch durch die Opernbearbeitung von E. T. A. Hoffmann und Lortzing.

Rahel pflegte seit 1809 freundschaftliche Beziehungen zu den Fouqués. In der Zeitschrift ›Berlinische Blätter für deutsche Frauen‹, die Fouqué herausgab, erschienen 1828 unter dem Titel ›Aus Denkblättern einer Berlinerin‹ Prosatexte von Rahel. Varnhagen gibt eine treffliche Charakteristik Fouqués in seinen ›Denkwürdigkeiten‹, wo es einleitend heißt: ›Wer ihn bloß in späteren Jahren gekannt, wird ihm einen tiefen Grund von Edelsinn und Gutmütigkeit nicht absprechen dürfen, wenn auch diese schönen Eigenschaften und sogar seine dichterische Gabe, jetzt nur von vielem Dünkel und mancher Verbitterung, die ihm das Leben zugeführt, und von unleugbarer Narrheit getrübt, hervorleuchten. In jener Zeit aber waren diese Seiten noch völlig zugeschlossen, und der lebhafte, bescheidene, freisinnige und herzliche, von jedem besten Willen beseelte Mann das Bild der reinsten Liebenswürdigkeit ...‹ 120, 124, 147.

Fouqué, Karoline Auguste Baronin de la Motte, geb. von Briest, gesch. von Rochow (1773–1831), in zweiter Ehe seit 1803 mit Friedrich de la Motte Fouqué verheiratet. Veröffentlichte unter dem Pseudonym ›Serena‹ oder als ›Verfasserin des Roderich‹ Romane und Erzählungen von trivialer Mittelmäßigkeit. Ein nicht gerade schmeichelhaftes Bild von ihr gibt Varnhagen in seinen ›Denkwürdigkeiten‹, er beschreibt sie als eitel und herrschsüchtig. Daß sie für Rahel letztlich keine adäquate Partnerin war, verdeutlicht ein Brief Rahels an Varnhagen vom 5. April 1813, in dem sie einen Aufruf der Fouqué zu den Befreiungskriegen enttäuscht und erbost als ein politisch indifferentes Radotieren bezeichnet. Das Prahlerische, Modische und Platte war ihr zuwider, sie wollte ihre Gesprächs- und Korrespondenzpartner in jeder Hinsicht ›sans phrase‹ (vgl. den hier abgedruckten Brief vom Februar 1813). 175.

Friedländer, Rebekka, geb. Salomo (1783–1858?), Tochter eines jüdischen Kaufmanns, Schwester von Marianne Saaling und Nichte von Fanny Arnstein. Nach dem Übertritt zum Christentum veröffentlichte sie unter dem Namen Regina Frohberg mehrere sentimentale Romane und Theaterstücke, von denen ihr Erstling ›Luise oder Kindlicher Gehorsam und Liebe im Streit‹ (1808) sogar die Aufmerksamkeit Goethes und des Philologen Wolf erfuhr; Rahel bekundete ihren Unwillen über dieses ›grundschlechte Geschreibe‹ in einem Brief an Varnhagen vom 12. November 1810. Sie hatte Grund, in dem Roman eine Indiskretion der Verfasserin, die problematische Liebesbeziehung zu ihrem zweiten Verlobten, dem spanischen Legationssekretär Don Raphael d'Urquijo, zu sehen. Nach dem Bruch mit d'Urquijo 1804 war die Friedländer Rahels enge Freundin und Vertraute. Rahel las ihre Manuskripte, ihre Ratschläge wurden aber von der ›Überzeugungsunfähigen‹ nicht angenommen. In ihren Briefen nennt Rahel sie oft ›die Gute‹, Varnhagen ersetzt in seinen Editionen diesen Namen durch das Kürzel ›Frau von F.‹ Ein Teil der Bruchstücke und Notizen sind Auszüge aus den an sie gerichteten Briefen. 76, 78, 79, 86, 88.

Gentz, Friedrich von (1764–1832), politischer Publizist und Diplomat; anfangs in preußischen Diensten als Kriegsrat des Generaldirektoriums, seit 1802/03 Hofrat im außerordentlichen Dienst in der österreichischen Staatskanzlei in Wien und seit 1812 enger Mitarbeiter Metternichs. Er führte auf dem Wiener Kongreß, bei den Ministerkonferenzen von Paris und den Konferenzen der Heiligen Allianz das Protokoll. Ursprünglich ein Anhänger der Französischen Revolution, wandelte er sich bald zum entschiedenen Gegner. In seinen Berliner Jahren war er mit Wilhelm von Humboldt, Brinckmann und Adam Müller befreundet. Als rechte Hand Metternichs in allen außenpolitischen Angelegenheiten galt er international sehr bald als bedeutender politischer Kopf. Letztes Aufsehen erregte seine Affäre mit der Wiener Tänzerin Fanny Elßler 1829/30.
Die Doppelbödigkeit seiner Existenz und die zweideutige politische Haltung war bei den alten Freunden allenthalben ruchbar geworden, und auch Rahel war davon empfindlich berührt. Vor

allem ihre letzten Briefe an ihn sind bewegende Zeugnisse eines Bemühens, dem alternden, politisch-gewissenlosen Gentz die progressive Gedankenwelt seiner Jugend zurückzugewinnen helfen. Ihr Brief an Leopold von Ranke vom 15. Juni 1832 resümiert ihr Verhältnis zu dem ungetreuen ›köstlichen reinen Freund‹. Seine Rolle, seinen Charakter und seine Lebensführung schilderte Varnhagen 1835, dabei hob er eine Eigenschaft, die ihn zum Partner Rahels prädestinierte, hervor: sein ›eigentliches Element war das Gespräch in aller Beweglichkeit der mannigfachsten Form: zu erörtern, zu untersuchen, zu begründen, zu überführen, in allem Wechsel des Tons und der Dialektik, mit heitrer Laune, mit scharfem Unwillen, mit kurzen Schlagreden, mit wallender Ausführung, immer angeregt, leicht begeistert und entzückt! ...‹ (Vermischte Schriften Bd. 2, S. 123, Leipzig 1875). Und an anderer Stelle (S. 137): ›Er war den Gedanken und dem Sinne nach ein treuer Freund; wen er einmal geachtet, wen er geliebt, der blieb für immer ein Gegenstand der Teilnahme und Neigung; aber zur Tat bedurfte er der persönlichen Anregung, sie mußte einen Reiz für ihn, für ihn einen Genuß haben. Der gegenwärtige Augenblick war ihm alles, er lebte ganz in dessen Macht und Gunst.‹ 92, 184, 334, 349, 352, 353, 356.

Grotthuß, Sara von, geb. Sophie Leopoldine Meyer (etwa 1760–1828), Tochter eines jüdischen Bankiers in Berlin, seit 1797 mit dem wohlhabenden livländischen Baron Ferdinand Friedrich von Grotthuß verheiratet. Sie war auch schriftstellerisch tätig.
Mit Rahel und ihrer Schwester Marianne Meyer, die sich nach ihrer Heirat mit dem Fürsten Heinrich XIV. von Reuß-Plauen Frau von Eybenberg nannte, gehörte sie im Juli 1795 zum näheren geselligen Umgang Goethes in Karlsbad. Auch später, 1810 und 1813, traf sie mit Goethe zusammen und korrespondierte mit ihm. Goethe zog 1795 die geistreichen und schönen Schwestern der äußerlich wenig aparten Rahel vor; das mag mit dazu beigetragen haben, daß Rahel die Grotthuß als eitel und selbstgefällig geschildert hat. In einem Brief an die Schwester Rose 1805 rechnete sie Frau von Grotthuß unter die vier eitelsten Menschen, die sie kannte, weil diese ›ganz ausdrücklich sich selbst etwas vorlü-

gen, und offenbar nun bereits seit dreißig Jahren Schmeichelvisiten an sich selbst ablegen ... denn auch Gesellschaft an und für sich interessiert sie nicht, und nur im oberflächlichsten, augenblicklichsten Bezuge auf sich selbst.‹ Rahels Briefe, vor allem die hier nicht mitgeteilten späteren an die verwitwete und in engen Verhältnissen in Oranienburg lebende ›Goethe-Rivalin‹ zeigen wohl aus diesem Grunde die Schreiberin verschlossener, aphoristischer. 198.

Heine, Heinrich (1797–1856) kam im März 1821 als Jura-Student zum ersten Mal nach Berlin und auch in den Salon der Rahel, damals noch in der Französischen Straße 20 (seit 1827 in der Mauerstraße 36). Er besuchte später noch zweimal, 1824 und 1829, Berlin und die Varnhagens, mit denen er freundschaftlich verbunden blieb. Varnhagen nennt er in einem Brief vom 3. Januar 1846 seinen ›wahlverwandtesten Waffenbruder‹. Neben der dichten Korrespondenz, die Heine und Varnhagen führten, gibt es von Rahel nur sehr wenige Briefe an Heine, von denen der letzte, vom 5. Juni 1832, aufschlußreich für ihr politisches Denken ist. Die Lektüre saint-simonistischer Schriften, die Erfahrungen der Juli-Revolution in Frankreich und nicht zuletzt die sie persönlich verletzende Misere der jüdischen Assimilationsbemühungen in Preußen nach 1815 bedingen ihr ›altes Thema‹: die Erde verschönern. Freiheit zu jeder menschlichen Entwicklung.
Heine widmete 1826 der Rahel seinen Gedichtzyklus ›Heimkehr‹. In der Vorrede zur zweiten Auflage des ›Buchs der Lieder‹ (1837), in das dieser Zyklus, ursprünglich den ›Reisebildern‹ vorangestellt, übernommen war, wirbt Heine für das ›Buch des Andenkens‹ und gedenkt Rahel: ›... ich darf mich rühmen, der erste gewesen zu sein, der diese große Frau mit öffentlicher Huldigung verehrte. Es war eine große Tat von August Varnhagen, daß er, alles kleinliche Bedenken abweisend, jene Briefe veröffentlichte, worin sich Rahel mit ihrer ganzen Persönlichkeit offenbart. Dieses Buch kam zur rechten Zeit, wo es eben am besten wirken, stärken und trösten konnte. Das Buch kam zur trostbedürftig rechten Zeit. Es ist, als ob die Rahel wußte, welche postume Sendung ihr beschieden war. Sie glaubte freilich, es würde besser werden, und wartet; doch als des Wartens kein Ende nahm, schüttelte sie unge-

duldig den Kopf, sah Varnhagen an und starb schnell – um desto schneller auferstehn zu können. Sie mahnt mich an die Sage jener anderen Rahel, die aus dem Grabe hervorstieg und an der Landstraße stand und weinte, als ihre Kinder in die Gefangenschaft zogen.

Ich kann ihrer nicht ohne Wehmut gedenken, der liebreichen Freundin, die mir immer die unermüdlichste Teilnahme widmete und sich oft nicht wenig für mich ängstigte, in jener Zeit meiner jugendlichen Übermüten, in jener Zeit, als die Flamme der Wahrheit mich mehr erhitzte als erleuchtete ...‹ 346.

Lindner, Friedrich Georg Ludwig (1772–1845), Arzt, Publizist und Schriftsteller. Er war ein Studienfreund David Veits, Rahel lernte ihn 1795 in Leipzig kennen. Beide sahen sich 1818 in Karlsruhe wieder, wo Varnhagen seit Juli 1816 als preußischer Geschäftsträger am Badischen Hof tätig war und sich für Lindner als einem Gesinnungsgenossen in den badischen Verfassungskämpfen verwendete. Lindner war zuvor Professor in Jena, ab 1817 in Weimar Mitarbeiter an Bertuchs liberalem ›Oppositionsblatt‹ sowie auch der ›Nemesis‹ und ›Isis‹. Danach ging er nach Mühlhausen und Stuttgart, wo er die ›Tribüne‹ herausgab und sein berühmtes partikularistisch und konstitutionell gesinntes ›Manuskript aus Süddeutschland‹ verfaßte. 1822/23 war er bei Cotta in Stuttgart und Tübingen Mitherausgeber der ›Œuvres complètes de Napolón‹. 277, 279, 284.

Marwitz, Alexander von der (1787–1814), Sohn des preußischen Hofmarschalls Berndt Friedrich August von der Marwitz und Bruder des preußischen Generals Friedrich August Ludwig von der Marwitz (1777–1837), einem Gegner der Reformen Steins und Hardenbergs.

›Wenn ein Jüngling aus dem griechischen Altertum in unserer Zeit hervorträte: schön, geistvoll, fest, reinen Sinns, vollendeter Bildung, abgeschlossen in strenger Persönlichkeit, immer scharf im Wollen, immer ganz im Tun; allen Darbietungen der Welt offen, den Waffen, der Philosophie, der Landwirtschaft, den Geschichtsstudien; im Besitz aristokratischer Vorzüge stolz über sie hinaus, die Seele erfüllt von Schönem und Großem; die gemeine

Welt verachtend und ihren Rücksichten und Künsten fremd; ein solcher Jüngling, im Gegensatz und Widerspruch mit allem Inhalte unserer neueren Tage, würde als auffallende, rätselhafte Erscheinung durch dieselben schreiten, und im trüben Gewirre statt verheißenen Heldentums nur ein dunkles persönliches Geschick finden ...‹, so leitete 1835 Varnhagen ein kurzes Lebensbild seines Jugendfreundes ein, mit dem er 1806 gemeinsam an der Universität in Halle studiert hatte. Beide trafen sich in Berlin im gastfreien Hause Schleiermachers wieder, der auch Brinckmann, die Brüder Schlegel und Wilhelm von Humboldt, Henriette Herz und später Bettina von Arnim freundschaftlich verbunden war. Im Mai 1809 vermittelte Varnhagen die Bekanntschaft zwischen Rahel und Marwitz. Rahel traf ihn im Salon der Frau von Fouqué und bei Fichte. Beide näherten sich einander im wohlverstandenen Sinne der intellektuellen Begegnung jener Zeit, nicht in Liebe, aber auch nicht nur in Freundschaft, sondern in einem tiefen menschlichen Verstehen. Niemand – das bezeugen seine Briefe – hat auf Marwitz' junges und kurzes Leben einen förderlicheren Einfluß ausgeübt als Rahel. Nach seiner Teilnahme am österreichischen Feldzug gegen Napoleon 1809 nahm Marwitz den Abschied, lebte abwechselnd auf dem Familiensitz Friedersdorf, in Berlin und als preußischer Verwaltungsangestellter in Potsdam. Mit patriotischem Ernst eilte er zu den Waffen, als 1813 die Befreiungskriege ausbrachen; er fiel am 11. Februar 1814 bei Montmirail in Frankreich. 133, 140, 144, 152, 162, 165, 168.

Oelsner, Konrad Engelbert (1764–1828), Publizist und Schriftsteller. Er ging bei Ausbruch der Französischen Revolution nach Paris und lieferte für deutsche Zeitungen Berichte von den Kriegsschauplätzen. Vor den Jakobinern mußte er fliehen. Er lebte später als preußischer Legationsrat in Frankfurt am Main, in Berlin und von 1818–1825 als Diplomat an der preußischen Gesandtschaft in Paris.
Rahel hatte den ungemein gut unterrichteten und vielgebildeten Oelsner 1816 in Frankfurt am Main kennengelernt und unterhielt seither mit ihm einen lebhaften Briefwechsel. Nahm Rahel regeren Anteil an seinem Lebensgang, so sah Varnhagen in ihm

den für seine politischen und publizistischen Tätigkeiten Gleich-
gesinnten, den Mittler zum politischen und geistigen Leben
Frankreichs. Für Rahel war er ihr ›im Lesen und Leben ganz
durchgearbeiteter und gereifter gallisch-deutscher Mensch‹; Oelsner selbst blieb sie eine zuweilen eigenartig-widersprüchliche Erscheinung, die ›unabhängigste und bisweilen drolligste Intelligenz
auf Erden.‹ 294, 298, 300, 301.

Pückler-Muskau, Lucie Fürstin von (gest. 1854), eine verwitwete
Reichsgräfin von Pappenheim und Tochter des preußischen
Staatskanzlers von Hardenberg. 1817 heiratete sie Hermann
Fürst von Pückler-Muskau (1785–1871), den berühmten Garten-
künstler und vielgelesenen Reiseschriftsteller. Nach ihrer Schei-
dung 1826 lebten die Eheleute in bester Gemeinschaft zusammen
auf ihren Schlössern Muskau und Branitz in der Oberlausitz.
Die Bekanntschaft Rahels mit der Fürstin kam 1815 in Frankfurt
zustande, aber erst in späterer Zeit pflegten beide, dazu der Fürst
und dessen Tochter Adelheid von Carolath, einen engeren
freundschaftlichen Umgang, in den auch Varnhagen einbezogen
war. Die Korrespondenz zwischen den Varnhagens und Pücklers
begann 1822. Wiederholt waren sie Gäste in Muskau. Nicht nur
die zeitgenössische Literatur wurde erörtert – Pückler war ein
Verehrer Heines und verwendete sich für den als Jungdeutschen
gemaßregelten Heinrich Laube –, in Muskau wurden auch eingehend saint-simonistische Schriften gelesen und diskutiert. Als
ihm Varnhagen nach Rahels Tod das ›Buch des Andenkens‹
schickte, antwortete Pückler am 11. Januar 1834: ›... Es liegt
darin etwas zur Bekräftigung dessen, was Sie über den St. Simo-
nismus sagen, und dem ich ganz beipflichte. In dieser Form und
Umgebung mußte er untergehen, aber er lodert im Stillen unterir-
disch fort, bis die neuen und wahren Hauptansichten, die ihm
zum Grunde liegen, in einer weithin leuchtenden Klarheit wieder
ausströmen werden. Ich sage keck: entweder ist der Fortschritt
der Menschheit eine Chimaire, oder wir müssen auf diesem Wege
vorwärts gehen ...‹ 332.

Ranke, Leopold von (1795–1886), bedeutender preußischer Historiker, seit 1825 Professor an der Berliner Universität, seit 1841

Historiograph des preußischen Staates. Als ein Verfechter des ›Historismus‹ ersetzte er den Hegelschen Fortschrittsgedanken durch eine Gleichberechtigung aller Geschichtsepochen, wobei er großen Einzelpersönlichkeiten dynamische, geschichtsbildende Kräfte unterlegte.

Varnhagen begrüßte in ihm ›einen neuen Geschichtsschreiber von erstem Rang‹, besuchte seine Vorlesungen und führte ihn in Rahels Salon ein. Überliefert sind Hinweise auf eindrucksvolle Diskussionen zwischen Ranke und seinem Widersacher, dem Rechtsphilosophen und Hegelschüler Eduard Gans bei Rahel und Bettina von Arnim (vgl. Rankes Lebensüberblick ›Zur eigenen Lebensgeschichte‹, Leipzig 1890). Rankes Urteil, Goethe habe Italien nicht in seiner geschichtlichen und sozialen Wirklichkeit kennengelernt, mehr jedoch sein sich ausbildender Konservativismus divergierten mit den liberalen Ansichten Varnhagens und dessen lebhafter Anteilnahme an den französischen Ereignissen im Umfeld der Julirevolution, so daß es zu einer Entfremdung zwischen ihm und den Varnhagens kam. Einen der für ihre Menschenbeurteilung charakteristischen Briefe schrieb Rahel am 15. Juni 1832 an Ranke, er ist ein ›Epitaph‹ für Friedrich von Gentz. 324, 331.

Rahels Geschwister

Robert, Ernestine, geb. Victor (gest. 1846), heiratete 1811 Rahels Bruder Moritz (Meyer). Sie stammte aus Posen und galt als schön und gesangsbegabt. Aus Rahels Briefen an sie spricht eine liebevolle Solidarität mit diesem Talent, mehr als einmal fordert und verteidigt sie die Ausbildung der Individualität ihrer Schwägerin gegenüber dem Bruder: ›Moritz, ärgere Ernestine nicht so! Das sag ich Dir, es wird Dir leid tun! ... Sie muß ganz ihre Freiheit haben. Tun, was *sie* für gut findet. Du schreist sie nicht an ...‹ (8. Januar 1818). 189.

Robert, Ludwig (Louis) (1778–1832), trat zum Christentum über und nahm danach den Namen Robert an; auch die übrigen Geschwister nannten sich fortan so. Er heiratete 1822 eine schwäbische Lehrerstochter, Friederike (in Rahels Briefen ›Rike‹) Braun.

Er studierte in Berlin und Halle Philosophie (freundschaftlicher Verkehr mit Fichte), war 1813/14 Attaché beim russischen Gesandten in Stuttgart, lebte danach, ein unruhiges Wanderleben führend, in Karlsruhe, Dresden, Berlin und Baden-Baden. Als Schriftsteller, er kann als ein Vorläufer des Jungen Deutschland gelten, versuchte er politische und soziale Zeitprobleme dichterisch zu behandeln; seine satirischen Lustspiele waren zum Teil gegen die Romantik gerichtet. Seine wichtigsten Werke sind das bürgerliche Trauerspiel in Prosa ›Die Macht der Verhältnisse‹ (1819) und das Trauerspiel in Versen ›Jephta's Gelübde‹ (1820). Sein literarischer Meister war Ludwig Tieck, mit Rahel teilte er die Goethe-Verehrung.

Anders als die Mutter und die Brüder Markus und Moritz liebte er seine Schwester Rahel und bestärkte sie in ihrer Lebensführung, die bei den übrigen Familienmitgliedern auf Unverständnis und Mißbilligung stieß. 257, 307, 323, 355.

Robert, Markus Theodor (1772–1826), übernahm nach dem Tode des Vaters Levin Markus (1790), einem orthodoxen jüdischen Kaufmann, Juwelenhändler und Bankier in Berlin, das Geschäft. Dem Vater waren 1763 im Zuge der friederizianischen Judengesetzgebung und Emanzipationsbeförderung die Generalprivilegien und Rechte christlicher Kaufleute verliehen worden.

Aus Markus' Ehe mit seiner Frau Henriette (gest. 1823) sind zwei Töchter hervorgegangen: Johanna (in Rahels Briefen ›Hanne‹), verheiratet mit dem Regierungsrat Friedrich Wilhelm von Lamprecht in Frankfurt/Oder, hatte wiederum zwei Kinder (Emil und Marie); Fanny heiratete den Arzt und späteren Professor an der Berliner Universität Johann Ludwig Casper. Beide hatten drei Töchter, darunter Elise (geb. 1824, in Rahels Briefen ›das Kind‹ genannt). 187, 202, 218, 220, 316.

Robert, Moritz (Meyer) (1775–1846), Rahels ›amüsantester Bruder‹. Er hatte vom Vater die kaufmännische Begabung geerbt, ohne auch nur ähnlich despotisch zu sein. Er war ein geschäftiger und wendiger Typ, frühzeitig auf Unabhängigkeit bedacht. 1819 begründete er das Posener Landwirtschaftliche Creditinstitut. Aus seiner Ehe mit Ernestine Victor (1811) stammen zwei Söhne, von denen der ältere Ferdinand (1812–1875), später Gutsbesitzer und Landtagsabgeordneter, der Vater des Michelangelo-Übersetzers Walter Robert-Tornow ist. 113, 215.

Robert, Rose (geb. 1781), heiratete 1801 den Justizbeamten Karl Asser in Amsterdam, wohnte später in Den Haag und Brüssel. Rahel besuchte sie im Mai 1801 in Amsterdam, traf dort auch ihre Mutter und fuhr mit dieser nach Berlin zurück. Aus ihren Briefen an die zehn Jahre jüngere Schwester spricht eine liebevolle Fürsorge und geschwisterliche Vertrautheit in Familiendingen. 55, 59, 69, 128, 251, 360.

Schlabrendorf, Karoline Gräfin von, geb. Gräfin von Kalckreuth (1761–1833), eine Nichte des Feldmarschalls Graf Friedrich Adolf Kalckreuth und des Grafen Gustav von Schlabrendorf. Nach dem Tod ihres Mannes lebte sie vornehmlich auf dem Besitz ihres Bruders, des Legationsrates und Lyrikers Friedrich Graf Kalckreuth (1790–1873), dem Gut Siegersdorf bei Berlin. Mit einem männlich-derbem Gemüt behaftet und einem unbedingten Hang zur Aufrichtigkeit hatte sie mit den Konventionen ihrer Herkunft gebrochen und war darin ihrem in Paris ansässig gewordenen, konsequent fortschrittlich gesonnenen Onkel, dem Grafen Gustav von Schlabrendorf, ähnlich. Sie fühlte sich zeitweilig sehr eng zu der alles verstehenden und mitfühlenden Rahel hingezogen. Rahel begleitete sie im Sommer 1800 auf der Reise nach Paris.
Über ihren Onkel verfaßte Varnhagen 1830 eine noch heute gültige biographische Studie ›Graf von Schlabrendorf, amtlos Staatsmann, heimatfremd Bürger, begütert arm‹ (Vermischte Schriften Bd. 1, S. 340 ff. Berlin 1875). 296.

Troxler, Ignaz Paul Vital (1780–1866), Schweizer Arzt, Politiker, Pädagoge, Publizist und Philosoph. Er hatte 1800 in Jena bei Schelling studiert, Ergebnis waren die Schriften ›Blicke in das Wesen des Menschen‹ (1811) und die ›Naturlehre des menschlichen Erkennens, oder Metaphysik‹ (1828). 1805 war er als praktischer Arzt in Luzern tätig, 1815 als Schweizer Abgesandter auf dem Wiener Kongreß. Dort lernte ihn Varnhagen kennen, von da an datiert ein reger Briefwechsel bis zu Varnhagens Tod 1858.

Troxler war später Philosophieprofessor in Luzern, Basel und Bern, gegen Ende seines Lebens Arzt und Leiter eines Erziehungsinstituts in Aarau.

Varnhagen hatte verschiedentlich publizistische Arbeiten an das ›Schweizerische Museum‹ gesandt, das Troxler seit 1816 herausgab. Die Zeitschrift erschien zwei Jahre lang in 6 Heften in Aarau. Das 2. und 3. Heft brachte von Rahel, ohne ihren Namen zu nennen, ›Bruchstücke aus Briefen und Denkblättern‹, begleitet mit einer Zuschrift von Varnhagen an den Herausgeber. Troxler setzte im 3. Heft eine Zuschrift an den Einsender vor die Texte, eine erste bedeutende Würdigung Rahels, in der es unter anderem heißt: ›Welch eine reiche Fülle von Begriffen und Gefühlen entfaltet sich nicht über die verschiedenartigsten Lebens- und Weltverhältnisse … Wie selten ist eine sittliche Natur, die solch eine entschiedene Persönlichkeit auf dieser Höhe allgemein menschlicher Bildung festzuhalten vermag! In unsern Tagen haben wir zwar oft und viel gesehen, daß auch Frauen denken und schreiben können, allein es schien doch meistens eher ein Abfall von ihrer Natur, als eine Vollendung ihrer Bestimmung zu sein.‹ – Troxler hebt Rahels Äußerungen über jede empfindsame Salonschriftstellerei hinaus, denn er sieht in ihnen ›etwas anderes, ein tiefes geflissentliches Erkennen des Unglücks, ein starkmütiges Stillehalten dem Schmerz, und ein festes Stehen dem Schicksal ohne amazonische Vergestaltung oder krampfhafte Windung des Geistes; endlich der lebendigste Beweis, wie innig selbstgebildete Geisteskraft dem Freisinn, der das Leben entwickeln soll, und der Freiheit selbst, des jetzigen Daseins Zweck und eines künftigen bessern Mittel, verwandt sei.‹ 256.

Varnhagen, Karl August (1785–1858), ab 1811 mit dem Adelsprädikat ›von Ense‹, preußischer Arzt, Diplomat, Schriftsteller und Publizist, der in seinen literarischen Arbeiten den ideellen Gehalt der klassischen deutschen Literatur in die politischen Kämpfe der oppositionellen bürgerlichen Intelligenz zu überführen versuchte. Varnhagen verkehrte als Student und als Hauslehrer des Bankiers Cohen in den Berliner literarischen Kreisen und Salons. Die erste flüchtige Bekanntschaft mit Rahel machte er bereits 1803 und 1807. Ein enges Verhältnis begann im Frühjahr 1808, von da an datiert auch ihr umfangreicher Briefwechsel. Am 27. September 1814 ließ Rahel sich taufen und heiratete Varnhagen.

Nach unruhigen Jahren als Offizier in den antinapoleonischen Befreiungskriegen, zuerst in österreichischen, dann in russischen Diensten, wurde Varnhagen preußischer Staatsbeamter. Er begleitete Hardenberg zum Wiener Kongreß und ging als Legationsrat und preußischer Geschäftsträger an den Badischen Hof nach Karlsruhe. Seine liberale Gesinnung, seine Mitarbeit im badischen Verfassungsausschuß, sein progressives politisches Verantwortungsbewußtsein brachten ihm im Klima der Karlsbader Beschlüsse den Vorwurf demokratischer und pflichtwidriger Verbindungen ein. Er wurde im Sommer 1819 vom Dienst suspendiert und 1824 in den Ruhestand versetzt. Seither bemühte er sich, ein vermittelnder und kritisch-fördernder Kontaktmann der geistigen Elite der ersten Hälfte des 19. Jahrhunderts zu sein. Er pflegte einen ausgedehnten und intensiven Umgang mit freisinnigen Männern (und Frauen) aus Diplomaten- und Regierungskreisen, mit jungen Literaten Deutschlands (mit einer Denk- und Verteidigungsschrift über das ›Junge Deutschland‹ verwendete er sich 1836 für Heine, Laube, Mundt, Gutzkow und andere bei Metternich) und wurde mit der Zeit eine Persönlichkeit, die an den Höfen Berlins und Wiens bei den Vertretern der Restaurationspolitik der Heiligen Allianz hohe Achtung genoß, aber auch Mißtrauen erregte. In der Öffentlichkeit allerdings blieb er immer ein Mann von loyaler Gesinnung, wie es sich für einen Staatsbeamten gehörte.

Er hinterließ ein umfangreiches Werk, neben den literarisch wenig bedeutenden Gedichten und Erzählungen seiner Frühzeit vor allem die historiographisch bedeutsamen ›Biographischen Denkmale‹, die Fülle seiner Tagebücher und die ›Denkwürdigkeiten des eignen Lebens‹. Daneben war er als Rezensent, Kritiker, Herausgeber und politischer Publizist eine anerkannte Autorität. 91, 101, 105, 108, 110, 111, 116, 119, 130, 145, 153, 155, 159, 179, 181, 182, 190, 194, 197, 208, 214, 223, 229, 231, 234, 235, 237, 239, 244, 247, 264, 270, 272, 314, 329, 337, 339.

Veit, David (1771–1814), Mediziner und Schriftsteller jüdischer Herkunft. Er studierte seit 1793 in Göttingen und Jena und promovierte in Halle. Seit 1799 praktizierte er als Arzt in Hamburg und hielt dort Vorlesungen über Anthropologie und war als Publizist tätig.

Veit, mit der weitverzweigten Familie Mendelssohn verwandt und so den gebildeten jüdischen Kreisen Berlins nahe, war ein Jugendfreund Rahels, der an der Erweiterung ihres geistigen Horizonts in diesen Jahren den wichtigsten Anteil hatte. Zielstrebig und bildungsbeflissen, von seinen eigenen Universitätsstudien angeregt, machte er Rahel mit den Werken Lessings und Humes, Moritz' und Homers, Gentz' und Kants, Fichtes und Goethes bekannt; – eine für heutige Begriffe recht heterogene, für jene Zeit notgedrungener ›Selbstbildung‹ indessen eher typische Auswahl. Daß Rahel Kenntnisse und Wissen, eine Lebenseinstellung, ein kritisches Verhalten zu den Werten und Problemen individuellen und gesellschaftlichen Daseins, nicht zuletzt auch die Beförderung ihrer Beziehungen zu dem verehrten Goethe weitestgehend Veit verdankte, wird in ihren Briefen dankbar zugestanden.

In einem kurzen Lebensabriß (1835) erinnerte sich Varnhagen: ›Veit war ein Mensch, der seine Anlagen vollständig entwickelt, sie bis zur höchsten Reife ausgebildet hatte, nach allen Seiten, wohin eine innere Möglichkeit es zuließ. Daß er ein höchst ausgezeichneter Arzt war, gehörte in den Kreis dieser Bildung, erschöpfte ihn aber keineswegs. Sein philosophisches Denken war kein metaphysisches, schlug aber wie lodernde Flamme sich um jeden dargebotenen Gegenstand und verzehrte das Unhaltbare daran. Er hatte weiten Überblick für große Gesamtheiten, und bemerkte dabei scharf auch das Kleinste. Sein klarer, fester Verstand war von lebhafter Einbildungskraft begleitet; für Poesie war sein Sinn höchst empfänglich. Geneigt und willig, sich einnehmen zu lassen, staunend aufzumerken, zu bewundern, ließ er sich doch niemals hinreißen, sondern hielt sich prüfende Besonnenheit und unbestechliches Urteil frei. Seine umfassenden wissenschaftlichen Kenntnisse waren in ihm kein toter Vorrat, sondern zu dem regsten Verkehr belebt ... Sein Briefwechsel mit Rahel ist ... ein schönes Denkmal edlen Umgangs zwischen zwei jungen Personen, deren Zuneigung und Vertrauen ganz auf unbefangenem geistigen Streben beruht.‹ (Vermischte Schriften Bd. 1, S. 92 ff., Leipzig 1875). – Varnhagen hatte Veit während seiner

Hamburger Zeit 1804/06 und während des hamburgischen Feld-
zuges 1813/14 kennengelernt. 5, 6, 15, 25, 28, 33, 38, 40, 63, 70,
73, 131.

Woltmann, Karoline von, geb. Stosch (1782–1847), verfaßte unter
dem Pseudonym Lucie Berg unterhaltsame Erzählungen und Romane und gab mehrere Sammlungen böhmischer Sagen heraus.
Sie war in zweiter Ehe mit dem Geschichtsprofessor und Diplomaten Karl Ludwig von Woltmann verheiratet. Sie lebte in Prag,
wo Rahel nach ihrer Flucht aus Berlin in ein freundschaftliches
Verhältnis zu ihr trat. Nach dem Tod ihres Mannes 1817 kehrte
Karoline nach Berlin zurück. Beeindruckend ist Rahels Kondo-
lenzbrief an sie vom 26. März 1818, in dem sie angesichts des Verlustes, den Karoline erlitten hatte, eine dementsprechende Selbst-
charakteristik gibt: ›Vor dem großen Werke des Daseins
überhaupt bin ich in der *demütigsten* Bewunderung! Und ganz guten Muts! … Ich bin eine Art gesünderer, brünetter, vergnügterer
Hamlet. Mit großer Bewunderung für geistreiche Leute, die nicht
so sind wie ich; das sind Sie! –‹ 211.

Verzeichnis der Abbildungen

Inhalt